中国历史文化名人传

苏海鲸波

苏东坡传

蒋　蓝　著

作家出版社

中国历史文化名人传

出版说明

中华民族五千年文明史中，涌现了一大批杰出的文化巨匠，他们如璀璨的群星，闪耀着思想和智慧的光芒。系统和本正地记录他们的人生轨迹与文化成就，无疑是一件十分有必要的事。为此，中国作家协会于 2012 年初作出决定，用五年左右时间，集中文学界和文化界的精兵强将，创作出版《中国历史文化名人传》大型丛书。这是一项重大的国家文化出版工程，它对形象化地诠释和反映中华民族文化的基本精神，继承发扬传统文化的精髓，对公民的历史文化普及和建设社会主义文化强国都具有重要而深远的意义。

这项原创的纪实体文学工程，预计出版 120 部左右。编委会与各方专家反复会商，遴选出在中国文化发展史上产生过重大影响的 120 余位历史文化名人。在作者选择上，我们采取专家推荐、主动约请及社会选拔的方式，选择有文史功底、有创作实绩并有较大社会影响，能胜任繁重的实地采访、文献查阅及长篇创作任务，擅长传记文学创作的作家。创作的总体要求是，必须在尊重史实基础上进行文学艺术创作，力求生动传神，追求本质的真实，塑造出饱满的人物形象，具有引人入胜的故事性和可读性；反对戏说、颠覆和凭空捏造，严禁抄袭；作家对传主要有客观的价值判断和对人物精神概括与提升的独到心得，要有新颖的艺术表现形式；新传水平应当高于已有同一人物的传记作品。

为了保证丛书的高品质，我们聘请了学有专长、卓有成就的史学和文学专家，对书稿的文史真伪、价值取向、人物刻画和文学表现等方面总体把关，并建立了严格的论证机制，从传主的选择、作者的认定、写作大纲论证、书稿专项审定直至编辑、出版等，层层论证把关，力图使丛书经得起时间的检验，从而达到传承中华文明和弘扬杰出文化人物精神之目的。丛书的封面设计，以中国历史长河为概念，取层层历史文化积淀与源远流长的宏大意象，采用各个历史时期最具代表性的文化符号与雅致温润的色条进行表达，意蕴深厚，庄重大气。内文的版式设计也尽可能做到精致、别具美感。

中华民族文化博大精深，这百位文化名人就是杰出代表。他们的灿烂人生就是中华文明历史的缩影；他们的思想智慧、精神气脉深深融入我们民族的血液中，成为代代相袭的中华魂魄。在实现“中国梦”的历史进程中，必定成为我们再出发的精神动力。

感谢关心、支持我们工作的中央有关部门和各级领导及专家们，更要感谢作者们呕心沥血的创作。由于该丛书工程浩大，人数众多，时间绵延较长，疏漏在所难免，期待各界有识之士提出宝贵的建设性意见，我们会努力做得更好。

《中国历史文化名人传》丛书编委会

2013 年 11 月

苏东坡

目录

自序

从苏轼到东坡

幼年读书，始知蜀人苏东坡。一直到青年时代，我总以为苏轼、苏东坡不像是一个人，很难将之合二为一。到后来逐渐知道他多一些了，我就以为，这个人的前半生，是苏轼；这个人的后半生，才是苏东坡。

正直之人，心直口快，加之木秀于林、才高于人，多半会陷入“举步得狼狈”的境地。苏东坡渴望远离官场这一风波险恶场域，但却始终没有像他所倾慕的陶公那般挂冠、潇洒而去，与桃花共俯仰枯荣，他终其一生沉浮挣扎于云谲波诡的宦海，漂泊浪迹。元代文学家许有壬[1]对东坡跌宕仕途做了一个精妙概括：“论其平生忠义而迹其出处，有不能不为之浩叹者焉。进尽忠论，只以贾杭之倅；咏歌庸言，乃以媒黄之贬。翰林骎骎乎用，复出知杭，又两入而出，则惠州、儋耳之谪，遂终身矣。其在朝廷始终不七八年，倅守郡者十四年，居贬所在道路者十三年。”

苏东坡未离仕途，在宦海升降浮沉，浊浪几乎没顶。仕宦生涯，在朝廷不过七八年，长达二十七年都处于流徙岁月间。恰如其弟苏辙《祭

① ［元］许有壬：《怀坡楼记》，李修生主编：《全元文》卷一一九一，江苏古籍出版社 1997 年版，第 189—190 页。

亡兄端明文》所言："涉世多艰，竟奚所为？如鸿风飞，流落四维。"他以随风飘游的鸿雁概指哥哥流寓不定的一生。他对弟弟也说"我生如飞蓬"，林语堂认为"飞蓬"一词正足以象征苏东坡的一生。又如其词《醉落魄·分携如昨》有云："人生到处萍漂泊"，天涯沦落，即是浮萍如寄，深寓漂泊不定的生存状态，苏轼担任过大约三十个官职，职务变换十七次，他的足迹遍及天南海北，经历了三十多个州县，得以广开寓目，通瞻中国山水之胜。在无意之中，实现了读万卷书行万里路的古人理想。如今，在四川眉山、湖北黄州、浙江杭州、广东惠州、山东诸城、海南儋州等十八个城市留下了五百多个纪念性景点，展示其无出其右的持续影响力，宦游四海的东坡，处处与人民结下了深情厚谊。人们因为他的故乡而称他为"苏眉州"，也因为他的治所而称之为"苏杭州""苏湖州""苏密州""苏徐州""苏扬州""苏英州"……赴任登州仅仅五天就被朝廷召还，当地人还是固执地称他为"苏登州"。即便是处于东坡贬谪之路上的城市，无权无势的"犯官"东坡，同样在民间赢得了"苏黄州""苏惠州""苏儋州"的称号——这一身份，比前者的分量更重！

我想，这一切就在于：

苏东坡是最具人民性的古代文化人。

苏东坡是华夏最美的人格典范。

苏东坡是从"失意"中提纯"诗意"的生活美学大家。

苏东坡是宋代文学最高成就的代表。

苏东坡是豪放词的开创者。

苏东坡是宋词的音乐解放者。

苏东坡是宋代以降散文标准的制定者。

苏东坡是汉语有史以来第一个在随笔（essay）领域取得最高成就的作家，那种无须完整、絮絮叨叨、没有证据或结论，可以并置从当代生活的每一个层面取得的片段、琐屑的细节与万千心情，达成了汉语随笔这种最倾心于自由性灵的文体。

苏东坡又是可爱的、敢于"后悔少作"的一代大家。

…………

“莫嫌荦确坡头路，自爱铿然曳杖声。”在学习东坡的过程里，我记录了很多断片，既含有文史方面的短文，也有思想、心灵方面的吉光片羽。这次予以整理，厘定了若干错讹，以期成为一朵小小的苏海浪花。尤其是苏东坡那种于万千磨砺而不悔、于茶尖摘风、于竹枝采雪、于雪刃劈柴、于水中取暖、于历史的天头地脚重新发现爱的锐利之光，让我们感铭五内。

在我日益庞杂的藏书中，类书如《太平御览》《太平广记》《文苑英华》《四部精华》《明代笔记小说大观》《清代笔记小说大观》等等，我是十分喜欢，百读不厌。以前在“文学青年”的年月里，不过是借此扩充视野。临到知天命之年，地缘空间所打开的历史空间与文学空间，使得那些场域窄逼的“正史”与“范文”，逐渐露出了麒麟皮下的马脚。因此，我长时间地沉溺在迷宫里——不是苦思走出迷宫的策略，而是渴望更深地回到迷宫深处——也许，那里应该有文化的灵泉在汩汩涌动；当然，也含有置身笔记迷楼拒绝被中断的那种欢喜。

近三十多年来，汉语领域有“拿来”的几种词典式写作的成品，尤其是自传与人物传记，比如:乔治·史坦纳的《勘误表》、福楼拜的《庸见词典》、卡洛斯·富恩特斯的《我相信》、米沃什的《米沃什词典》等等，在这一词典式的写作运动中，尤以米洛拉德·帕维奇的《哈扎尔词典》而使这一特异的写作范式得到了最广泛的重视。韩少功《马桥词典》之后，王蒙的长篇小说《笑的风》恰是对词典写作的最新回应。逐渐地，这样的词典式的开放写作就不再按照词条式的解释，作家标举的一个个关键词，也渐次成为写作者打开故事的枢纽与暗门。

有鉴于此，我意识到的词典式写作，就是那些萦绕在苏东坡身边的一团团氤氲，恰恰是我一度无法清晰说出的枢纽性词语，比如“却鼠刀”，比如“半山”，比如“飞蓬”，比如“纡竹”，比如“闲人”，比如“元修菜”，比如“圣散子”，比如“桤木”，比如“佳趣”，比如“雷琴”，比如“乌嘴”，比如“春梦婆”，比如“白战体”……一旦把它们从历史里标举出来，这些关键词终于可以成为传主的人生、历史、感情构成的能指的全部所指。而清晰地说出这些关键词，并尽力打捞围绕这些词语的生成因素，不但是一次对苏东坡的深度对望，而且也是写作者的思想与之发生的一次富有深意的对撞与生成，这后者就是植物学所称的“对生”。

对望、对撞、对生！《苏海鲸波：苏东坡传》以时间为序，用一百多个关键词，完成了我对苏东坡重大地缘、人生事件、性格嬗变、写作突变的描摹。通过极度碎片化的架构，用“拼图式”的写作来突破线性/多线性的叙述方式，以此区别于汗牛充栋的东坡文学传与历史传。我以为，这部传记不但是一部诗性之书，也是关于对苏东坡另辟蹊径的个人化解读，更是一部凸显彰显自由的东坡风神的精神史。

在《苏海鲸波：苏东坡传》里展示出来的多元、不确定的、开放性的写作，也有一些我梦中的“神来之句”与思想断片式的表达。从高处着眼，这样的断片恰恰是展示苏东坡自由思想者逾越天堑与惯常叙事的一根钢丝；从近处着眼，这样的写作方式，开门见山地彰显了作为百科全书式人物的苏轼，逶迤的东坡之路的来路与去向。

二〇二三年二月二十五日，莫砺锋教授来成都举行“苏东坡的现代意义”为主题的演讲，我与潘殊闲担任嘉宾。临近结尾，莫砺锋动情地说：“苏东坡一生无数坎坷、无数挫折，但总是向着人生的终极目标前进，创造一个积极有为、有所贡献的人生。作为长江最好的代言人，苏东坡生在长江边，一辈子在江湖漂泊。而他真正参透长江、参透人生，是在黄州的四年半时间。正是人生低谷时期，他可以冷静下来，思考人生。”

那是从思想的漩涡、人生的漩涡中傲然冲出，横斜天际的东坡长流！

我自问：何谓苏东坡之路？

苏东坡从官场事务里提纯有益的救世思想，从世俗生活中淬就生活真味，从历史的积淀中托举映照未来的灵智水光。他一度在入世、出世、遗世之间悲叹、犹疑和游走，在下降升腾与百折千回的过程里，他俯身民众、扎根大地的秉性，成为他曲折艰险人生的路标，构成了一条鲜花与荆棘丛生、荣耀与失落并存、才气与胆气共酿的“苏东坡之路”。

二〇〇〇年，法国《世界报》评选出公元一〇〇一年到二〇〇〇年十二位世界“千古英雄”，文学家苏东坡入选，是中国唯一入选者。

苏东坡的崛起，并非偶然。这其中包含着四川的特殊历史、地缘因素。唐朝人魏颢就认为：“剑门上断，横江下绝，岷峨之曲，别为锦川。蜀之人无闻则已，闻则杰出。”意思是说，自古以来蜀地人才具有不鸣则已、一鸣惊人的现象，难怪明朝思想家李贽在《续焚书》中进一步发现：“岷江不出人则已，一出人则为李谪仙（李白）、苏坡仙（苏东坡）、杨戍仙（杨升庵），为唐代、宋代并我朝（明朝）特出……”他为什么对出自蜀地岷江流域的几位奇才感到非常惊奇呢？

巴蜀地区自古有司马相如、扬雄、王褒、李白等奇人崛起，更有顿悟、灵动、突发而至的特征。这源于蜀地地缘、季候、物产的不同，更源于通达亚洲西南地区的“蜀身毒道”以及汉代开拓的“西南丝路”，西亚、南亚的文化由此路传递到四川，加上自秦朝就开始的十几次移民入川，这些因素与本土文化相互融汇，创造出了一枝独秀的古蜀文明。

被竹子密密围合的巴蜀，自蚕丛率领古羌人进入成都平原定居以来，蜀人的生活智慧与技艺积淀所演绎出来的丰富、绵密、无所不包的竹文化，可算是蜀人对竹子养育之恩的报答。三千多年前的三星堆遗址里，就发现了许多竹子的遗迹和文化符号。苏东坡是中国竹文化的杰出代表，可谓是天下一竹一东坡。苏东坡感叹：“食者竹笋、庇者竹瓦、载者竹筏、炊者竹薪、衣者竹皮、书者竹纸、履者竹鞋，真可谓不可一日无此君也。”在他身上，体现出巴山蜀水之间竹子的突出精神：坚韧、高直、虚怀、有节。他不但具有自古蜀地出鬼才的人才特点，而且还有既往蜀地的那些大才子身上所不具备的学风、习性与韧性。

苏东坡人生思想的特点是“广、博、细、杂”：儒释道思想先后贯穿于他的一生。这三种思想在境遇里又经常左右互搏、三足鼎立。儒家入世，佛家超世，道家避世，三者出发点、着力处、归宿地均不相同，宛如“举杯邀明月，对影成三人”。明朝学者张燧在《千百年眼》里就这样认为：苏东坡议论历史上敢于直言劝谏者，说他们是真可谓杀身成仁的人，认为他们能够把生死视为瞬间之事，即使如此怎能动摇柄权者分毫？可东坡却想学习长生不老的法术，则又是愚蠢得没话说。黄庭坚说过：东坡平生喜好道术，只要听到有好的方法就马上去做，但又不能坚持，很快就放弃了。那么可以知道苏东坡不过是借此以掩饰寂寞之心，就像佛家所谓的口舌上的功果，他并不是沉迷于这一层面。

但苏东坡以儒家的济世安邦情怀，昭示了佛与道的外化之能。我以为，儒家思想对于苏东坡伐骨洗髓，一直就是他的本体论，其余均是阶段性的避风港，是方法论。

如果说，范仲淹的《岳阳楼记》展示了士大夫坚守的伟大思想与职责，那么苏东坡拒绝归隐，努力践行仁民爱物、致君尧舜的理想，“余以为知命者，必尽人事，然后理足而无憾”，他可以在为民谋划中得到快乐与满足。所以“未成小隐聊中隐，可得长闲胜暂闲”，可见东坡的处世态度就比前辈范仲淹更为务实。东坡一生三次在朝廷做高官，官至兵部尚书、礼部尚书；三次遭受贬谪，先后被贬谪到湖北的黄州、岭南的惠州、海南岛的儋州。思想家李泽厚在《美的历程》中如此评价说：“苏一生并未退隐，也从未真正‘归田’，但他通过诗文所表达出来的那种人生空漠之感，却比前人任何口头上或事实上的‘退隐’‘归田’‘遁世’要更深刻更沉重。”[①]

但那些原本剪不断、理还乱的现实与畸变，彼此互嵌、方枘圆凿，却让他演绎得理所当然浑然天成，当怀才不遇、报国无门时，有的人选择沉沦，有的人选择归隐，有的人郁郁终生，这些做法固然令人钦佩，但是苏东坡的人生态度更值得欣赏。他是一个权力争斗的牺牲品，屡次遭受贬谪，但他不是悲剧性的人物，因为他热爱生活，拥有“野性”向上的蓬勃人生，他能保持乐观的心态，笑对人生。在“一年三百六十日，风刀霜剑严相逼”的艰难岁月中，他仍能体会生活的甘美，处处发现天地之美，乃至微物之丽。

① 李泽厚：《美的历程》，文物出版社 1989 年版，第 159 页。

苏轼是伟大的文学家、艺术家。在中国文学史上，苏轼博学多才，雄视百代，无论诗词文赋，还是书法绘画，都有极高的造诣。他一生给我们留下了逾两百万字的著述，其中包括两千七百首诗和三百多首词，还有一大批散文、书画作品等。这些作品兼具思想精华，展现了他丰富的情感与才气，达到了宋代文学艺术的高峰。在诗歌方面，他与唐代的大诗人李白、杜甫、韩愈并称“李、杜、韩、苏”；在词作方面，他是“豪放派”的开山祖，影响了一代词风。他的书法，与宋代著名书法家黄庭坚、米芾、蔡襄一起，并称“苏、黄、米、蔡”四大家；绘画领域，他是宋代文人画派的主将。总之，他是我国文化史上一位百科全书式的全才，有“吞五湖三江”的气象。

苏轼是杰出的政治家。苏东坡二十二岁中进士。在为官方面，他忠诚报国，改革求新，爱民惠民，不谋私利。特别是他把“民为邦本”作为执政理念，认为人民大众是国家的根本，民众富强，国家就富强。不管在朝中为官，还是在地方上，他都尽心竭力为大众服务，做了大量的惠民实事，使百姓永世难忘。风毁秀竹心犹定，雪压寒梅气更香。每遇到挫折，他的报国之心就更加强烈。

苏轼更是一位中华优秀风骨的典范。面对复杂的环境，他体现出强大、坚韧、超然的人格力量。他积极出谋献策，为国家建设而献身。他一生坎坷，遭受许多不幸和打击，但从未被痛苦与悲伤所压倒，而是随遇而安，做到不为世俗的祸福苦乐所牵绊，不为得失所烦扰，光明磊落，公道正派。他以其独特的思想与文学艺术生活状态，塑造了高尚的道德与人格，集中体现了中国人的生存智慧和生命智慧。

国学大师王国维在《文学小言》里提出了一个重要观点：“三代以下之诗人，无过于屈子（屈原）、渊明（陶渊明）、子美（杜甫）、子瞻（苏东坡）者。此四子者，若无文学之天才，其人格亦自足千古。故无高尚伟大之人格，而有高尚伟大文章者，殆未之有也。”这是讲，一个人没有高尚的人格，就可以写出高尚的文章，这样的事情古往今来根本没有出现过！

在依靠舟船、脚力的时代，苏东坡辗转经历过大约九十座城市，这是令人惊叹的漫漫历程。在《自题金山画像》里，大彻大悟的苏东坡自我评价说："问汝平生功业，黄州惠州儋州。"说明他对这三个地方的经历十分看重，"平生功业"恰是与苦难"相磨"的一生。纵观苏东坡六十五年的一生，其中有十年半是在湖北黄州、广东惠州、海南儋州度过。所以有人认为，他被贬谪的苦难经历反而成就了他的诗词歌赋，成就了他豁达乐观的一生。故乡眉州的欣然，以及黄州的凛然、惠州的悠然、儋州的超然，地不分南北，身不论荣辱，他始终保持一身清正之气。尽管他在黄州、惠州、儋州的生活境遇比起浙江杭州、山东密州的生活来要险恶得多，但他仍是那般坚毅，那般乐观，那般洒脱。

他用独特的理念和实践，证明了自己是胸怀天下的理想主义者、积极向上的乐天派，更是人民大众最亲密的朋友——这样的亲民情怀，又是历代文人里比较罕见的。他将勤政爱国、关注民生的执政理念，改革求新、探索进取的执着精神，达观自我、超然物外的诗人气质，热爱自然、诙谐天真的生活情趣集于一身，成就了一个可信、可亲、可敬的苏东坡。

苏东坡与父亲苏洵、弟弟苏辙合称"三苏"，后人评价说："凝练老泉，豪放东坡，冲雅颍滨。"凝练、豪放、冲雅成为他们各自的美学特征。一千多年来，苏东坡为不同时代的人打开了探究多变人生的视野，他的丰富人生也成为长久不衰、富有强大生命的文化现象，人们称之为"苏海"！

苏东坡《文说》曰："吾文如万斛泉源，不择地皆可出……所可知者，常行于所当行，常止于不可不止，如是而已矣。"此文一开以水喻文的先河。而大海则是江河的汇聚，"苏海"的形成是必然的。

宋人李涂（耆卿）的《文章精义》评韩愈、柳宗元、欧阳修、苏轼的文风是"韩如海，柳如泉，欧如澜，苏如潮"。明朝的吴梅村对此不以为然，他在为老师张溥编撰的《苏长公文集》写序时指出："李耆卿评文有云：'韩如海，柳如泉，欧如澜，苏如潮。'非确论也。请易之曰：'韩如潮，欧如澜，柳如江，苏其如海乎！'夫观至于海，宇宙第一之大观也。"清代嘉庆年间，王文诰编纂《苏文忠公诗编注集成》，复作《苏海识余》，书中指出："'苏海'之说旧矣。绍圣四年，东坡公发惠州，迁儋耳，自新会赴新康，至古劳，河涨不可渡，休于鹤山之麓者数日。公既去，而所居遂为'坡亭'，地曰'苏公渡'，见前明陈献章诗。邑令黄大鹏又手劖'苏海'二字于崖之上。嗣是更名'苏海'，至今盖三百年矣。曩者予访公渡海轶事，尝亲至其地，察视所由，则汪洋渺瀰，横无涯际。观于海者，亦足致朝宗之意焉。"

根据王文诰的记载，在苏东坡晚年贬谪经过新会县海滨，明朝人就命名此地"苏海"，予以纪念。这成为"文学地理学"畛域里的一个著名地标。恰如莫砺锋所言，"事实上最早从文学的意义上提出'苏海'之名的是清初的吴伟业"[①]。吴伟业的老师张溥选编了《苏长公文集》，且在自序中称扬东坡说："真宇宙第一人，宇宙第一文字也。"

黄大鹏在雍正七年（1729）任平远县令，也就是说，在更早一些时候，陈献章诗中就称"苏海"了，三百年后黄大鹏亲手刻"苏海"二字于鹤山之崖，可见至迟在明清之际，"苏海"已成文化定识。比如查慎行《送史儆弦前辈视学粤东二首》："班香宋艳才相媲，苏海韩潮量校宽。但是同朝谁不羡，文章早达似君难。"而孔尚任的《桃花扇》影响更大，说的是："蚤岁清词，吐出班香宋艳；中年浩气，流出苏海韩潮。"

清代杨毓辉《〈盛世危言〉跋》："观其上下五千年，纵横九万里，直兼乎韩潮苏海，则不啻读《经世文编》焉。"其评价无出其右。

这样的称谓在清代早已成为常识。甚至在杭州建德市大慈岩镇新叶村悬挂的进士叶元锡的"勉儿曹"家训里，也说"贾之醇，董之茂，韩之潮，苏之海"。勉励后学起步要高，追贾董，赶苏韩。一鸣惊人是目标，即使一次没考中，切莫松懈多自责，国家重视的是真才。

正因拥有了浩瀚大海，他才可能"一蓑烟雨任平生"。他向往的自在生命与天地大美，才是大海卷起的无尽之浪。

"夫观至于海，宇宙第一之大观也。"

① 莫砺锋：《漫话东坡》，凤凰出版社 2008 年版，第 299 页。

乐事可慕，苦事可畏。在寻声、捕影、系风、趁梦的过程里，我想，人们对于苏东坡的最大敬意，就是不放过他经历的个案与特殊性，竭力从中寻找出人生机变的最大公约数，使之成为规律的镜像之物。人们对苏东坡的最大敬重，就是将他放之于现实，他仍可以借助于历史的光照而昭示未来。

2023 年 12 月 15 日于成都锦江

第一章 我家江水初发源，宦游直送江入海

“进士之乡”眉州

一九四三年，林语堂出版了政论集《啼笑皆非》一书。起笔写于一九四三年二月初，三月中旬脱稿，七月在纽约出版，当年底已印刷到第五版。一贯温和宽厚的林语堂，锋锐在这本书里脱颖而出，他批评了美英盟国的远东政策，提出了以中西互补的文化观建立世界新秩序的观点。至于该书用意，他在该书中文译本的序言《为中国读者进一解》里开门见山指出：“当时骨鲠在喉，不吐不快。盖一感于吾国遭人封锁，声援无方；再感于强权政治种族偏见，尚未泯除；三感于和平之精神基础未立，大战之宗旨未明，《大西洋宪章》之适用范围未定，自由与帝国之冲突难关未破。”[①]他自谓：“好梦打破，花落鸟啼，余有感于怀，乃作是书，以究世乱之源。其言苦，其志哀，虽谓用血泪写成，未尝不可。”

林语堂打破从《吾国吾民》开始从不亲自动手把自己的英文著作译成中文的惯例，他翻译了《啼笑皆非》前半部分十一篇，后十二篇由徐

---

① 梅中泉主编：《林语堂名著全集》第23卷，东北师范大学出版社1994年版，第1页。

诚斌翻译。同年秋，林语堂带着中文《啼笑皆非》全本，随同宋子文从美国乘机，越喜马拉雅山抵达昆明、重庆。书稿由设立在重庆白象街的商务印书馆于民国三十四年（1945）一月推出，扉页上有林语堂的献词：“此书赠良友华尔士先生、赛珍珠女士”。他先后在重庆、西安、宝鸡、成都、桂林、长沙等地进行为期六个月的参观访问与演讲。

就在这一时期，林语堂已开始了《苏东坡传》的写作，且已写出数万字。自然了，眉州成了他魂牵梦萦的所在。

关于林语堂到达成都的情况，当时成都《新民报》的一位记者记录了这一场景：

> 一九四四年某天，《西风》杂志主编、幽默大师林语堂来成都访友。为求清闲，他竭力躲避记者采访。我从华西坝教授们的一个学术会上得到消息，就作为这个学术会的一员，参与了一系列的接待，也作了一系列的采访，既得到独家新闻，又团结了大后方的文化人。林语堂先生于下午搭邮车到成都的消息传来后，当天《新民报》地方新闻版就刊出加框短消息：“邮车寄到林语之堂”。张友鸾以林语堂乃幽默大师，特用诙谐标题，更加突出了新闻的吸引力。林语堂先生在华西坝上，和大学同行与学生有短期的交谊和学术活动。《新民报》先后又有“林语堂九转回肠”①“中国林语堂作英文讲演”②等。林先生看见《新民报》的报道，莞尔不语，但他还是高兴的。③

林语堂太忙了，他受到内迁到成都的五所大学成立的东西文化学社之请，做了系列演说，实在无法分身去杜甫草堂、武侯祠、望江楼拜谒。当时钱穆先生恰在华西坝，他与林语堂都生于一八九五年。钱穆先生先后受聘于齐鲁大学国学研究所和华西协合大学文学院历史系，

---

① 坝上学者款待林语堂先生品尝成都名小吃，有一道菜是豌豆烧猪肠。

② 他应邀在华西坝为大学生讲文学创作与抗战等问题时，是用英语讲的。

③ 《成都〈新民报〉追忆》，《四川政协报》2015 年 3 月 31 日。

后在国立四川大学授课。听说林语堂来到闻名遐迩的“坝上”，钱穆前去一晤。

钱穆后来回忆在成都初次与林语堂晤面的情形：林语堂就是两指夹着烟卷，一面抽烟，一面谈话，烟卷积灰渐长，林语堂谈话不停，手边附近又没有烟灰缸。钱穆一面看着，一面担心若烟灰掉落，将有损主人地上美丽的地毯。他问钱穆先生，成都到眉山有多远？得知至少需要两天水路行程，林语堂耸了耸肩。他似乎漫不在意，且直到烟灰已长及全烟卷十分之七的程度，“却依然像一全烟卷，安安停停地留在语堂的两指间”。后来钱穆与林语堂相交久了才了解，“我行我素”只是林语堂的外相，“但语堂另有他内心之拘谨不放松处”，“语堂之幽默，在我认为，尚不专在其仅抽烟卷之一面，乃更有其烟灰不落之一面”。

在我眼里，林语堂先生的幽默还有一面，那就是袅袅烟雾打开的诗意空间。

在《苏东坡传》中，他直接描写了自己从未涉足的眉山风光：“在千年万古为阴云封闭的峨眉山的阴影中，在乐山以北大约四十英里之外，便是眉州的眉山城。”“幸亏战国时代李冰的治水天才，当地才有完整的水利灌溉沟渠，千余年来始终功能完好，使川西地区千年来沃野千里，永无水患。蟆颐山的小山丘下，稻田、果园、菜圃，构成广漠的一带平原，竹林与矮小的棕树则点缀处处。”对于蜀地的地望他熟悉到了这等程度，就说明巴山蜀水早已满溢胸次，似乎再次印证了想象的真实性高于、大于现实。

而一般情况是，现实总是输于想象，但想象也未必高于现实。

千年以降，眉山不但有无边竹涛与玻璃江碧水的相互托举与呵护，更有桑树、桤木、构树、水杉、槐柳渐次漫漶的满城葱绿。

我总是以为，一座城市如果拥有一两位彪炳千古的人物，就会让这座城拥有一种别样的魅力。这样的人物会提振城市的精气神，哪怕千年以后，人们还会因为这样的人而铭记、传播这座城，对它时时惦念。而拥有这样的历史人物，就是城市之幸。

在历史上被称为“三苏”的文学家苏洵、苏轼、苏辙父子，就出生在眉山。眉山何其幸运!

岷江是长江最大的支流之一，也是岷山与邛崃山的分界，岷江全长七百一十一公里，流经的地级行政区有阿坝藏族羌族自治州、成都市、眉山市、乐山市、宜宾市，在眉山市历来有“母亲河”之称。浩荡的岷江自成都西北岷山余脉冲腾而下，野性难驯，经常四处泛滥，到秦国蜀郡太守李冰修筑都江堰水利工程后，才变害为利。两千多年来，灌溉川西平原千里沃野，《华阳国志》这样概括成都平原：“水旱从人，不知饥馑，时无荒年，天下谓之天府也。”意思是说，都江堰水利工程完成后，成都平原要雨则雨，要晴则晴，真是风调雨顺，老百姓从不知道饥饿的感觉是什么，天下的人都羡慕地称此地为“天府之国”。

“天府”本身是一个官职，掌管天子的府库。既然是天子府库，那么肯定是藏富之地了，中国最早的“天府之国”并非成都，而是指关中平原。自从有了都江堰引水开始灌溉水网密布的上千万亩良田以来，“天府之国”就成为成都平原的代称，所以“天府”被用来形容成都平原的富庶。而位于成都城西南几十公里的古城眉山，处于天府之国的大平原腹地，也为“三苏”注入了岷江的活水以及诗情画意。

民国版《眉山县志》指出：“山不高而秀，水不深而清”“介岷、峨之间，为江山秀气所聚”。

苏轼《东湖》诗有名句“吾家蜀江上，江水绿如蓝”，展示了一江碧水与蓝天水乳交融的景象。一条静水深流的岷江，再加上两岸边的竹林、麻柳、桑树与油菜花，鱼翔浅底，那才是苏轼最深爱的地方。岷江流贯眉山的全境，自北宋到二十世纪六七十年代，两岸遍布蜀地特有的高大桤木林与笼竹林，广为种植的桑树、苎麻、靛蓝填满了田畴周边，舒缓的水浪难以穿越密林，南宋大诗人陆游曾来眉山探寻东坡遗韵，他的诗《眉州披风榭拜东坡先生遗像》指出：“蜿蜒回顾山有情，平铺十里江无声。”正是真实的描绘，他由衷赞叹“孕奇蓄秀当此地，郁然千载诗书城”，这也正是眉山被称为“诗书城”的来历。岷江下行，经乐山到宜宾汇入长江，航路发达，哺育了眉山的富庶。眉山距离成都仅有几十公里路程，千年以来一直是成都城粮食、禽肉、蔬菜、水果的供应基地，岷江以及其支流府河连接起两座城市，一衣带水，不仅沟通了眉山与东西南北的经济文化交流，而且不断迁入的外地人也改变了眉山的人口构成，对眉山的文化产生了深远影响。

在人们的印象里，巴山蜀水是浪漫而神秘的。在这样的地缘格局下，自古以来眉山人并不孤陋寡闻，现在有人总结眉山的文化特征是：一山、二滩、三文化。“一山”特指著名的“中国桌山”瓦屋山，苏轼有诗“瓦屋寒堆春后雪”，指的就是瓦屋山上气势磅礴的春雪。“二滩”说的是风光绮丽之地——位于仁寿县的黑龙滩与洪雅县的槽渔滩。“三文化”指的恰是彭祖为代表的长寿文化、李密的孝道文化与“三苏”文化。

唐代末年，北方战乱纷飞，比如北宋末年“靖康之乱”以及南宋末年的一系列战争，中原人民受尽了战火之苦。而四川盆地受战争的影响较小，当时四川很平静，五谷丰登。大量来自燕赵、华东的大家族相继迁居到眉山，带来了先进的文化。由于本地生产技术的积累，再加上江南雕工为躲避战争而内迁，雕版印刷在成都一枝独秀，造就了中国文化史上的一大奇观。北宋开宝四年（971），成都开始雕刻多达五千余卷的《大藏经》以后，眉山、潼州、邛崃等地的雕版印刷也发达起来，成都和眉山一带，更是雕版印刷的集中地，与两浙地区、福建并称“全国三大刻书之地”。有意思的是，北宋王称撰写的《东都事略》说，有宋刻眉山程舍人宅刊本，目录之后有一个牌子字提示：“眉山程舍人宅刊行，已申上司，不许覆板”，相当于现在的“版权所有，不准翻印”。这是中国最早出现的关于拥有版权、不许翻印的告示。“眉山程舍人”极可能就与苏轼母亲的程氏家族有关。这就是说，最早意识到版权保护的事例，同样起源于眉山。

宋代的学校，官办的有府学、州县学，民办的有私学及书院。州县办学往往与寺庙有关，庙宇多的地方学校就多。据统计，宋代四川当时所建庙学，成都府路四十六处，潼川府路三十五处，利州路十一处，夔州路八处，总计一百处。成都府路庙学最多，眉州属成都府路，而据南宋末赵与时《宾退录》卷一记载，单是眉州就有庙学（乡校）、山学十三所。而四川别的地方，加起来仅有六所。而两宋时期的眉山，所辖区域只不过二十乡、六镇，大约二万户，在这样的空间里涌现如此众多的学校，堪称奇迹。

所谓“山学”，也就是私学，在当时相当发达，学生不少。宋代四川各地所建书院（大多建于南宋）共二十多所，眉州有著名的巽岩书院等。由此可以看出，凡各类学校较多的州府，比如眉州，无疑是蜀地文化最为繁荣的地区。

我们可以这样说，刻书行业的繁荣与学校的大量兴建，为眉山人才的崛起提供了沃土，促进了当地教育的蓬勃发展。

到北宋中期，当地人参加科举考试已蔚然成风。苏轼苏辙兄弟应试那年，仅眉山一县被举荐参加礼部进士考试的学生竟有四五十人，当年进士及第的有十三人之多。根据《元丰九域志》所载，两宋时期，眉州管辖眉山、彭山、丹棱、青神四县，所辖的区域小，眉州也不是当时西南地区的政治经济中心，却出了九百零九名进士①，其中彭山县十一人、丹棱县二十六人、青神县二十四人……放到全国范围来看，两宋三百一十九年一共取进士四万二千三百九十人，眉山进士人数占全国进士总人数的百分之二点一四，相当于每一百名进士中就有两名眉山人，即便当时成都和南宋京城所在地的浙江地区，亦不一定达到这个水平。难怪宋仁宗皇帝感叹：“天下好学之士皆出眉山。”眉山也因此成为中国历史上著名的“进士之乡”，被誉为“千载诗书城”“人文第一州”。

北宋之时，天下文章四川多，而四川文章又多出自眉州。除世人熟知的“三苏”外，眉州还有程公说、程公许、王当、王傅、家铉翁、杜大珪、李焘、陈慥、唐庚、孙抃等等，均在政治、经济、文化、文学、书画等领域各领风骚。

陆游游历眉山后，在长诗《眉州披风榭拜东坡先生遗像》里发出如此感叹：“蜿蜒回顾山有情，平铺十里江无声。孕奇蓄秀当此地，郁然千载诗书城。”

南宋时期，著名诗人范成大（1126—1193）曾担任成都和四川的高

① 杨文、刘清泉等:《两宋眉山进士群体研究》,《中华文化论坛》2015年第4期。

官，他在《吴船录》中记录了一次难忘的眉山之行，展示了他对眉山城市建设的好感："午后，至眉州城外江，即玻璃江也。冬时，水色如此。方夏凉，潦怒涛涨，皆黄流耳。江上小山名蟆颐，川原平远，似江浙间。城中荷花特盛，处处有池塘，他郡种荷者皆买种于眉。遍城悉是石街，最为雅洁。"说明眉州城街道洁净，而范成大恰是在初到成都倡导青砖铺地成为洁净街区的第一人。当地种植有很多荷花，远销各地。这里提到的"蟆颐"山，与苏东坡的出生还有一番故事呢！

苏轼有诗赠同乡的《送杨孟容》："我家峨眉阴，与子同一邦。相望六十里，共饮玻瓈江……"在这首"效黄鲁直体"的作品里，窄韵叠波之余，这静水深流的意蕴让人联想。玻瓈江也作玻璃江，就是指岷江流经眉山城东门到青神县这一段江流，万里夕阳垂，地阔大江流，尤其是秋冬时节更是江水澄碧，倒映朵朵白云，遍布四野的水塘里荷叶盈露，像是翡翠一般美丽，所以眉山的荷花驰名远近。而位于纱縠行的苏东坡老宅（现在的三苏祠博物馆）里，就栽种了很多荷花。城内石板铺就的街道整洁而清雅……范成大用细腻的笔触，真实描绘了一个山川灵秀、富庶雅洁的山水之城。

东坡云"青山有似少年子"。这条玻璃江，焕发着婴儿一般的光泽，一直流淌在东坡的梦里。而玻璃江澄碧泛蓝，似乎一开始，就是成熟的。

苏轼祖辈

唐朝人魏颢在为李白《李翰林集》所作序中指出"剑门上断，横江下绝，岷峨之曲，别为锦川。蜀之人无闻则已，闻则杰出"。这一蜀地人才的现象，明朝李贽在《续焚书》中进一步发现："岷江不出人则已，一出人则为李谪仙、苏坡仙、杨戍仙，为唐代、宋代并我朝特出，可怪也哉。"李贽恨不得"余是以窃附景仰之私……俨然如游其门，蹑而从之"（《读〈升庵集〉》）。相比于黄河文化带的人才谱系，那里逐渐形成了渐悟、渐进、渐行的扎实学风与社会风尚，所以一个巨子的出现，犹如山峰连臂推举而起的东岳泰山；而处于长江文化带的巴蜀地区自古出逸才奇人，人们在亦步亦趋之余，更有一种追求顿悟、灵动、突发而至甚至剑走偏锋的峻急特征。这固然源于蜀地地缘、季候、物产的不同，更源于通达亚洲西南的“蜀身毒道”，将异域文化不绝输送传递而来，以及自秦朝就开始的移民入川，这些因素与本土文化“对撞生成”而出现了独秀的巴蜀文明。

汉代辞赋家司马相如说：蜀地往往“有非常之人，然后有非常之事。有非常之事，然后有非常之功”。意思是，如果要建立不寻常的功业，必须依靠不寻常的人才。而苏轼的曾祖父、祖父，都属于这一类不走寻常道路的民间奇人。

父母是孩子的第一老师，父母的影响力永远大于老师。何况，苏东坡的父亲苏洵本是怪才，连他的祖辈也具有乡野异人的气质。

苏东坡的曾祖父苏杲，居住在眉州丹棱县乡野，以种田务农为业，善良而本分。据说他孝顺父母，爱护兄弟，对于朋友讲信用，对乡亲无论亲疏都非常敬爱。因为他特别勤劳，加上善于治理生产，所以家有余财。但他不贪心，不取非分之财。

在北宋王朝收服后蜀孟昶政权的时候，后蜀数百宫室人员被俘入京。蜀地的富豪贵人争相抛弃土地与房屋，跑到汴京，一是避祸，二是千方百计钻营权门，渴望谋求仕途。本地人自然是鹊巢鸠占，取用了富豪抛弃的土地与房屋。对此苏杲却不屑为之，还说：“我怕因此而祸害我的儿子。”

终其一生，他拥有不到两顷的田土。他的住宅也很敝陋，却自由自在生活，不以为意。尽管条件不算富有，但他喜欢施舍，施舍了又不肯让人知道是他施舍的。他说：“钱财多了不施舍于人，我怕别人谋害我；施舍于人而让人知道了，别人会以为我好出名。”如今看来，他才是深谙施舍奥义之人。因为懂得施舍的人不会爱好名利，而且不贪求福报。一旦为了求功德而行善，为了福报而施舍，那么施舍的善行将大打折扣。

他的一个兄弟一度犯事，临到被捕之前了，兄弟就对他讲：“如果我死在监狱了，就请你照顾我的妻儿。还请你打听我的事情严重不严重，不严重就送肉给我吃，严重的话就送素菜来。我见到素菜，就绝食，一死了之。”事态峰回路转，这个兄弟得到了法律宽释，回家后对苏杲大发感叹：“我不是没有其他兄弟，但可以‘寄生死者’，我心中就只有你这个大哥了！”

鉴于这桩往事，到了苏杲临终之际，他妻子把年少的儿子苏序带到他病榻之前，对苏杲说：“你何不把我们的儿子也托付给你帮助过的兄弟呢？”

回光返照的苏杲眼睛冒起了一道亮光，笑着回答：“只要我们的儿子是贤能的人，虽不是我兄弟的人，也会与我们的儿子亲近友好；如果我们的儿子不是贤能之人，即便是我的兄弟，也会断然抛弃！所以啊，口头的托付有什么用呢？口头的应允有什么用呢？你还是好好教育儿子吧！”[①]

如果说苏杲的慷慨大度，一是出于纯良的天性，二是源于眉州的淳朴民风，那么在儿子苏序看来，行善简直就是生活的应有之义。

苏轼的祖父苏序（973—1047），比苏杲走得更远，属于蜀地乡村不多见的奇人。

苏序当时仍生活在乡间，应在眉州城北郊外一个叫“拨股祠”的地方。拨股祠亦叫拨股庙，根据清光绪版《丹棱县志》卷二记载，亦名为“东坡场”，位于今眉山市东坡区三苏镇三苏场，距眉山县城三十五公里，距丹棱县城仅有六七公里，传说这片呈露红壤的平原与浅丘上，有一座苏家的乡间私第，至今尚有连鳌山、千年拱背桥、望月坡和望苏桥等历史遗迹。对此《眉山县志》记载云：“三苏乡的三苏场，原为苏洵父子故居处，元代建三苏祠，后称‘拨股祠’，清代以此建场，名三苏场。”[②]据说苏家最初定居于眉山的修文乡，后由于家族繁衍生息，其中

① 赖正和：《漫话苏东坡》，中国文史出版社 2014 年版，第 9 页。

② 王致修主编：《眉山县志》，四川人民出版社 1992 年版，第 78 页。

一支便从家族田地中划拨一股地方，迁徙定居到了三苏场，这一支族人为纪念这一重大事件，故立祠名“拨股”以为纪念。元明以来，此地已建有“三苏祠”。

首先，苏序“奇”在哪里呢?

俗话说这样的人叫“南人北相”，他身材魁伟健壮，强力之人往往为人慷慨大度，却也待人谦恭有礼，邻居无论贵贱，与他都有交情。而且除非遇到紧急事情，他平时从不骑马，理由是怕见到比自己年长的老人步行，就使自己感到惭愧。他把自己的几十亩土地种上了粟，也种了一些稻米，收获后用去壳的稻米跟别人交换粟，用大粮仓储存起来，谁也不明白他这样做的原因。他只是说，唯有粟“性坚能久”，可以储存多年而不腐。这样储存了好几年，粟竟达到三四千石（一石为一百市斤）之多。

在苏序二十二岁的这一年，青神县李顺带头造反，攻打眉州。人心惶惶之际，苏序每天参与守卫城市，气稳神定。此时屋漏又逢连夜雨，他的父亲苏杲病逝！而攻城越来越猛烈，人们都忧心忡忡的，但是苏序依旧像平常一样该干什么干什么。战乱平息后，眉州一带又是大旱，庄稼近乎绝收，大饥荒就开始在这富庶之地蔓延。苏序毫不犹豫开仓送谷，先给族人，然后给妻子娘家人，再给佃户和穷人，使大家都平安度过了灾荒之年。与此同时，他还在房前屋后遍种大芋头（古语蹲鸱），用大甑子蒸熟摆在门外，任人取用……

第二年别人来归还他的稻谷，他摆摆手拒绝了，说邻里之间相互帮助是应该的。由此可以看出他助人为乐的品格。

后来有人这样追问：“您为什么一定要贮存这么多谷子呢？”

苏序的回答是：“不去壳的谷子，可以贮存很长时间不霉烂不生虫，所以我才大量贮存备荒。”

一问一答之间，显示出苏序的远见与慷慨大度。古人认为和睦的邻里关系，是相互帮助，贫富可以调剂，危难可以相助。苏序的豁达人品与清正家风，深刻影响了苏家的后人。

苏序的奇事，还有很多。

蜀人自古就有饮酒的习俗，唐朝李白就是公认的“酒仙”。苏序也不例外，他劳动之余就爱喝几杯，尤其喜欢与乡野老人对饮，一边喝还一边放声高歌，这分明是一个快乐、耿直的乡野之人！有一天中午他喝得正酣，从眉州传来了天大的喜讯：他的二儿子苏涣科考及第了！这是光宗耀祖的大事啊，按理说应该大肆庆祝一番，可他呢，并没有做任何准备，继续在田野里劳动着……

当时国家规定，儿子中举，父亲可以因此而得到一个朝廷的官职，这叫“诰封”。朝廷诰封苏序官衔的文书很快也敲锣打鼓送来了，同时还有儿子苏涣为他购置的官服、官帽、笏板、交椅等用品也一起送到了。当时苏序仍在鸡毛小店喝酒，他衣冠不整，坐相不雅，醉醺醺地一把抓过文书，就将文书与各种杂物统统塞进一只布袋里。有趣的是，还将没吃完的一大块牛肉也一起塞进了同一只布袋，让村童替他背着，自己骑驴摇摇晃晃地进城。

听说他接受了朝廷封诰，一些人跑到郊外路边来看稀奇，他们终于见到了醉醺醺的“苏大人”，行头是两只农夫用的布口袋，无不放声大笑。而烂醉如泥的人，却从不跌倒，足见苏序的定力。

哈哈哈，大家头一回见到这副模样的“官人”！

在北宋的巴蜀地区，已经出现若干行业神，比如田神、蚕神等等，农民十月农事大体结束，均要准备酒食，以报田神。《太平寰宇记》卷一三七指出，巴蜀一带“皆重田神，春则刻木虔祈，冬则用牲解赛，邪巫击鼓，以为淫祀，男女皆唱竹枝歌”。

在此氛围下，苏序还是一位不信邪的勇者。苏轼回忆说，当年眉州有一座大庙，供奉土神“茅将军”。

宋代钱易《南部新书》载：“江淮间多九郎庙与茅将军庙。九郎者俗云即苻坚之第九子，曾有阴兵之感。茅将军者，庙中多画伏虎之象……”这是说，浙西有位叫德林的和尚，年轻时游舒州，于路边看见一个人正拿锄头清理一块一丈大小的土地，周围几十里没有人家，觉得很奇怪，就问那人。那人说：“过去我有一次从舒州往桐城去，走到这里突然发起了疟疾。走不动了，就躺在草丛里。等稍清醒过来时，天已黑下来。四望没有人烟，只听得虎豹吼叫，心里想我是非死在这里不可了。突然有一个人骑着马来到我跟前，看那样子仿佛将军，带着不少人。将军下马，坐在胡床上。过了一会儿，他叫来两个兵，对他们说，好好保护这个人，明天把他送到桐城去。说完就上马走了，转眼已不见，只剩下两个兵守着我。我勉强坐起来问他们，他们说，那人是茅将军，经常夜里出来猎虎。怕你被虎伤，特派我们保护你。我想再仔细问问，因为太难受又躺下了。等我醒时，太阳已出来了，两个兵也不见了，我就爬起来赶路。只觉得两腿特别轻快，跟没病时一样。到了桐城，病完全好了。所以我就在遇见茅将军的地方给他修个小祠庙祭祀他。”德林和尚到舒州待了十年，等回来时一看，村子里到处都建有茅将军的祠庙。

这其实涉及宋朝民间的信仰，当分正朔与巫觋。而混迹于正朔神庙的巫觋，在崇祀氛围十分浓厚的巴蜀地区较为普遍。比如当时在黎州（今四川省雅安市汉源县）有武侯祠，“杂他土木鬼神，甚不典”，这当然要清除出列。官方大力禁巫，也对与巫觋相关的祠庙尤其是淫祀加以打击。比如雅州知州王惟正，“按祠庙之不在祀典者，投其像于江，彻屋材以补官舍，巫觋为之易业。”王惟正打击的是不在祀典之列的祠庙，即非正祀。

在这样的影响之下，在苏序眼里，眉州百姓一旦对巫觋供奉的礼物欠丰盛，那么“茅将军”就降下瘟疫和灾祸。真乃“是可忍，孰不可忍”！百姓本就困苦，大家都吃不好穿不暖，哪来丰厚的祭拜物品？有一天，出离愤怒的他率领十几个村民冲进“茅将军”庙，挥斧砸碎了神像，还把碎块扔进了山沟。一不做二不休，干脆把庙也拆毁了。奇妙的是，从此眉山风平浪静，也没有什么灾祸降临……

更奇特的是，苏序还有一次与“茅将军”的遭遇之战。

天圣二年（1024），苏序第二子苏涣（1000—1062）进士及第！这可是自苏味道以来，眉山苏氏家族的天大喜讯。消息传到老家，苏序与族人赶往蜀道剑门关迎接苏涣。宋代“苏门六君子”之一的李廌在《师友谈记》里记载了苏轼的口述，那是一段非常传神的事件：

伯父初登第，太傅甚喜，亲至剑门迎之。至七家岭，忽见一庙甚大，视其榜曰“茅将军”。太傅曰：“是妖神却在此为幻耶？”方欲率众复毁，忽一庙吏前迎拜，曰：“君非苏七君乎？某昨夜梦神泣告曰：明日苏七君至，吾甚畏之。哀告苏七君，且为容恕，幸存此庙，俾窃食此土也。”众人怪之，共劝焉，乃舍。[①]

七家岭的庙祝“梦神泣告”云云，显然是托词，但苏序敢于毁庙破迷信，确系事实。由此可见苏序敢于出头的性格。

苏序粗枝大叶，读书不求甚解，但晚年迷上了写诗。乡间生活、县城见闻都能引发他的诗兴，所作竟有一千多首，可惜时光荏苒，未能流传下来。

今人有这样的评价：苏杲、苏序父子二人性格不同：苏杲有点胆小，做事谨慎；苏序比较豪放，不拘小节。但他们都善良好义，乐于助人。这正是蜀地民风的美德。

所谓有其父必有其子，从他的孙子苏轼身上，完全可以发现他们惊人的相似之处。

苏洵的治学与游历

现在，我们该介绍苏轼著名的父亲了。

苏序有三个儿子：苏澹、苏涣、苏洵。长子名苏澹，体弱早逝，事迹无闻。需要注意的是，唐宋两朝，蜀地有两位苏涣，前者还是杜甫的挚友。史料记载，唐朝苏涣，初字公群，后改字文父，他年少时为盗

① 岂水编校：《鬼话连篇：历代笔记中的仙佛神怪》，中国和平出版社 2014 年版，第12—13 页。

侠，狂放任侠，加之血气方刚，往往是“路见不平一声吼”！他的拿手兵刃是一张百发百中的白弩（强弩），过往商人对此无可奈何，把他称为“白跖”，即使用强弩的强盗，可见苏涣还颇有武功。郭沫若在《李白与杜甫》一书里，称之为“人民诗人苏涣”。可惜在一些传记里，竟然把唐朝苏涣的白弩强塞到了宋代苏涣手里，他如何消受得起啊！

眉州的苏涣猛攻诗书，在天圣二年（1024）进士及第，累迁侍御史！这让以往寂寂无名的眉州书生备感荣耀，一时间本州读书人达到了上千人之多。

但苏洵却与两位哥哥完全不同。他从小“游荡不学”，一直喜欢游山玩水，并沉迷其间。他游完青城山、岷山、峨眉山、剑门雄关，再乘船东下穿过夔门直达中岳嵩山、江浙等地……苏洵这种“百金买骏马，往意不自存”的豪放性情，肯定受到苏涣的影响，仿佛他们心中的偶像乃是诗仙李白！当然了，行走山河、寄情山水也并非虚费时光，因为雄奇秀美的景色开阔了苏洵的眼界，滋润了他的才华，而且他结识了很多名流与江湖异人，他把人世这本大书读出了自己的心得。这就是他的“游学”。

这样的“游学”，在行万里过程中反刍万卷书的奥义，达到“江山重叠更销魂”的人生之境。这倒是让我想起意大利剧作家卡洛·哥尔多尼的一句话：“没有离开过故乡的人，充满了偏见。”反过来说，不断地在他乡与故乡之间来回奔走，苏洵的故乡观念，早已超越了狭隘的“乡愿”之境。

也许，一个人总是渴望远行与游历，那不是体现他对故土的厌恶，而是希望自己被异景与异力予以塑造。长此以往，自己就成为异人，当然也成为家乡的“他者”。

伴随第一次科考失利，苏洵其实还是在读书。他是把读书当作一种认识人生的手段，后来考取功名的心思淡了，但读书竟更让他走火入魔。据说一个端午节的早晨，妻子程夫人给书房里的苏洵送了一些粽子和一碟白糖。苏洵读书太过入迷，竟将桌子上砚台中的墨汁当成了白糖，等到他的妻子来收拾的时候，苏洵的嘴上吃的都是墨水。苏洵将墨水当成白糖蘸着吃，也说明了他对读书的迷狂。

这毕竟是苏家的“新闻”。玩笑之余，哥哥苏涣就问苏洵：读书人不热衷功名可以！但你能不能将之前游历过的地方都记录下来，然后让没有出过远门的人也长长见识啊。苏洵心中却是很着急，自己心里虽然有许多感悟渴望表达，但是一字一句要落地，也非易事。苏涣看到苏洵的表情，就转过话题，叫苏洵编写苏家族谱，苏洵觉得有新意，于是答应下来。

苏姓是如何而来的？眉山的苏家又有着怎样的一番来历？为了找寻自己先祖的一些线索，苏洵不仅重读了《史记》等书籍，而且还向与自家交好的人家查阅资料，又征询了不少老人。苏洵求证后得出的结论是：苏氏出自古帝王颛顼高阳氏，为昆吾之后。据《元和姓纂》和《苏氏族谱》等所载，颛顼帝裔孙吴回为帝喾火正（古代掌火之官），生子陆终，陆终的长子樊，居于昆吾（今山西运城东北的安邑街道），后发展为日益强盛的昆吾部落。夏朝中期，帝槐封昆吾的后裔于有苏（今河南辉县的苏岭），史称有苏氏。商末，苏国灭，族人以苏为氏，四散。周武王时，有来自苏岭的苏忿生为司寇，受封于苏，都城温（故城在今河南温县东南），建立苏国，子孙遂以国为氏。

苏洵修族谱还有一段传说。由于苏洵喜好游览，疏于读书，即使苏轼、苏辙两个儿子出生后，仍无奋发之意。一日，苏洵在外倦游归来，看到孩子们都已长大，在母亲程夫人的教育下努力读书，小小年纪读过的书竟比自己还多，这令苏洵很感惭愧。恰逢这些时日苏洵在外做官的兄长苏涣回到眉山，见苏洵整日闲逛，便问他：“你走遍名山大川，看过美景无数，能否用诗句将它们逐一描绘？”苏洵苦思半日，不得一句，这更是让他羞愧了。此时，苏涣向苏洵说出一个他长久以来的愿望：“苏氏家族本是望族，却没有一部像样的族谱流传后世，我的心愿就是为家族编写出一部族谱，但实在是没有时间。你闲来无事，希望你能完成这一心愿，编纂出一部苏氏族谱，让苏氏族人的故事一代一代流传下去。”

可以说，苏洵是硬着头皮接下这个任务的。从此，他奋发苦读、遍览典籍。他寻遍眉山城中名家望族的族谱予以借鉴，并到县衙借阅各类史书，从中了解历史上的苏姓名人，力求编纂出一部流传后世为门庭争光添彩的族谱。

苏洵以高阳为苏姓始祖，以唐代武则天时期的宰相苏味道为族谱一世祖。苏味道，唐代政治家、文学家，赵州栾城（今河北石家庄市栾城区）人。苏味道有四个儿子，老大、老三、老四都子承父业做了官，只有老二与众不同，是个闲人。这个老二叫作苏份，在苏味道被贬为眉州长史时跟随父亲来到眉山，并在眉山娶妻生子长居于此。

苏洵在《苏氏族谱》中写道："苏氏出自高阳，而蔓延于天下，唐神龙初，长史苏味道刺眉州，卒于官，一子留于眉。眉之有苏氏，自是始。"

治平三年（1066），苏洵请来司马光为族谱题词："辕轩肇迹，昆吾启祥。司寇脉衍，平陵功敫。并州贻泽，凤阁传芳。眉山挺秀，奕世荣昌。"同年，苏洵去世，苏轼继续族谱的编写工作。又过了二十三年，直到元祐四年（1089）《苏氏族谱》才正式印刷出版，并由苏轼亲自题写"苏氏族谱之帙"。

据说，当苏洵把这本族谱手稿交给苏涣，苏涣对弟弟大加赞赏，并让他把自己的名字填到编纂者一栏中，以流传后世，让后人都知道是苏洵编写的。

从族谱历史而言，欧阳修是从司马迁《史记》的"表谱"形式获得启发，首创《欧阳氏谱图》；苏洵则在欧阳修创立的基础上有所改进，从而创修《苏氏族谱》。尽管两谱在内容上各有侧重，但从形式上看，苏谱对欧谱有所借鉴。他们的共同点，是在内容上均以"谱系"为主线，以"牒注"为辅助，构成谱与牒的组合体；在排列上从上至下按"高、曾、祖、父、子"依次布局，从右及左由兄及弟不断延续。如今看来，欧、苏创谱的体例形式均为世系和世表相结合的"独图式表谱"。

苏洵在谱学领域贡献巨大，他创造了现代修谱方法之一的"苏氏谱例"，影响巨大，时至今日仍然是许多地方和姓氏的修谱范例。其体平列，世序直陈，用表格的形式记述先祖世系。在表中人名下注出其仕宦、行迹、配偶、死葬、享年并依次书写子孙后代，各代标明辈分。

曾巩《苏序墓志铭》说：“君之季子洵，壮犹不知书，君亦不强之。谓人曰：‘是非忧其不学者也。’”张方平《文安先生墓表》说：“先生（苏洵）其（苏序）季也，已冠，犹不知书。职方不教。乡人问其故，笑曰：‘非尔所知也。’”苏序对苏洵“游荡不学”的态度是“纵而不问”，人问其故，他或笑而不答，或说“非忧其不学”，甚至说“非尔所知”。苏序对苏澹、苏涣是“教训甚至”，为什么对苏洵却“不教”“纵而不问”，并对其未来充满信心呢？这是因为苏序对苏洵颇为了解，他颇有大志，不愿为声律句读之学所束缚；所谓“游荡不学”，他超然于书本空间之外的志向，未尝不可听其在山水滋养中蔓延，到达某个临界点，事情也许就有突然的拐弯。

当时，苏洵在京参加应制策试，不第，本是要回四川的，刚好哥哥苏涣自阆州解官还朝，兄弟俩在京城相见。苏涣还写了《送洵不第归蜀》诗勉励苏洵：“人稀野店休安枕，路入灵关稳跨驴。”苏洵告别兄长，离京，南游庐山、虔州。途中得知父亲去世，匆匆返蜀。到庆历七年（1047）八月，苏洵才奔丧回到眉山，跪在父亲的灵牌前不敢起身。

晚上，程夫人才把父亲丧事的账本交给苏洵。苏洵感动不已，对程夫人说：“我有夫人，此生之幸啊！”

这次，苏轼、苏辙两兄弟才正式就学于父亲，苏洵为这两个儿子取了学名。

孔子当年是乘牛车握轼木周游列国，不仅仅看重牛车的悠然速率，而且在我看来牛车一直具有民间性的特征；马车多与战争、官方相关，宫阙中人多采用有垂帘的马车，一车绝尘心急如火……表面看来，牛车与马车是两股道上跑车——撞不上！它们归属不同，但大道通天，牛车与马车并非南辕北辙，它们在历史上留下了既分离又交错的痕迹：由民间入仕途，或者由仕途归隐民间。在加速与减速的人生变奏当中，尽管这个世界通行的法则是“春风得意马蹄疾”，但回想骑在牛背上的童年，苏轼“悔不长作多牛翁”，这体现出他置身仕途困厄状态的深切民间情怀。

起名、改名是一件非常严肃的事。古人起名、改名时都要祭祖，请族中有名望的长者，先行占卜，然后起名。苏洵游历广阔，自己的学识足以处理这样的事情。一〇四七年，因为苏序病逝，苏洵奔波数千里，从虔州赶回眉山奔丧。处理完丧事，他写了一篇文章《名二子说》，记录自己为两个儿子正式取名字的原因。当时苏轼十一岁，苏辙八岁。常年在外奔走，苏洵接触马车尤其多，所以两兄弟的名，都和马车有关。

苏洵熟读经典。《后汉书·舆服志》："上古圣人，见转蓬始知为轮。轮行可载，因物知生，复为之舆。舆轮相乘，流运罔极，任重致远，天下获其利。"于是有了极为细密的"车制"①。

对长子苏轼，苏洵写道："轮、辐、盖、轸，皆有职乎车。而轼独若无所为者。虽然，去轼，则吾未见其为完车也。轼乎，吾惧汝之不外饰也！""轼"是古代马车前用作乘车人扶手的横木。和车轮、车辐（支撑轮圈的细条）、车盖、车轸（车底的横木）相比，轼仿佛没什么大用。可是如果马车没有车上扶手的横木，又总让人觉得不完整。于是，这个没有实际作用的"轼"，就只剩下装饰的作用了。苏轼性格豪放，锋芒毕露，从不知掩饰自己的观点。自幼父亲就看清了这一点，劝诫他多加外饰以免遭祸。这正是为他取名"轼"的初心。苏洵在文中感叹，儿子苏轼啊，我担心你不注意外在的装饰。是希望你能够察言观色，掩饰真心，遇事不要冲动，对人不能过于坦诚。

对次子苏辙，苏洵写道："天下之车莫不由辙。而言车之功者，辙不与焉。虽然，车仆马毙，而患亦不及辙。是辙者，善处乎祸福之间也。辙乎，吾知免矣！""辙"就是马车行走留下的印迹。苏洵说，天下的马车行走都遵循前车的印迹行走，可说起马车的功劳，大家根本不会提到车辙。虽然车辙无功，但一旦车翻了马死了，出了祸事，车辙也不会受到牵连。苏洵的意思说，如果苏辙能够甘心做一个车辙，虽然不能大富大贵，但也可以免于灾祸。

---

① [明]周祈撰，王卫峰笺证:《名义考笺证》，上海古籍出版社 2021 年版，第 650 页。

苏洵精于《易经》，自谓可以洞悉命运。就在同一年，他也为自己的哥哥苏涣改动字号，他根据《易经》命之为“文甫”，哥哥也欣然接受了。《名二子说》里，苏洵所言无非教导孩子，希望子女首先要学会生存，然后再寻求发展，知子莫若父啊，苏洵似已将两个儿子的一生尽见，可谓一语成谶。

那么，半路进入仕途的苏洵，对于轼与辙的一番未来洞悉，他是着眼于牛车抑或马车呢？在我看来，毫无疑问是后者。仕途是马车之隐喻，牛车自然是民间之比。所以，牛车当作马车赶，嘚嘚嘚，苏轼说“竹杖芒鞋轻胜马”，那分明是渴望走另外一条道路。

在苏洵的游学中途，还敢于大把花钱。

苏轼年幼时，苏洵一次在眉州附近的山里集市上，见到一座奇异的楠木假山。因为钱不够，他就用身上的银狐裘与一位“溪叟”予以交换，这充分说明苏洵是“寓意于物”的实践者。

木假山也称作木山子，是继石山子一脉相承而衍生出的文房清供。木山子作为文玩的历史，要晚于石山。除去质地不同，二者审美情趣几乎一致，它们大体具有的独立、清峭、与世无争又凛乎不可犯的气质，与古代高士的道德风尚十分切合。

蜀地的木山子，一般是埋藏在岷江沙土里上万年的大树，最终成为发亮的乌木，再被高人雕刻为假山。乌木也称阴沉木，一般分为乌柳、红椿、金丝楠木三大类。树木被深埋于江河湖泊泥沙之下，在缺氧、高压以及微生物的作用下，碳化成半木半化石状态。阴沉木因兼备木的古雅和石的神韵，乌黑华贵的色彩，柔滑细腻的质地，万年不腐不朽，自古民间称“纵有珠宝一箱，不如乌木一方”，所以也被誉为“东方神木”。现在，这一体格似小山的木假山运进苏家后花园，全家人十分欣喜，赏玩不尽，苏洵于是成文作记，这就是名文《木假山记》。

父亲为两兄弟讲解了文章的来龙去脉：树木在它成长的历程中会遭际太多磨难，有的未及成材即夭折；而成材后，有幸成为栋梁则遭砍伐，不幸被风吹倒，被洪水冲走则破折乃至腐朽。留下不破折不腐朽的，很可能又成为人们做饭烧火用的木柴。最幸运的是被掩埋于河沙之下，经过千百年的磨洗，形状像山，之后被人发现又加工成假山，这才可以脱却泥沙并远离刀斧。文章不但昭示了庄子之“无用之用”的处世智慧，而且东坡兄弟进一步明白，父亲所写的文章，说的是人间的磨难与某种“命定”。

尤为难忘的是，在文章的结尾，苏洵对木假山的形态表达了敬意：中峰伟岸，意气端重；两旁二峰虽势服于中峰，但凛然绝无阿谀奉承。字里行间蕴含有“穷则独善其身，达则兼济天下”的清晰向度。

这就是做人的大道理！万不可扞格不化。

多年以后，在仕途上沉浮的苏轼与苏辙，无论是春风得意或者屡遭贬谪，都时时不忘父亲的这一番教诲。木假山永远矗立在他们心中，木假山伟岸峭拔、沉稳大气、刚正不阿的形态，成为他们一生为人的准则。

在北宋中后期的文人圈子中，流行以石为山的观玩方式，这或与东京（开封）处于平原地带无山可观有关。宋徽宗建造艮岳时，此种风尚发展到了高峰，南宋时仍有延续。沈括《梦溪笔谈》曾介绍过一种观照山水的方法：“大都山水之法，盖以大观小，如人观假山耳。”[①]一般人以为是谈论山水的透视，但实际上应与山水观照胸臆有关。奇峰突起的木假山，赋予了苏东坡峭拔而别致的审美范式与桃源寄托。

木假山还有后续故事：苏氏父子进京时，曾将木假山运到汴京苏家所居的“南园”庭院。位于汴京“宜秋门”附近，一〇六四年苏家买下这一庭院。苏洵在南园住了三年零十个月。

南园四周高槐古柳，四面有院墙，园有堂、斋，檐下置木假山。庭前花圃“无数亩”，种植有翠竹、芦笋、石榴，有萱草、葵花、牵牛花，还有葡萄架。苏辙有《赋园中所有十首》，将园中花草树木一一题咏，苏轼在凤翔作《和子由记园中草木十一首》。

但也有资料指出，南园放置的木假山是嘉祐四年（1059）他们赴京师途中杨纬赠送的，苏洵视作“忘言伴”，并作《寄杨纬》诗表示“京

① ［北宋］沈括著，胡道静校注：《新校正梦溪笔谈》卷 17“书画”，上海人民出版社 2011 年版，第 170 页。

洛有幽居，吾将隐而玩”。“庭前三小山，本为水中楂。当前鉴方池，寒泉照谽岈。”（苏洵《答二任五言二十韵》）苏辙帮父亲穿墙引水，置木假山于池中，水从池中溢出，浇灌园中花草树木，苏辙作有《木山引水二首》，苏轼作《和子由木山引水二首》。

梅尧臣偶然得见此物，为此还写过一首名为《木假山》的诗，苏轼读到后写了《次韵梅二丈圣俞木假山》与之唱和。苏氏父子先后去世后，木假山又从京城运回眉山苏宅，苏氏后裔设堂供奉。可惜的是，这座木假山终未能逃脱浩劫，在明末随整座祠堂毁于兵燹。清康熙四年（1665）重建三苏祠时，在原址恢复了“木假山堂”。道光十二年（1832），眉山书院主讲、中江县人李梦莲从岷江畔购得乌木，根据苏洵《木假山记》文中的描述，雕刻成现在的形态，供人瞻仰。

为此，李梦莲还写过一首诗：

我闻眉山有苏老，珍爱木山如爱宝。
此山如得老泉看，胜他渤海看三岛。
回首便将山拂拭，百夫辇致苏堂侧。
当时坡颍有精神，要对峨眉争秀特。

如今，我们在三苏祠里睹物思人，不禁感叹木假山上的那层“包浆”，一如时光的赋形。

苏洵到二十五岁了，才决心停止“游学”，静心读书。但外面的世界不断诱惑他，他总是有些不甘心，这样犹犹豫豫又过了两年，到二十七岁的一天，他对妻子说出了自己的担忧：“我一心学习，就没有精力去赚钱管理一家人的生活，该怎么办呢？”

看到脸带愧色的丈夫，夫人感慨万端：“你终于不找借口了！从今天开始，你就一心努力研究学问，一家人的生活由我来承担吧！”

这次苏洵说到做到，闭门谢客，日夜攻读，表现了惊人的毅力。转眼两年过去了，他踌躇满志，赴汴京（今河南省开封市）报考进士。当时，科举考试尤其注重“声律应对”，这是指诗句中文字的读音需要平仄相间、相互转换。对此苏洵显然并不在行，结果榜上无名。但苏洵没有灰心，他反思了自己的不足之处，越发苦学。数年后他再次赴京，参加庆历六年（1046）的考试。可惜他的见解和独具个性的文章都没能打动考官，再度名落孙山。

苏洵是冷静的，他没有因为自己无心做官而大肆攻击科举考试。毕竟科考是当时上进之人的一道独木桥，儿子们如想实现人生的理想抱负，就必须越过这一关，但培养端正的人品是比科举更重要的人生基石。所以苏洵夫妇常对孩子们强调读书的目的是：“内以治身，外以治人。”治身，就是要修身、养性、正心；治人，就是要齐家、治国、平天下。并要子女注重节操，向历史上的忠臣学习，所以苏轼、苏辙在文学上出类拔萃的成就和官场中刚正廉洁的操守，显然是与严格的家庭教育密不可分的。

苏洵中年发愤、学业有成的事迹，也在家乡广为传颂。当时（1054）名臣张方平镇守成都，张方平很有学问，得知苏洵才学杰出，便引为知己，特别是他读了苏洵的文章后，大为佩服，甚至把他同左丘明、司马迁、贾谊等历史名人相提并论，他决定向朝廷推荐这样的人才。

不久，雅州（今四川省雅安市）知州雷简夫也与苏洵结识了，称他是天下奇才，并向朝廷宰相韩琦、翰林学士欧阳修积极推荐苏洵。

可惜的是，朝廷对张方平等人的推荐迟迟不予答复，于是张方平建议苏洵去京城，希望他能遇到伯乐。恰好苏轼、苏辙要进京参加科考，于是宋仁宗嘉祐元年（1056）苏洵带着两个儿子由陆路经陕西，一路辗转到达汴京。

苏洵向欧阳修面交了张方平、雷简夫的推荐信和自己的一些文章。欧阳修一读，对苏洵的才能大为赞赏，立即向朝廷举荐说“眉州布衣，履行淳固，性识明达”，建议朝廷选用这样的人才。与此同时，苏洵的著作开始在不少官员中传阅开了，一时名扬京师，许多名士都以能够认识苏洵为荣。

第二年苏轼、苏辙兄弟不负父母希望，一路过关斩将，同时考中了进士。皇帝宋仁宗看到苏家兄弟的试卷，十分高兴，对皇后感叹说：“吾今又为子孙得太平宰相两人。”这等于是把苏家兄弟看作未来宰相的人才！苏洵父子的文章在士大夫和学子中争相传诵，效法的人很多，文风为之一变。

当时有语曰：“苏文熟，吃羊肉；苏文生，吃菜羹。”意思是，读书人只要把“三苏”的文章读熟了，就能因此中举、做官、吃肉；“三苏”的文章如果读得不熟悉，那么就只能落选喝菜汤了。现在看来，虽然把中举与吃肉联系起来并不一定合理，但也可以看出当时人们对“三苏”的崇拜之情。

说到羊肉，还可以补充一些逸闻：

清代王士禛《池北偶谈·谈异三·苏文》载：东坡有一位朋友“殿帅”姚某，饕餮之徒，尤其贪吃羊肉，常借故给东坡写信，叫仆人等着东坡回信，回信到手，便拿去直接卖掉买羊肉吃。每次出卖苏信，可换得羊肉数斤，大快朵颐。这个叫姚麟的殿帅将军，与东坡并不相熟，如此执着于羊肉，堪称奇人。东坡的书法被黄庭坚戏称为“换羊书”，只是东坡知后不肯再作“屠羊”行径。

当年苏轼在首都开封当京官，受到太后、皇上宠任，红极一时，连羊肉也跟着涨价。后来他得罪小人遭遇横祸，连连贬谪，名字还刊在了“奸党”碑上。这“倒苏”运动一来，士大夫又纷纷诽谤苏文，说他不但毁谤朝廷，而且文字也不通顺了。从此，“苏文熟”不但休想“吃羊肉”，而且这三字应改成“进监狱”了。

一〇五九年，朝廷再次召苏洵，于是他再赴京师。嘉祐五年（1060）八月，苏洵终于被任命为“秘书省校书郎”，秘书省是专门负责管理国家所有藏书的机构。第二年苏洵再被任命为霸州文安县（今河北省文安县）主簿，这是一个八品官，主管一县的文书簿籍及官方印鉴。就在苏洵担任文安县主簿期间，朝廷又要他与陈州项城县（今河南省项城市）县令姚辟共同编修一部重量级的大书《礼书》，这是非常重要的国家礼仪之书，体现了国家对他的重视。苏洵认为《礼书》是史书的一类，他明确表示了“遇事而记之，不择善恶，详其曲折”的态度，编书就是要让后世吸取历史教训，实事求是，反对粉饰……人们常说“润物细无声”，这样的观点不能不影响苏轼与苏辙。

难能可贵的是，苏洵虽然是一介小官，但他忧国忧民之心始终没有泯灭。嘉祐八年（1063）三月，仁宗去世，英宗继位，韩琦为山陵使，主持修建仁宗陵园，大兴土木，朝廷上下为之侧目，却无人敢言。只有官职卑微的苏洵为“救百姓之急”，“纾百姓目前之患”，挺身而出，上书劝谏韩琦，以史为鉴，薄葬先帝，既维护了先帝的美名，解除了百姓困苦，又不招致华元不臣之议。

对于苏洵的批评，韩琦虽不大高兴，但最后还是部分采纳了他的意见。这说明苏洵关心民间疾苦，展示一介儒士“才无所长”，却“位卑未敢忘忧国”的爱国忧民之心。

苏洵从不苟且，原则性甚强，在编纂《礼书》的原则上，他与同僚产生过分歧。有人认为祖宗的言行，不可能没有过错，如遇到有损祖宗颜面的事，应全部删去，不应写进《礼书》。但苏洵则认为应如实记录，祖宗们的功过是非，任由后人去评说。最终，在苏洵、姚辟等人的努力下，《礼书》洋洋一百卷，在宋英宗治平二年（1065）九月终于编完。

五十八岁的苏洵为此操劳过度，北宋治平三年（1066）苏洵病重，自知不起，他命苏轼续其志写完《易传》。延宕到四月二十五日，苏洵与世长辞。

时至今天，我们经常听到学生在朗诵宋代学者王应麟编纂的《三字经》，其中就有这样的励志名句：“苏老泉，二十七。始发愤，读书籍。彼既老，犹悔迟。尔小生，宜早思……”一个人一旦意识到自己必须发愤图强的时候，无论到什么年纪也是可喜的。可以说，恰恰是苏洵奇特的人生经历，才培养出了奇才苏东坡。

玉局观·蟆颐观

宋代文人夏元鼎《西江月》曰：“谈玄玉局在西川，此日方当龙汉。”此处提到的“玉局”，就在成都。让人不禁产生“踏破铁鞋无觅处，得来全不费工夫”的联想。成都玉局治，东汉时因老子为张道陵说经的传说而成为五斗米道二十四治之一，到唐代正式建立。唐到宋时期玉局治的位置在成都城南偏东，即古江渎池附近，也就是现在上莲池街以北地带；另一说是位于柳荫街一带的锦江北岸。在唐代开元中，道士罗上清请益州长史兼任剑南节度使章仇兼琼重修殿宇，因避唐高宗李治讳，改玉局治为玉局化，由此成为成都文化地标之一。唐代诗僧贯休《题成都玉局观孙位画龙》赞曰：“又闻蜀国玉局观有孙遇迹，蟠屈身长八十尺。游人争看不敢近，头觑寒泉万丈碧。”后来王建据蜀时期，把玉局化改建为五凤楼。注重文化的王衍再予重建，遂成名观。

宋代乐史编著的《太平寰宇记》载：其在“在城（成都）北柳堤”洞子口，内有玉局坛①。传说李老君曾于此坐局脚玉床讲经，因而得名。赵抃《成都集记》载：“开元中，道士罗上清奏重修殿宇，本名玉局治，避高宗讳，改为玉局化。国朝为玉局观，置提举主管官。《灵验记》云：‘天宝岁，玉局观前江内，往往夜中有光从水而出。高七八尺，上赤下白，其末如烟。明皇幸蜀，有人于光处得玉像老君以进。高余一尺，天姿莹洁，宝相圆明，殆非人工所制。驾回，留镇太清宫。’”

《宋史》：“祥符七年六月十八日申时，玉局化老君洞中，忽有五色光出见，高三尺……移时方散。太守凌策画图具表以闻。”既然是名观，附会玉局观里屡现异象，可以理解。

到元兵攻蜀，玉局观毁于兵燹；明朝蜀王朱椿再予以另辟地址重起，位置移到城北，可惜明末清初再遭战火毁坏，清代复予以新建……

宋天圣八年（1030），时年二十二岁的苏洵尚无子嗣，按礼教“不孝有三，无后为大”之训，苏家人着急起来。这年的重九之日，苏洵游览了成都玉局观。在无碍子卦肆（专卖求子卦）里，他见到一幅奇妙的“张仙挟弹像”，他心念一动，遂用所佩玉环予以换取。张仙乃是出自眉州的得道仙翁，姓张名远霄，民间传说其有祷必应。

回到家后，苏洵每天早晨必于张仙像前虔诚焚香祷告。后来眉山蟆

① “城北”并非误写，乃是后人据讹本有意改窜。

颐古观内供奉张仙，明代所刻《重瞳观新修殿宇记事碑》对此事有载。

法国著名作家帕斯卡·基尼亚尔在《游荡的影子》中说："在人出生那天之前就已经有了一个生命。在世界出现之前就已经有了一个世界。"听起来有点唯心，但这样的话不宜争论，而只能在思考中去慢慢"默化"。

宋景祐三年（1036）腊月十九日的清晨，眉州大地暖阳普照，但白雾到中午还没有完全消散，所以蜀地的太阳光，看上去总有些发白。只见一缕缕阳光透过云层的间隙，云移光随，就像一尊自带光环的佛像，照射在山峦、道路和稻田上，形成一道道奇妙的自然景观。这样的光柱，在宋代该怎么称呼不得而知，也许就是佛光吧。

快临产的程夫人昨夜被腹中胎儿折腾了一夜，苏洵也陪了一夜，天快亮时，他靠在外间的太师椅上迷迷糊糊地睡着了。女儿八娘的乳母任采莲侍候着行动不便的程夫人，她们轻手轻脚，生怕惊醒了疲倦的苏洵……

日上三竿，苏洵感觉到身轻如燕，伴随一阵江风飘然来到城外岷江东岸的蟆颐观。蟆颐观始建于唐代，亦名重瞳观，因山似蛤蟆而得名，传说是尔朱真人得道升天的道场。其时道观的道长是张远霄，他道行精深，学养深厚，又会武功。苏洵早年在成都就认识这位"打弹张仙"，而且和他是很好的朋友。张远霄来眉州主持蟆颐道观后，与苏洵每隔几日就会见面，成了莫逆之交。

苏洵不禁想起东汉赵晔编写的《吴越春秋》里的《弹歌》："断竹，续竹，飞土，逐肉。"这是一首远古民歌，根据袁行霈的《中国文学史》记载，这也是中国最古老的诗歌，也就是一首上古时期狩猎时代的八字歌谣，反映了原始社会狩猎的生活，民歌简短、质朴，诗句整齐、和谐，这何尝不是对眉山一带乡野的写照啊！

但也有人的弹弓从不射鸟。他可以瞄准一般人看不到的东西。

苏洵来到道观山门，张远霄早已在山门恭候，笑问："苏信士是来求儿子的吧？"

苏洵答："是的，我还想要一个儿子。"

张远霄："这有何难！看我打一个天上的星宿下来，给你当儿子。"说着取出牛筋弹弓，从袋中摸出一枚铁丸扣上，"嗖"的一声就往空中打去。

苏洵将信将疑。张远霄说："回去吧，看看你的儿子是不是天上的星宿下凡。"苏洵还是不信，突然感觉平静的岷江汹涌而至，大江竖立起来，兀自摇摆……哎呀！他大惊，终于从轰天的浪涛里回到现实，他揉了揉眼睛，见一缕冬阳透过窗棂，斜照在自己面前。还好，这是梦！

这是什么梦，怎如此奇怪呢？

恰在此时，里屋传来婴儿的啼哭声。苏洵知道又一个孩子降生了，他不便进屋去，只在外面候着，等待消息。不一会儿，任采莲出来了，她高兴地对苏洵说："恭喜老爷，您得了一个公子。"

苏洵非常高兴。急忙跨进里屋。屋里生着火盆，暖融融的。接生婆将小孩洗干净了，正用小棉被包裹着，小孩啼哭着。苏洵没有理会接生婆的恭贺，也来不及看程夫人一眼，径直走到接生婆面前，扯开还没有包好的棉被，将小孩轻轻翻过来，看他的背。程夫人和接生婆以及随后进屋的任采莲都不知道苏洵在干啥，都呆呆地看着他与啼哭的小孩。

苏洵把小孩交给接生婆，满脸堆笑地走到程夫人床前。程夫人见苏洵过来，想坐起来，苏洵伸手制止："不要动！好好休息。"

程夫人柔声问："你刚才看孩子背上有啥？"苏洵说："我看他背上是不是有几颗痣。"见程夫人用探询的目光盯着自己，他解释道："刚才我在外间做了个梦，梦见张远霄给我说，他用弹弓给我打了一个星宿下来，说这个星宿就是我们的儿子。还让我回来看一看，这个孩子是不是天上的星宿，只要看他背上的几颗痣就知道了……"

程夫人笑了起来，说了一番奇怪的话，让苏洵听得一惊一乍："我刚才迷迷糊糊的，梦到一个癞头和尚冲进门来……我一惊，娃娃就顺利出生了。其实，是不是文曲星下凡并不重要，只要他勤学苦练，就定有出息！"

家里添丁加口，十分喜庆，张灯结彩，以示庆贺。第三天一早，苏洵点燃香烛纸钱，祭拜了天地祖宗。他高兴地问程夫人，准备给娃儿取个啥名字？程夫人说："孩子排行老二[①]，希望他和和气气，就取名和仲，如何！"苏洵补充说："先取名和仲，等他入学时，再给他取名和字。"对《周易》沉浸多年的苏洵却有一番自己的认识。在他心目中，《周易·乾卦·文言》说："利者义之和。"又说："利物足以和义。"要治理好国家，就必须懂得义利不可或缺的道理："义利、利义相为用，天下运诸掌矣。"

苏和仲不是别人，正是长大后大名鼎鼎的苏轼。

三年后的宝元二年（1039）二月二十日，无常的命运变成缕缕阳光，再次君临苏家，幼子苏辙来到世间。巧合的是，苏辙出生时间与哥哥一样，都是早晨。

……

当六十三岁的苏轼终能从海南岛遇赦北归，他被朝廷封为"提举成都玉局观"。如果我们不过度讲求因果，这既是命运的惊人回环，也是他一生最后的官职了，待遇不错，仅属荣誉性质。宋朝皇帝崇尚道教，各地建立许多宫观，也就诞生了这种因宫观而寄禄的祠禄官虚职。故后世对苏轼又有"苏玉局""玉局翁"等称谓。宋代官与职是分离的，实行"官与职殊""名与实分"的官员任用制度，故而冗官多，朝廷没有官缺加以安置，祠禄官也越来越多。《宋史·志第一百二十三职官十（杂制）》"宫观"："宋制，设祠禄之官，以佚老优贤。先时员数绝少，熙宁以后乃增置焉。"苏东坡毕竟影响太大，所以天下皆知"苏玉局"这无疑是成都玉局观之幸，也在一定程度上诠释了士人喜欢北宋的原因。

青神县程家嘴

相传距今四五千年的时候，蜀王蚕从喜欢穿着青色的衣服，带领民众种桑养蚕，使蜀地经济趋于兴旺繁盛，由此在成都平原建立了蜀地第

---

① 苏洵的长子夭折。

一个国家政权——古蜀国。蚕丛死后，蜀人缅怀他的功劳，就把他拜为青衣神（蚕神），并将他的出生地命名为青神县。

《太平御览》卷一六六《州郡部·眉山》："青神县当羌蜀之要，汉武使唐蒙破西南夷，即路始于此。"

青神地貌以县城为中心，呈盆状结构。岷江由北而南，从中部纵贯全境，东部以龙泉山脉为倚靠，山岭连绵起伏，称为东山；西部以眉山白马台地为主体，丘陵逶迤相续，称为西山。中部为岷江，思蒙河冲积平坝。据《青神县志》记载，古时陆路不畅，青神境内的码头是上达成都眉山、下达乐山宜宾重庆的中转站，形成了千帆林立、货船川流不息的大商埠，桑树接天蔽日，户户养蚕缫丝，被誉为"南方丝绸之路""岷江古航道小峨眉"。曾经高高飘荡于岁月时空中的商铺招牌旗号，辚辚而来的车马，摩肩接踵的行人，诉说着这里门庭若市的繁华与热闹。盛况宛如梦影，正如陆游的《蝶恋花》中所描写的：

> 水漾萍根风卷絮。倩笑娇颦，忍记逢迎处。只有梦魂能再遇，堪嗟梦不由人做。
>
> 梦若由人何处去？短帽轻衫，夜夜眉州路。不怕银缸深绣户，只愁风断青衣渡。

青神县程家嘴村是由原南城镇的大兴村、花桥村合并后的村名，现隶属于青竹街道办事处。位于青神县城南，东面临岷江，西面和南面紧靠思蒙河，北面与兰沟村相邻，幅员约四点八七平方公里。在这个如诗如画的半岛上，滋润了这一片翠竹、桑田连接天际的绿岛。置身山坡上，可以看到这一片地貌，很像一片迎风微动的桑叶。

岷江千里浩荡，但流经眉州城东门到青神县这二十多公里一段，暴躁的江水变得驯良舒缓起来。这里江面开阔，水平如镜，倒映着东岸的连绵古刹与西岸的桤木、竹林与麻柳树，白鹭低飞，鹭鸶成双，不时有银鱼跃出，荡起微微涟漪……唐代以后，便赢得了一个晶莹剔透的名字：玻璃江。

一方水土养育一方人。在范镇《东斋记事》里，记载了青神县民情：

初，孟氏时，蜀之邑里常患盗，眉州陈氏常依青神县东山以避之。蜀既平，（陈）公弼之祖母史氏议徙族于邑中，乃西过江，掷金钗中流曰："今圣天子在上，吾不复过此。"以与贼为仇也。噫！妇人女子乃知喜治如此，况贤哲乎。可以见一方之人情也。[1]

这是说孟知祥、孟昶偏安后蜀的时期，鉴于强盗崛起、世相混乱，陈希亮的祖母史氏夫人率领族人迁居到青神县东山的过程，由此可见当地的正直、刚烈民风。

宋代张世南在笔记《游宦纪闻》卷二里，提及一桩本地的奇异风俗：

世南嘉定甲戌，侍亲自成都归夔门官所。舟过眉州，见钓于水滨者，即而观之，篮中皆大虾（蛤）蟆，两两相负，牢不可拆。极力分而为两，旋即相负如初。扣钓者，云"市间以为珍味"。乃知成都人最贵重。以料物和酒炙之，曰炙蟾。亲朋更相馈遗者，此也。辛巳，侍亲守酉阳。一日，游郡圃池岸，亦有相负者数十对。沅陵胡宰留，栝苍人。闻之亟令人捉去。谓其乡里以为珍品，名曰"风蛤"。

予世居德兴，有毛山环三州界，广袤数百里。每岁夏间，山傍人夜持火炬，入深溪或岩洞间，捕大虾（蛤）蟆，名曰"石撞"，乡人贵重之。世南亦尝染鼎其味，乃巨田鸡耳。扣捕者，云"奇而非耦"，又与所见者异矣。坡公："眉人恨不脱得锦袄子"，即此物也。

世南尝观《文选》，左太冲《蜀都赋》曰："乘鲎鼋鼍，同

① 朱易安、傅璇琮等主编：《全宋笔记》第一编之六，大象出版社 2014 年版，第 219 页。

罛共罗。”刘渊林注云：“鲎形如惠文冠，青黑色，十二足，似蟹，足悉在腹下。长五六寸，雌尝负雄行。渔者取之，必得其双，故曰‘乘鲎’。”

《本草纲目拾遗》转录《职方考》：“闽邵武府出风蛤，类虾蟆。峨嵋峰麓之数村，每春初东南风起，则此物满床厨间，性温暖，治风及手足拘挛折伤。”

风蛤之类，现在岷江一线肯定消失了。但这些记录，无疑为岷江增添了无穷底蕴。耕读传家是中国传统农业社会中，一般家庭所努力追求的生活方式。程家也不例外，北宋时程文应的儿子程浚与苏轼的二叔苏涣一起进士及第，成为眉州两大名人，两家联姻，苏序与程文应都因儿子及第而受到朝廷加封而做官。程文应官至大理寺丞[①]，名震乡梓。程仁霸、程文应、程之邵、程之元、程之才、程唐、程垓、程敦书等程家子孙一代一代传承和践行程家优良家风，程家也成了官宦诗书之家。

在思蒙河与岷江汇合的右岸，是一片辽阔的河滩，这里就是苏东坡的外婆家程家嘴。河滩地土地肥沃，非常适合种菜。一到冬天，各种各样绿油油的蔬菜像绿色的地毯铺在河滩上。为方便百姓过河，北宋时程家出资建桥，民工把一根根大树干铺在一起，树的缝隙填满稻草，桥面上再铺上一层稻草和细沙。人们把这样的一座桥称为“草桥”。因瑞峰场所辖中岩山上盛产瑞草（灵芝），故将建成的草桥，取了一个祥瑞的名字——“瑞草桥”。桥的位置，就在中岩寺对面岷江与思蒙河的汇合处。

苏轼外婆家就在程家嘴，王弗的家相传在附近的晒网坝，瑞草桥连接起晒网坝，不折不扣成为鹊桥。有了瑞草桥，在苏轼与王弗相恋的日子里，苏轼常从程家嘴外婆家过桥到瑞峰场王弗家做客，王弗也经常过桥到程家嘴与苏东坡相会。在中岩书院读书的东坡常常坐船过岷江，去看望江那边的王弗，王弗也常常站在瑞草桥边翘首以盼心上人的到来。

① 大理寺丞是掌握全国刑狱的最高长官。

在那段美好时光里，苏东坡与王弗常常相约在二十多丈长的瑞草桥上，从桥上眺望岷江、眺望中岩。瑞草桥是他们爱情岁月的见证，也是他们的爱情纽带。苏轼与王弗结婚时，王弗乘坐的大红花轿，也应该是经过了瑞草桥的。从这个意义上说，瑞草桥是苏轼、王弗的“联姻桥”。

北宋元祐三年（1088），苏轼重游瑞草桥，触景生情，思念亲友和亡妻王弗，感慨万分，在瑞草桥边写下了一首诗，标题极长，也道尽了来龙去脉——《庆源宣义王丈，以累举得官，为洪雅主簿，雅州户掾。遇吏民如家人，人安乐之。既谢事，居眉之青神瑞草桥，放怀自得，有书来求红带，既以遗之，且作诗为戏，请黄鲁直学士、秦少游贤良各为赋一首，为老人光华》：

青衫半作霜叶枯，遇民如儿吏如奴。
吏民莫作官长看，我是识字耕田夫。
妻啼儿号刺史怒，时有野人来挽须。
拂衣自注下下考，芋魁饭豆吾岂无。
归来瑞草桥边路，独游还佩平生壶。
慈姥岩前自唤渡，青衣江畔人争扶。
今年蚕市数州集，中有遗民怀袴襦。
邑中之黔相指似，白髯红带老不癯。
我欲西归卜邻舍，隔墙拊掌容歌呼。
不学山王乘驷马，回头空指黄公垆。

黄山谷《题子瞻与王宣义书后》云：“庆源，初名群，字子众，后改名淮奇，又易今字。其驭吏威爱，如家人法。”任渊《山谷诗注》云：“庆源，东坡之叔丈人也。晚以累举恩得官。”“宣义”乃“宣义郎”之谓，而非其字。大约是他致仕时由正九品的县主簿，提升为从八品“宣义郎”衔而退休的。

明代曹学佺《蜀中名胜记》卷十二载：“县西瑞草桥，桥崩得残碑，乃苏东坡与丈人、丈母书也。”

鉴于有苏轼爱情的加盟，瑞草桥声名鹊起，引起许多文学家的浓厚兴趣，他们纷纷前来一探究竟。诗人陆游乘舟到中岩寺，写下诗篇《瑞草桥》：

柘叶飕飕雪意骄，檐头双兔遇归樵。
宿酲未解题诗懒，虚过风流瑞草桥。

题罢诗歌，陆游意犹未尽，专程踏上瑞草桥，寻觅往昔踪迹。他走完瑞草桥，情义满溢于胸，写下《瑞草桥道中作》：

经年簿书无少暇，款段今朝欣一跨。
瑞草桥边水乱流，青衣渡口山如画。
老翁醉著看龙钟，小妇出窥闻娅奼。
荒陂吹笛晚呼牛，古路倚梯晨采柘。
残花零落不禁折，香草丰茸如可藉。
邮亭慈竹笋穿篱，野店葡萄枝上架。

白帆片片，渔歌唱晚，翠竹婆娑，牧笛催归。竹笋遍地的乡村里，沉甸甸的葡萄已经挂满藤蔓……不禁让人想起苏轼的预设："悬知瑞草桥边夜，笑指灯花说老坡。"

这"吏民如家人，人安乐之"的桑蚕、鱼米之乡，应该哺育了苏轼心目中最早的"桃源"造像。也是他心中第一座"半山"，就这样悄然崛起。

苏轼笔下的人物，往往删繁就简，寥寥几笔就让读者难以忘怀。

程仁霸是程夫人祖父、苏轼外曾祖。苏轼《书外曾祖程公逸事》一文写道："公讳仁霸，眉山人。以仁厚信于乡里。"

举一个例子。

程仁霸以仁厚而为乡里信服。北宋平蜀后，程仁霸任录事参军。当时眉山县尉抓获了一名偷萝卜的小偷，急不择路的小偷还持刀伤了户主。县尉想贪功领赏，竟然以抢劫案上奏，即把偷萝卜误伤人，变为持刀抢劫伤人。狱吏拷打小偷，最终定案。眉州太守复核时，小偷一直哭泣不止。

程仁霸刚好路过，了解到小偷的冤情，就说："你有冤就说出来，我为你直言申冤。"小偷于是大喊冤枉，而程公也秉公直言。遗憾的是，县尉和狱吏不但争辩不止，而且还换了一个监狱，最终将小偷处死！而程公因为仗义执言，反而被罢免了官职！奇妙的是，不到一个月，县尉和狱吏竟然双双得急病突然死亡。

三十多年后的一天，老迈的程仁霸突然在大白天见到那个小偷，竟然跪拜在自家庭前。程仁霸上前，小偷说："县尉和狱吏还未伏法，等待您前去对质。此前，地府准备召您前去问对，我叩头抗争说，不能因为我的冤情而惊扰了程公。所以才等到了今天。您今天正好寿终正寝，我特地前来抬着您去，暂时对质完毕后，您将生于人天之中，子孙将享受寿禄，高官满门。"

程仁霸听完，默默回到房间，把事情告诉了家人。他沐浴之后在睡梦中安然而逝——他去地府处理那件遗漏的公务去了。

东坡儿时听到家人讲述这段往事时，当时程仁霸之子、东坡的外公程文应，官至大理寺丞，高寿九十余岁，而程家已是眉山巨富之一！苏轼的舅舅，高寿八十五岁。程家孙子、玄孙辈，子嗣依然十分兴盛，反观当初的县尉和狱吏，后人已经衰微了……对此，东坡坚信，这是因果报应。

程夫人

程夫人（1010—1057）出生于眉州青神县风光秀美的程家嘴。母仪若水润"三苏"，勉夫教子，持家以富，鞠躬尽瘁，死而后已。她是"三苏"崛起的第一功臣，以她的女性典范意义而言，苏母与孟母、岳母一起，无愧于"中华三母"之称。

古代尊贵的女性被称为夫人，且使用自己的本姓。司马光写《程夫人墓志铭》，就可以看出当时朝野对程夫人的极度尊敬。由于宋朝时很多尊贵女性都没有名字流传，现在人们就习惯性称她为苏母。

程夫人自幼在青神这一桑蚕之乡成长，耳濡目染，经常参加劳动，对于丝绸纺织加工非常熟悉。

她十八岁嫁给苏洵，不但在苏洵中年发愤过程中起到至关重要的作用，而且在培养苏轼、苏辙兄弟成才道路上，程夫人厥功至伟。我们可以说，程夫人培养了三个顶天立地的大人物、大作家。

由于苏序为人慷慨，家财时常耗尽，所以生活并不富裕。苏母初来乍到，她很快就发现了苏家的窘境，她的举止越发收敛，毫无“下嫁”的委屈与大富之家的居高临下。当时苏洵的祖母（苏杲的夫人宋氏）“老而性严”，家人哪怕脚步声一大，都会遭到老人的呵斥。但年仅十八岁的她却能顺适祖母之意，很得欢心。

鉴于苏家生活颇为窘迫，有用人对她说，你娘家不乏于财，以你父母之爱，求其帮助，不会不答应，“何为甘此蔬粝，独不可以一发言乎？”

苏母却有一番深谋远虑。一旦求助娘家父母，自然会得到资助。但是这就为别人嘲笑苏洵的无能落下了把柄，而说他靠妻子父母资助才能过活之类的话题，就会如影随形。所以，她宁愿过“蔬粝”生活也不向娘家求助。

黄山谷有诗《次韵刘景文登郏王台见思五首》其五：“公诗如美色，未嫁已倾城。嫁作荡子妇，寒机泣到明。绿琴蛛网遍，弦绝不成声。想见鸱夷子，江湖万里情。”黄庭坚将刘景文的诗比作美女，说美女出嫁，嫁给了游子，于是有离别，于是有寒机……虽然程夫人与苏洵的处境与黄山谷诗景不是一回事，但也多少可见程夫人的尴尬。

程夫人唯一担忧的，是丈夫苏洵的“游荡不学”，也许将会一事无成。但程氏沉静贤惠，具有巨大的忍耐之力，即便心有忧虑，却从未向苏洵表露。可见其“自持”的精湛恒力。

生活就犹如庭院里的桑叶，在枯荣之间周而复始，但仔细观察，发现每一片树叶似乎又有不同。

春秋战国时代，伴随秦国咄咄逼人的攻势，中原地区掀起了进入巴蜀的移民浪潮。公元前三一六年秦灭巴蜀后，下令移秦民万家来到地广人稀的巴蜀。戎伯即臣属于蜀的各族酋长，此实乃后来中原王朝“移民实边”政策之肇始。秦朝此次中原向巴蜀移民过程持续时间更为长久，长达一个世纪，《华阳国志·蜀志》载：“秦惠文始皇，克定六国，辄徙其豪侠于蜀，资我丰土……豪族服王侯美衣。”此时巴蜀地区能够生产出中原王族才能穿的“美衣”，应该是细腻丝滑的高质量丝织品，织匠技艺独步天下。而这一时期，来自中原移民巴蜀的群体中不乏能工巧匠，他们在成都平原各处落地生根。中原移民为巴蜀带来先进的文化和冶铁、纺织技术，大大促进了巴蜀农业和蚕桑生产的蓬勃发展。在丝织业方面，移民的纺织技艺为两汉时期“蜀锦”的繁荣奠定了广泛基础。“蜀锦”逐渐取代齐鲁和襄邑的丝织品，处于全国领先地位。在经过中原移民工匠的技术改造和革新，蜀地培养和造就了大量技艺高超的丝织工匠。巴蜀丝织业完成了技术力量的积累，在稍后年代形成了以成都为中心的丝织基地，带动了整个成都平原的桑蚕纺织遍及城乡。到北宋时期蜀地丝织业高度繁荣，全国逐渐形成江浙和四川两个大中心，蜀地丝织品“号为冠天下”。

苏母首先注意到岷江沿线盛行不衰的丝绸贸易。当时眉州城内绸缎生意兴隆，形成了“纱縠行”一条街。“纱縠行”的本义就是缫丝之处和蚕桑集市。苏母于是变卖嫁妆，在纱縠行上开设了一家铺面，采取“前店后家”的方式，做起了丝绸买卖。眉山人至今认为，由于苏母的生意越做越好，积累了资金，才在老街买下了五亩宅院，这就是闻名于世的“三苏祠”原址。

即便到清末时节，三苏祠的规模也是巨大的。江苏南通人徐心余（1866—1934）曾在四川两度为官，他记录说：

> 昔随先和定公（徐心余的父亲徐联棻），由四川夹江卸任回省，道过眉州，偕游三苏公祠。祠在眉城红布街，与贡院仅

一墙之隔。门首悬道州何子贞（何绍基）先生书联云，“一门父子三词客，两宋文章八大家”。入门左行，亭台掩映，树木扶疏，风景为一郡冠。适池莲盛开，广可数亩，萦回曲折，可通小舟。两廊碑碣林立，大半为长公（苏轼）真迹，余均子贞先生楷书。缘先生酷爱苏祠风景，督学蜀中时，每逢按临眉州，于考棚西开一门，公余之暇，即在苏祠起居焉。按眉州苏氏，自宋以来，世营布业，故所居曰红布街，街内居户半多苏姓，今眉城布业，仍为苏家独执牛耳也。①

由此可见，苏家的“布业”绵延千载，后继有人。

丝绸生意越做越好，苏家宅院陆续得到扩建，数十间房子，以及花园、亭子和几口池塘。从大门进去，迎面是一个深绿色的青砖影壁。之后才是一栋别致的房子。院子里面有高大的梨树和荔枝树，其中还有苏洵亲手种植的槐树。在这个家庭花园之中，花卉和果树的种类繁多，墙外则是千百竿翠竹构成的竹林。

从小受父母家风熏陶，苏母十分爱惜生灵，更不准孩子和婢仆去捕捉花园里的鸟雀，孩子们一旦犯错，苏母就会予以严厉惩罚，绝不迁就……几年过去了，鸟雀发现苏家花园很安全，都在低矮的灌木、草丛里做窝，雀蛋随处可见。每年春季桐子花开花的时节，岷江两岸特有的五彩桐花凤（学名叫蓝喉太阳鸟），也会经常来这里低飞回翔，一点也不惧人。在四川乡村，五彩鸟进门是一桩喜庆之兆，所以街坊邻里都把桐花凤入家当作稀罕事。爱护生灵更不能肆意加害，从小就在苏轼、苏辙心中播下了种子。兄弟情同手足，似乎彼此有感应。弟弟苏辙后来在《龙川略志》就写了这样一幕：他在梦里，梦到自己与哥哥一道在眉州天庆观读书的一幕幕往事……梦中的苏辙展示了自己与老子塑像的一番戏剧性的对话，透露了一个自幼就埋藏在心中的秘密：随意杀生的人绝不可能长寿。

---

① ［清］徐心余：《蜀游闻见录》，四川人民出版社 1985 年版，第 4 页。

不贪不占、清白做人，就是苏母大力弘扬的家风。有一天，苏家丝绸作坊里两个婢女正在熨烫丝绸时，她们站立的地方，几块地砖忽然塌陷了，露出一个几尺宽的坑洞，坑里隐约露出了一只陶土坛，因为受到砖块撞击，坛子发出了持续的“嗡嗡嗡”的声音……

大家估计，坛子里肯定有古人埋藏的金银财宝！

苏母闻讯赶来了。她立即叫人用土把坑洞填平，任何人不准动坛子里的东西！看也不准多看，以免乱了心思。

她对大家说：“一个正直的人，绝对不能去贪图别人的财物！”但没有不透风的墙，后来苏家搬迁到京城了，苏母的侄子程之问租下了这座宅院，他惦记着传说中的宝贝，挖地一丈多深，却没有找到这只神秘的坛子。人们估计，这是苏母早就移动了那只坛子的埋藏点，她不希望人们去惊动那些古物。

这件事，表明苏母不贪意外之财、不做非分之想的纯朴天性。所以，良好的家风是优良品质在家庭中的积淀，更是上一辈留给下一辈的宝贵精神财富。后来，苏轼在陕西凤翔府当官时，就发生了一桩类似的故事：

隆冬时节的一天，突然飘起了鹅毛大雪，苏轼看到居室边一棵古柳树下，有一尺见方的地面并不积雪。等到天晴了，地面反而凸起几寸高。苏轼读过很多书，判断这是古人埋藏丹药的地方，因为地下有热力，所以那里才不积雪，于是他很想一探究竟。

妻子王弗一见丈夫跃跃欲试的样子，就劝阻说：“如果婆婆（苏母）还活着的话，她一定不容许你去发掘！”苏轼一听，暗叫惭愧，立即打消了探宝念头。

在湖北黄州期间，苏东坡在《前赤壁赋》中抒发了这样一个观点：“天地之间，物各有主。苟非吾之所有，虽一毫而莫取。”意思是说，在天地之间，一切事物各有其主。事物的主人可能是阳光，是雨露，是河流江海。只要与自己无关的东西，“虽一毫而莫取”。这种自珍自爱的家风和操守，就是来自苏母反复讲到的“非己之物，勿动其心”的美德。

不仅如此，在日常生活中，苏母还显得很严厉，绝不容许苏轼、苏辙沾上富家子弟惯有的好逸恶劳的毛病。幼年时，苏轼、苏辙就曾每日面临“三白餐”：一撮白盐、一碟白萝卜、一碗白饭。这是苏母有意识的安排，“三白餐”锻炼了苏轼，使他后来无论遭遇任何艰难困苦也能坦然面对。

苏轼发蒙很早，领悟能力很强。到他正式读书时已经八岁了，虽说是虚岁，也算不得很早，这明显与苏家对孩子教育的独特看法有关。到八岁时，苏轼才被送进乡塾读书。乡塾设在眉山城郊的天庆观北极院。天庆观的来历，《舆地碑记目》指出：“唐太平公主出家敕在天庆观。”唐时成都就有，逐渐成为各地纷纷兴建的宗教建筑。后来苏洵花费不少银子，造了一尊大悲心像龛，供奉于此。乡塾的老师是张易简，在近百名学生中，经常受到张老师称赞的学生有两位：苏轼和陈太初。

对此苏辙曾有回忆：“予幼居乡闾，从子瞻读书天庆观。”苏轼在《学舍联句》中更记载了一段儿时的趣事：

> 幼时里人程建用①、杨尧咨②、舍弟子由会学舍中大雨联句六言，程（程建用）云“庭松偃仰如醉”，杨（杨尧咨）即云“夏雨凄凉似秋”，余（苏轼）云“有客高吟拥鼻”，子由（苏辙）云“无人共吃馒头”。坐皆绝倒！

四十余年之后，东坡回想当时的情景，岂不莞尔！

看起来，反而是苏辙的绝妙结句，最为出人预料。

有一天，一位眉州的读书人从京城汴京回乡，带来了一首著名文人石介所作的四言长诗《庆历圣德诗》给张老师浏览。苏轼从旁偷看了几眼，他竟然就可以背诵了。

他有些大胆，询问老师：“这首诗里所歌颂的十一位人物，都是些什么人啊？”

老师不耐烦了：“小孩子不懂，哪用知道这些事！”

---

① 程建用，字彝仲，眉山人。神宗熙宁中进士，元丰间知中江。

② 杨尧咨，眉山人，也作杨咨。事见民国《眉山县志》卷一。

没想到苏轼不依不饶，继续发问："如果这些人都是天上的神仙，那我也不敢再问。但如果他们是真有其人，我为什么不能追问一下呢？"

这两句话很有父亲苏洵的特点，这叫"打破砂锅问到底"。老师也大感惊奇，便详尽回答了他："诗歌里提到的韩琦、范仲淹、富弼、欧阳修这四位人物，都是天下的英杰！"

苏轼虽不能完全理解这四位风流人物的卓著，却把张老师对他们的景仰之情牢记在心，成为激励自己上进的动力。

苏轼在张老师门下学习三年，终生不忘这位赏识自己的恩师。由此可见，一个老师对一个学生的赏识与鼓励，可能比讲课本身更为重要。在晚年谪居海南的清苦岁月里，一天晚上，苏东坡在梦中飞驰万里回到了童年的天庆观，与张老师针对《老子》中"玄之又玄，众妙之门"的观点进行了讨论，并大受启发。在海南岛，与他交往深厚的崇道大师何德顺修建了庙堂，请他作一篇文章，他欣然同意，内容正是根据这一梦中的场景，即兴写了一篇绝妙文章：《众妙堂记》，文章以梦为例，讲述大众养生修性、默化飞升的感悟。

到了庆历八年（1048）春天，苏洵就让苏氏兄弟拜同乡的刘巨（字微之）为师。刘先生在位于眉山城西的寿昌院开班讲课，学生众多。有一天，刘先生心情好，写了一首歌咏鹭鸶的诗，结尾两句是："渔人忽惊起，雪片逐风斜。"苏轼听到后，认真思考，大胆发表了自己的看法："老师的诗很好！但我觉得这样写，似乎没有表现鹭鸶的归宿。不如改为'雪片落蒹葭'。"

刘微之一听，如遭电击一般大受震动，他正眼看了苏轼好一会儿，才感叹："哎呀，了不起！了不起！看来我当不了你的老师了……"

苏轼、苏辙少年早慧的名声在外，当时眉山城内已很难为他们寻到合适的老师了，苏洵只好亲自执教，父亲总爱将激动人心的历史人物讲给他们听。

一〇四五年一天，父亲给十岁的苏轼出了一个题目：《夏侯太初论》。夏侯太初名玄，字太初，是三国时期的曹魏贵族，史书记载，夏侯玄是大帅哥，"朗朗如日月之入怀"，光彩照人，后来被司马氏所杀。《三国志》说他临死之际非常镇定，来到了东市刑场，“颜色不变，举动自若”，这不禁让人联想起《史记》里田光向燕国太子丹举荐侠客荆轲时说的话：“血勇之人，怒而面赤；脉勇之人，怒而面青；骨勇之人，怒而面白；神勇之人，怒而色不变。”

苏轼由此写下了人生中的第一篇正式作文。可惜苏轼所作的这篇文章没有流传下来，但以下文句因受到父亲激赏而得以保存，可以看出他的才气与创造性观点：“人能碎千金之璧，不能无失声于破釜；能搏猛虎，不能无变色于蜂虿。”意思是：一个人能够在打破价值千金的璧玉时不动声色，而在打破一口锅时失声尖叫；一个人能够与猛虎搏斗，可是见到蜂蝎的时候不免害怕。就是说，他没有赞赏夏侯玄临刑时如何面不改色，而是反其意而用，调侃了夏侯玄在大事时可以镇定，小事上可能变得惊慌。

像这样的富有思想的文句，不要说出自十余岁的少年之口，即使放在成熟的文章里，也堪称名言警句。苏轼成年后，又将这一名句移用在《黠鼠赋》和《颜乐亭诗》的序言中。一个少年能对事物和人心观察如此细致入微，可见一个作家的才情是艰苦训练而成的。

也是在苏轼十一岁时，苏洵诵读欧阳修《谢宣召赴学士院仍谢赐对衣金带并马表》，大为感慨，他从欧阳修受到皇帝宠遇再联想到自己半生的起伏与落寞，认为大丈夫生于天地间，就当顶天立地，不知儿子有无此大志，他讲解了文章的大概意思后，便说：“儿子，你试写一联，给我看看。”

苏轼很快提交了答案，文中有“匪伊垂之，带有余；非敢后也，马不进”之句，使爸爸大感宽慰，他豁然解开了一个长期纠结于心的结：说不定，自己的人生理想就可以在儿子身上实现！

他大声赞扬：“孩子，你将来应该能够获得这一种好运！要把握好自己的才华。”由此可见，少年苏轼雄心万丈，文章写作已有相当的成就。

就在这年，苏洵外出游历天下的念头十分迫切，所以他继续游历于各地历史名胜，真是心在远方。苏母素有学养，于是便亲自指导儿子读书。

古往今来的英雄豪杰，得到大家拥护的人必然会成为众人的领袖，这就叫得道多助。一旦他失去了天时、地利、人和三个要素，一味蛮干，极可能受到惩罚。对此，苏轼已渐渐明白了这一道理。

苏轼尤其敬慕爱国诗人屈原、文学家司马相如，对屈原的品节尤其景仰。他成年后，去瞻仰屈原塔时表示："人生谁能不死，何必计较寿命长短。富贵是暂时的，名声是无穷无尽的，屈原最晓得这一道理，所以他死而有气节。"他暗下决心，毕生学习屈原的高尚情操。

有一次，母亲读到《后汉书》中《范滂传》时，不禁十分感慨，发出了长长叹息：范滂为真理而不惜以死相争，得到了他应该得到的名誉；但如果一个人历尽了坎坷，猛然回首，又会发现生命里仍是空无一物，那又该怎么办呢？

范滂（137—169），字孟博，汝南郡征羌县（今河南省漯河市召陵区青年镇砖桥村）人。东汉时期大臣、名士，他生活在桓帝、灵帝统治时期，因为反对阴险奸诈而无才能的宦官专权，触怒了奸人，所以被人假公济私，予以追杀。灵帝建宁二年（169），汝南督邮吴导奉命前往逮捕范滂，但到了范滂的家乡，他听到很多关于范滂的赞美之声，自己又不得不执行公务，前后为难的吴导竟在驿舍放声大哭……

范滂不愿连累别人，自己到县官那里投案自首。县令郭揖解下自己的官印，拉着范滂要和他一起亡命天涯，并说："天底下的地方大得很，您何必在这里等死呢？"

范滂回答说："我一死，祸害就随风消散。我哪敢因自己的罪过连累到您，同时又让年迈的母亲也被迫四处流浪呢？"

范滂母亲得知此事，从家里赶来与儿子话别。范滂对母亲说："我的弟弟仲博很孝顺，足可供养母亲，我可以放心跟从死去的父亲归赴黄泉了。生死存亡，也算是各得其所。只是您老人家需要割断情丝，我死了您不要太伤心！"

范母抚摸着儿子的肩膀，哭着说："好儿子！你现在能够同李膺、杜密这样的大名士一道名扬天下了，一死了之有何遗憾！想想也是，一个人既可以名垂青史，又还想长寿，怎么可能兼得呢？”范滂跪着接受母亲的教诲，这是他最后一次叩拜母亲……

苏母读到《范滂传》这一段时，心神激荡，念不下去了。苏轼听得格外神往，见母亲叹息，他明白了母亲的内心。他站起来，拍着胸膛大声说：“妈妈，我长大了要做范滂那样的人！妈妈，会允许我那样做吗？”

苏母十分感动，流下了两行热泪：“如果你能当范滂，难道我就不能当范滂的母亲吗？”

母子的一问一答，内蕴着传统的道德情感。其中不仅含有对古代志士英雄的仰慕，更包孕着两辈人不惜以生命捍卫道德、正义的决心。

博物之能

博物是古词，本意是“通晓万物”。《汉书》记载：“博物洽闻，通达古今。”桓宽所著《盐铁论·杂论》中也出现了“博物通士”的说法。欧阳修在《博物说》中进一步指出：“蟪蛄是何弃物？草木虫鱼，《诗》家自为一学。博物尤难，然非学者本务，以其多不专意，所通者少，苟有一焉，遂以名世。当汉、晋武帝，有东方朔、张华，皆博物。”

米兰·昆德拉说过：“人的一生注定扎根于前十年中。”这是强调一个人童年的成长经历将决定其命运。也许有人并不完全认可这一判断，在于童年未必是一个人能够选择与感知的。只有到一个人对经历产生了认同感的时候，这样的铭记才闪烁出指引的意义。问题在于，你不可能提前去选定适合自己的童年。

眉山城内苏家的后花园，既是玩要空间，也是孩子亲近自然的实践场所。苏母一直支持孩子们在大自然中去获得感悟。她曾对苏轼、苏辙反复说：孔子最先发现和指出了《诗经》的教化，其中之一就是“多识于鸟兽草木之名”。因为历代经学家通过对《诗经》的深度研究，就有了《诗经》名物的考释与索解。苏轼兄弟铭记于心，兄弟俩数千诗文里，无一不可入诗，如此成就了中国的“诗歌博物学”。

众所周知，“博物学”一词是对 Nature History 一词的转译。但在中国传统文化里，并非没有博物学的观念与实践。经过汉到唐朝的文化积累，这一书写谱系又与传统的“草木虫鱼之学”及志怪、杂俎、方志物产、私人笔记的流脉融合于宋代，出现了一个中国博物学大爆发、大发展时期。宋代盛行“疑古、疑经之风”，宋人不愿意将古籍中记载的历史当作金科玉律，他们更相信古器物本身表达的内容。因为对于历史，除了古籍记载之外，最接近的就是同一时期流传下来的生活了。宋代文人在训诂学基础上，已开始把目光抽离狭隘的纸面，推衍到事物的生长史、制造史、体用史、传播史、风俗史等方向，尤其注重寻找事物的落地原委与发展规律，以此造福于民生。

毕竟古人留下的经典文本，即便曾浸润着他们荒野考察、深海探珠的汗水与心跳，也会逐渐风化为标本，若一味沉浸于此类“纸上的经验”，不但容易造成缘木求鱼的尴尬，对于人文思想而言，更容易凝固自己的审美，难免会让本来鲜活的感物方式，沦为干瘪的“纸上趣味”。保持及物的、行走大地的敏锐，恰恰是苏东坡的博物学路径，但他一生中也需不断反思既有审美范式中隐藏的预设，比如对于与陌生化的相遇，报以虚怀的态度。再如，传统博物学所聚焦之“物”，往往仅限于动物、植物、矿物的范围，如何能置身当下日常生活中包括的人之造物乃至“天外来物”以及看不见摸不着的“吹万”，可能也是留待东坡迷们继续拓宽视野、重新“发现东坡”的一个路径。

多年之后，东坡在《九成台铭》里提出了自己的博物观：“江山之吞吐，草木之俯仰，鸟兽之鸣号，众窍之呼吸，往来唱和，非有度数而均节自成者，非《韶》之大全乎？”

苏东坡在徐州的功业，第一是抗洪，第二是发现煤矿，第三是劝勉农桑，所以他赢得了“苏徐州”的美称。此时距离欧阳修去世已有五年，苏轼在徐州为官两载，登临黄楼，应者云集，在此奠定了他作为北宋文坛的宗主之位。秦观在《别子瞻》一诗中曾说“我独不愿万户侯，唯愿一识苏徐州”。

除了文学才华，这些成就恰与他的博学多识有关。如徐州城外修建的抗洪工程，虽然他清楚黄河泛滥周期差不多四五十年，他任期内绝不会有第二次洪水了，但是为了防止以后的洪水，就在城外大力修了堤坝。宋元丰元年（1078），东坡发现徐州百姓柴火紧张，当地百姓用来取暖、煮饭的柴火不够。当时还不知道哪里有煤矿，东坡派人到处寻找，在他任内终于找到了煤矿，首次于徐州西南找到了煤矿，他写下了名诗《石炭》，当之无愧地成为发现淮北煤田的先驱者。注意，此诗里“为君铸作百炼刀，要斩长鲸为万段”，东坡气象仍然豪迈。

再比如，竹子坚韧无俦、上下有节、正直挺拔、虚心淡泊、经霜不凋，因此中国人对于竹具有特殊的文化情感。在梅兰竹菊四君子里，与竹有关的诗词尤其多，最为著名的自然是东坡的《於潜僧绿筠轩》。那是北宋熙宁六年（1073）春，东坡出任杭州通判，他经过富阳、新登，取道浮云岭，进入於潜县境“视政”。於潜县令刁铸与苏东坡是同榜进士，交情甚笃。刁铸接待了这位上司，请他在镇东南的金鹅山巅“绿筠轩”下榻。

寂照寺的於潜僧慧觉禅师闻讯，前来拜见苏东坡，谈佛论经。苏东坡自称佛门居士，谙熟佛学，谈吐之间使慧觉十分钦佩。两人在绿筠轩临窗远眺，满目皆是茂林修竹，苍翠欲滴，思绪被阵阵竹涛带往远方……东坡连连叫绝。

慧觉禅师知苏东坡已陶醉于绿竹景色，故意道：“苏学士，房前屋后栽几株竹子，我们於潜自古以来如此，不过点缀一下而已。”苏东坡摆摆手道：“门前种竹，绝非点缀而已，此乃高雅心神之所寄。我恰好有一首诗赠你。”他即兴挥毫，写下了这首《於潜僧绿筠轩》：

可使食无肉，不可居无竹。
无肉令人瘦，无竹令人俗。
人瘦尚可肥，俗士不可医。
傍人笑此言，似高还似痴。
若对此君仍大嚼，世间那有扬州鹤？

此诗译文是：宁可没有肉吃，也不能让居处没有竹子。没有肉吃不过人会瘦掉，但没有竹子就会让人变庸俗。人瘦还可变肥，人俗就难以医治了。旁人如果对此不解，笑问此言："似高还似痴？"那么请问，如果面对此君（竹），仍然大嚼，既要想得清高之名，又要想获甘味之乐，世上又哪来"扬州鹤"这等鱼和熊掌兼得的美事呢？

一个人宁愿没有肉吃，但居住环境中怎能缺少竹子呢？人没肉吃至多只是消瘦，而没竹子的生活，人就会变得庸俗。透过斑驳竹影，我们不但可以感受到"竹林七贤"落拓不羁的纵横酒气，也可以目睹苏轼竹涛翻卷的大千世界。

因为竹子"孤生崖谷间，有此凌云气"，可以说苏东坡的一生，就像竹子传奇的一生。那么何谓东坡精神呢？我以为，坚韧、求真、仁爱、虚心，就是其内核，也是对竹的至美概括。

东坡在黄州时，给自已取了一个名号叫东坡居士。那么为何不叫西坡、北坡呢？除了苏家在黄州开辟的那块土地位于住宅以东之外，还有一个原因可能与他的少年时代形成的爱好有关，那就是种树。苏东坡年少时喜欢在眉山东冈栽种松树，有诗为证：

> 我昔少年日，种松满东冈。
> 初移一寸根，琐细如插秧。

由此结下了终身不懈的竹缘、松缘。苏轼自少年时代起深谙种松之法，后来丁忧回乡，曾在父母、妻子王弗长眠之地的小山亲手栽下数万棵松。这片松树林既是他宦游四方、贬谪投荒生涯中的乡愁寄托，更是他心中永远的思念与痛。每逢思乡，梦中家山入梦来，总离不开松树，他方能写出"家何在，因君问我，归梦绕松杉"这样的感铭五内的诗句，也才能吟出"料得年年肠断处，明月夜、短松冈"的无限深情。无论他到哪里，松树与翠竹总是如影随形。透过阵阵松涛荡涤出的松香气息，东坡寄托了精神，更留下了两百多首与松树意象相关的名篇。

幸好“东坡居士种松法”流传下来了。陈师道《后山谈丛》载:“中州松子虽秕小不可食，然可种，惟不可近手，以杖击蓬，使子堕地，用探锥刺地，深五寸许，以帚扫入之，无不生者。”《东坡杂记》记录栽种松树的要点颇为详尽:“十月以后，冬至以前，松实结熟而未落，折取并萼收之竹器中，悬之风道……至春初，敲取其实，以大铁锤入荒茅地中数寸，置数粒其中，得春雨自生……松性至坚悍，然始生至脆弱，多畏日与牛羊，故须荒茅地，以茅阴障日。若白地，当杂大麦数十粒种之，赖麦阴乃活，须护以棘，日使人行视，三五年乃成。”直到今天，东坡种松法仍然是行之有效的，读到“松性至坚悍，然始生至脆弱”，让我心中一动！可见他的博物学根基，恰是自幼打下的。一个人一旦缺乏自幼形成的兴趣，即便后来读万卷书行万里路，恐怕也来不及了！

东坡更有毅力。他不是一时兴起的人，而是每隔一阵就去浇水，悉心栽培幼苗。久而久之，这种习惯就保留下来，即便他后来随命运漂泊各地，也就把种树栽竹的习惯带到那里，沾满东坡手泽的植物，也伴随他的人生之路而生长。竹影，似乎就是东坡的化身。他最为推崇“采菊东篱下，悠然见南山”的陶渊明，不仅仅是仕途漂泊导致的，而是家乡的竹影、竹声、竹香，一直飘摇在他的梦境与想象中。

他最喜欢做的事除了播麦插秧、栽花植树，另外就是种竹子了。不仅在黄州种，在之前做过太守的密州、颍州、杭州、湖州，也大力提倡种竹。即便是后来花甲之年被贬岭南，他也把这闻之色变的“瘴疠之地”视为第二故乡，不断种竹子。并在西湖孤山上筑园造景，并种下了大量竹子、梅花。他咏叹:“竹外桃花三两枝，春江水暖鸭先知。”作为诗人，苏东坡总能透过竹梢，感受到早早来临的春天消息。哪里有竹子，哪里就是自己的故乡。

一个人在私家园林里度过的童年是十分快乐的。苏轼五六岁时候，成天和姐姐八娘、弟弟在院坝里玩耍，里面竹子尤其多，斑竹、慈竹、水竹、楠竹、苦竹、大琴丝竹、小琴丝竹随处可见，以至于现在的眉山市和青神县，拥有中国竹子种类品种最多的公园。苏轼在《答任师中、家汉公》里这样描绘:“门前万竿竹，堂上四库书。高树红消梨，小池白芙蕖。”尽管此诗是写自己在眉山名士史经臣家所见所闻，但这也勾起了东坡幼年的生活场景回忆。在眉山蟆颐山登高远望，丘坡田湾之间，家家户户无不安居于幽篁环抱之中。但凡有竹的地方必有“林盘”，“林盘”是成都平原特有的依靠竹子与树木围合而成的一家人的居住地盘。房前屋后，竹绕家围，炊烟袅袅飘过竹梢，成为苏轼童年最美好的乡村记忆。竹子不但可以成为玩耍的竹马，竹子那种“萧然风雪意，可折不可辱”的秉性，更令他无限神往。

多年以后，东坡在山东密州超然台，吟出“十年不赴竹马约，扁舟独与渔蓑闲”。竹马，竹马，无数次驮负着东坡梦里飞驰回到故乡！

人们说，东坡爱竹、东坡似竹；其实竹子就像是他的脊梁。竹林是伴随他浪迹天涯海角的家乡。真如作家田波所言：“一竹一东坡，化身千千万。”

有一天，苏轼抄写了诗人白居易的《养竹记》，因为他太喜欢这篇文章了。白居易总结出的竹子有“四大美德”，就是正直之士做人的准则。而当一个人逐渐意识到不能做这个世界上的怪竹、病竹、恶竹的同时，他才能平静地接近竹子“虚心”的境界。我们更要看到，从不攀附的竹子虽然柔韧，但不要忘记，竹子、竹篾也有锋刃，而且异常锋利！

而苏东坡与“东坡翠竹”的故事一直在民间流传。

北宋嘉祐二年（1057），苏东坡在峨眉山万年寺后的山坡上，发现一株老茶树，那是唐朝出产给宫廷饮用的“贡茶”的茶树。他把采回的新鲜茶叶经过精心的煎、揉、焙、晾、晒，制成了茶叶。回京任职时，把这茶带到开封，送给恩师欧阳修，欧阳修赞不绝口。

但福建人、宋朝四大书法家之一的蔡襄却认为福建的闽茶优于蜀茶，决定要与东坡赛茶。某一天，蔡襄和苏东坡各自携带家乡的上等茶叶来到欧阳修家里。闽茶厚重味浓，蜀茶清新天然，大家品尝后，觉得蜀茶略胜一筹。

苏东坡认为，所谓饮茶之道，一切花费的功夫是在茶之外。因此他当天所用之水，是经过竹根浸泡后澄清再烧沸泡茶，自然胜出一筹。知道这个秘密后，欧阳修笑说：“我知道你素来喜欢竹子，我看这茶就叫

‘东坡翠竹’吧！”从此以后，“东坡翠竹”就闻名遐迩了。

李一冰在《苏东坡传》中说：“善于享受生活的苏轼，尤好茗茶，只要能够偷得浮生半日的闲暇，不辞亲自生火煎茶，一瓯好茶在手，从袅袅茶烟中，便能把自己从忧烦劳苦的尘网中，解脱出来，神游太虚，获得精神上的满足，心灵里的宽容，如其自言：‘乳瓯十分满，人世真局促。意爽飘欲仙，头轻快如沐。’”[①]唐宋时期茶，饮茶人以茶汤多沫为佳，沫白如乳。在东坡看来，茶器里的茶汤可以注到十分满，而人所处的世界却显得狭窄而局促。品茶使人神清气爽，飘飘欲仙，获得清爽如沐的快感。这种乐趣，只有懂得生活真谛的人，才能在茶里味出百味。

黑客一般的天石砚

蜀雨滴落瓦檐，发出的声响是漏气的那种丝丝之声。而冬雨中的蜡梅花暴吐花香，锐意前行，穿过花影重叠构成的荆棘，总让我想起那种执拗者的坚定情怀。

有时我想，光有无尽的想象，就足以使一个人获得置身火炉旁的快乐。

公元一〇四七年，一天苏东坡与苏辙等人在纱縠行苏家的五亩园内，玩起了掘地探宝的游戏，他无意挖出一块奇石。“轼年十二时，于所居纱縠行宅隙地中，与群儿凿地为戏，得异石，如鱼，肤温莹，作浅碧色，表里皆细银星，扣之铿然。试以为砚，甚发墨，顾无贮水处。”（苏轼《天石砚铭并叙》）这石头形状像一尾突然在奔流里被凝冻住的鲤鱼，外表温润晶莹，为浅绿色，表里都点缀着点点滴滴的银星，用石头敲击它，竟发出铿锵的乐音。

东坡将石头洗干净，发现它有点像一个天外之物，就试着拿它当砚台用。发现很能发墨，唯一可惜的是，石头上缺少贮水的凹窝。苏洵见

① 李一冰：《苏东坡传》（上），江苏文艺出版社 2013 年版，第 119 页。

多识广，竭力在物象里捕捉自然神启的微言大义，他感叹道：“这是一方‘天砚’啊。有砚的功用，只是形体上不完满罢了。不完美，也许就是宿命。”父亲叮嘱苏轼好好收藏善待之，并说了一句饶有深意的话：“此是文字之祥也。”既然将此石视为天赐，苏洵亲手在木板上刻出了一圈石头形状的凹痕，让木工以此为匣底做成一个匣子，好让石头安放妥帖。

东坡把这块石头命名为“天石砚”。并写了一首砚铭：“一受其成，而不可更。或主于德，或全于形。均是二者，顾予安取。仰唇俯足，世固多有。”

父亲的一句话，是对少年苏轼的莫大激励，一块没有砚池，并不能称为砚的石头，却被赋予了砚的使命和意义，而且是成全少年锦绣文才的祥瑞之物。从此，这块石头一直伴着苏轼成长、漂泊的生涯，从眉山到开封、到凤翔、到黄州、到杭州……

少年苏轼所写的砚铭，当代人常常误读，所以我有必要清楚地把它翻译出来：

> 很多东西一旦受到造物者的赋形造就，就不能再变更了，有的以德行内涵为主，有的在形体外貌上圆满。综合德与形这两者，我将着重撷取哪方面呢？像那种上面是墨池、下面是砚足的砚台，世上岂不多的是吗？

苏轼没有直说，但暗示了一己的取向，他看重的是砚的德，而不是形。不管天赋的形体怎样，要有砚的品质和德行。把自己造就成为应了“文字之祥”的人，就是少年苏轼的志向。这块砚台仿佛贾宝玉的通灵宝玉一样伴随他的一生，使得苏东坡的诗词书画如文曲星高照，散发仙风神韵。

后来苏轼因“乌台诗案”而下狱，因为被抄家，出狱后以为那方天石砚已经丢了，后来偶然间在箱底发现它！大喜之余，苏东坡写了一篇《天石砚铭并叙》，记录这一神石的来龙去脉，并把天石砚赠给了儿子，这也应该是来自家乡眉州伴随他的极少的器物之一。

我们可以想象，一个秋日，眉山纱縠行迎来了一场持续的秋雨。于是，少年苏轼只能一边读书，一边遥想那一幅徐徐展开的人生图画，在诗意中萌芽的桑叶沾满水珠，已经弯成一钩红墙碧瓦上飘起的新月……

《却鼠刀铭》

上苍是公正的，总在暗示、启发芸芸众生。多数人视若无睹，只有极少人才感受到从器物间散发出来的神启。这样的经历在每个人的回忆里其实多是存在的，隔着一段时光回望，历历往事，宛若剔透的水晶。

宋代彭乘笔记《续墨客挥犀 · 却鼠刀》记载说：“苏子瞻有却鼠刀，云：得之于野老，尝匣藏之。用时但焚香，置净几上，即一室之内无鼠。”

事情曲折，确有一番来历。

秋季的一个中午，眉州城古纱縠行苏家的书房内一改昔日的静谧，人来人往。苏洵素颜白发，但常年的山野奔走让他脸色红润。他着一身夫人刚刚制作的月白色丝袍，显得玉树临风。他站立厅堂中间，指使几个青年登上高凳，往墙壁上悬挂两幅装裱好的书法。

程夫人忙完半天的蚕丝生意，也进来了，她明亮的目光掠过那舒朗俊秀的墨字，轻声吟诵：“长不满尺，剑铖之余。文如连环，上下相缪。错之则见，或漫如无。昔所从得，戒以自随。畜之无害，暴鼠是除……”那是一首语言简练、状写细腻的四言长诗，勾勒出一把利刃的短小与纹饰，文章涌动着热血少年的勃勃英气。

这篇作品是十三四岁的苏轼所写的《却鼠刀铭》。写得出这等文章，就足以显示出他的不凡。“却”为“退”之意，这个对刀的富有深意的命名，出自少年苏轼。铭文写了一个不知名的乡村野夫，更可能是一位江湖侠客，久而久之，他手里攥着的那把刀越看越让他心烦意乱。一天在眉山城外的乡道上，他被路过的苏轼身上的英气所吸引，心念一动，就说：“少年，我看你长相不凡。我把刀送给你吧。”

这是意外之喜！少年苏轼血气方刚，像苏家父辈那样有古代侠客的梦想。苏轼于是佩刀而行，但更多是藏于抽屉。他时时告诫自己不能惹是生非。忽然一天，家中闹起了鼠害，老鼠们常常“跳床撼幕”“啖噬枣栗”，扰人不安，苏轼实在忍无可忍，想起了韩愈著名的《祭鳄鱼文》，韩愈的文章是劝鳄鱼赶紧搬家，并列出了时间表。鳄鱼听后，果然西迁了六十里！潮州鳄鱼之患因此消除。有鉴于如此的奇迹，苏轼于是把刀置于室内茶几之上，他大声朗读了自己的《却鼠刀铭》。几天之后，沉默的刀发的神力竟然让老鼠四散而去。也就是说，刀的神力逼退了猖狂的鼠辈！这实际也是苏轼一厢情愿的浪漫。

按照苏籀在《栾城先生遗言》中所言：“东坡幼年作《却鼠刀铭》。公（指苏辙）作《缸砚赋》。曾祖称之，命佳纸修写，装饰钉于所居壁上。”可惜，如今三苏祠博物馆的墙壁上没有重现《却鼠刀铭》以及《缸砚赋》。

在《却鼠刀铭》的结尾，苏轼深有感触：“呜呼嗟夫，吾苟有之，不言而喻，是亦何劳。”

这神奇险怪的故事，印证了古语“一物降一物”的道理。

为什么苏轼非要在家驱赶老鼠？其实，这与苏家养蚕密切相关。

养蚕是非常细致而辛苦的工作，来不得半点差错，一旦桑蚕被老鼠吃了，损失就大了。因此桑蚕之家往往祈祷蚕神保佑家里平安。优良的环境卫生是养蚕的必要条件。姚寅的《养蚕行》记录了养蚕妇人祈求蚕神保佑时的那种战战兢兢：“夜深人静不敢眠，自绕床头逐饥鼠。又闻野祟能相侵，典衣买纸烧蚕神。一家心在阴雨里，只恐叶湿缫难匀……”

由此可见，凡是养蚕之家，必须灭鼠。

苏轼写此文大致在一〇四六年，那时他才十一岁（三苏祠博物馆展牌上称苏轼十四岁时在此作《却鼠刀铭》，苏辙十岁时作《南轩记》。孔凡礼《苏轼年谱》中把《却鼠刀铭》列在苏轼十一岁时所撰）。一个善于观察、敏于思考、天马行空一样神游文学世界的青春少年，跃然纸上。

具有对照意义的是，哥哥完成《却鼠刀铭》，弟弟苏辙写的却是《缸砚赋》，两篇少年英俊之作，却昭示了完全不同的方向。一个倾心于以刀除害，一个沉迷于文房器具，气血与胸襟，隐约可见。

为了激励兄弟俩，父亲让他们把这两篇文章誊写、裱糊之后，挂在墙上。一是为了提高其写作兴趣，增强信心，二来也不乏父亲的自鸣得意。

多年以后，苏轼被贬到惠州，他在《次韵定慧钦长老见寄八首》里感叹："钩帘归乳燕，穴纸出痴蝇。为鼠常留饭，怜蛾不点灯……"显然，饱经忧患的他，已超然于对鼠的仇恨之上了：他竟可以为老鼠预留一点饭了！

苏轼十一岁写《却鼠刀铭》，刀的神威得到了浪漫主义的加持。由此开启了他与刀剑的不解之缘。苏轼自是刀的爱家，一生得到过异人赠予的多把好刀。他后来写诗《谢曹子方惠新茶》，提到了一种叫作"鹈鹕膏"的刀油：

陈植文华斗石高，景公诗句复称豪。
数奇不得封龙额，禄仕何妨有马曹。
囊简久藏科斗字，铦锋新莹鹈鹕膏。
南州山水能为助，更有英辞胜广骚。

鹈鹕膏，指的是鹈鹕（油脂肥厚的鸭子）的脂肪。除苏轼外，元代王逢在《江浙平章三旦八第宅观敕赐龙电剑引》中提到："鹈鹕膏莹今几年，淮汴襄汉兴妖袄。"明代徐渭也在《赠吕正宾长篇》"铜签半傅鹈鹕膏，刀血斜凝紫花绣"中，提到了用鹈鹕膏涂抹刀剑，可使刀剑不锈。其实从物性而论，铁锈反而是避鼠的。

也许，在却鼠刀上，苏轼赋予文字之"铭"并不能镇鼠，如果大量抹上鹈鹕膏，岂不令鼠们欣喜若狂？！

在阴差阳错的机遇里，渴望练就一身屠龙术，不闻龙吟，刀不能出鞘。但龙久久不现身，就只好杀鼠。这是刀的幸抑或不幸？多年以后，苏轼感叹鼠辈成群，也已成精，杀不胜杀，于是再写《黠鼠赋》，那就是另外一番况味了，他想到了天道，大发感叹：人能驯服神龙、刺杀蛟龙、捉取神龟、狩猎麒麟，役使世界上所有的东西然后主宰他们，最终却被一只老鼠利用，陷入这只老鼠的计谋中，惊诧于老鼠从极静到极动的变化，那么人的神智何在呢？

熙宁十年（1077）四月，苏东坡抵任徐州。徐州古称彭城，自古乃兵家必争之地，盛产花岗石、美味的鱼蟹，还有侠客喜欢的刀剑。

这一年，苏东坡年过不惑，已经是三个男孩子的父亲。徐州虽不及杭州，他还是喜欢这里的楚风汉韵。他经常在公务之暇光顾城南的酒肆，那里的鲤鱼烧得最是让人念念不忘。有一次，苏东坡出门在外，听到一个吃饭的老人说，徐州地下蕴藏大量的石炭（煤），他闻风而动，派人到处寻找，果然在西南白土镇之北的山中觅到了矿藏。

他兴奋地写了《石炭》一诗：

> 湿薪半束抱衾裯，日暮敲门无处换。
> 岂料山中有遗宝，磊落如磐万车炭。
> 流膏迸液无人知，阵阵腥风自吹散。
> 根苗一发浩无际，万人鼓舞千人看。
> 投泥泼水愈光明，烁玉流金见精悍。
> 南山栗林渐可息，北山顽矿何劳锻。
> 为君铸作百炼刀，要斩长鲸为万段。

从却鼠刀递进为百炼刀，从杀老鼠到斩长鲸，其境界之变，真不可以道里计！

眉州的蚕市

蜀地蚕桑业发展源远流长，宋人高承《事物纪原》卷八“蚕市”条，引前蜀杜光庭《仙传拾遗》关于蜀地蚕桑业起源的传说：“蜀蚕丛氏王蜀，教人蚕桑，作金蚕数千，每岁首出之，以给民家，每给一，所养之蚕必繁孳，罢即归于王。”宋代李昉等编《文苑英华》卷八百八记载唐人陈溪之说，早在蜀汉时期就有蚕市了。

《方舆胜览》指出：“成都古蚕丛之国，其民重蚕事，故一岁之中，二月望日鬻花木、蚕器于其所者，号蚕市。”由此可知，成都蚕市繁盛于唐代，在五代、两宋时期蚕市已经成为最重要的市场之一。这时成都养蚕业、丝织业高度发达，学者估计宋代成都丝织品的年产量达到三百万匹以上[①]，成为国家的“硬通货”，因此对于各类蚕器的需求更大，因此进一步丰富、扩展了蚕市的市场内容。早在唐高宗时，每年春三月在成都乾元观、龙兴观、至真观兴办蚕市，至真观道士王晖说“好为人相蚕种，逆知丰损”。这一日人们蜂拥而至，道士王晖寓目指点，从而蚕市大兴。每年三月三日，“倾城士庶，四邑居民，咸诣仙观，祈乞田蚕”。繁荣的市场上，有人出售符箓让人佩戴，以消灾求福，祈求一年蚕桑大吉……市场逐渐漫溢至周边街巷，成为春节之后的赏春之季。

文史学者彭邦本指出，较早明确使用“蚕市”这一概念的文献来自唐德宗时期。南宋王象之的《舆地纪胜》卷一三七《成都府碑记》中有“《蚕市记》，韦南康文”的记载。韦南康即韦皋，唐德宗贞元元年（785）曾任剑南西川节度使。韦皋在蜀地做官时亲身感受了巴蜀地区蚕市的兴旺，因此专门写下《蚕市记》。该文已佚，但从其留下的片言只语仍然可以看出唐德宗时期成都的蚕市已经是定期举行，吸引各地奔涌而来的商家和购物者，“每及上春，以蚕为名……商旅辇货而至者数万”。

到唐僖宗时期，成都的蚕市已经和药市、七宝市一并被称为“三市”，并且官府将捕盗布告张贴于此，盗贼看到告示后就来自首。三市之一的蚕市恰恰因为人流量非常大，因此才会将官府告示贴于此处。

晚唐诗人薛能在《边城寓题》诗中曾写到“蚕市归农醉，渔舟钓

① 许蓉生：《宋代成都的丝织业》，《西南民族大学学报》2016 年 11 期。

客醒”，司空图《漫题三首》之一亦有“蜗庐经岁客，蚕市异乡人”，可见蚕市已经是繁华之所，在蚕市做买卖的农人饮酒至醉，顿时成为茫然四顾的“异乡人”，足见蚕市成了山居者的一个“梦田”的大本营。这时成都的蚕市已经具有了很强的市井气息，成了各色人等汇聚交际的所在，同时也是一个大江湖。

花间派重要词人韦庄曾经担任前蜀的宰相，其《怨王孙·锦里蚕市》:“锦里，蚕市，满街珠翠，千万红妆。玉蝉金雀，宝髻花簇鸣珰，绣衣长。　　日斜归去人难见，青楼远，队队行云散。不知今夜，何处深锁兰房，隔仙乡。”这首词描写了晚唐成都锦里蚕市的热闹繁华，蚕市再也不是一个专门贸易蚕具、蚕种、蚕桑的地方，而是一个综合贸易的大码头，同时也成为歌舞宴饮游乐的销金窟。

晚唐五代时期，由于蜀地险阻，较少受到兵火之灾，成都仍然一派繁华之象，蚕市也进一步发展。前蜀皇帝王建割据蜀地，他十分重视蚕市，“至时货易毕集，阛阓[①] 填委”。“蜀人称其繁盛。而（王）建尝登楼望之，见其鬻桑者不一，乃顾左右曰:‘条桑甚多，傥税之，必获厚利。’”（鲍士恭《五国故事》卷上）可见，王建从登楼观蚕市的繁盛之况，由此悟出可以大肆收税，“必获厚利”。

这叫滚滚利润，入我彀中也!

五代时期的成都蚕市继承了唐末蚕市综合性贸易与休闲娱乐融为一体的功能，进而在社会上形成了逛蚕市的风气。这种风气甚至影响了皇室成员，后蜀后主孟昶的贵妃花蕊夫人在《宫词》九十三中咏叹:“春早寻花入内园，竞传宣旨欲黄昏。明朝驾幸游蚕市，暗使毡车就苑门。”早早准备，帝王逛蚕市已然成为皇室春季的头等大事。

北宋灭后蜀之后，朝廷将后蜀府库里贮存的金、银、铜、币、珠宝等“重货”和绢帛布匹等运往京城，水陆并运，一直延续十余年才运完，由此可见后蜀国库的丰赡。

黄休复《茅亭客话》指出:

---

① 音环会，意思是“市区”。

> 蜀有蚕市，每年正月至三月，州城及属县循环一十五处。耆旧相传：“古蚕丛氏为蜀主，民无定居，随蚕丛所在致市居。此其遗风也。”少卿章岵尝官于蜀，持吴绫、湖罗至官，与川帛同染红。后还京师，经徽润，吴、湖帛色皆渝变，惟蜀产者如旧。后询蜀人之由，云：“蜀地畜蚕，与他邦异。当其眠将起时，以桑灰煨之，故帛成宜色。”然世之重川红，以为染之良，盖不知由蚕所致也。①

由此可以发现，蚕市与蚕丛氏的曲折关系，以及蜀锦“川红”的具有传奇性的来历。

在成都，蚕市循环的时间和地点就有明确规定，即：正月五日在五门；正月十五日在州南门；正月二十二、二十三日在圣寿寺；二月八日、三月九日在大慈寺；三月三日在北门学射山（今成都市凤凰山）；三月二十七日在大西门睿圣夫人庙前。此外各州县也有蚕市，如眉州“二月十五蚕市”，彭州唐昌县、绵州龙安县等均有蚕市。就连较为偏僻的彭州葛仙山一带亦有蚕市。《云笈七签》卷一二二指出：“每年三月三日蚕市之辰，众逾万人，宿止山内，饮食之内，水常有余。”可见当时蚕市的市景是十分繁荣和壮观的。每当蚕市之际，人们从各地纷至沓来，百货辐辏，万人拥道，红男绿女，摩肩擦背。唐末彭州唐昌县（今成都市郫都区唐昌镇）蚕市，《文苑英华》卷八〇指出：“每及上春，以蚕为名，因定日而有知其往。公亦约之期而候之。其日商旅辇货而至者数万，珍纤之玩悉有，受用之具毕陈。想人之心，岂待询问而知其欢悦也。”

正月二十三日，“圣寿寺前蚕市。张公咏始即寺为会，使民鬻农器。太守先诣寺之都安王祠奠献，然后就宴。旧出万里桥，登乐俗园亭，今则早宴祥符寺，晚宴信相院”。这是一年当中继“五门蚕市”后的第二

① ［清］张澍编，王斌、邓帮云校注：《〈蜀典〉校注》，西南交通大学出版社 2021 年版，第 159 页。

个蚕市。

开放的城市格局，加上经济的快速增长，使作为西蜀重镇的成都充满了活力。成都的蚕桑丝绸业发展迅猛，成都以织造中心的效应带动蜀地很多州县成为绢帛产地。据《大唐六典》卷二十“太府寺”记载，四川的绢产地有二十八个州，约占当时全国八十七个产绢州的三分之一[①]，由此可知四川是唐代最重要的绢产地。精美的蜀锦，代表着我国古代丝织技艺的最高水平，不仅是唐宋时期四川的骄傲，亦为中世纪的成都带来了极大的繁荣。

一九九二年版《眉山县志》上记载，北宋年间，县城文化发达，市井繁荣。蚕丝交易发达，城内有蚕市（官市）、纱縠行，为丝、纱集市等。

苏辙诗《记岁首乡俗寄子瞻二首》其二《蚕市》就回忆说：

枯桑舒牙叶渐青，新蚕可浴日晴明。
前年器用随手败，今冬衣着及春营。
倾囷计口卖余粟，买箔还家待种生。
不惟箱篚供妇女，亦有鉏镈资男耕。
空巷无人斗容冶，六亲相见争邀迎。
酒肴劝属坊市满，鼓笛繁乱倡优狞。
蚕丛在时已如此，古人虽没谁敢更。

每年农历二月十五日拉开帷幕的蚕市，不但是交易，而且成为蜀中乡民的隆重典礼。诗歌展示了眉州村民卖掉余粮、购买蚕器的过程，万木复苏、一派葱绿，市面上见不到浓妆高雅的闲人。市场上亲朋偶然相遇了，又成为一场友情的“春聚”。孩童时代的苏轼兄弟，忍不住放下书本，就行在蚕市的人流里，好不快活！

王十朋《东坡诗集注》卷十四：“次公：‘子由诗序云，眉之二月望

① ［唐］李隆基撰、李林甫注：《大唐六典》，三秦出版社 1991 年版，第 383 页。

日[①]，鬻蚕器于市，因作乐纵观，谓之蚕市。’”

收到弟弟诗作，置身陕西凤翔府的苏轼，正处在春风得意马蹄疾的青春时期，但往事缕缕，感叹顿生，作《和子由蚕市》，记录了更为细腻的少年感观，构成了蚕市的二重奏：

蜀人衣食常苦艰，蜀人游乐不知还。
千人耕种万人食，一年辛苦一春闲。
闲时尚以蚕为市，共忘辛苦逐欣欢。
去年霜降斫秋荻，今年箔积如连山。
破瓢为轮土为釜，争买不翅金与纨。
忆昔与子皆童丱，年年废书走市观。
市人争夸斗巧智，野人喑哑遭欺谩。
诗来使我感旧事，不悲去国悲流年。

这当是苏轼、苏辙两兄弟共同的眉州童年记忆。每当蚕市拉开帷幕，蜀中乡民“共忘辛苦逐欣欢”，投身于一场浩大的民众狂欢，吸引包括儿童，竟然“废书走市观”，可见蚕市的吸引力、影响力、震撼力之强烈程度。但同时，“市人争夸斗巧智，野人喑哑遭欺谩”，又反映充斥于蚕市的欺凌弱小的矛盾，体现了苏轼体恤社会底层民众疾苦的善意与爱心。蚕的意象在苏轼心目中挥之不去，以至于后来徒感“老蚕作茧何时脱，梦想至人空激烈”。早年清晰的民间印痕，与苏轼日后成长为敢爱敢恨的清官良吏，一脉相承，渊源有自。

“唤鱼池”的溅桥之波

一〇五一年，苏洵表弟史经臣大力推荐青神中岩书院的王方先生，

① 指月亮圆的那一天。通常指阴历每月之十五日。

说他的学问精深而务实，可以成为苏轼苏辙的老师。苏洵与王方也是好友，他评价王方是“述而不著”的大学问家。“述而不著”是指他尽力传播文化种子，没时间写自己的文章。王方曾中进士，曾在乐山九峰山讲学，他放弃入朝为官的机会，几年前直接从乐山回到了老家青神县瑞峰镇。他与中岩寺协商后，决定在佛门圣地的中岩古寺开办“中岩书院”。

中岩地处龙泉山脉尾段，最高处为慈姥岩，海拔六百五十米。中岩以山水奇秀、林壑幽美而闻名，有“西川林泉最佳处”之誉。中岩寺始创于东晋，彰显于唐、宋的古中岩，早期为著名佛教圣地，是十六罗汉之第五罗汉“诺巨那尊者”的道场，佛法宏大，古与峨眉山齐名，民间素有“先朝中岩，后朝峨眉”之说。中岩寺分为上中下三寺，有千佛长廊、佛洞穿云、仙人床这些景点，寺中现存摩崖造像四十八龛两千四百九十二尊，其中唐宋时期的摩崖石刻佛像保存较多，法相庄严，神态各异，风格古朴，技艺精湛。除“三苏”外，李白、范成大、陆游等许多名人都曾来过此处，中岩寺现存古时名人题刻就有一百一十九则。明代僧人园睿《中岩山碑记》载：中岩在诺巨那开创之前，旧名玉泉岩，本为慈姥夫人显迹之地，所以中岩寺也被称为“慈姥山”。在中岩寺观景，坐看青神全境，俯视脚下静水深流的岷江，让人无不感叹上苍的造化，在此读书，定然满腹才华。奇妙的还在于，一千年以来，山中溪水旁多蛇，却从未有过蛇伤人的记载。

苏母很赞成儿子去中岩读书。远近闻名的中岩寺毕竟是她的家乡福地，在程家嘴用得最多的一句话就是“开门见山”，那山就是岷江对岸的中岩山峰。让两个儿子在程家嘴的对门读书，她是放心的。何况她父亲程文应也曾说过，王方先生虽是乡村的文化人，却与京城的大文豪欧阳修、梅尧臣都有书信来往，而王方推崇的韩愈、柳宗元的古文，也是苏洵夫妇学习的范本。

这一年，苏轼十六岁，苏辙十三岁。

可以想象，那是一个黄昏，夕光即将落下山峦，岷江水汽蒸腾，在夕阳周围形成了一圈一圈的光晕，太阳就像一只打破了但拒绝流动的鸡蛋，但终于扛不住大地的引力！岷江的一半洒满了夕阳的红光，另外一半则沉浸在山影的黛色之中。眼前的景色，与白居易“一道残阳铺水中，半江瑟瑟半江红”略有差异。一条岷江上特有的平底木船从瑞峰场渡口出发，载着苏洵和两个儿子荡向对岸的中岩。夜色似乎从远处的水面蔓延过来，这一幕，让少年苏轼产生了壮丽人生就当中流击水的豪迈之气。水光不再是安静的镜子，江风乍起，宛若十万条出水银鱼的喧哗。水的波纹收敛着鱼的反光，水浪像鱼脊似的一波一浪地抖动着水平面。当最后一缕夕光散尽，中岩寺的两盏灯火，微笑着欢迎他们……

置身于流动的风景深处，课堂里讲授的诗词文章似乎也沾上了这一份山水灵气，既让先生极目千里，也让学生们神游八极。第一次集中讲学下来，苏辙与青神本地的学生朱清明在卧室里发生了一场有趣的争论。

朱清明说：“王老师讲《岳阳楼记》时应该在江边讲课，才能近观江水，远眺田野，体现情为景生、·景为情发的意境。”

苏辙则辩解道：“按你说的，那老师讲边塞诗人的诗，是不是就要找到一个古战场，黄沙漫漫，大漠孤烟？”

苏轼听他们辩解一阵，相互都不买账，于是参加了进去。苏轼自有见解，他说：“当代诗文，容易找到与诗文符合的场景，如果是远古的，就自然不易了！学生听课，我觉得首先是入耳，就是能听得明白。其次是入眼，能够做到眼观则物化，物化便于认知。但人的双眼能看多少山川古迹？记住多少人间寒暑？我以为，最好的是入心，入心则刻骨铭心，是眼不能见，但心能看到，能描绘，那些似曾相同的情景，自己也能去再现、再造。”

王方老师夜巡，在窗外听到这些争论，暗自喜欢上了这群学生，更喜欢天姿聪慧的苏轼。回到家中，他常对家人说起这群了不起的学生！王方的女儿王弗听得熟了，对苏轼算是有了“第一印象”。

不久后，等来一个春风习习、杨柳依依的佳日，中岩寺内热闹非凡，文人、香客早早就来了，聚会在一口新建的鱼池边，今天聚会的重要主题，就是为寺内新建的鱼池命名。鱼池依红色的山岩而建。山上藤蔓悬挂，池边垂柳翠绿，池中清澈见底，鱼儿快乐地游戏其间。

聚会由王方和中岩寺元觉方丈共同主持。王方宣布征集鱼池名称后，不少学子文士跃跃欲试。一人看着水中游动的鱼儿，说出了自己的命名：藏鱼池。有人笑道："鱼儿一点躲藏的意思都没有哦。"

又一位文士说，新建的水池，刚刚在引水养鱼，可以叫"引鱼池"。一位僧人笑着说："这鱼是放养的，不是引水时引来的。"后来又有士子提出叫"跃鱼池""观鱼池""赏鱼池"等等，王方觉得不大理想，最后他点名苏轼："苏轼，说说你的看法吧。"

其实苏轼早就想好了，只不过限于年龄、身份，没有急于抢先。他说："我观这鱼池里的鱼儿，颇通人性，好似跟人们心意相通、共享快乐，唤之即来，挥之即去，不妨就叫'唤鱼池'。"

王方一听，不禁脱口称赞，元觉长老也频频颔首，鱼池就命名为唤鱼池。王方又请苏轼当场题写"唤鱼池"三个大字，命工匠镌刻于鱼池一面的山石之上。

就在苏轼俯身书案题字时，他一回头发现王方身边有一方纸片，上面赫然写着"唤鱼池"三字。苏轼愕然了，莫非王方之前已经想好了名字，竟然与自己不约而同？又或者是另有他人，在己之前就起好了同样的名字？

苏轼猜得不错，确实有人之前已经起了一样的名字，但先于他取名的人，是一个小姑娘——王方十五岁的女儿王弗。

原来王方召集文会，还有一个私人原因，就是为女儿择婿。这女孩聪慧，听说要为鱼池命名，自己就写了一个。她虽然没到现场，但是想到了众人对鱼儿呼朋唤友一般地把玩，一定很有趣。

明代曹学佺《蜀中名胜记》卷十二称："岩之半，为流杯池，一曰太极池。"其形制按易学太极图凿造而成。宋代大文学家黄庭坚当年客居青神三个月，曾屡被邀游中岩，每于玉泉岩汲水瀹茗，赏景抒怀，并自况行吟《玉泉铭》，笔走刊石以纪胜。之后，历代文人雅士慕而效仿，相约来此煮茗行乐，逐步发展成为以"太极池"流杯吟咏，抒怀言志，勒石留念，蔚然成风，故岩间碑林丛立，琳琅满目。如今碑刻大多散失，但黄庭坚手书“玉泉”依旧，“太极池”尚存。

后来的事情大家都知道了，苏轼成了王方的乘龙快婿，王弗在苏轼十九岁那年，嫁给了苏轼。夫唱妇随，恩爱有加。令人痛心的是，王弗在二十七岁那年，染病身亡。十年之后的熙宁八年（1075），苏轼来到密州任太守，这一年正月二十，王弗的弟弟王缄从眉山来看望苏轼。看到昔日的妻弟，苏轼感慨万千，几杯酒下肚，他就醉了……那晚冷清孤寂，他梦见了爱妻王弗和山冈上茂密的松树。酒醒之后，往事历历在目，他不禁泪湿衣襟。第二天送别妻弟后，东坡写下了一首被公认为古今“悼亡词第一”的《江城子》：

十年生死两茫茫。不思量，自难忘。千里孤坟，无处话凄凉。纵使相逢应不识，尘满面，鬓如霜。

夜来幽梦忽还乡。小轩窗，正梳妆。相顾无言，惟有泪千行。料得年年肠断处，明月夜，短松冈。

“小轩窗，正梳妆”说的正是苏轼第一次见到王弗时的情景。苏轼后来到王方先生家拜访，他酒量小，很快就醉了。酒醒后看到一处灯亮，就走了过去，就看到了一名娇美女子正在窗前梳妆，四目相对，深情款款……

情意缠绵，字字血泪，表现了绵绵不尽的哀伤和思念。词的下阕记述梦境，抒发了苏轼对亡妻执着不舍的深情——“明月夜，短松冈”。全词思致委婉，境界层出，情调凄凉哀婉，成为悼亡诗词的绝唱。

值得一说的是，宋人李如篪在《东园丛说》中载，苏辙的三女婿王浚明曾透露过这样的秘密：苏轼年少时，常于夜间读书，邻家有个豪绅的女儿喜欢苏轼，常偷听偷看。某晚，该女趁家人不备，跑到苏轼住处，欲以身相许，苏轼不纳，最后答应登第后娶其为妻。然而苏轼中第后，却娶了一个仕宦的女儿……几年后，苏轼回眉山，问起那女子，始知该女谨守前约，不嫁而死。后来苏轼写了一首《卜算子》的词，其中有“幽人独往来，缥缈孤鸿影”之句，说的便是这个女子，而“拣尽寒枝不肯栖，寂寞沙洲冷”，则说其不嫁而亡。

值得注意的是，《东园丛说》作者李如篪也是苏轼表弟，故而这段记录的可信度是相对高的。不敢轻易断定这位“豪右之女”是不是他“不欲婚宦”的原因，但据“约以登第后聘以为室”之说，不难见得，少年苏轼即使有过婚姻之想，他心中的第一人选，看来并不是王弗。

鹅溪绢

鹅溪位于盐亭县城北安家北二里的叩鹅山东麓，注入梓江。

永泰县（梓州盐亭县）的鹅溪镇盛产闻名天下的“鹅溪绢”，也称“鹅溪丝”，绢面精细，紧致光滑，色泽柔嫩，唐代即为皇家贡品，是书、画所用的绝好材料。有时，此词还代指书信。此绢甚良，洁白无瑕，宋代书画市场尤重之，称之为“雪娟”。因为永泰地处东川，故称“东绢”。

唐代著名画家韦偃，后寓居于蜀，他专门在落成不久的草堂做客，为杜甫作画，用的材料竟是杜甫珍藏的鹅溪绢。鹅溪绢自唐朝成为贡品以来，风靡数百年。宋朝也有“鹅溪出画绢”的记载；明朝更有“天下皆称鹅溪绢”的美誉，也足可见其精美程度。尤其是宋代李昭玘《观画》诗：“安得十万钱，尽致鹅溪白。”由此可见鹅溪绢的名头之响！

清代盐亭县令张松孙（1730—1795），出生在鱼米之乡江苏吴县。乾隆五十一年（1786）丙午，张问彤在张松孙的带领下，与乡绅仕宦合力纂修《三台县志》《射洪县志》《盐亭县志》《乐至县志》《蓬溪县志》《安岳县志》六志，六志开篇皆有张松孙所作序言，记述了他修志续史的过程和想法。张松孙对鹅溪一带的风土很有感触，曾写《鹅溪》一诗：

左绵山左高渠西，低汇群壑流寒溪。
水经未能注远派，天教舒雁将名题。
鹅浦鹅湖旧得号，仙翎不与凡禽齐。
孝冢埋时定羽化，铃声起处思崖栖。

波清乍把霜毛泛，草碧忽临丹掌低。
爱唼绿萍逐上下，高吟曲项惊旌倪。
山飞潭宿志其处，历历简青皆可稽。
如何旷代传闻绝，空标梵院仰菩提。
旧产曾闻东绢好，万户桑林业不迷。
夹岸秋风储萑苇，连宵春雨起耕犁。
赴郭清流三十里，通山曲径万千蹊。
欲比辋川作图画，卧游自不劳扶藜。[①]

诗歌细腻描写了鹅溪一带水脉蜿蜒，溪水潺潺，青筒若屏，岸上人家，纺织机声轧轧不绝于耳，所产丝绢甚丰。叩鹅山东麓有鹅溪寺，由来久矣，乃邑域之胜概。他甚至把鹅溪比作著名的隐士理想空间陕西辋川，足见鹅溪风光之盛。

唐宋时期，一匹绢帛长度广度为二尺二寸为幅、长四丈为一匹。《宋史·食货志》：中下等的绢（椋缎）一千三百个铜钱至三千个铜钱一匹，中等的绢（绢）十千铜钱一匹。上等的绢（绫罗）二十贯至三十贯铜钱一匹。丝绸的种类、品质、花色繁多，决定了不同档次的绢（丝绸）的价格差别很大。宋朝时代，一匹绢，最高价时值四贯钱。当时一两黄金可以换五贯钱。

在绢上绘画，笔痕清晰，画家的功力好，在绢上能够充分地彰显出来；画家功夫差，在绢上所有的毛病也是丝毫掩盖不住的。书画家选择纺织细密、较厚的绢，幅面宽窄根据需要。一定要托墨效果好、墨色变化细微、受墨敏感的绢。蚕丝质感如玉，画在绢上的墨或色，产生独特的美感，称之为“绢丝美”，这种效果是纸上绘画所不具备的。

熙宁元年（1068）七月，苏东坡、苏辙兄弟在家乡为父亲服丧期满了。冬季来临，他们取道成都—梓州—阆州—长安，返回汴京。而阆州（今四川省阆中市）是兄弟二人的伯父苏涣长期为官之地。庆历元年至七年

① 何藻儒、赵尽忠编：《盐亭古代诗文选》，文汇出版社 2017 年版，第 117 页。

（1041—1047），苏涣在阆州担任通判，他在当地施行仁政，公正廉明，受到百姓的称誉。虽然苏涣后来转官，担任利州（今四川省广元市）路提点刑狱，并于嘉祐七年（1062）在任所去世，但他的许多亲属、学生都还在阆州。东坡兄弟在阆州有很多亲戚，他们此行正有顺道探访亲友的目的。

而这一年，即熙宁元年，也是苏东坡表兄文同的不幸之年，他恰好也在家乡盐亭永泰故居为母亲守丧。苏家兄弟的到来，受到文同的热烈欢迎，还请他们为刚刚修建落成的墨君堂作文赋诗。

苏东坡倚马可待，为之作《墨君堂记》。苏辙写五言律诗《文与可学士墨君堂》。苏东坡的《墨君堂记》满纸议论，而不屑于记事。苏辙的《文与可学士墨君堂》则对墨君堂内外景物都有细腻描述。兄弟二人的一文一诗，文采飞扬，珠联璧合。

东坡兄弟应文同之邀，一起游览了鹅溪镇。

当文同清晨看到一群养蚕村妇身背竹笼，手持搭钩，过溪桥，进桑园，忙忙碌碌采摘桑叶时，不禁诗兴勃发，写成一首《采桑》诗："溪桥接桑畦，钩笼晓群过。今朝去何早？向晚蚕恐卧。家家五十日，谁敢一日惰？未言给私用，曰以应官课！"可是再看看蚕妇说的"未言给私用，曰以应官课"这两句，文同不由得心里一沉，诗情画意顿时便打了折扣，觉得这些蚕妇委实可怜。

他们出桑园，入织房，又参观了农家纺织女的劳作，亲眼看见织妇们将极细的生丝缕分为经线和纬线，然后双脚踩动织机踏板，双手来回掷梭，织成鹅溪绢的过程。并且得知，一匹工艺精湛的鹅溪绢，需要三天三夜的辛勤劳动方能完工。当文同进而了解到，织妇们从早到晚不停地辛勤劳作，却仍有交不完的官课租赋时，他的心震颤了。他很怜悯这些贫苦织妇的悲惨命运，便写下了流传至今的乐府诗《织妇怨》。此诗形象生动，充满大慈大悲的情感，千载之后，仍然令人慨叹不已！其中有"大字雕印文，浓和油墨污"之句，意思是，印在绢上的"大字"是一个"退"字，即退货。北宋郭祥正《青山集》说："缫丝自喜如霜白，输入官家吏嫌黑。手持'退'印竞传呼，倏见长条染深墨。"方岳《秋崖小稿》也说："截绢入官输，官怨边幅窄。抛掷下堂阶，'退'字印文赤。"这样的"退"，是不是类似前些年城乡四处可见的"拆"？

有人怀疑文同与东坡兄弟的"盐亭相会"，其实可以从苏东坡在黄州为纪念文同而撰写的祭文《黄州再祭文与可文》进行分析。祭文称："我官于岐，实始识君……一别五年，君誉日闻……再见京师，默无所云。"治平元年（1064），苏东坡正在凤翔府担任签书判官，文同路经此地，与苏东坡邂逅，言谈甚欢，从此结为知己。"一别五年"，是说他们自从在凤翔相识，五年之后才再次见面。从一〇六四年算起，五年之后正好是一〇六八年。熙宁三年（1070）四月，文同服丧期满，回到京城汴梁。文、苏二人"再见京师"，这离他们在凤翔府初次见面已经是第七年了。毫无疑问，东坡兄弟肯定到过梓州。

如今，在三台县还流传着许多关于苏东坡的传说。在三台东山公园尚有"苏公流杯池"，其中的"苏公泉"是后人为纪念苏东坡而专门修建的。传说苏东坡曾经三过三台，游景赋诗，于此休息饮茶。每当人们登临名胜、怀念苏东坡的高义，怎不让人油然生出无尽的感慨？！

笔墨中的刀剑往事

太平兴国八年（983），"日本僧奝然搭吴越商陈仁爽、徐仁满之舶入宋"后，向宋太宗赠送的礼品中，有中国国内已亡佚的《孝经郑氏注》一卷、《越王孝经新义第十五》一卷等。这是自中国典籍传入日本之后，第一次由日本人回赠给中国。随着日本镰仓时代武士的兴起，刀剑甲胄的制造有空前进步，日本刀剑大量输入宋朝，很受中国人的珍视。宋代亦从日本进口折扇、螺钿工艺品、纺织品等，以精巧见称。

欧阳修写长诗《日本刀歌》，描绘了一把做工非常精美的日本刀，但他赞刀之余，只是借此表达对中国典籍散失的遗憾。其中有这样几句：

宝刀近出日本国，越贾得之沧海东。
鱼皮装贴香木鞘，黄白间杂鍮与铜。
百金传入好事手，佩服可以禳妖凶。

诗人梅尧臣和司马光也写过关于日本刀的诗文，这倒不是因为当时进入中土的日本刀很不寻常，而是他们所写的都是同一把刀，这把刀的主人名叫钱公辅。钱公辅及其子钱世雄与苏东坡均是挚友，有两代人的深情交往，奇怪的是这把日本刀，没见到东坡寓目的任何记载，但这并不意味着东坡与刀无缘。

东坡自幼喜兵刃，也喜欢和尚武之人交朋友。自谓“少年带刀剑，但识从军乐”，加之受父亲喜欢谈兵的影响，儒侠气象早已经深入骨髓。在我心目中，东坡就仿佛一把无鞘之剑，即使刃口有缺，也应该是一把受伤的好剑！真所谓有“杀人刀，活人剑”之别。

南朝齐、梁时期思想家范缜曾举了一个著名的“刀刃之喻”：把身体比作刀刃，把精神比作锋利，他认为若没有了锋利则不能称为刀刃，而锋利亦不能脱离刀刃而单独存在，所以人的形体倘已消失，精神自然也就不存在了。面对这样的高论，我也只能唯唯，但并不完全认同。

且看看东坡的刀剑谱。

宋神宗元丰元年（1078），东坡在任徐州知府期间。时值弟弟苏辙四十一岁生日，他决定赠送弟弟一个特殊礼物：古传双刀。写有《以双刀遗子由，子由有诗次其韵》，就揭示了个中心路：

宝刀匣不见，但见龙雀环。
何曾斩蛟蛇，亦未切琅玕。
胡为穿窬辈，见之要领寒。
吾刀不汝问，有愧在其肝。
念此力自藏，包之虎皮斑。

湛然如古井，终岁不复澜。
不忧无所用，忧在用者难。
佩之非其人，匣中自长叹。
我老众所易，屡遭非意干。
惟有王玄通，阶庭秀芝兰。
知子后必大，故择刀所便。
屠狗非不用，一岁六七刓。
欲试百炼刚，要须更泥蟠。
作诗铭其背，以待知者看。

东坡之双刀应为宝刀。下为大环，以缠龙为之，其首鸟形。北魏郦道元《水经注·河水三》："并造五兵，器锐精利，乃咸百炼为龙雀大环，号曰大夏龙雀。铭其背曰：'古之利器，吴楚湛卢，大夏龙雀'。"至少，是对古代名刀的仿制。

这一对无鞘之刀，东坡不敢怠慢，遂用虎皮为刀囊，足见他对此的珍视。困厄中的他，知道兄弟苏辙绝非池中物，转赠之，与刀分别之际，特写了这一首"刀铭"。他以刀喻人，影射当时的用人制度，因此纪昀认为诗中"纯是寓言"。个中万千情感，纸张简直承载不了，唯有刀剑可以托付。

收到哥哥的礼物，弟弟回赠诗《子瞻惠双刀》，感叹不已：

我衰气力微，览镜毛发斑。
誓将斩鲸鲵，静此沧海澜。
又欲戳犀兕，永息行路难。
有志竟不从，抚刀但长叹。
……

"誓将斩鲸鲵，静此沧海澜"！摩顶放踵，以造福天下为己任，问题是这个世道有"亮剑"的机会吗？古今如梦，何曾梦觉，但有旧欢与新怨，循环往复。这样的一双宝刀，竟成为承载兄弟二人泪水的道具。至今读来悲乎！古话是男人四十非庸才，但海德格尔曾经指出，阿勒曼尼—施瓦本的当地人，有一句俗话讲得到位，人到四十岁就知道自己不能做什么了。

其实，我怀疑苏东坡这对宝刀，应该是来自夏国。夏国即西夏（1032—1227），以党项族为主的方国，与宋朝是同一时代。这时期夏国的冶铁和铁器制造相当发达，他们首先使用了“熔用之袋”的“坩埚”冶铁制造刀剑，质量精良，夏国剑被称为“天下第一剑”，古书中有记载。南宋太平老人《袖中锦》：“契丹鞍、夏国剑、高丽秘色，皆为天下第一，他处虽效之，终不能及。”苏东坡曾获赠夏国刀剑，晁补之作诗《赠戴嗣良歌。时罢洪府监兵，过广陵，为东坡公出所获西夏刀剑，东坡公命作》赞美：“往年身夺五刀剑，名玉所擐犀札同。晨朝携来一府看，窃指私语惊庭中。红妆拥坐花照酒，青萍拔鞘堂生风。螺旋铓锷波起脊，白蛟双挟三苍龙。试人一缕立褫魄，戏客三招森动容。东坡喜为出好砺，洮鸭绿石如坚铜。”从诗中可以得知，夏国之剑吹毛立断。还可得知，苏东坡得到的西夏剑，泛着古铜之光，引人遐思。

在黄州期间，东坡曾以所藏的铜剑与张近（字几仲）交换龙尾子石砚，为此写了一首《张近几仲有龙尾子石砚，以铜剑易之》。剑和砚都是苏轼之所爱，静夜观砚，他突然意识到自己执着于物的习气未改，再作《剑易张近龙尾子石砚诗跋》以反省：“仆少时好书画笔砚之类，如好声色，壮大渐知自笑，至老无复此病。昨日见张君卵石砚，辄复萌此意，卒以剑易之。既得之，亦复何益？乃知习气难除尽也。”鉴于早发过“君子可以寓意于物，而不可以留意于物”的高论，东坡是渴望从剑与砚的变奏中，从“留意于物”中超脱而出。

事情还在继续。张近更渴望得到东坡的赠诗，他竟然把古剑“完璧归苏”，东坡于是再写《张作诗送砚反剑，乃和其诗，卒以剑归之》。剑在，砚在！东坡呢，只能“呵呵”。

东坡在黄州时还作《武昌铜剑歌》说：“君不见凌烟功臣长九尺，腰间玉具高拄颐。”他身处逆境仍不忘待机仗剑立功，图影留名凌烟阁。

如今人们往往盯住他在黄州超旷甚至消极的一面，却罕有人意识到他仍有执着的另一面，那些滚动在他生命河床上的嶙峋怪石，才是他的精神依托。欲出世而不能出世，这才是东坡本色。离开黄州后，古剑伴随他驱驰南北，或在地方，或在朝廷，尽力做事，却仍不免卷入党争，乃至远贬海南……然而他不能忘却自己的社会责任。书房里的古剑的斑斓、砚台与笔的静穆，才构成了真正的东坡。

在我看来，一个人必须面对刀锋。面对稳定的刀，就会意识到刀就是这个飘摇世界上镇定自若的水准仪。光照之下刀的锋芒是刀的丝绦，它们从未来偷渡而来！刀锋是让一个人生试错者最后成为人的雕刻师。性格就是命运，刀锋对一个人命运构图的赋予，其实早已经注定。

东坡与刀的故事还在延续。一个并不以刀为生的人，他似乎在刀影的暗示下，抵达了一个词锋凌厉、精墨飞溅的地域。

苏轼有诗《郭祥正家，醉画竹石壁上，郭作诗为谢，且遗二古铜剑》：

空肠得酒芒角出，肝肺槎牙生竹石。
森然欲作不可回，吐向君家雪色壁。
平生好诗仍好画，书墙涴壁长遭骂。
不嗔不骂喜有余，世间谁复如君者。
一双铜剑秋水光，两首新诗争剑铓。
剑在床头诗在手，不知谁作蛟龙吼。

郭祥正善饮。在明人夏树芳编、陈继儒补正的酒事专著《酒颠》里，记录郭祥正一条："郭祥正字功父，隐于青山，所居有醉吟庵，亦自作《醉吟先生传》。"①

郭祥正比苏轼大一岁，因为他在二十多岁时便因诗人梅尧臣称许之为"太白后身"，所以其诗艺虽不及东坡，而成名却比东坡早。东坡兄

① 卿至、肖嫣译注：《〈酒颠〉译注》，中国书店2018年版，第98页。

弟与郭祥正的友谊由来已久，多有诗简往来。

那还是元丰七年（1084）六月，东坡离开黄州途经安徽当涂，在姑孰城（今安徽省当涂县治）内郭府饮酒大醉之际，画竹石于郭家壁上。郭祥正不但不怒，反而赠二诗并两把古铜剑以表谢意。为此，苏轼他乡遇知音，作诗纪之。东坡好作竹石，竹多枝干虬屈，飞舞跌宕，石亦无形无状，奇怪异常。正如东坡自己所言："空肠得酒芒角出，肝肺槎牙生竹石。森然欲作不可回，吐向君家雪色壁。"其画作里，古槎怪石，均属盘踞在其胸中的意象；因为是空腹喝酒，他醉得较为彻底。但创作的欲望压抑不住，故笔走龙蛇，老木蟠风霜，把这一路忧愁与激荡，泼在郭家雪色墙壁之上。

其间两人还有一段关于诗歌的著名交往，真是兔起凫举。陆游《入蜀记》记录了，情节一曲三折：陆游回忆，"曾听我族伯父陆彦远说过：苏轼过当涂，读《姑孰十咏》，抚手大笑曰：'赝物败矣，岂有李太白作此语者？'郭祥正与东坡争论，以为所说不然。东坡又笑曰：'恐是太白后身所作耳。'郭祥正恼羞成怒了，这是因为他年轻时语句俊逸之作，前辈也称他为'太白后身'，郭祥正以此而自负，所以东坡才以此戏谑他。"陆游所说是否真实可靠，姑且不论，但可以看得出东坡与郭祥正无话不谈的情义。

郭祥正家境富有，他赠送过东坡著名的歙州李廷墨十丸、宣州诸葛丰鸡毛笔十支以及不少衣物用品。为什么要送古铜剑？估计是东坡酒中所言，对方于是慷慨允诺。

这，会不会是东坡后来赠给弟弟的生日礼物？

事后，东坡很珍视"不嗔不骂"这份欣赏，这份友情。不禁叹道，世上还有谁能像郭君这样理解我呢？千古知音最难觅，正因如此，这友情、这理解才更显得美好，值得歌唱和回忆。诗画本一律，是自身心灵的抒写，是狂飙突进的生命力的外在表现。这首诗感人惊人，来自作者性格的天真、胸襟的开阔以及毫无保留的个性流露。读者易于在想象中，走进一个诗人所创造的世界里，并在这个世界中感到美与真。

雅州知州雷简夫

人生就是一场场机遇的排列组合。实事求是说，若没有雷简夫，就可能没有“三苏”的横空出世。

雷简夫（1001—1067），字太简，同州郃阳（今陕西省合阳县东南）洼雷村（合阳县城关街道雷家洼村）人。雷简夫少年时常与在耀州为官的富言的儿子富弼、知州司马池的儿子司马光等人一起玩耍，歌咏戏游，诗酒酬答，成为至交。他隐居不仕，戴着铁帽子骑牛野游，自称“铁冠道长”。宋仁宗庆历二年（1042）后经枢密使杜衍荐为校书郎签署秦州观察判官、坊州（今陕西黄陵）知州、阆州知州。因益州太守张方平推荐，一〇五四年，五十三岁的雷简夫被派到雅州任知州。

雅州城建于一〇一六年。宋朝将茶叶贸易纳入国控物资，经雅安往大理国（今云南）、吐蕃地区的贸易量增大。一〇〇八年，在今雅安雨城区老城区地界上规划建一座城，以作为西南地区贸易中转站。一〇一六年雅州城终于建成，雅安的茶叶生产与贸易逐渐繁忙起来。此时的雅安茶叶被朝廷纳入国家战备物资，主要经茶马古道运往藏区、滇西，中原大地的文人雅士对雅安茶的品质了解甚少。

雷简夫走访茶农及制茶高手，恢复雅州细茶生产，改造、提高龙团凤饼品质，发展唐代蒙顶先春散芽茶的制作工艺。当冲泡发散芽茶制作完毕，当即派人急送给住在京城的朋友梅尧臣。

梅尧臣乃宋朝著名文人。宋皇祐三年（1051）得宋仁宗召试，赐同进士出身，为太常博士。因欧阳修推荐，为国子监直讲，累迁尚书都官员外郎。梅尧臣品尝后大加赞赏，即将此茶分送给京城各名流品饮。梅尧臣为此还特意赋诗一首《得雷太简自制蒙顶茶》答谢：“蜀荈久无味，声名谩驰骋。因雷与改造，带露摘芽颖……汤嫩乳花浮，香新舌甘永。”由此可见雷简夫对于“雅茶”的改良之功。

雷简夫好诗文，书法学王羲之、颜真卿，迅速崛起于北宋文坛。他夜闻青衣江暴涨涛声有悟，挥就《江声帖》。他的上司宋祁看到《江声帖》后作诗《赠雷简夫》：“豪英出名胄，偃蹇倦官游。大言满千牍，高气横九州。”苏轼在《论书》中描述：“雷太简乃云闻江声而笔法进。”明代状元杨慎颇为激赏，书法界誉为“听江得法”之经典。

雅安距离眉山不远，布衣苏洵产生了拜谒雷简夫的念头。

嘉祐元年（1056）春天，时年四十五岁的苏洵带着十八岁的苏轼与十五岁的苏辙来到雅安。经过通报，雷简夫将其唤至州署大厅，本准备叙茶一番，就算给面子了。不料苏洵谈吐不俗，纵论古今针砭时弊，性情豪爽兼具儒者风范。真是奇才！雷简夫有些震惊，没估计到蜀地民间竟有这等人物。苏洵身后两个少年，风姿潇洒，显然非同一般。

是晚，雷简夫读苏洵留下的一卷文章。《史论》篇中，苏洵论述史书是“一代之实录”，绝不可凭主观好恶取材，必须客观公正如实地反映历史事实，记录历史现状，但又不能作纯客观的记述，而应对史料进行去伪存真，辨明是非曲直，精心剪裁，合理安排，表现鲜明的爱憎和褒贬，体现道与法，达到惩恶扬善、教化世人的目的。文中论述了“隐而章、直而宽、简而明、微而切”的四种修史之法。等到他细读《洪范论》后，又被苏洵文章的宏伟气势、那种严密而远离“冬烘”气味的议论所震撼了，他激动万分。文风高古奇荡，内容涉及政治、军事、经学、文学诸多领域，言辞犀利切中要害，求实用而不尚空谈。洵志向高远，这样的人不为国家所用，真是埋没了！

雷简夫当然猜得到“三苏”雅州之行的目的，他们渴望遇到伯乐，寻求机遇。

第二天，雷简夫令人打扫州署后院房屋，布置一新。他亲自去往客店，迎接苏洵父子入住。州署背靠一小山，山形如月，又名心月山，再往后更名苍坪山，沿用至今。

安顿好苏洵父子，雷简夫修书三封，分别给了三位官员，这就是迄今流传甚广的雷简夫荐“三苏”。这段往事，自然不可能跻身于《宋史》。但南宋邵博《邵氏闻见后录》以及《舆地纪胜》《明一统志》《四川通志》《雅州府志》等典籍均有记载。其中尤以《邵氏闻见后录》所载最为详细。因为邵博以文章著称，受到宋高宗赞许，赐其同进士出身。绍兴二十年（1150）前后，邵博官拜左朝散大夫，而后外放眉州知州，他因此熟悉当地人文。

清乾隆年间纂修的《雅州府志》，记有：“(简夫)荐眉州苏洵及其子轼、辙于益州守张方平，由是‘三苏’名著。”另外，《雅州府志·古迹》中载：“贤范堂，州治内，绘宋雷简夫、‘三苏’像，壁间刻雷简夫荐‘三苏’书。”

三封举荐书中，两封至关重要：一是与益州(成都)知府张方平。雅州之前，苏洵去成都拜见太守张方平，得到这位学者型官员的高度认可，举荐之外先委以“学官”，只是朝廷那边泥牛入海，没有回音。

考虑到这些因素，雷简夫斟酌再三，因此《上张文定书》的语气就显得较重，他认为苏洵“岂惟西南之秀，乃天下之奇才尔”。接下来，语气委婉：“窃计明公引洵之意，不只一学官，第各有所待也。又闻明公之荐，累月不下。朝廷重以例检，执政者靳之不特达。虽明公重言之，亦恐一上未报，岂可使若人年将五十，迟迟于涂路间耶？昔萧昕荐张镐云：‘用之则为帝王师，不用则幽谷一叟耳。’愿明公荐洵之状，至于再，至于三，俟得其请而后已，庶为洵进用之权也。”

雷知州言辞恳切的举荐信，岂能不打动张益州？！

另一封信是呈一代文宗欧阳修。这已是雷简夫所具备的全部能力了。

《上欧阳内翰书》中，雷简夫为苏洵说了一大堆好话，结尾直言不讳，将了欧阳大人一军：“起洵于贫贱之中，简夫不能也，然责之，亦不在简夫也……向者，洵与执事不相闻，则天下不以是责执事。今也读简夫之书，既达于前，而洵又将东见执事于京师，今而后，天下将以洵累执事矣！”

意思太清楚了：我雷简夫人微言轻，没能力让苏洵施展平生抱负，无人怪罪；大人您身为文坛魁首，苏洵赴汴京面见后，至于用还是不用，那么天下人都认为与您相关啊！

雷简夫甚至把张方平也请了出来，说张方平看了苏洵的《六经》《洪范》等文章后，惊叹地说：“司马迁死矣，非子吾谁与？”

雷简夫坦诚地说，知道苏洵的大才而不告诉欧阳修，感到自己简直有罪了！

第三封信写给当朝宰相韩琦。雷简夫说，苏洵“有王佐才”“得史迁笔”“讥时之弊”“皇皇有忧天下心”。雷简夫还说，苏洵将带着两个儿子到京城参加考试，希望韩琦能“顺加奖进”，苏家父子的知遇之人就是你韩琦了。

……

尽管雷简夫有远见，但可能他不会料到，苏氏三父子会鲤鱼跳龙门，苏轼兄弟会登临权力的最高庙堂。

后来有人就认为，“三苏”名扬天下与之天赋和努力密不可分，但没有雷简夫的忘情力荐，也许苏洵将成为“幽谷一叟耳”。这完全符合事实。

这次毕生中唯一的雅州之行，苏东坡终生难忘。他在山东密州所属的胶西县写《寄黎眉州》，给时任眉州太守黎希声（眉州知州黎錞）：“胶西高处望西川，应在孤云落照边。瓦屋寒堆春后雪，峨眉翠扫雨余天。治经方笑春秋学，好士今无六一贤。且待渊明赋归去，共将诗酒趁流年。”估计“三苏”在雅安期间，遥望瓦屋“桌山”，产生了浓厚的想象。此诗将瓦屋山和峨眉山对举，梦回家乡，山水如在眼前，表达了对恩师欧阳修的怀念与归隐之情。

待“三苏”名满江湖之日，雅州人特意给苏轼、苏辙兄弟俩盖了一座“双凤堂”，还说他们在这里读过书，就分明是附会了。

嘉祐末年（1064 前后），得知赋闲在家的雷简夫病逝，苏洵大感震撼。司马光曾把雷太简的惠政比为白云，可见雷太简治才高人，仁风育人，惠泽及人。简夫年长苏洵九岁，苏洵特写《雷太简墓铭》：

呜呼太简，不显祖考。
不有不承，隐居南山。
德积声施，为取于人。
不献不求，既获不用。
有功不多，孔铭孔悲。

北宋文学家赵令畤认为："此大语妙，有三代文章骨气，为文之法也。"

张蜀州

一个人的写作，目的并不在于无效地重复现实，而是通过历史辨识、思想途径来延续现实，就像让自己的身体成为历史与未来之间的导体，自己乃是现实的河床。未名之际的"三苏"，必须要得到认可，因为他们注定要完成延续现实的事业。

绍圣二年（1095），宝月大师圆寂，葬于成都城之东塔子山。苏东坡为之作《宝月塔铭》，其中有"锦城之东，松柏森森"之句。这也证明，塔子山自唐代以来，一直是东郊佛门重地。二〇〇三年，在成都塔子山公园地界相继出土了"三苏"的残碑三通，即苏洵《提举监臣帖》、苏辙《雪甚帖》和苏轼《中山松醪赋》，勾起了人们对于"三苏"的无尽缅怀。经有关专家考证，石碑约雕刻于清代，属于"三苏"的刻帖，字迹也属于原帖临摹。虽是残碑，也属罕见之物。

"三苏"与成都产生直接关联，缘于张方平。

至和二年，乙未，为公元一〇五五年。

苏轼同父亲苏洵和弟弟苏辙游学于成都，这是苏轼、苏辙第一次逛成都。

苏洵以民间田服布衣身份，来成都拜谒蜀守张方平（1007—1091）。张方平字安道，号乐全居士，谥"文定"，北宋著名大臣，应天府南京（今河南商丘）人。至和元年（1054）七月，任户部侍郎。至和元年秋，蜀地盛传之前为宋军所败流亡南诏大理的侬智高将入蜀，使得四川人心惶惶、鸡犬不宁。"摄守大惊，移兵屯边，发兵筑城，日夜不得休息；蜀民大扰，争迁城中，贱卖谷帛以换金银，埋之地中；朝廷亦发陕西步骑戍蜀，兵仗络绎，相望于道。"为稳定蜀中局势，朝廷命张方平为四川最高行政长官，镇守成都。

到达成都后，张方平对侬智高侵蜀的可能性进行分析，认为南诏离蜀二千余里，道险不通，侬智高所部复杂，不相统属，不大可能举兵攻蜀，决定“以静镇之”。至和二年（1055）上元节，张方平命令城门通宵不闭。如他所料，侬智高并未入蜀。此次事件，张方平的睿智、果断彰显无疑。嘉祐元年（1056）正月，蜀人决定在成都净众寺塑张方平之像，表达他们对这位父母官的敬仰之情。

《宋史》载，张方平少时聪颖，博览群书，过目不忘。喝酒百杯不醉。他在政治与学术两方面都有很高的建树。在镇蜀期间做了许多好事，比如奏免横赋四十万贯匹，以及减兴、嘉、邛州铸钱十余万，蜀人便之，这为他赢得了“张蜀州”之称。他还特别爱惜人才，经常四处搜贤访异。

对这样的地方长官，苏洵发自内心地钦佩，他写下了《张益州画像记》，称赞张方平临危不乱、镇定从容，“慷慨有大节，以度量雄天下。天下有大事，公可属”。

因为有这一层神交，再加上苏洵有雷简夫致张方平的推荐信，他把推荐信呈递上去后，带着苏轼兄弟静候佳音。张方平读了雷简夫的引荐信，立即热情致信苏洵，邀请前来会面。苏洵将所作的《权书》《洪范论》《审势》《审敌》《审备》等文章奉上，并与其议论古今治乱之理，张方平胸罗万卷，加之阅人无数，但见其才识不凡，便以国士之礼待之。张方平比苏洵大两岁，由于年龄相近，观点也相仿，“论古今治乱，及一时人物，皆不谋而同”。两位一见如故，颇有相见恨晚之憾。苏洵的观点受到张方平的由衷赞誉，还被介绍给朝廷使者代成都学官黄柬（苏轼《张文定公墓志铭》）。但在朝廷答复未果的情况下，为苏洵前程考虑，张方平劝苏洵进京并给欧阳修写了推荐信。

苏轼苏辙一并拜谒，苏轼也带着其新作“正统三论”拜见张方平。据苏轼《乐全先生文集叙》云：“轼年二十，以诸生谒成都公，一见，待以国士。”张方平对于苏轼的第一印象，是惊为“天上的麒麟”。

见张方平和蔼，紧张感一去，气氛和谐如同袅袅茶香绕室。张方平问及苏轼正在读何书，苏轼说自己正在重读《汉书》。张方平喝了一口茶，忍不住指导他："书读一遍就够了，读两遍多浪费光阴。"

张方平这么说是有理由的，他小时候家里穷买不起书，只能借阅。但他天性聪颖，具有过目成诵之能，书从来不需读两遍。据说他在一个月内就将《史记》《汉书》和《三国志》通读一遍，而且"已得其详"。

苏轼答："不然！我还打算看第三遍。"

张方平大感惊奇，与苏轼交流了《汉书》的旨归，他觉得苏东坡一遍又一遍还真读出了一些新意，见解也深刻。聆听张方平一番见解后，苏轼大为敬佩。

为测试兄弟俩是不是确有真才实学，张方平根据过去科考的题目，出了六道模拟题让他们作答。他自己则在客厅外散步。

考到一半，苏辙有一道题不知出处，于是悄悄指给哥哥看。苏东坡一句话不说，把笔倒过来，用笔管敲了敲桌子，苏辙马上明白了，这题目出自《管子》之句。

不料，这一幕恰好被张方平看到了。他仰头笑笑。这两兄弟！他没忘了警告一下他们，作弊这种事无论你有什么理由，总不是好事，最好别干。

看完苏家兄弟的试卷，他走到苏洵休息的茶室，沉吟道："二子皆天才，长者明敏尤可爱。然少者谨重，成就或过之。"

看看，这就是大儒的眼光！似乎比苏洵《二子名说》展示的远虑更为明晰。

张方平中肯地指出，二苏从乡举乃是"乘骐骥而驰闾巷也"，极力劝导苏洵使其二子参加国家级的科举考试，"六科所以擢英俊，君二子从此选，犹不足骋其逸力尔"。张方平早已经看出，二苏前程不可限量。他不但安排了苏氏父子的行装，还予以资助盘缠，显示出一代伯乐的胸怀。

这次会面，让苏轼兄弟对张方平佩服得五体投地，评价他："其有似于孔北海、诸葛孔明也。"从此以后，结下了毕生的情义。苏辙后来曾两度置身于张方平麾下。而在前辈友人里，张方平、欧阳修与苏轼关系是最为亲密的忘年之交。苏轼与张方平并非有与欧阳修那样的门生之谊，也非有与范镇那样的同乡、门生之类的特殊关系。有学者认为，“但就其亲密程度来说，实际上超过了苏轼与欧阳修、范镇的关系，可以说情同父子甚至超过父子”[①]。

成都大圣慈寺

苏轼苏辙在成都首次游览了著名的大圣慈寺（即大慈寺）。

自唐中叶开始，大圣慈寺香火鼎盛、僧侣众多（北糠市街右端就有一条街叫和尚街）。晚唐诗人张蠙曾在大慈寺借景抒情题过一首颇有名气的诗《夏日题老将林亭》：“百战功成翻爱静，侯门渐欲似仙家。墙头细雨垂纤草，水面回风骤落花。井放辘轳闲浸酒，笼开鹦鹉报煎茶。几人图在凌烟阁，曾不交锋向寒沙。”勾勒出墙头细草、水面落花以及浸酒、煎茶等生活画面，足见当时大慈寺的闲情逸趣及风光美景。

明人曹学佺《蜀中名胜记》描述说，到宋明时期，大慈寺香火仍然非常旺盛，附近街区也相当繁华，遇有庙会、节日更是分外热闹。大慈寺附近商业繁荣，寺前形成季节性市场，如夜市、灯市、花市、蚕市、药市、麻市、七宝市（七宝市虽然来自佛教，但在成都应与后蜀帝王孟昶有关）等。白天的市场延续到晚上，也照样人头攒动。成都夜市的习俗，一直沿袭到近现代。

苏家兄弟观摩了唐僖宗李儇及其文武官员系列画像；访问了他的族兄惟度、惟简，谈及唐末五代的诸多故事。

他在《胜相院经藏记》中说：“在蜀成都大圣慈寺，故中和院，赐名胜相。”又《中和胜相院记》云：

① 喻世华：《论苏轼父子与张方平的交谊》，《西南石油大学学报》（社会科学版），2012年7月第4期。

吾昔者，始游成都。见文雅大师惟度，器宇落落可爱，浑厚人也。能言唐末五代事传记所不载者，因是与之游。惟简，则其同门友也。学佛齐众谨严，如官府。而此院又有唐僖宗皇帝像，及其从官，文武七十五人。其奔走失国，足以感慨太息。而画又皆精妙冠世。

又《宝月大师塔铭》云：

宝月大师惟简，字宗古，姓苏氏，眉之眉山人，于余为无服兄。九岁，事成都中和胜相院慧悟大师……

惟度与惟简完全是两种气度。在我看来，“学佛齐众谨严，如官府”并非讥讽，而是着眼于严正与肃穆。

这年，十七岁的苏辙与十五岁的史氏结婚。《栾城集·寄内诗》云：“与君少年初相识，君年十五我十七。上事姑章旁兄弟，君虽少年少过失。”

宋仁宗至和三年（1056）春，苏轼与苏辙跟随父亲进京应试，路过成都，兄弟俩第二次游历了大慈寺。这距离他们第一次游历大慈寺结识宝月大师惟简，仅仅过了一年。

这次的时间要从容一些，他们主要是观赏大慈寺的壁画。由于唐玄宗“幸蜀”，以及后来唐僖宗也因黄巢起义避难于蜀地，众多宫廷文人墨客也相继追随而至聚集成都。他们之中有不少是闻名全国的画师。据史料统计，当时在大慈寺中就有壁画一千余堵，留下作品的全国知名画师多达六七十人，名家壁画达到莫高窟的三分之二，当时寺内有画像一万五千五百壁以上，其中神佛画像及经变等共一万四千壁，山水、花鸟、猛兽、亭台楼阁等一千五百壁，数量庞大，展示了唐宋壁画的最高精华，是全国藏有唐画最多的宝地。宋代成都府尹李之纯在成都前后为官九年，多次到大慈寺观壁画，待其离开成都时，

“而未见者犹大半”。李之纯《大圣慈寺画记》载：所有画像“皆一时绝艺”，“举天下之言唐画者，莫如成都之多；就成都较之，莫如大圣慈寺之盛”。他深知这些唐壁画的价值，命令侍从会同该寺僧官逐一清数统计，造册保存，以传后世。“总九十六院，按阁、殿、塔、厅、堂、房、廊无虑八千五百二十四间，画诸佛如来一千二百一十五，菩萨一万四百八十八，帝释、梵王六十八，罗汉、祖僧一千七百八十五，天王、明王、大神将二百六十二，佛会、经验、变相一百五十八堵，夹纻雕塑者不与焉。像位繁密，金彩华缛，何庄严显饬之如是……”这是李之纯留给川蜀的珍贵历史文化资料。

宋代范成大《成都古寺名笔记》、黄休复《益州名画录》等书，也对大慈寺壁画作者及内容多有记载。后世遂有“南大慈寺，北莫高窟”之称。

面对饕餮盛宴，苏轼对极乐院里著名的佛画家卢楞伽的画作尤为关注，赞不绝口，称之是“精妙冠世”。其实苏轼是书画收藏家，家筑“宝绘堂”，广藏晋唐以来法书名画，并为之作《宝绘堂记》，其留意绘画，大约在很年轻时便已开始了。清代著名文献学家缪荃孙《云自在龛随笔》载：“至和丙申春季二十八日，眉阳苏轼与弟苏辙来观卢楞伽笔迹（题款），东坡二十五字在成都东门大慈寺。丙申是至和三年，是年九月改元嘉祐矣。是时坡公年廿一岁，子由年十八。海内苏氏石刻，莫先于此。”这至少说明，最早的苏氏书法石刻诞生在成都大慈寺！

对于这次大慈寺的感想，真正形成于文字，则是二十余年之后，敏行法师让徒弟法震乞文，于是苏轼写《成都大悲阁记》（《全蜀艺文志》卷三八题为《大圣慈大悲圆通阁记》）：“余游于四方二十余年矣，虽未得归，而想见其处。”距离上次拜谒大悲阁已逾二十载，诸多羁绊不得归乡，但他记忆里的旃檀木（檀香木）制作的菩萨像威严壮丽，可见当年大悲寺给苏轼留下了无法泯灭的印象。苏轼称成都“佛事最胜”，大悲阁所供奉的正是千手千目观世音菩萨。经历连续幻灭的苏轼，回忆多年前见到的观音佛像时发出了“庄严妙丽，具慈愍性。手臂错出，开合捧执，指弹摩附，千态具备。手各有目，无妄举者”的赞叹，观音像宝相雍容，姿态优雅，完全是以美术家的审美去评价佛家雕像的仪容，且展示了一己对于佛法独抒性灵的妙悟，比如“吾头发不可胜数，而身之毛孔亦不可胜数，牵一发而头为之动，拔一毛而身为之变，然则发皆吾头，而毛孔皆吾身也”。佛性如此，诗文如此，书法何尝不是如此！苏轼作为有独立思想的全才，对千手观音的观感并非盲目崇拜，而是带有思辨性质的质疑。这里就不再赘述了。

可以发现，苏轼正是对所收藏的古人书画的潜心钻研，其书画日益精进，终成大家。而苏轼终其一生都在积极地收集、珍藏、借出和获赠书画作品，几乎成为了他的日课。

苏轼官于陕西凤翔时，偶然买到唐明皇所建藏经龛龛门四板，献给了苏洵。板画四菩萨像何等珍贵啊！苏轼的《四菩萨阁记》，叙述了板画的过往。唐明皇时期长安建造了藏经龛，四方开门的八扇门板上布满吴道子画作。历经岁月到唐僖宗“广明之乱”时，一位僧人在被焚毁的藏经龛中，冒着战乱大火拆下四块门板而逃跑。途中，他将门板做成担子挑到了凤翔府。以命守护宝物的僧人在圆寂一百八十年后，苏轼因缘际会，得到了这个宝贝。根据《四菩萨阁记》，“客有以钱十万得之以示轼者，轼归其直”，可见价钱不菲。门板画确系吴道子所作，其阳为菩萨，阴为天王，苏洵甚为喜欢，以为至宝。治平四年（1067），苏洵于开封去世，后归葬眉山，苏轼亦将四面菩萨像带回眉山，后来苏轼将此宝物赠给了宝月大师惟简。大师许诺：“以身守之。吾眼可霍，吾足可斫，吾画不可夺。”他决定以一百万钱在大慈寺修造一间大阁以藏之，并绘制苏洵像供奉于此。为了成全这一宏愿，苏轼又捐了五万钱，以资助大慈寺建造这座珍藏四菩萨像的楼阁。

最早的苏轼墨迹石刻

唐宋以降，成都大慈寺一带一直是民间高人的“市隐”场所。箍桶手艺乃“匠之末技”，渴望在卑微职业（比如阍者、屠夫、箍桶匠）中升跃起大智慧，一直是渴望“深入生活”的主流者们的狂想。北宋王辟之《渑水燕谈录》卷七：“成都谯开，博极群书，而不求荣利，简静冲退，好修身之术。日游大慈寺，博访异闻，以广所学，久为蜀中士大夫所称。文同与可尤重之，目曰‘大慈仙’。”文同不但娴熟于蜀地文化，而且他就一度在成都生活，他的说法可信度极高。

宋代理学大家程颐、程颢年轻时随父入蜀，在成都大慈寺门口，“见箍桶者口吟《易》数，就揖之，质所疑，酬答如响，此儒者而业于匠者也”。看来蜀学的最大特色就是易学，“易学在蜀”是程颐得出的结论。腿脚奔忙的力役之事，贤者在所不免，箍桶匠中也有高人啊。传授他们《易经》精髓的箍桶匠，名字没有留下来，但低微的职业身份暗示了理学家“礼贤下士”的品德。为了避免脑袋进水，他们终于为传统文化的智慧，以箍桶匠的认真与绵密，戴上了召之即来、挥之即去的紧箍咒。

宋仁宗至和三年（1056）丙申，这年九月改年号为嘉祐元年。丙申春，苏轼与苏辙跟随父亲进京应试，路过成都，兄弟俩第二次游历了大慈寺。这距离他们第一次游历大慈寺结识宝月大师惟简，仅仅过了一年。

一〇五五年苏轼第一次随父入成都，带着其新作“正统三论”拜见益州太守张方平。张方平一读其文章，便以国士之礼待之。苏轼《乐全先生文集叙》云：“轼年二十，以诸生谒成都公，一见，待以国士。”这一细节，充分彰显了北宋社会那种清正刚直、唯才是举的风尚。

苏轼在成都大慈寺市场，得到（买到）一个出自滕大师之手的神奇缸砚，后来送给弟弟子由。子由得到哥哥送的这块砚台感到高兴，后来还为此写了一篇赋。其叙云：“先蜀之老，有姓滕者，能以药煮瓦石，使软可割如土。尝以破酿酒缸为砚，极美。蜀人往往得之，以为异物。余兄子瞻尝游益州，有以其一遗之。子瞻以授余，因为之赋。”

碎瓦缸如何一瞬间变成砚台呢？这显然是异人滕公的江湖杂技手段，众目睽睽之下，“瓦缸砚”被赋予了异乎寻常的成都神力。

一〇五六年，这年九月改年号为嘉祐元年。正月开始，成都官民相庆年号更新，时值春节，市场异常繁华。这次“三苏”来到成都后，时间要从容一些，他们主要是观赏壁画，特别是对极乐院里著名的佛画家卢楞伽的画作尤为关注，赞不绝口，称之是“精妙冠世”。

目睹精美壁画后，苏轼跃跃欲试。

他感念蜀守张方平的知遇、举荐之恩，在千年古刹净众寺[①] 画了一幅张方平像，留于寺中。苏洵大喜，为此画作了《张益州画像记》并写了《上张侍郎书》云：“二子轼、辙，闻京师多贤士大夫，欲往从之游，因以举进士。洵今年几五十，以懒纯废于世。惟此二子，不忍使之复为湮沦弃置之人。今年三月将与之如京师……”这幅画像，后存成都净众寺“张文定公祠”。

在绘画史上，苏东坡的最大功绩是对中国文人画的发展产生了深远的影响。令人惋惜的是，这幅画作未能流传下来。

一〇六七年苏轼、苏辙扶父亲苏洵、妻王弗灵柩回眉山安葬并守孝三年后，熙宁二年（1069）他返汴京路过成都。谁也没有想到，这成为他此生与蜀地的诀别。他又访游成都，曾寄住成都西郊清水河畔“悦来客栈”，并在一棵大树下品茶会友。相传他临走时，出资在清水河上修了一座青石拱桥，于是后人取名“苏坡桥”，后人建“东坡亭”以为纪念。

晚清诗人周济曾写诗描绘：“西出送仙桥，青羊闻鼓声。浣溪绕草堂，东坡月黄昏。”“书圣遗踪东坡亭”曾与青羊宫、文殊院、武侯祠同列“成都十景”之一。但无论是东坡亭还是苏坡桥的古迹，现皆已不存。今人为纪念这位大文豪，在苏坡东路与三环路交叉处，建起了一座交通大动脉“苏坡立交桥”；桥下精心打造了“川剧长廊”，能欣赏到各色川剧题材的现代装饰画与浮雕作品，呼应着桥名的文化底蕴。

时光如白驹过隙。距离王弗染病身亡十年后，恰逢妻弟王缄从眉山到钱塘看望苏轼，苏轼写《临江仙·送王缄》：

① 净众寺遗址位于成都市通锦路，南宋时曾为纸币“交子”印务所。

忘却成都来十载，因君未免思量。凭将清泪洒江阳。故山知好在，孤客自悲凉。

坐上别愁君未见，归来欲断无肠。殷勤且更尽离觞。此身如传舍，何处是吾乡。

成都、眉山、玻璃江、峨眉山等等，不但成为苏轼可以互换的乡愁符码，而且成为他动荡命运的压舱石。他不是不知道吾乡何处，而是感叹仕宦中的自己，命若飞蓬……

文曲星下凡

嘉祐元年（1056），苏洵准备带两个儿子进京赶考。临行之际，苏家办了两件大事：一是给苏轼娶妻王弗；二是为苏辙娶妻史氏。

古时未婚青年上京赶考，若是金榜题名，必会有很多达官贵人来提亲，看起来光耀门庭，但由于彼此并不了解，仓促之间，很多人的婚姻并不圆满。苏洵夫妇知道两个儿子的真实水平，中举是极有可能的，因而决定提前把终身大事办妥，以免他们分心。

喝完喜酒已是第二年的阳春三月。四十七岁的苏洵带着二十一岁的苏轼和十八岁的苏辙，在成都拜谒益州太守张方平后，出剑门、越秦岭，穿过广袤的关中平原，进京赶考。从眉山到汴梁有一千多公里路程，他们走了两个多月。这年五月到达汴梁，为节约旅费他们寄宿于寺庙，等待秋季考试。那一阵恰逢大雨，连绵不绝，洪水泛滥，直到初秋的时候才逐渐放晴……

礼部的初考，是选择考生以备次年的春秋对义（围绕《春秋》的考试），和皇帝亲自监督的殿试。三人在景德寺参加了此次解试，此次考试苏轼名列第二，所作论题为《儒者可与守成论》《物不可苟合论》。中举之后，父子在京城逗留，游览名胜、参与社交、拜谒名流，希望能扩大交际圈，提高知名度，当时的社会风气就是如此。

对于苏洵来说，人生颇为曲折。此行已是第三次参加科考了，加上与儿子同台竞技，一旦成绩不理想，那就有些丢面子。所以，苏洵也不敢怠慢，将自己的文章呈给当时的文坛领袖欧阳修，欧阳修又引荐给枢密使韩琦和其他几位高官显贵。但由于苏洵不苟言笑，且透露出隐隐自负的神情，这给韩琦等人留下了颇为不佳的第一印象。

汴梁是宋朝至明朝初期对于开封的称呼。相传在两千多年前，周文王之子毕公高曾经在此筑城。而开封之名源于春秋时期，因郑庄公选此地修筑储粮仓城，取“启拓封疆”之意，定名“启封”。西汉景帝刘启即位时，因避景帝刘启讳，“开封”之名自此而始。汴梁城雄伟壮丽，汴梁宫殿是在原汴州府治的基础上改建而成的，朱门白墙，树木翠绿，街道宽敞，热闹非凡。哥俩顺着汴河每日游历，看着河上来来往往的商船，街道上熙来攘往的人群马车，这简直不是眉州可比拟的。苏轼和苏辙大开眼界，享受着京城的繁华。

一转眼殿试的日子到了。

当年主持礼部考试的主考官是文坛领袖、翰林学士欧阳修。他在阅卷的过程中，看到一篇文章《刑赏忠厚之至论》，里面写道：“尧、舜、禹、汤、文、武、成、康之际，何其爱民之深，忧民之切，而待天下以君子长者之道也。有一善，从而赏之，又从而咏歌嗟叹之，所以乐其始而勉其终。有一不善，从而罚之，又从而哀矜惩创之，所以弃其旧而开其新……”欧阳修觉得文章文风平实，语言流畅，说理透彻，是难得一见的好文章。因为是密封的卷子，盖住了考生名字，他也不知道到底是何人所写。于是，他私下调来所有的考生信息进行核对，最后，他猜测最有可能的作者是自己的得意门生曾巩。因为当年曾巩也参加了这场科考。

欧阳修踌躇再三，觉得曾巩毕竟是自家弟子，让他当第一名不妥，为了避嫌，将这份卷子取成第二名。

结果放榜后，发现这篇文章的作者竟然是苏轼！由此可见苏轼的才学之高，也可以发现欧阳修的眼光之独到！在我看来，他是采用了《文心雕龙》之第四十九篇《程器》之法，关注作家的道德品质问题，尤其反对“有文无质”，主张德才兼备。

当年的那场科考，最后录取的不仅有曾巩和苏氏兄弟，还有两位后来赫赫有名的人物：一个是程颢，宋明“理学”的奠基人之一；另一个是张载，“关学”的创始人，就是写“为天地立心，为生民立命，为往圣继绝学，为万世开太平”的那个张载。

苏轼、苏辙的骄人才华与苏洵老辣的文章，一时名动京城。

一天，在欧阳修安排的宴席上，高朋满座。苏洵见到了一个“囚首丧面”的人，且隐隐有傲意，这引起了苏洵的注意。一问，原来是大名鼎鼎的王安石。苏洵精通《易经》，观人识相，他认定这样的人“必乱天下”，因此拒绝与他交往。到嘉祐八年（1063）王安石母亲逝世，苏洵也拒绝前往悼念，并写下指桑骂槐的《辨奸论》。这些不愉快的经历，也为苏轼、苏辙日后的种种遭际埋下了伏笔……

应该说，自命不凡的苏洵，这次应是看走了眼，他未能“透过表象看本质”。

沈括《梦溪笔谈》记载，王安石脸色发黑，身边人很是担心，估计是他得了恶病，怕万一恶化就危险了，于是请医生给他诊断。医生一看，哭笑不得，说：“这是污垢，不是病。给他澡豆（古代的洗浴用品）好好洗洗吧。”鉴于《宋史》等史料都记载王安石不修边幅、衣服肮脏、须发凌乱、仪表邋遢，几乎是“鹄面鸠形”，在御前奏事时，胡须里面曾爬出虱子来，相信沈括并没有污蔑王安石。肯定是脸上堆积了太多的污垢，活生生整成“老腊肉”了。

仇怨不是单方面的。苏洵的出身与文章，如何进得了王安石的法眼？《避暑录话》记载说，尽管京师对于苏洵是“一时推其文章”，而王安石“独不嘉之”。王安石对于苏洵也是“屡诋于众”的，他根本不放在眼里，他讽刺道：“苏明允有战国纵横之学”，“大抵兵谋、权利、机变之言也”，言下之意，山野村夫之论“售与帝王家”不过是渴求名利，对于国计民生的发展，何足道哉！

在文坛领袖欧阳修的提携下，苏轼不仅高中进士，而且每有新作就会引起全城轰动。他也踌躇满志，准备大显身手。不料，一个来自家乡的噩耗让父子一下掉进了冰窟窿：四十八岁的苏母操劳过度，四月八日在家病故了。

嘉祐二年（1057）四月八日，四十八岁的程夫人病逝于眉山纱縠行苏宅，五月讣至京师。三苏父子正当名动京师、踌躇满志之时，突然接到这令人痛断肝肠的噩耗，悲痛使父子三人来不及面辞京中故旧新交，匆匆离京返川。

程夫人在眉山家中操劳了一生，她或许在月上树梢的夜晚，还想起苏轼、苏辙小时在天井里，仰起头听她讲故事的情景。她仰望天空，在北方的星空下，有她牵挂的丈夫和儿子，他们进京赶考，可曾习惯异乡的饭食？听得懂当地的语言？天上的七星连排，道士都说苏轼是文曲星下凡，那去天子脚下，文曲星是上了人间天上，该发出耀眼的亮光了！

母亲至死都不知道，两个儿子双双高中进士，名震京师！一场改变苏洵、苏轼、苏辙命运的大变革，已从京城掀起！

她自十几岁嫁入苏家，以富家千金之身，毅然撑起苏家“困厄”的大厦，还要完成一个女人为女、为媳、为妻、为母的责任。一子二女的夭亡，小女八娘的再亡，让她备受摧残；丈夫游学四方，求进不得的经历，更让她的肩上多了一份生活的重担；苏轼、苏辙两个儿子的奋厉有志，又让她强打精神，去为他们三父子的游学、赶考在眉山丝帛店的经营和田地的放租中，取得更多的经济收益。

她太累，倒在了盛年。

苏轼和苏辙兄弟立即随父奔丧。青年失慈母，中年失贤妻，父子进京赶考时，只留下苏母和两个儿媳在家，艰难度日。当他们急急赶回眉山老宅时，仅仅一年多，已经是屋漏墙倒、满眼萧条，不禁泪流满面，哀恸不已……

由此可推测，三苏进京赶考，已带走了家里的全部积蓄。不然的话，也不至于才仅仅一年多时间，就出现屋漏墙倒、满眼萧条的窘况，而且苏母也多半是在缺医少药的状态下拖延致死的。

闲暇时间，东坡常在书房静坐。他在思想的界域已经走出了很远。

有时，远到人迹罕至，远到一片荒芜，远到不大容易找到回来的路……

自从嘉祐二年（1057）中进士后，他逐渐从沉迷诗词写作的个人世界，转入到潜心研究社会问题。针对所谓宋朝“百年无”的“太平盛世”之下，而各种社会矛盾不断升级的现实，在短短的两年多时间里便写出了《策论》二十五篇和《进策》二十五篇，提出了改革弊政的革新主张，他是以革新派的面目走上权力舞台的。由此可见，苏轼对自己的人生仕途充满期待，对现实人生充满热爱之情。

比如，他在《思治论》中指出，嘉祐政治之弊，症结在于没有一定的国策，所以法弊而事无成。他说，世有三患，终莫能去：一是宫室祠祷之役兴，钱币茶盐法坏，加之以师旅，天下常患无财；二是澶渊之盟后，边陲不宁，辽与西夏日益骄横，而宋则战不胜，守不固，天下常患无兵；三是选举之严格，吏拘于法而不志于功名，考功课吏之法坏，天下常患无吏。这三大问题的形成，是由于国家没有通盘的计划，没有一定政策之故。他的主张是政府应该于众论中“从其可行者而规摹之，发之以勇，守之以专，达之以强，日夜以求合于其所规摹之内，而无务出于其所规摹之外。其人专，其政一，然而不成者，未之有也”。

有一天，东坡写作疲惫之余，想起自己第二次出川时，登临丰都平都山的山顶，残阳如血，峥嵘壮观，似乎不似人间。他发出了“超世无有我独行”的强音。

等待他的路，真的可以“独行”吗？

川南湇井与蛮布弓衣

船过叙州之后，金沙江与岷江汇合的两股水流，一碧一浊，就像一段彼此陌生化的爱情，绞缠十几里才融为一体。江面浩大，两岸逐渐平缓的峰峦与无垠的丛林融入江流，水天一色，长江的阔达气象方才真正映入眼底。十月虽然是长江的枯水期，但泸州两岸的绵延灯火让苏东坡和苏洵、苏辙眼前一亮。他们的航船肯定在泸州城下靠岸。还有一段东坡与泸州城的诗缘。

北宋分天下为“路”，大体相当于如今的省。南宋乾道六年（1170），泸州成为潼川路的首府，管辖梓（今三台县）、遂（今遂宁市）、果（今南充市）、资（今资中县）、荣（今荣县）、昌（今重庆市大足区）、普（今安岳县）、渠（今渠县）、合（今重庆市合川区）、叙（今宜宾市）、泸州和怀安（今金堂县）、广安、长宁、富顺十五郡，“总是十五郡之军民，羁縻千数百里之边面。左接云南，右连交、广，皆有统临而体势增重。”川南一地，泸州守臣职兼文武，位权远较他路为重。

北宋有“小东坡”之称的丹棱县籍诗人唐庚，其《题泸川县楼》之所写，就位于泸州城沱江边的“大北门”，诗咏：“百斤黄鲈鲙玉，万户赤酒流霞。榆甘渡头客艇，荔枝林下人家。”足以显示泸州美酒流霞、码头舟船云集、出产肥鱼与荔枝的丰盛之况。据《宋史》载，泸州等地酿有小酒和大酒，“自春至秋，酿成即鬻，谓之小酒，其价自五钱至三十钱，有二十六等；腊酿蒸鬻，候夏而出，谓之大酒，自八钱至四十八钱，有二十三等”。由此可知，大酒的质量高，但大酒的价格也高。而且清酒的质量高，清酒中的白酒质量高，品质好。到明代万历十三年（1585），泸州大曲酒工艺初步成形。

苏氏有一位眉山同乡叫任孜，字遵圣，以学问、气节声闻乡里，当时任职简州平泉令，与苏洵、文同是至交，任孜的儿子任伯雨则比父亲的名气大得多。他们提前约定，在泸州大码头“南井口”晤面。“南井口”大致在江安县的井口镇，那里有一个“南井监市”。《永乐大典》卷二二一七《泸州》引《江阳谱》载，位置在四川省江安县四面山乡新桥村附近。明代正德年间《四川志》卷二一《泸州·邮驿》云：“南进铺，在治东。”《永乐大典》卷二二七一《泸州·土产》引《元一统志》云：“煎盐南井，去州七十里，井穴在万山之境，深五十八丈有奇。”《蜀中名胜记》卷一六《下川南道·江安县》云：“《本志》云：‘有县市，有井市，宋南渡后置南井监，在县东北……”清光绪《直隶泸州志》卷二《山川·江安县》云：“南井场，界泸州，距县五十里。”民国《江安县志》卷二《古迹》云：“南井监，在县东六十里……”今县南四面山乡新桥村附近有地名“南井”。原设有南井乡，现已撤废。[①]

南井口以东与泸州市江阳区接壤，南临黄金水道长江，为此苏氏父子一行专程驶去那里。哪知这位任先生当天早已去过了，置身风带酒香的江边眺望，久久不见苏氏踪影，便又返回到距离十五华里的南井监（今江安县南井场）小憩去了。直到傍晚，暮色苍茫中任孜终于复来，终于得以见面，几杯泸州老酒下肚，又匆匆言别。此时夜雨潇潇，徒增别离的伤感。东坡兄弟不胜惆怅，各自写了一首记述这次见面情况的五言诗。

东坡的诗，为《泊南井口期任遵圣长官，不至，至晚复来》，收录在他的《南行集》里；苏辙的诗载在《栾城集》，题作《泊南井口期任遵圣》，也就是在这里，苏东坡登岸上市场买了一个淯井监（今长宁县一带）少数民族同胞织成的土布弓箭袋，袋上还绣有梅尧臣（圣俞）的《春雪》诗一首。这把东坡乐坏了。

赵永康先生考证指出：淯井监是宋代著名的井盐产地之一。当时行政上归属泸州管辖，泸州“公私百需皆仰淯井盐利”（《宋史·高定子传》）。在这一地区，居住着众多的彝人、苗人、僰人等部落，其中主要的有：

两界夷人——居淯井监（今长宁县城附近）；

斟辣族——距淯井监十里；

生界乌蛮晏子部——居长宁、宁远寨（今长宁县城以东）以南。[②]

宋仁宗嘉祐四年己亥（1059）十月，苏洵、苏轼兄弟在井口小住几日，从任遵圣那里了解到这淯井监情况，自大中祥符元年（1008）开始，

① 王涯军：《宋代川峡四路市镇地理考》，《西南史地》（第一辑），巴蜀书社 2009 年版，第 225 页。

② 赵永康：《苏东坡与泸州，有着这样的诗缘……》，见《文旅泸州》2022 年 6 月 17 日。

这里的动乱就几乎没有停过。苏轼父子决定到淯井监一看究竟。

在淯井，他们得知诸葛亮到达淯井并从夷人手中夺取了淯井的往事，也目睹耸立在淯江旁泾滩瀑布处的武侯塔，当时淯井在民间就叫“诸葛雌雄井”，而此时距蜀南夷人又一次因为盐的战争，也就是嘉祐二年（1057）发生的长宁州三里村的战乱并不太远，由此苏轼触发了对蜀南夷务、盐务的深入思索。那天，他写下了《诸葛盐井》一诗：

井有十四，自山下至山上，其十三井常空，每盛夏水涨，则盐泉迤逦迁去，常去于江水之所不及。

五行水本咸，安择江与井？
如何不相入，此意谁复省。
人心固难足，物理偶相逞。
犹嫌取未多，井上无闲绠。

《宋史》把居住在泸州以南直至滇黔数千余里地区的众多兄弟民族，总称为“西南徼外”之地的“泸州蛮”，说他们经济、文化特别落后。苏轼在市场上买到的弓箭袋，就是这个地区山区同胞的手工织品。鉴于都掌蛮即有“夷中最仁，有仁道”之称的古僰人，蛮布弓衣最有可能出自僰人之手。苏轼一行到京师以后，苏轼将这一特别的礼物送给了恩师欧阳修。

对于来自遥远西南边陲的“方外之物”，欧阳修很留意，在《六一诗话》里予以记录：

苏子瞻学士，蜀人也。尝于淯井监得西南夷人所卖蛮布弓衣，其文织成梅圣俞《春雪》诗。此诗在《圣俞集》中未为绝唱。盖其名重天下，一篇一咏，传落夷狄，而异域之人，重之如此耳。子瞻以余尤知圣俞者，得之因以见遗。

梅圣俞的诗集，就是由欧阳修作序的。“穷而后工”的说法，是这篇《梅圣俞诗集序》里首次提出的。欧阳修是梅圣俞的知音，他说《春雪》诗不是梅圣俞上乘之作，当然是公允之论。事实上，流传至今的《梅尧臣诗文集》里已经没有收录这首诗了。这样一首小诗流布川南民族地区，不仅说明梅圣俞当时名满江湖，更说明了宋代泸州以南地区已经具有相当的经济基础与文化眼光，能够编织可以得到欧阳修这样士人赞赏的土布，而且已经有了相当的文化知识和鉴赏水平。从这一点看，苏东坡实在是泸州的知音，他向朝中人士介绍了泸州一地的风土文化。

“小东坡”唐庚因为研习东坡多年，知道这一典故，在他的《赠泸倅丘明善》（二首）里，其一云：

吴头楚尾秀山川，一分才华占得全。
和气暖敷冬有日，清风寒压瘴无烟。
分麾共领南门钥，簪笔终归北阙天。
寄语江阳夷落道，安排春织待新编。

末句处，诗人对苏东坡购买此地的物产之事十分熟悉，自注曰：“淯井夷人织蛮布为弓衣，小其文织梅圣俞诗。”泸倅，即泸州通判。“南门钥”乃是北宋朝廷南门锁钥之喻，可见权位之重。“夷落”当指僚人聚落。蛮布弓衣以梅尧臣诗为饰，则可见夷地文风颇盛，诗文审美水平以中原马首是瞻也。

北宋时节，棉花尽管已在中土有部分种植，但偏僻的川南山区还没有推广。当地土著还是采用苎麻一类纺织衣被。清代褚人获在笔记《坚瓠集》中进一步描述了蛮布弓衣的原委：

苏子瞻尝于淯井监得西南夷人所卖蛮布弓衣。上有织成文云：朔风三月暗吹沙，蛟龙卷起喷成花。花飞万里夺晓月，白石烂堆愁女娲。乃梅圣俞《春雪》诗也，子瞻以遗欧阳公。公家旧蓄古琴，乃宝庆三年雷会所斫，遂以此布更为琴囊云。

看来《春雪》诗的确不怎么样。但弓衣换作了琴囊，完全符合欧阳公的眼界，也体现了他对东坡情义的看重。

到了清代，江南才子冯煦（1842—1927）还演绎了一番蛮布弓衣的余韵。冯煦是光绪十二年（1886）进士，授翰林院编修，历官安徽凤阳府知府、四川按察使和安徽巡抚。他熟悉蜀地人物，写有一篇标题长长的《欧阳公以苏子瞻所遗蛮布弓衣织成梅圣俞春雪诗更为琴囊赋》，其中有“苏子瞻览赍人之遗织，压蜀郡之归装”之句，赍人又称板楯蛮，也是现在土家族的主源。《后汉书·南蛮传》:“岁令大人输布一匹，小口二丈，谓之赍布。”这一点，确证了东坡购买的蛮布就是赍布之一种。

谈到泸州，不能不补充一则苏东坡与杨升庵的往事。

我们知道，作为画家的苏轼，传世珍品现仅存两幅:《潇湘竹石图》与《枯木怪石图》。到民国初年皆为“方雨楼”所藏。《枯木怪石图》从山东藏家而流出，《潇湘竹石图》则一直为京师古玩店“方雨楼”所收藏。后来两画皆被白坚夫重金买下，后来把这两幅东坡画作售出。《潇湘竹石图》是邓拓一九六一年在北京荣宝斋发现的，他倾产以一万元高价购回，将其赠予中国美术馆。《枯木怪石图》卖给了日本收藏家，现藏于日本商业巨擘阿部房次郎的“爽籁馆”。《潇湘竹石图》为国内的东坡画作孤本。恰是后一幅杰作，与蜀地明朝大才子杨升庵，也是在泸州发生过一次邂逅。

嘉靖三十七年（1558），杨慎寓居泸州，这年秋天南京金陵人士李甲峰途经江阳，在忠山游览了江山平远楼，并与泸州众名士相聚，畅饮泸州大曲酒。宴席上，他偶遇留居江阳的杨升庵。酒中的李甲峰分外感慨，美酒助美意，他慨然拿出随身携带的秘藏——苏轼名作《潇湘竹石图》。

明洪武二年（1369），金陵梁台（今南京市江宁区湖熟镇南朝梁代昭明太子读书楼遗迹）的商人李秉中，从本地另一商人杜德甫手里购得《潇湘竹石图》，如获至宝，由李秉中的长子李从善重新装裱后，作为镇宅之宝秘藏于家。那年李从善刚过而立之年，家添一宝，喜气盈门，举家荣光。

《潇湘竹石图》本是苏东坡贬谪黄州期间赠予孙觉所作，时间在一〇八〇年至一〇八四年之间。屈指算来，此画已经历了三百个年头。横跨两宋及元代，流转到明初南京李家，实属难能可贵！从画作上可以得知，故家获得《潇湘竹石图》之前，画面上已留下元代多位收藏家钤印与题款字迹。说明在这之前此画在民间早就开始流转，就像苏轼的多舛命运一样。

对于古画的保护，那就是十二字诀："春透光、夏晒伏、秋展露、冬深藏"。李从善以及后人一直按照此法善待《潇湘竹石图》，保证了画面完好，无一处破损和霉烂，创造了历史名人书画墨迹收藏的一个奇迹。如今人们能看到品相较好的《潇湘竹石图》卷，与南京李家经二百年精心收藏与爱惜是密不可分的。

从洪武初年李秉中购得此画，传与其子李从善，到嘉靖年间李甲峰时已历八代传人。他为什么敢于携带如此无价之宝乘船入蜀？至今不得而知。苏轼之作能够因此而回到蜀地，简直就是对蜀人最大的慰藉。杨升庵一见此画作，惊叹不已，这简直是莫大荣幸！展观良久，遂在画上即席题诗，留下了一篇赏析该画的七言跋文，为《潇湘竹石图》增色不少，成为极其珍贵的墨宝。

实事求是，敢于在苏东坡的杰作上题诗，千年以降的文人里恐怕也只有杨升庵敢这样做了！跋文题写在《潇湘竹石图》画卷后幅的末端，全文为：

东坡学士湖山暇，南国清游继颜谢。
舟楫行供茗雪吟，云烟坐入潇湘画。
越人翠被雨波寒，官奴锦瑟歌声阑。
挥毫写尽风中态，掀舞犹疑掌上看。
琅玕落纸珠生唾，画绝名缣诗实和。
未论名价重三都，先遣风流惊四座。
仙翁去后几百秋，江光清瀓鱼龙收。
三湘夜冷黄州梦，九疑云远苍梧愁。

君从何处得真迹？云是世传珍且惜。
金陵携来到江阳，卷示当风开盈尺。
江湖散人天骨奇，抹月披风画里诗。
散花楼上新知乐，且听离筵唱竹枝。

甲峰李子沛之自留都来江阳，邂逅江山平远楼，出此卷，席上率尔跋此。嘉靖戊午秋八月二十六日，升庵杨慎书。

杨升庵在江山平远楼为苏东坡《潇湘竹石图》题跋时，应该年过七旬了。就在这年冬天他被人举报遭军吏押解回云南永昌，不久便客死于此。东坡的《潇湘竹石图》被我国著名历史学家、诗人邓拓称为古画中杰出作品之一。展开全图，隽逸之气扑人，画面上一片土坡，两块石头，几丛疏竹，左右烟水云山，渺无际涯，恰似湘江与潇水相汇，遥接洞庭，景色苍茫，令人心旷神怡，总想在这幅作品里，发现那些历史的微言大义，因此大凡目睹者，均不忍离去。杨升庵题写于《潇湘竹石图》画卷上的跋文，字体清隽雅秀、章法得体，散发出升庵的神韵丰采，是历代书法精品中的精品，具有极其重要的历史文化价值。著名的巴蜀文化学者王文才就认为："这在国内现存的升庵真迹墨宝中，首推珍品。"

东坡的画作，明代大才子的诗句和书法，就这样在泸州忠山江山平远楼不期而遇地结合在一起，成为中国文学史、美术史上的奇缘。同时，杨慎在苏轼传世名画《潇湘竹石图》画卷上的跋文，无疑是泸州平远楼辉煌历史的有力见证，也为蜀地两位百科全书式的人物的联袂之交，增添了浓墨重彩的一笔。

卓筒井与蜀盐说

盐是立国之本。自古无盐之地就不易成为大聚落，所以盐长期被国家权力严控。远古巴国巫溪盐泉汇入大宁河，巴人凭借自流盐泉形成的食盐贸易，创造了“不耕而食，不织而衣”的盛况。蜀国与巴存在鱼盐交易，盐因此也被称为“盐巴”。

公元前二五五至前二五一年，秦昭襄王命李冰为蜀守，李冰治水名扬天下，其实他还是井盐生产的创始人。《华阳国志》中记载：“冰能知天文地理，又识齐水脉，穿广都盐井。”他首次在蜀地开凿出广都盐井，位置就在今成都市双流区与眉山市仁寿县的交界地带，遗迹尚存。

广都盐井采用当时百姓打井取水的方法，通常不太深，且井径很大，因此称为“大口浅井”。依靠大口浅井提取盐卤，成为中国井盐凿井技术发展的第一阶段。

毕竟大口浅井不仅生产力低，开凿技术粗糙，而且容易塌腔伤人，深处缺少氧气，人到深处会造成窒息。加上官府对盐业的管控，到宋仁宗时期，大口浅井生产走向衰落，总产量不到八百万斤。

北宋庆历年间，卓筒井技术在蜀地出现。华阳县人范镇《东斋记事》指出：“蜀江有咸泉，有能相度泉脉者，卓竹江心，谓之‘卓筒井’，大率近年不啻千百井矣。每筒日产盐数百斤，其少者亦不下百十斤。两蜀盐价不贱，信乎食口之众。”[①]文章清楚解释了“卓”立之竹，这就是“卓筒井”一词的来历。

对于这一划时代的钻井、制盐工艺，东坡非常敏锐，他意识到这是一种全新的生产工艺，在《筒井用水鞴法》（也题作《蜀盐说》）中写道：

> 蜀去海远，取盐于井。陵州井最古，淯井、富顺盐亦久矣，惟邛州蒲江县井，乃祥符中民王鸾所开，利入至厚。自庆历、皇祐以来，蜀始创“筒井”，用圜刃凿如碗大，深者数十丈，以巨竹去节，牝牡相衔为井，以隔横入淡水，则咸泉自

① 朱易安、傅璇琮等主编：《全宋笔记》第一编之六，大象出版社2014年版，第223页。

上。又以竹之差小者出入井中为桶，无底而窍其上，悬熟皮数寸，出入水中，气自呼吸而启闭之，一筒致水数斗。凡筒井皆用机械，利之所在，人无不知。《后汉书》有“水鞴”，此法惟蜀中铁冶用之，大略似盐井取水筒。太子贤不识，妄以意解，非也。①

《天工开物》里也有类似记载，这项技术采用“冲击式顿钻法”，以圜刃为工具，用类似舂米工具的足踏杠杆“碓架”，凿成小口深井，以扇泥筒输送泥水与卤水，整个流程包括钻井、汲卤、晒卤、滤卤、煎盐几个步骤。这种方式最深可钻探至地下数百米乃至一千米，是人类发明最早的小口径钻井技术。

蜀地均有楠竹分布，长二十至四十米，直径在二十厘米以上。楠竹十分耐卤水腐蚀，一般可以使用二三十年才予以更换。

临邛卓王孙在冶铁炼铜之外，也开采天然气与盐卤，至于卓筒井之“卓”是否与之有关，尚缺乏证据。大英县属遂宁市管辖，十几年前才从蓬溪县分离而出。县内有一古井遗址，叫“卓筒小井”，属四川省级重点文物保护单位。“卓筒小井”就是苏东坡记载的“筒井”。

何谓“筒井”？

据《筒井用水鞴法》，卓筒井包含了现代钻井三大基本程序：第一，用圜刃钻头破碎岩石；第二，用泥筒取出井内的岩砂（岩屑）；第三，下竹套管固井保全井壁。多年之前，我父亲就是盐业钻井、固井工程师，因此我也熟悉这一工作。

用圆刀凿山如碗口大的“井”，再用巨竹（一般是几年生的大楠竹）采用公母相嵌根根连接，竹节全部凿通，大约数十丈伸入井中，“横隔”处注入淡水，卤水便自动涌出。再将稍小的竹筒放入“筒井”中为桶。桶无底，上亦空，悬数寸熟皮使桶在“筒井”中上下出入，十分顺滑。

---

① 朱易安、傅璇琮等主编：《全宋笔记》第一编之九，大象出版社 2014 年版，第 82 页。

开始时是吸气，熟皮便自动开合，一筒咸水可以装数斗水。这大概近似打气筒的活塞原理，而且所有筒水运作全部采用机械。“筒井”的原理交代得如此清楚，如果苏东坡没有目睹整个生产流程，不可能有如此环环相扣的描述，可见他对社会生活中新出现的生产方式、发明创造等，都高度敏感，且不遗余力地推广。

一〇七一年，时任陵州知州的文同在奏章中写道：“盖自庆历以来，始因土人凿地植竹，谓之‘卓筒井’，以取咸泉，鬻炼盐色。”“凿地植竹”四字，概括了卓筒井凿井的主要特征。其中“植竹”是指将竹筒作套管，直立入井。同时代的益州华阳人范镇在《东斋纪事》中也有阐释：“蜀江有咸泉，有能相度泉脉者，卓竹江心，谓之‘卓筒井’。”范镇所谓的“卓竹”，就是将竹制套管从井口沿着井壁直放井底，其作用便是固井和横隔淡水，形成汲取小井深处天然黄卤水的生产通道。

实事求是，第一个称“卓筒井”的人，是文同。

这种从北宋庆历、皇祐年间开创的凿井取盐法，比之西方凿井技术要早七八百年。对于这一成果，西方人一度不予承认，待苏东坡的《蜀盐说》一文被翻译为外文公开后，西方人哑口无言了。蜀地“筒井”以及发明人，被西方人誉为“世界近代石油钻井之父”！

英国著名科学史专家李约瑟博士在《中国科学技术史》里指出：“卓筒井开创了机械钻井的先河”，堪称世界钻井之父。它加速了人类文明历史的进程，加快了整个人类社会的经济迅速发展，促使了现代石油化工、航空、汽车、电力等多种工业的兴起，与火药、造纸、印刷术、指南针一样，对人类作出了不可估量的贡献。“井盐深钻汲制技艺”被国务院列为首批国家级非物质文化遗产。

卓筒井采卤技术迅速推广，使益州自宋代以来井盐生产独步天下。据南宋绍兴二年（1132）不完全统计，“凡四川二十州四千九百余井，岁产盐约六千余万斤”。到了一九一一年后，还设立了“大英乡盐务所”。当时卓筒井镇有一百零八个灶房、老井计一千七百一十一眼，年产盐四千余吨，销往金堂、乐至、安岳、大足等地。所幸至今尚存九灶，四十一井。凿井、吸卤、煎盐等基本上保持了宋代筒井的生产工艺流程。大英县的古盐遗址，对研究中国盐井史和钻井史都具有重要价值。

苏坟山

苏家墓地位于武阳县（今眉山市彭山区）安镇乡可龙里（今眉山市东坡区富牛镇永光村二组）的柳沟之上，即今天的苏坟山。

嘉祐二年（1057）十一月二十二日，苏洵率领东坡兄弟将苏母下葬于眉山安镇乡可龙里柳沟老翁泉之上大约二丈处。苏洵精于《易经》，“卜者曰吉，是在葬书，为神之居”（《老翁井铭》），于是选中了这块“风水宝地”。此处为成都平原中隆起的一脉山丘，山势浑圆，宛若一个硕大的梨子，山顶树木葱茏。整山溪水环绕，环境清幽。略低于山顶处有一眼清莹的泉水，长流不息，汇蓄成了一口大井，可以“日饮百余家”，这就是老翁泉。当地传说，每当月明之夜，可以看见一位白发飘洒、举止俊雅的老翁独自走来，静坐于此吐纳。如果有人试图靠近，老翁便会消失于泉水之中……因此，泉以老翁得名。苏洵称为“老泉”也是由此而来。此处后来又称为“苏坟山”，苏洵、王弗后来都安息在这里。

从老翁井经过老翁亭，先有一个青石板铺成的平台，一侧有碑，镌刻有新近年代所立《老翁井铭和重修老翁井记》。鉴于“井中老翁误年华”，也许在苏洵眼里，“不出名”就是“误年华”的证据，所以他在《老翁井铭》里为之惋惜，藏不住他一飞冲天的气象：“余又闵其（隐者老翁）老于荒榛岩石之间，千岁而莫知也。今乃始遇我，而后得传世于无穷。”看看，这就是明证。事实上，苏洵也兑现了承诺。

苏家墓群坐北朝南，背靠地势较高的苏坟山，正前方是一清澈的水池，坟前“案山”起伏，山坳间山溪蜿蜒，不时有山鸟飞纵，周边均有果园分布，与外围起伏的松林构成了回荡往复的气场，符合传统阴宅选址的风水理论。

当年，苏洵含泪写了《祭妻文》：“昔予少年，游荡不学；我知子心，忧我泯没。”对年轻辞家，功名不成而忏悔，希望死后将程夫人的坟“凿为二室，期与子同”，对自己内失良朋痛惜万分，表明“不日来归”。全文如下：

> 呜呼！与子相好，相期百年。不知中道，弃我而先。我徂京师，不远当还。嗟子之去，曾不须臾。子去不返，我怀永哀。反复求思，意子复回。人亦有言，死生短长。苟皆不欲，尔避谁当？我独悲子，生逢百殃。
>
> 有子六人，今谁在堂？唯轼与辙，仅存不亡。咻呴抚摩，既冠既昏。教以学问，畏其无闻。昼夜孜孜，孰知子勤？提携东去，出门迟迟。今往不捷，后何以归？二子告我，母氏劳苦。今不汲汲，奈后将悔！大寒酷热，崎岖在外。亦既荐名，试于南宫。文字炜炜，叹惊群公。二子喜跃，我知母心。非官实好，要以文称。我今西归，有以借口。故乡千里，期母寿考。归来空堂，哭不见人。伤心故物，感涕殷勤。
>
> 嗟予老矣，四海一身。自君之逝，内失良朋。孤居终日，有过谁箴？昔予少年，游荡不学。子虽不言，耿耿不乐。我知子心，忧我泯没。感叹折节，以至今日。
>
> 呜呼死矣，不可再得。安镇之乡，里名可龙。隶武阳县，在州北东。有蟠其丘，惟予之坟。凿为二室，期与子同。骨肉归土，魂无不至。我归旧庐，无有改移。魂兮未泯，不日来归。

苏洵凿了两个墓穴，一个用以安葬亡妻，一个用以自己魂归道山后与妻同葬一处。

司马光感苏母贤淑惠敏，为她作《苏主簿夫人（程夫人）墓志铭》，高度评价她：“柔顺足以睦其族，智能足以齐其家，斯以贤矣，况如夫人能开发辅导，成就其夫子，使皆以文学显重于天下，非识虑高远，能如是乎！”

当年苏洵葬妻时，曾指墓后空地对苏轼兄弟说：“此尔兄弟之居也。”苏辙作《颍滨遗老传》云：“先君之葬在眉州之东，昔尝约附于其庐，虽远不忍负也。”苏轼兄弟含泪答应了父亲的要求。

治平二年（1065）五月二十八日，苏轼发妻王弗在京去世。苏洵曾对苏轼指示：“汝当于汝母坟茔旁葬之。”在官场的风口浪尖拼搏的苏轼、苏辙，次年四月二十五日又遭亡父之痛。兄弟俩辗转七个月，一船双棺，于治平三年（1066）六月将王弗安葬在距程夫人墓西北大约八步的地方。月明风清之夜，婆媳俩又可以说话了。

邑人彭宗林书有《宋赠通义郡君苏轼夫人王弗之墓》。

在宋代，官员的夫人或母亲可由朝廷封给国夫人、郡夫人、郡君、县君等名号。郡君属于第三等，须是侍郎、尚书之妻或母才能予以封给。苏轼曾任礼部尚书、兵部尚书，王弗虽已去世，也在受封之列。王弗的郡君封号前加“通义”二字，原因是唐代时，眉州一度被称通义郡。

到了这年十月二十七日，按苏洵生前遗愿，苏轼兄弟将父亲与母亲合葬。

有一则民间故事，甚是传奇。说的是苏轼葬父、葬妻时，日期已定而墓砖不至。有人告诉苏轼，东山有隐士，极豪爽，救人急难，有求必应。苏轼前往拜访，隐士进山打猎，第三天黄昏始还。隐士迎苏轼归家，款待酒饭，问明苏轼所求，嘱苏轼无忧，即令手下造办。苏轼如期破土，挖好墓坑，不见砖至，甚叹悔。不料明日拂晓，五万匹砖斩斩然罗列墓侧，苏轼大喜。事毕，苏轼前往拜谢，卒不见其居所，亦不见其人。此事类似神话，但《眉山县志》有载，标题为《眉州隐君子》。

苏轼兄弟把这块墓垣叫“东茔”，并在墓地周围种下小松树数万株，这也是打发寂寞、寄托思念的最好方式，也唯有在成天劳作的艰辛过程里，理性意识防线薄弱了，感情的泉流才会汩汩而出，与老翁泉发生共振。

元祐元年（1086），东坡回京任翰林学士知制诰，得到友人贾讷将到故乡眉州做官的消息，东坡作诗《送贾讷倅眉》：“老翁山下玉渊回，手植青松三万栽。父老得书知我在，小轩临水为君开。试看一一龙蛇活，更听萧萧风雨哀。便与甘棠同不剪，苍髯白甲待归来。”他希望贾讷来到眉州，也可以照顾一下自己的精神祖地。所谓“手植青松三万栽”也许是诗人的夸张，也可见东坡手栽松树规模之大。小松树，是为“短”，此为“短松冈”的出典。松柏青翠满山冈，表达了他对妻子以及父母的深深思念。可见，这些松树已然成为屹立在他记忆里的“消息树”，无论置身何处，他一见松树自然会幻化为“短松冈”的无尽涛声。为此，他特意委托堂兄弟苏子安和乡亲杨济甫照看“东茔”以及苍松。

据苏辙《坟院记》:“善广福禅院者，先公文安府君，赠司徒坟侧精舍也。先公既壮而力学，晚而以德行文学名于世。夫人程氏，追封蜀国太夫人。”苏轼、苏辙丁忧期满返京前，特地将坟茔托付给离此四里的广福寺僧代为照管。返城时路过大池院，苏轼手书十八字于廊柱:“自老翁泉还，偶憩。治平丁未（1067）十二月七日，子瞻。”可惜现在已失其处。

多少人从岁月的长河里漂走，有的人却从来没有走出人们的记忆，即便是过了一代又一代人。古老的青神程家嘴，面对岷江，江流依然，迟归的白鹭从远处排成行，在暮色渐浓的江上，从那宛若写意画的慈姥峰前，时断时续地飞过，如同漫长而散乱的历史，将渐渐淡出今人的视野。

我想，程夫人是见过这些白鹭的吧。在她的少女时代，在她作为程夫人，携了苏轼、苏辙回娘家省亲时，在她离开程家嘴而陷入苏家为生计、为学业的操持劳累中，那群故乡的白鹭也会进入她的梦中?

岷江是母亲身边的河，江水送出去的苏轼，常忆“吾家江水初发源”，常吟“相望六十里，共饮玻璃江”，常叹“归来瑞草桥边路，独游还佩平生壶”。忆江即是忆家，没有母亲的人哪还有家呢?

母亲，就是一条河!

按当时朝廷规定的丧礼，儿子为父母守孝必须在三年以上，这期间不能当官任职，更不能饮酒玩乐。苏轼、苏辙整个身心浸透了对母亲哀悼缅怀的忧思，功名利禄等世俗杂念完全弃之脑后，倒也悠闲清静。也许是苦于整日面对那些凝聚着过多温馨回忆的旧物，徒增惆怅。这一阶段，苏轼常常到青神县岷江对岸岳父家中小住散心。

那是一个美丽的山乡，山下有清溪深池，山上有古刹佛寺，置身其间，不禁油然而生飘然出尘之感。苏轼与岳父家年龄、辈分相仿的几个年轻人很合得来，或者与他们一起登山谒庙，或者与他们一起到野外餐饮。中年之后，苏轼还在给内弟王缄的信里，饶有兴味地回忆起当年一起在夜色朦胧中踏过瑞草桥、回到了何村，两人对坐在村口一棵大树下吃瓜子、炒豆的情景……这与后来生活中的艰难险阻相比起来，不能不令苏轼叹惋：不知此生还能不能再过上这般清闲的日子！

他知道，快乐的时光，一去不复返了。

苏轼、苏辙服丧期满，于熙宁元年（1068）的冬季离眉赴京。这一走就是永别，兄弟俩再也没有回过家乡。

这，是命运安排，还是宿命？

苏轼一直携带着母亲的一些遗物。到元祐六年（1091）（此处时间，据孔凡礼《苏轼年谱》），鉴于程夫人毕生信佛，东坡守杭期间，应圆照律师之劝，用亡母程氏遗留的一对簪珥首饰，舍于西湖南岸的净慈寺，命工胡锡采画“阿弥陀佛像”，自己写了《阿弥陀佛颂》。

钱塘圆照律师，普劝道俗归命西方极乐世界阿弥陀佛。眉山苏轼敬舍亡母蜀郡太君程氏遗留簪珥，命工胡锡采画佛像，以荐父母冥福。谨再拜稽首而献颂曰：

佛以大圆觉，充满河沙界。
我以颠倒想，出没生死中。
云何以一念，得往生净土。
我造无始业，本从一念生。
既从一念生，还从一念灭。
生灭灭尽处，则我与佛同。
如投水海中，如风中鼓橐。
虽有大圣智，亦不能分别。
愿我先父母，与一切众生：

在处为西方，所遇皆极乐。
人人无量寿，无往亦无来。

荐父母冥福，希望他们“所遇皆极乐”！不要说东坡这样做了，连鲁迅先生于民国八年也捐银一百多元，为母寿刻印《百喻经》。母子深情，感人至深。

到绍圣元年（1094）闰四月三日，苏轼罢定州任，转赴英州，他携带了道潜所赠送的弥陀像随行。

……

二〇二三年春季一天上午，春阳普照，我驾车出眉山城，沿岷江二桥向东北行驶五六公里，进入一片自山麓蔓延而上的寂静密林。松涛阵阵，香樟树长势与别处不同，均是挺直而高挑。停车后，顺一条蜿蜒的小径而上山，便见一个阔达的朝山门，山门四柱三门，正中主门，两侧耳门，四根廊柱的正反两面有楹联四副，横廊一面书“景行行止”，一面题“自洁自好”。门柱左右两侧，分别是不同字体的两副楹联：“百代文章惊广宇，四时香火慰老泉”“诗如山文如水古今何人匹，气似虹节似玉中外谁个同”。穿过朝山门，几座硕大坟墓映入眼帘，这便是苏洵家族墓地。

经历宋、元、明四百余年风雨侵蚀，苏洵墓碑字迹剥蚀，难以辨认，加上多年无人祭扫，逐渐湮没于荒草荆丛。明成化年间（1465—1484），眉州知州许仁受命寻找苏洵墓。开初在岷江畔的蟆颐山寻找，没有结果。许仁有诗曰：“骑从传呼不暂停，土坡石磴几回登。青山难觅先贤墓，白发重逢此寺僧。”此寺即广福寺。后来许仁调整寻找方向，来到广福寺，再溯井求墓……终于在柳沟山寻得墓茔，予以拨款培修。

经三苏祠博物馆考察，此后又二百多年，明末清初的动乱，让苏坟山淡出了人们的记忆。康熙四十一年（1702），眉州学正段子文路过此地，询一老人，方知苏洵墓在附近，回城后即禀告知州金一凤。金一凤马上召集僚属及眉州士绅前往查勘。斩荆棘，芟藤萝，终至墓前。只见两堆墓土前，残留两块墓碑：一为苏洵墓碑，一为许仁寻墓记事碑。还有一块小碑卧于侧，是明判官、苏洵裔孙苏大章赎祀田边界碑。墓前有垮塌祭台，瓦砾累累。苏洵墓有盗洞，深数尺，可见石椁。金一凤叹息良久，带头捐金，众乡绅亦踊跃认捐。修葺一新的苏洵、程夫人墓和王弗墓封土成垒，极高且大，使樵牧不侵，设祭拜奠。

据苏辙《坟院记》记载，苏轼、苏辙弟兄贬谪岭南，老翁井之水便逐渐耗减。到了官府剥夺苏洵坟墓的香火院时，井水竟彻底枯竭。而在皇帝下手诏恢复香火院后，井水又"滃然而复"。苏轼自儋州北归，也曾写信问杨子微："闻井水尝竭而复溢，信否？现今如何？"

明代许、侯二位太守寻找苏洵墓，都是"溯井求墓"的，说明老翁井在明代没有荒废，但苏洵所建之亭一定是不存在了。

宋、元、明、清几代，老翁井都没有荒废，但在二十世纪三十年代，老翁井却再一次荒废了。如今老翁井的井台上有三通石碑，"老翁泉"三个大字为一字一碑，系民国二十五年（1936）眉山专区首任督察专员兼眉山县长、保安司令梁正麟（字叔子）所书。"翁"字碑背面有阴刻草书五言长诗一首，系清宣统元年（1909）拔贡邑人彭耀章所作，记述重修老翁井事。

值得一说的是，苏坟山有一位守墓人，叫陶宗勤。

数十年前，他初中未毕业就回乡务农了。那时墓地情况很是破败，每每看到有牛在这里活动，吃草拉屎，陶宗勤就去赶，然后把牛粪清理掉。

一九八四年，苏洵夫妇墓和苏轼夫人王弗的墓重修，并增修了苏轼、苏辙的衣冠墓，形成苏洵家族墓地。陶宗勤家的山地、果园恰好在墓地对面的山头，早上出工或晚上收工时，他总会情不自禁多走几步，转到墓地去看看：封土是否有垮塌，刚立的墓碑是否有损坏。如果墓地四周脏了，他就要去清扫一遍。

眼前的这块苏洵墓碑，是嘉庆五年（1800）眉州知州涂长发所立。后一度被毁，被放进一家面厂做案板，一九八四年重修苏坟山时终于找回……

按理说，墓穴不宜距离泉山太近。但事实证明，苏洵确有独到眼光。

我发现，坐南朝北的几个墓穴均是香樟茂密，绿意盎然，在其纵向两侧各有二三十亩的凹陷地带上，种有几百棵树，连同野草大面积枯萎了。两个正在墓地抽叶子烟的老人对我说，是被山藤缠绕而死亡的。但我注意到一些树上并没有山藤。可见是地下水脉缺水造成的，但是在墓穴南端的老翁泉一带，又是汩汩水流……

在南端一小片地上，巢菜盛开仲春的小花，这就是紫云英。不禁想起周作人《故乡的野菜》里的描述："扫墓时候所常吃的还有一种野菜，俗称草紫，通称紫云英。农人在收获后，播种田内，用作肥料，是一种很被贱视的植物，但采取嫩茎瀹食，味颇鲜美，似豌豆苗。"

"蜀狂"李士宁

蜀地自古出异人。尤其是出没于"五岳丈人"青城山云烟深处的高人，如严君平、张道陵、杜光庭等等，总得到红尘中人的极度膜拜。那时青城山道风极盛，慕青城之名入山隐居修道者多不胜数，甚至唐朝的玉真公主、金仙公主也来到青城山修行，而她们的修真之所正是上皇观。在各色人等中，冲退处士章詧之外，"狂士"李士宁暴得大名，引发了各种议论。

鉴于他奔走于宫阙之间，金口玉言，不断展示预言能力，李士宁很快成为北宋时博有声望的得道"高人"，尽管有人认为他目不识丁，但也不能不承认他颇有才思，口吐谶语以针砭世人。比如，在清代徐兆昺所著《四明谈助》卷二十二、卷三十中，详尽记载了一桩灵异事件：

某天黄昏，在广东一家铜铸佛像店，一女子背一大包铜料而来。女子是哑巴，双手比画着说要铸一尊铜佛，并写下了"送到浙东明州府戒香寺供奉"字样，然后告辞。店家将沉甸甸的铜料放在桌上，就落锁回家了。第二天清晨打开店门，发现桌上的铜料居然变成了铜佛，佛相与送铜料的女子一模一样。店家惊奇不已，忙按那女子所写地址，将铜佛送到了明州戒香寺。戒香寺提前得到消息，正准备着为哑女铸造铜像。

神秘的哑女到底是谁？

当时有一个叫卫开的宁波人，在洛阳旅舍里偶遇高人李士宁，仙风道骨的李道士对他说："先生家乡的哑女是维卫佛！若回乡的话，可往礼拜。"卫开半信半疑，回到家乡就到城南戒香寺访寻，方知哑女早已归葬，深以不及见为恨，只好向其画像焚香拜之。第二年卫开去杭州，寓居书吏陈式家中，见数十个儿童簇拥一位尼姑到来，入门哗然，只是说"哑哑哑"，卫开惊讶茫然，女尼做手势向卫开索取纸笔写道："大地山河是阿谁，了无一法可思惟。夜来处处闻钟鼓，敲破骷髅人不知。"落款"无来去"三字……维卫佛是梵语 Vipaśyin 音译，也译作毗婆尸佛、毗钵尸佛、微钵尸佛，意译为胜观、种种观、种种见等。

我引用到此就足以显示，李士宁的个人影响力早已从蜀地扩展到江浙地区了。

广为人知的是，李士宁在青城山学道多年，道法高深，深不可测。他还有过人之能，便是出口成诗。不过他的诗所用皆是古人之句，是对前人诗句的重新组合，这说明他记忆力奇好，综合能力也不弱。他创造的这种"士宁体"，仿效者甚众，一度风靡朝野。置身民间、一直向往名山隐士的苏洵，想来李士宁也很合他的胃口。

苏轼赴京应试前曾于成都拜访之，李道士一见苏东坡的气象，就预言"子甚贵，当策举首"；民间亦盛传苏轼乃文曲星下凡。

苏轼、苏辙对这个来自司马相如故里的李士宁很是熟悉，且早就认识。在《东坡志林》中他记录了两人之间的神秘交往："士宁，蓬州人也。语默不常，或以为得道者，百岁乃死。常见余成都，曰：'子甚贵，当策举首。'已而果然。"看得出，苏东坡是相信李士宁的预言之能。

在东坡进一步的描述中，提及另外一位高人：冲退处士章詧，字隐之，福建人，后迁于成都数世。善属文，绝意仕途，后来被成都太守王素举荐，赐号"冲退处士"。

东坡说：某一天，冲退处士章詧梦到有人投书而来，说是东岳道士的书信。第二天，他与李士宁同游青城山，两人濯足山水，章詧对李士宁说："脚踏西溪流去水。"李士宁是何等人，反应极快："手持东岳寄来书。"章詧惊诧不已，不知李士宁怎么得知自己梦中的情形！天机泄露，不久章詧就死去了。他儿子章禩亦以逸民身份而游走山林，因为一旦入仕的话，就会面临一命呜呼的结局。

由己梦推测他梦，由梦穿越梦，梦的沼泽之下还有一个反向生长的田园吗？

英国作家查尔斯·兰姆说过这样的深刻见解："真正的诗人哪怕在做梦的时候也是清醒的。他并没有像着了魔似的被他的诗才所支配。他漫游在伊甸园的圣林里，就像在自己家乡的小路上散步一样自由自在……"以此观之，梦中的章詧窥视到某种天机，临近大限。但梦中的苏辙并不是"自由自在"的，他在局促之中窥视到了云遮雾绕背后的真相。

苏辙的一首诗中就反映了李士宁的神异之事，诗名叫《正旦夜梦李士宁，过我谈说神怪久之，草草为具，仍以一小诗赠之》，这无疑是苏辙系列诗梦里最为奇怪的诗：

先生惠然肯见客，旋买鸡豚旋烹炙。
人间饮食未须嫌，归去蓬壶却无吃。

"草草为具"，也是苏轼喜欢反复使用的句法，意思是草草相聚，不必过于详细。诗的意思是苏辙梦见李士宁来见他。苏辙立即去买鸡买肉烹调，一阵忙碌后，在阵阵肉香缭绕的氛围里，李高人感叹道："人间的饮食不要嫌弃啊，真到了蓬莱仙山，就没有这等享受了。"

在我的想象里，苏辙收到的是仙鹤送来的加急"鸡毛信"。而能够在梦中与仙鹤一起飞翔，是幸运的。一个人在梦中漆黑的高空，看见了更黑的鸟影。能够与纯黑的事物相伴，也是幸运的。人与仙鹤一道下坠红尘，则显得突兀而又自然。更幸运的是，醒来一片洁白的鸟羽，飘落在自己身上。

这首诗其实还证明，化身仙鹤的李士宁的影响润物无声，甚至可以进入守正之人苏辙的梦境，大讲神怪，可以想象他远非一派山夫野语，而是波及宫阙的根根神经。由此可以推断出这个曾经在青城山学道的李士宁，吞吐过青城山高起高打的云烟，修炼出常人难以企及的功法。其实，李士宁与青城山诸多高人有着很大的相似性，都渴望被高层权力所用，但只有极少数功成名就，绝大多数败退宫阙，其命运有天壤之别。而他们在青城山炼丹炉飘起的烟云间的身影，就让人浮想联翩，不禁想起鲁迅先生《隐士》一文里所引陈眉公诗“翩然一只云间鹤，飞去飞来宰相衙”。

后来苏轼特意将苏辙此诗予以抄录，这就是行书《遗过子尺牍》。元丰八年（1085）闰二月六日书于开封，手迹现藏“台北故宫博物院”。我们不妨推测苏轼书写此诗的心情，他一直是相信奇迹的！

李士宁云游天下，纵论朝局，并不时发布慧识玄论，被誉为世外奇人。他一到东京汴梁，很快就驰名京城，有一大批拥趸。

元祐年间，苏轼兄弟在京，好友吴子野恰好在，与李士宁、蓝乔交游，打得火热。苏辙《答吴和二绝》，说的就是在“导游”李士宁率领下，一大批才俊畅游汴京的过程：

> 三间浰水小茅屋，不比麻田新草堂。
> 问我秋来气如火，此间何事得安康。
>
> 惯从李叟游都市，久伴蓝翁醉画堂。
> 不似苏门但长啸，一生留恨与嵇康。

苏辙自注：“（吴）子野昔与李士宁纵游京师，与蓝乔同客曾鲁公（曾公亮）家甚久。”

关于李士宁的进一步发展，不能不说到王安石，因为没有王安石，汴京就不可能有李士宁的立足之地。

王安石小名叫“獾郎”，有时也被人目为野狐精，也许獾和狐狸在古人看来是同类。王安石出生后，他母亲吴氏略知阴阳术数，渴望儿子有一番大出息。因为从孩子的相貌、生辰来看也暗合诸种征象。那时王安石父亲王益客居外乡，因为清廉正直“不近人情”，得罪了不少豪强之家。儿子出生了，却有李士宁道士突然来访。有人说他有二三百岁了，问其年龄，他总笑而不答。李士宁与王家素有往来，所以吴氏自小认识李士宁，目睹其异，知其来访，喜出望外，让他看一看儿子，问其命相如何。

李士宁沉吟不语良久。李士宁话一出口，夫妻立即目瞪口呆：“王家麟儿果非凡胎，竟是天上神狐降世。”王益不信，吴氏深信，更道生产之日，就看到一只獾掠过窗前，大概就是神狐的影子，因此取个贱名好养活。

根据蔡京之子蔡絛的笔记《铁围山丛谈》，他曾听人说王安石是“上天之野狐”，对这样的议论，蔡絛“默然不平”，他回家告诉父亲蔡京。蔡京是王安石女婿蔡卞的堂兄，清楚王安石的家世，蔡京说了一句：“有是哉！”还补充了更多细节。

蔡京的细节里涉及蜀地异人李士宁。某天在开封府的醴泉观，李士宁斜靠大殿前的栏槛柱，冷眼斜睨大夫们登阶拜北神，忽然看到一个衣着简朴的官人，大声招呼：“你不是獾儿吗？”官人向李士宁行礼，官人正是王安石。李士宁预言：“汝从此去，逾二纪为宰相矣。其勉旃。”意思是，再过些年就要当宰相了，但要努力哟！李士宁早年就出入王安石家，自王安石出生时他就在王家出入，所以才有资格叫他“獾儿”，后来王安石出任宋神宗朝的宰相。蔡京给儿子讲李士宁称呼王安石“獾儿”的往事，是为了补充“天上野狐”之说，并非无中生有。

熙宁八年（1075）初，李士宁被牵连到余姚县主簿李逢“谋反”一案。李士宁算定，赵匡胤的子孙会当皇帝（“太祖肇造，宗室子孙当享其祚”），他私自篡改宋仁宗给宋英宗母亲作的《挽歌》，说赵世居当受天命，并且他还送给赵世居一柄神秘的钑龙刀。赵世居大喜过望，马上给了李士宁很多好处。《续资治通鉴》记录说：“士宁以为太祖肇造，宗室子孙当享其祚，会仁宗有赐英宗母仙游县君《挽歌》，微有传后之意，士宁窃其中间四句，易其首尾四句，密言世居当受天命以赠之。世居喜，赂遗甚厚。”

对王安石心怀鬼胎的吕惠卿，以李士宁的谋反言论，欲彻底扳倒王安石，似乎胜局已定……

这就让人注意到，这个李士宁已经陷入权力漩涡太深了。他与俄罗斯的“神汉”拉斯普京好有一比。王安石做宰相时曾让李士宁到东府住了半年时间，东府的宰相、副宰相、办事人员都与道人很是熟悉。

北宋邵伯温《邵氏闻见录》指出：“惠卿又起李逢狱，事连李士宁。士宁者，蓬州人，有道术，荆公居丧金陵，与之同处数年，意欲并中荆公也。”

王安石的诗文中多次提到李士宁，他写过一首《寄李士宁先生》的诗，有“渴愁如箭去年华，陶情满满倾榴花。自嗟不及门前水，流到先生云外家”的诗句，可见其交情之深厚。

王安石还写过另一首《赠李士宁道人》的诗，对李士宁的种种不凡大加赞许：

季主逡巡居卜肆，弥明邂逅作诗翁。
曾令宋贾叹车上，更使刘侯惊坐中。
杳杳人传多异事，冥冥谁识此高风。
行歌过我非无谓，唯恨贫家酒盏空。

其实，当时王安石与李士宁的交往有不少质疑的声音，但诗中王安石以“杳杳人传多异事，冥冥谁识此高风”来回应外人的疑虑，并说“李生坦荡荡，所见实奇哉”（《拟寒山拾得二十首》），他非常固执地证明自己并非昏庸之辈，认为对人对事的判断也是高于一般人的，捕风捉影之事不必介怀。

但李士宁的身份为人诟病，一个民间不知来历的草莽之辈，怎么能够跟一国之重臣成为朋友呢？所以这也惹来了众怒，视李士宁为妖道。

当时的大学者司马光就把他当成是招摇撞骗的骗子，欧阳修也几乎持同样的看法，他在《赠李士宁》中直截了当地问：“吾闻有道之士，游心太虚，逍遥出入，常与道俱。故能入火不热，入水不濡，尝闻其语而未见其人也，岂斯人之徒欤？不然言不纯师，行不纯德，而滑稽玩世，其东方朔之流乎？”在欧阳修看来，李士宁“既不采药卖都市，又不点石化黄金，进不干公卿，退不隐山林”，到底要干什么呢？他认为李士宁就是一个欺名盗世的江湖手段高超的术士罢了。

李士宁现身汴京的时期正好是王安石变法时期，这个人能够自如地游走在王公贵族之间，实有奇才。刘攽（1023—1089），仁宗庆历六年（1046）进士，精通经学、史学，著作等身，是北宋时期的大学者。他曾经写过一首《送李士宁山人》的诗，有“曾愧丹砂为狡狯，更谈沧海变桑田”句，起因是李士宁为他妻子治病，竟然手到病除，他由此深愧自己曾把山人道士视为奔走名利的“狡狯”之徒。在这首诗的自注中，刘攽写道：“予妻常病，山人自其家取药见遗，山人妻能采药也。山人又尝谈南海神事，甚异。”通过这首诗可以推断：一是李士宁深谙医术，二是他已深入到士大夫阶层的生活，三是他喜谈遥远的海外神怪，连见多识广的刘攽也惊讶莫名，自然要被“高看”。

章詧本是精于算度的高人，享誉蓉城，但与李士宁的交往，却被道破了生死命数，说明李士宁功夫更胜一筹。李士宁究竟有多高的道行？联系到章詧死前所做的梦，李士宁难道真的有盗梦的本事？他与青城山的神秘关系不禁为人们留下了一个玄机。当然，这除了再次证明青城县地是灵仙所宅，出现祥异之事并不奇怪之外，又为我们提出了一个问题：李士宁当年在青城山中修道时，是否早已觊觎红尘宫阙甚久？已胸有成竹？他到底是穿着道袍的政客，还是渴望一展身手的大才？难道他心目中的偶像是创不世功勋的诸葛亮吗？

其实，欧阳修虽然对他有些看法，但也暗暗觉得此人举止远超庸常之辈，称他为“蜀狂”，欧阳修诗《赠李士宁》中就表达了他的感受与困惑：

蜀狂士宁者，不邪亦不正。
混世使人疑，诡谲非一行。
平生不把笔，对酒时高吟。

初如不着意，语出多奇劲。
倾财解人难，去不道名姓。
金钱买酒醉高楼，明月空床眠不醒。
一身四海即为家，独行万里聊乘兴。

如果“不邪亦不正”显得不够凸显其人的话，那么李士宁“倾财解人难，去不道名姓”，就不能不让人另眼相看了。山人与山意，看来的确难以度量。

说一下李士宁的结局吧。

倒王安石的运动被打压下来。熙宁八年（1075）二月，宋神宗密召王安石回京，再次让王安石担任宰相。闰四月，宋神宗处置涉案人员，主张从严从重处理。王安石却觉得首犯当诛，从犯当恕，不能把事情闹大。他建议赵世居当杀，其他人就算了。以稳定朝堂为要，否则会纵容诬告之风。

宋神宗下旨，首犯赵世居赐死，子孙剥夺皇族身份，严密关押；府中女眷全部送去当尼姑；赵世居的兄弟、侄子爵位全部下降一级。

从犯刘育凌迟处死，另一个从犯张靖被判腰斩。秦彪、李士宁被杖脊，流放湖南。

这是我们能看到的李士宁结局。至于他是否能顿开枷锁走蛟龙，那就不知道了。

时间已经过去了一千年，散布在汴京抑或蜀地、江浙的玄远言行，若非附骥三苏、王安石、欧阳修等名流，早已湮没无考。这让我们进一步洞悉了“隐士招牌”的底色与种种心机。

生如飞蓬

东坡《颍州初别子由二首》里，有“悟此长太息，我生如飞蓬。多忧发早白，不见六一翁”之句，这是他在赴杭州通判任之际的感悟。虽然是和弟弟苏辙离别时所作，但其中也可看到他对恩师“六一翁”欧阳修的深切怀念。林语堂《苏东坡传》就认为，“飞蓬”一词正足以象征苏东坡的一生。东坡之所以“生如飞蓬”，主要缘于他“一发现什么事情不对，就像在饭菜里吃到个苍蝇一样，非要唾弃不可”的性格。

他还说过这样的话：“余性不慎语言，与人无亲疏，辄输写腑脏。有所不尽，如茹物不下，必吐出乃已。而人或记疏以为怨咎，以此尤不可与深中而多数者处。”①

这样“如蝇在食，吐之乃已”的性格，东坡毕生不悔。苏轼正在徐州知州任，于元丰元年（1078）一月二十四日为朋友章楶的书房作《思堂记》，其中有这样的体认：“言发于心而冲于口，吐之则逆人，茹之则逆余。以为宁逆人也，故卒吐之。君子之于善也，如好好色；其于不善也，如恶恶臭。”这是说：“心里有话就脱口而出，说出来会得罪人，不说出来自己就憋得难受。我认为宁可得罪人，也一定要说出来。君子对于善美的行为，就如同喜好美色；对于不善的行为，就如同厌恶腐臭。”拥有这等“不平则鸣”的人间气质，在蝇营狗苟的世界上，他必然会遭受霹雳与暗算！那么，“生如飞蓬”的命运就接踵而至。

蓬草意象，在中国古典文学意象中颇为重要。“飞蓬”一词最早见于《诗经》中的“首如飞蓬”，是具有悠久的传统的植物意象，既然“脑袋”像“飞蓬”，这就说明飞蓬不是几根草在乱飞。而对“飘蓬”的解释，来自《晏子春秋·内篇杂上》：“蓬之干，草本也。枯黄后，其质松脆，近本处易折，折则浮置于地……大风举之，乃戾于天，故言飞蓬也。”

飞蓬草是属一年生的草本植物，有四川等地农村也叫它大飞蓬、小蓬草。飞蓬草的叶片是条状披针形，用手去触碰它，会散发出一种奇特的味道，因为是在户外野生，所以它的叶片上，往往会有许多的虫洞。

① ［北宋］苏轼：《密州通判厅题名记》，《苏轼文集》卷十一，中华书局 1986 年版，第 376 页。

飞蓬草每年的六月到九月也会开出白色花，成熟之后的花朵以及种子摇一摇会随风飘走，有些像蒲公英。彻底干枯的飞蓬草，会被大风带往天空，完成一生里最悲壮的漫游……

但在多山地的西南地区，飞蓬还有另外的指涉。

对于如今很多人来说，西南山地是诗一般的圣地，是梦幻的城池。走进这片唯有用心跳才能深刻触摸的世界屋脊，始终是一个人汹涌一生的梦想。想象着钴蓝色的天空，阳光散射如撕开的彩虹，大地上的经幡猎猎作响，满脸沧桑的信众顺公路匍匐而进，极度的虔恪浸润于这一片无垢的世界；也可以想象流云从腰间缠绕，能把五脏六腑都荡涤一新的空气；也可以想象掬一捧高山海子的圣水，一洗烦忧；也可以想象晨光微熹，满眼亦黄亦白的飞蓬在滚动，自己是叶上那一滴被风吹落的露珠……神往旷达而神秘的藏地，多半是为了找到风中的飞蓬——比如格桑花的倩影，比如仓央嘉措的影子。

山下的河滩有些地方较宽，那里的杜鹃花是神奇的、倔强的，沿山脚而上的一路，杜鹃花一片片地盛开，染红了山坡。即便在海拔四千七百米的高度，还有盛开的杜鹃和其他无名山花。

冰期结束以后，气温逐渐回升，杜鹃便开始了漫长的跋涉——向东走向低海拔地区，向西则随着高原的一步步抬升，凭着超强的适应能力在更为残酷的生存环境中定居下来。

学者们还发现，喜马拉雅地区以及横断山区是我国杜鹃种类特化现象最强烈的区域，东部远没有这么明显。直到现在，那里的很多类群也还在不断发育过程中，形成更多新种。这也是青藏高原在几百年间经历剧烈变化，没有长期相对稳定的环境所造成的结果。但也因此，除了在那里，人们不可能看到如此丰富多彩的杜鹃。

从海拔一千五百多米的河谷，到将近五千米的高寒冰雪地带，都可以看到不同种类的杜鹃。它们或是矮小的灌丛，有的甚至贴地而生，匍匐在贫瘠的冰碛上，有时连苔藓都不会选择在那里生活；到了山腰，它们便成了大灌木，美容杜鹃、马缨花杜鹃、迷人杜鹃等，成片成片镶嵌环绕在林木下；在海拔更低的峡谷地带，康定杜鹃、大白杜鹃、白碗杜鹃、陇蜀杜鹃、两色杜鹃、密枝杜鹃，可以填满整个峡谷两侧。由于杜鹃喜欢集群，花型簇拥硕大，连在一起几乎密不透风，远远望去，层层叠叠，宛如一片海洋。

冬季的山地河谷，在山脚前是一大片滩头，较为平缓。下午刮起了大风，只见一个枯草团，由远及近，在风力推动下越滚越大，越滚越圆，有些直径可以达到二三尺！有人会感叹，人的命运就像是眼前的飘蓬……

在我看来，似乎还应该看到更深刻的东西。记得二〇〇八年的一天，我采访四川大学林向教授，他是考古学的名家，我们偶然讨论起车轮到底是怎么发明的。他说，任何看似简单的发明都不是凭空而来的，一定有什么现象触发了古人的灵感。车轮的发明极可能是受到了自然之物的启发。《淮南子》中说祖先“见飞蓬转而知为车”。“飞蓬”是一种草，其茎高一尺许，叶片大，根系入土较浅。遇到大风，很容易被连根拔起，随风旋转。古人可能就是受到这个现象的启发，发明了车轮和车轴。这与鲁班受锯齿草的启发而发明锯子的传说一样，这种说法很可能也是一个传说而已，但谁能说这样的传说没有道理呢？

“飞蓬”是无根的，是不由自主的，飞到哪里不确定，具有极大的被动性。这和苏东坡早年的“雪泥鸿爪”意象——描绘人生所到之处的陌生感异曲同工。不同在于：飞蓬之于鸿雁，身位更低了。经历“变法”的大风暴，常常处于一种飘荡不定、无所适从的状态，但他内心却早有向度。这种身心无法合一、心灵被迫跟从身体漂泊的状态，就备感折磨了。

另外，在赴任途中，东坡还写了一首《龟山》诗。开头是：“我生飘荡去何求，再过龟山岁五周。身行万里半天下，僧卧一庵初白头。”起笔就是“我生飘荡”，立时一种随世浮沉的无处着力的感觉迎面而来，并且这种无力感的空间宛如“无物之阵”……

“飞蓬各自远，且尽手中杯”固然是悲观的。弟弟苏辙也许没有想到，“车轮之辙”正是要让人生滚滚向前，哪怕是通往未可知的晦暗天际。人们就像山间的漫漫长路，这条路有时先折回来，然后伸向前而去；人生就是山间的长路。走这条路的人需要巨大的耐心。初遇挫折，东坡性直且急，尽管他有的是毅力。

而在东坡的某个梦里，飞蓬也可以让渡为一朵花。

那一朵梦里开出的花，假如突然不开了，那里就出现了一个空洞，声音沉默的空洞。这是任何具体物质无法填补的伤口，一个拒绝愈合的伤口，声音嘶哑，四方跑气，直至哑灭。这些空洞总是在睡眠不深的时候来到床下，开始釜底抽薪，接着，断然打破了锅底，他本是釜底游鱼，他因为获得解放而趋于委顿若泥……花，其实才是堵住这一空洞的最好材料，可以严丝合缝地吻合于空洞，不漏出任何秘密。其实，对于两个虚无的概念来说，既不知道问题，也不知道答案。但两个虚无者一碰面，问题就像一个在山坡上被风吹动的飞蓬，雪球一样，越来越大……

“苏贤良”与陈希亮

苏轼在殿试中的一系列突出见解，让宋仁宗十分欣喜，国家的栋梁之材啊！御笔一挥，以“第三等录取”苏轼。大家要知道，自宋朝开始以来近百年了，制策考试能够进入“第三等”的只有吴育和苏轼两人。苏轼立即被授予大理评事的官阶和凤翔府“签书判官厅公事”职务，简称“签判”，就是知府的副手，负责处理繁杂的官府文书。

苏轼长期生活于山环水绕的四季不甚分明的蜀中平原，首次置身陌生的秦岭山麓，迈开了仕途上的第一步。

凤翔古称雍州，因传说“凤凰鸣于岐、翔于雍”而得名。“古公亶父，来朝走马。率西水浒，至于岐下。”《诗经·大雅》十六个字讲述了周人迢迢迁岐的经过，自此周人在岐下生产生活，为周的兴盛奠定基础。所谓“岐下”，考证在今陕西岐山、扶风一带，还包括眉县、凤翔、武功等地的一部分台地，范围二百余平方公里。周原中心地区紧靠岐山南麓，或曰岐邑，在今扶风县西北的黄堆和岐山县东北的京当之间，面积七至八平方公里的周原遗址即当其地。数千年前，这里是古公亶父迁居之处，周、召二公食采之邑，也是周人灭商之前的聚居地和周文化的发祥地。

凤翔无疑是周朝发祥之地，相传秦穆公的女儿在此吹笛，引来了吹箫的华山隐士萧史，知音相遇，于是一道乘凤凰而去……是祥瑞之地。凤翔能够成为苏轼的福地吗？

嘉祐六年（1061）十二月，银装素裹，大地冰封。苏洵有病在身，行动不便，于是苏辙送苏轼夫妇到凤翔府上任，一直送到了四十里外的郑州。置身在郑州西门外的阵阵寒风里，这是兄弟俩的第一次人生别离。苏轼目睹弟弟在雪地骑马北去，他的背影在凹陷的古道上隐现起伏，直到彻底隐没了，这才启程。

想到这次离别，不知何年何月才得相见，他无限惆怅。回忆起苏辙曾有《怀渑池寄子瞻兄》一诗，从而和之，提笔写下《和子由渑池怀旧》："人生到处知何似，应似飞鸿踏雪泥。泥上偶然留指爪，鸿飞那复计东西……"

人生在世，到这里，又到那里，偶然留下一些痕迹，你觉得像是什么？我看真像随处乱飞的鸿鹄，偶然在某处的雪地上落一落脚一样。它在这块雪地上留下一些爪印，正是偶然的事，因为鸿鹄的或东或西，根本就没有一定。

清代查慎行就认为，东坡此诗，是"化"越州天衣义怀禅师的一段话而来，《景德传灯录》这样记载："雁过长空，影沉寒水。雁无遗踪之意，水无留影之心。若能如是，方解向异类中行。"实事求是，东坡肯定受到其启发，但东坡高明，一触即发，意不能静。

在我看来，鸿鹄其实是有向度的，因为它们不会脱离这旷达的天野，犹如一些人永远无法摆脱官宦旅程，彻底回归江湖。

苏轼到达凤翔后立即又寄给弟弟一首七言长诗，结尾处他感叹"寒灯相对忆畴昔，夜雨何时听萧瑟"，体现了兄弟二十年来血浓于水的深情，而彼此行走在不同的人生之路上，从此聚少离多。

嘉祐六年（1061），时年二十六岁的苏轼到达凤翔履职。他的工作除了“签署一局，兼掌五曹文书”外，还负责着“编木筏竹，东下河渭”[①]两大要务。虽然官位不高，但他竭力为百姓减轻负担，留下了很多美名。

民间有一句俗话，叫“当官不为民做主，不如回家卖红薯”。官员是否有责任感，有没有担当精神，此话就是试金石。苏轼总是把百姓放在心间，即使力有不逮未能尽善尽美，也会深深自责。

苏轼的第一任上司是凤翔知府宋选，宋选为政勤勉、席不暇暖，大事小事都要过问，这给了苏轼最早的示范。看来，当一个好官，真不简单啊！

苏轼在任凤翔短短三年，竟写了一百六十多篇（首）文章诗词，可谓“三载判凤郡，下笔如有神”。其中彪炳史册让人们至今难忘的当属“三记一论”:《喜雨亭记》《凌虚台记》《凤鸣驿记》和《思治论》。

古人相信“人在做，天在看”，“天人合一”思想早已深入人心。灾害发生时，人们很自然地就去从自身找原因，甚至帝王都会发布“罪己诏”来检视一己过失，以祈求上天网开一面。旱魃肆虐，一地的父母官往往要求雨。祈祷了三日，为表明求雨的决心，自己下跪暴晒多时，即使这样也未能下雨。

嘉祐七年（1062）春天，凤翔时值大旱，苏轼深为焦虑，不辞辛劳四处奔走，还登上太白山祈雨。这是苏轼第一次代民求雨，幸运的是天降甘霖，大暴雨下了三天三夜，人们喜形于色。此时衙门内的一座亭子正好建成，他就以“喜雨”命名，写下了千古名文《喜雨亭记》。

嘉祐八年（1063）三月，宋仁宗驾崩，为修筑庞大的帝陵，凤翔府负责提供大批木料。当时恰遇大旱，河道十分干涸，无法漂运木头。可这是帝王的大事情，一旦延误工期，任何人都有罪责。对于自然环境的恶劣，由于不能便捷地运输，加重了地方百姓负担，他只好深深自责。他偶尔极目眺望远方的家乡眉州，感叹自己千里迢迢出来做官，却不能

① 供应宫廷建筑所需的木料以及集运粮草，供给西部边防军需。

为百姓解决疾苦……

妻子王弗自幼受父亲王方的影响，性格比东坡沉稳得多，加上又深得婆婆苏母的教诲，她对苏轼刚刚开启的仕途生涯起到了不可估量的稳定作用。一次，当苏轼与客人在家里谈话时，王弗就站在屏风后细心聆听。她能够辨别出那些圆滑世故的、善于当面奉承之辈。等到这些人前脚一走，她就会提醒丈夫："那些千方百计巴结你的人，离你而去的速度也是最快的。"后来证明，她的这些判断都得到了应验。这让苏轼大感钦佩，认为夫人有先见之明。

有这样的贤内助，苏轼尽心于政务与诗书。在凤翔的三年，他为百姓谋福利，为地方发展图富强，称得上竭尽所能。

宋选离任之后，接任凤翔知府的是陈希亮。

苏轼看他第一眼，就发现他是一个"目光如冰"的人物。

陈希亮（1014—1077），字公弼，眉州青神县东山人。他的人生经历相当奇特，放之于官场、江湖，都是响当当的角色。

陈希亮在处理家事方面，品德高尚，为人称道。他父母积蓄了不少财富，可惜均早逝，他依靠哥哥长大。哥哥乃是性情褊狭之人，一门心思侵吞全部家产。在他十六岁时，他决定外出寻师，专攻学问，哥哥利用这一机会霸占了田地、房产，只将乡邻们的借款账单共三十万钱给了他，就算是分了家。陈希亮是何等人！他把那些借债的左邻右舍都请来，在父母牌位前将账单全部烧掉，然后背起书箧行囊寻师访友去了。不久之后，捷报传来，陈希亮进士及第！这时他哥哥年事已高，身体很差，两个侄儿陈庸、陈渝尚未成人。陈希亮不计前嫌，服侍兄长、教养侄儿。两个侄儿也高中进士。乡亲们感戴他的为人，亲切地称他们为陈门"三俊"。

陈希亮在出外游学时还有奇遇。他曾与同乡宋辅一起出访学问。后来他在京城开封担任京东、京西转运使时，宋辅也到京城做了一介小官。不久后宋辅染病身亡，老母、孀妇和幼子宋端平失去了依靠，生活陷入困境。天无绝人之路，陈希亮毅然承担起宋家生活的重担。他把宋母以及全家接到自己家中，他对宋母十分孝敬，一早一晚都行问安礼，还将自己的女儿许配给宋端平，要他努力攻读诗书。就这样，宋辅一家老小，在陈希亮的关怀照顾下，过上了无忧无虑的生活。然而，由于陈希亮薪俸不多，清廉自守，他本人又有四个儿子，再加上两个侄儿，家庭经济已是十分拮据，如今又添了宋母全家，负担之重自不待言了。尽管如此，他宁愿缩减自己儿女们的衣食，节约家庭的不必要开支，也要把两个侄儿和邻里之子抚养成人。他除亲自教习他们吟诵诗书外，又与自己的儿子等同对待，让他们都有出外寻师访友的机会。于是，继陈庸、陈渝两个侄儿之后，宋端平也是进士及第。当陈希亮搀扶着宋母出堂接取捷报时，人们都以为宋母是他的生身母亲呢！

在北宋华阳人范镇的笔记《东斋记事》中，记录了陈希亮在潭州长沙（今湖南省长沙市）、虔州雩都（今江西省赣州市于都县）任职期间的作为："陈公弼知潭州长沙县。部僧有海印者，多识权贵人，数挠政违法，夺民园池，更数令莫敢治。公弼捕置之，以园池还民。又知虔州雩都县，毁淫祠数百区，勒巫觋为良民七十余家。"[①]一是说他在长沙任职时，对夺民田地池塘、有官方后台的和尚海印予以抓捕，并处以刑罚，责令退还百姓的财物；二是他在于都任职时，捣毁滥建的祠庙数百座，勒令巫师巫婆改邪归正，大大净化了当地风气。正因为此，《宋史》称陈希亮"为政严而不残，不愧为清官良吏"。

陈希亮在长沙为官时，曾一次性搜捕过七十多名欺压百姓的地痞流氓，足以显示陈希亮的军人本色。这些经历淬炼了陈希亮的性格，那就是刚正不阿，外冷内热。加上陈希亮身材矮小而清瘦，乍一看，面青颜冷，两眼澄澈如冰，说话斩钉截铁，常常当面指责别人的过错，不留情面。当时士大夫宴游，一闻陈希亮到来，立刻满座肃然，喝酒雅聚也显得沉闷、寡味。对待同僚都是如此，他对待僚属自然又有过之，就有很多人吓得对他不敢仰视。

按理说，他既是苏轼的老乡和长辈，又是顶头上司，但是二人在交

① 朱易安、傅璇琮等主编:《全宋笔记》第一编之六，大象出版社 2014 年版，第 222 页。

往中相处并不很融洽，而是总会有大大小小的纠纷。陈希亮是一名雷厉风行、刚毅干练的能人。他初来时，听到凤翔府中的职员都尊称苏轼为“苏贤良”，他十分震怒，大声呵斥道：“判官就是一个小小的府判官，哪里有什么贤良不贤良的。”他立即下令，把称呼“苏贤良”的职员打十个板子！打板子，就是打屁股！

他大喝道：“以后哪个敢再这样称呼苏轼，照此办理！”

虽然板子没有打在苏轼屁股上，苏轼已是羞愧万分。

苏轼写的公文，他也毫不客气地涂抹删改，往返不休，此在以文章自负的苏轼，更不容易忍受。在苏轼眼里，陈希亮官架子很大。同僚晋见，他似乎刻意让来客等候，久久都不出来接见，甚至有人在客座打起了瞌睡……苏轼心生不平，写诗讽刺他：“谒入不得去，兀坐如枯株。岂惟主忘客，今我亦忘吾。同僚不解事，愠色见髯须。虽无性命忧，且复忍须臾。”两人之间的摩擦，造成日深的成见。苏轼益发感觉落落寡合起来。他不赴府宴，连中元节也不过知府厅堂。陈希亮抓住这一点，上奏朝廷纠劾他“无故不参加中元节聚会”，被朝廷罚铜八斤（罚一千六百文）。苏轼也都不管，只是日后作谢馆职启中，才说：“一参宾幕，辄蹈危机，已尝名挂于深文（苛刻的法条），不自意全于今日。”

更可气的是，苏轼写的文章，前任州官宋选就觉得很好，不需要改动，而陈希亮好像是存心要“鸡蛋里挑骨头”，在苏轼写的公文中总是反复涂抹、删减……至此两个人结下的“梁子”越发不可解。苏轼才二十八岁，血气方刚，也想办法要报复一下这个趾高气扬的大人。

陈希亮在后院修筑了一座高台，恰好可以对望雄奇的终南山。他请苏轼作一篇文章，这就是名篇《凌虚台记》的由来。

青年东坡气盛，在文章里对陈希亮来了一番含沙射影：天下兴衰，一座凌虚台算得了什么？又怎能长久于世？如果有人想要以高台夸耀于世而自我满足，那就错了。世上确实有足以依凭的东西，但是与台的存在与否是没有关系的。陈希亮读了文章，也明白了苏轼没有直接表达的意图。他大笑起来：“哈哈哈，我把你父亲当作自己的儿子看待，而你就像我的孙子一样！平日我故意不给你面子，是怕你年轻又骤得大名，你飘飘然会把握不住分寸啊。现在不满意我了吧？”说完，对苏轼的《凌虚台记》一字不改，吩咐立即刻石。

宋人邵博的《邵氏闻见后录》里记录了这一幕，陈希亮说：“吾亲苏明允犹子也，某犹孙子也。平日故不以辞色假之者，以其年少暴得大名，惧夫满而不胜也，乃不吾乐邪？”苏明允是苏洵，“吾亲苏明允犹子也”口气有点过了，陈希亮不过比苏明允年长了九岁而已。真的“持老”如此吗？

但事到如今，东坡终于理解了陈希亮藏在外壳下的真诚与一番苦心，认识到了他的正直与深藏不露。苏轼自称平生不为人写碑文，但他十分敬佩陈希亮的为人，担心陈希亮的事迹失传于后世，应陈季常之请，破例写下了《陈公弼传》。陈希亮的儿子陈季常，成了苏轼的知己之一，陈季常重友情、轻名利，堪称东坡困厄时期的知音，给予他莫大的慰藉。著名的“惧内”典故“河东狮子吼”，就出自苏轼调侃陈季常畏惧夫人柳氏而写的一首诗，最出名的句子是：“龙丘居士亦可怜，谈空说有夜不眠。忽闻河东狮子吼，拄杖落手心茫然。”因“河东”正是柳氏的居住地，而柳氏又经常念佛，真是一语双关，后来坊间盛传“河东狮吼陈季常，千古风流苏东坡”的名句，至今为人们津津乐道。

但毕生严正、谨慎的陈希亮，也有智者千虑必有一失的时候。

宋王栐撰《燕翼诒谋录》五卷，记载了宋朝的典章制度一百六十二条，涉及职官、选举、食货、兵刑、地理等多方面内容。其中说：“治平元年，知凤翔府陈希亮自首，曾以邻州公使酒私用，贬太常少卿，分司西京，乃申严其禁：公使酒相遗，不得私用，并入公帑。”

于凤翔任上，他因将州府里的“公使酒”[①]私用，这是他自己“狠斗‘私’字一闪念”自我承认的，由此坐赃去职，抑郁而殁，终年六十四岁。他辞世时，亲戚朋友莫不潸然泪下，人们钦佩他一生清正、严而不残，诚为当代良吏；更赞叹他忠厚仁爱的美德，以及怜孤恤贫、有功不

① 单位招待酒。公使库，为宋朝廷专设为地方负责招待往来官员的机构。

夸的高尚行为。

好事者利用了这一点，传言陈希亮之所以获罪，是因为欧阳修代苏轼报复的结果，这分明是栽赃构陷。可见，当时的苏东坡，俨然已是“箭垛式的人物”了。

在《陈公弼传》里，苏东坡慨叹：“公于轼之先君子为丈人行(长辈)，而轼官于凤翔，实从公二年。方是时，年少气盛，愚不更事，屡与公争议，至形于言色，已而悔之。”这寥寥数言，至今仍让我们心生暖意。至真、至纯、至性的青年东坡，与一位惜才、识才、懂才的宽厚长者形象，由眉山到华夏，联袂而立。

值得一说的还有陈希亮的后人——“洛中八俊”之一的“诗俊”陈与义。

陈与义的祖父陈恂是陈希亮的第三子，陈慥的兄长。陈与义的外公也是当时出名的书法家。《宋史·陈与义传》记载：“与义天资卓伟，为儿时已能作文，致名誉，流辈敛衽，莫敢与抗。”陈与义天资聪慧，小时候就可以写文章，声名远播，同龄人和他比起来黯然失色。钱锺书先生在《宋诗选注》中赞誉道：“北宋南宋之交，他也许是最杰出的诗人。”

与“拗相公”斗气

《东坡志林》常常拿王安石来开玩笑。他说，王安石有次和刘原父一起吃饭，忽然停箸，问刘原父：“孔子‘不撤姜食’是什么意思？”原父一本正经答道：“根据《本草》，生姜吃多了损智。老子说，道非明民，‘将以愚之’，孔子是老子的学生，是以道教人的，所以提倡‘不撤姜食’，让天下人都当笨蛋。”王安石得到悟解，十分高兴，后来才知道刘原父的话原是跟他开玩笑的。苏东坡因而论王安石“多思而喜（穿）凿”。刘原父是按照他的思想方法来作解说的。《东坡志林》记这一个故事之后，接着说：“庚辰三月十一日，食姜粥甚美，叹曰：无怪吾愚，吾食姜多矣！因并原父言记之，以为后世君子一笑。”

王安石为人正直而刻板，有时到了不近人情的程度。他的学问水平堪称一代大家，因此对于学识，他颇为自负。所以当时朝廷中人，都暗中称他是“拗相公”。

自神宗熙宁六年（1073）三月开始，他在儿子等人帮助下动笔撰写《三经新义》[1]，经过两年左右才告完成，他自认为是古代经书权威的评论家，基本否定了郑玄、马融等大儒的相关研究。他还利用行政管理的权力立下标准，国内读书人都必须研读他的“新义”，连科举生答卷也要以“新义”为准。一些大学问家欧阳修、司马光、苏轼兄弟等对此颇有看法。苏轼出京之后，有一次监考乡试，曾写诗表达了他对考生试卷表现出的思想呆板、学识贫乏的深切担忧。

学者们不仅对拗相公的《三经新义》报以反对态度，对于他研究文字的著述《字说》也有看法，认为他研究中国文字的构造和起源，不做探究，不用比较，颇多主观臆造。有人曾讽刺它是“幻想语言学”，一个人半天就可造出许多篇章。

备受人指责的《字说》，现在已遗失了大半，唯有残留下来的，可以推想原书情况，这成为历代文人茶余饭后的趣谈。而苏东坡和王安石的许多交际，都与《字说》有关。

苏轼是全国第二名的高中进士。早在十六年前，王安石是第四名。但苏轼风头比王安石更劲。两人的第一份工作均是签判，彼此的诗歌、文章都出彩，可谓势均力敌。

明朝王昀贞编纂的《调谑编》就记载了几个故事：

东坡闻荆公《字说》新成，戏曰:“以‘竹’鞭‘马’为笃；不知以‘竹’鞭‘犬’，有何可‘笑’？”

① 王安石撰《周官新义》，王雱、吕惠卿撰《毛诗义》《尚书义》的合称。是熙宁变法的重要理论依据。

意思是说，王安石把“笃”“笑”等当作“会意字”，荒唐地加以发挥。这怎能不被人讥笑呢？

文字中有“鸠”字，由“九”和“鸟”两部分构成，读音是“纠”。这本来是形声字，左为声，右为形。拗相公却一心想由字意找到出乎预料的新意，他一意孤行，竟然发展到推翻字音的成分。

有一天，苏轼与王安石闲聊。苏轼问王安石：“说说看，‘鸠’字为什么由‘九’和‘鸟’两字所构成？”

因为不明东坡的底牌，王安石一时语塞。

东坡笑着说：“我认为这一证据是《诗经》里说的：‘鸤鸠在桑，其子七兮。’意思是七只小鸟儿，再加上它们的父母，不就是九个了吗？”

王安石恍然大悟，苏东坡不是在讨论学问，而是在借此讽刺自己！他脸上的表情复杂起来，接着脸红了……

不料，没过几天苏轼又来“发难”了，这一次是涉及“波”字。

“波”也是形声字，是由“水”和象声的“皮”字所构成。王安石解释时，想象力太过丰富，在《字说》中竟解释为“波为水之皮”，这明显是诗人的思维。但如果牵强附会地理解，也还说得过去。

如果这一解释合理，苏东坡的“坡”，是不是“土地之皮”呢？哈哈哈，苏轼一想到大笑不止。没料到，千年之后的当代作家贾平凹道出了苏东坡有趣的这一重要品质：“苏东坡，太‘皮’了！”因为“人可以无知，但不可以无趣”。

苏轼遇到刚刚退朝的王安石，“波”字让他忍俊不禁，诙谐地说：“波波波！照先生书里的解释，既然‘波’为水的皮肤，那么‘滑’字一定是说水有骨头……”

王安石表情尴尬，一时僵在了路上。

可见，王安石的《字说》违反文字的造字规律，不少地方出于主观臆断，遭到人们的质疑和非议实属难免。何况，他遇到的是苏东坡这样的诙谐之人！

苏东坡在为反对新法所作的诗歌中，往往或明或暗地攻击王安石本人，他不但反感王安石的“新政”，而且对王安石的学识也看不上眼，说“王氏欲以其学同天下”，又说王氏之学为“俗学”，而王安石的“经说”和“字说”，问题的确太多……

公允地说，王安石对苏东坡当然也不无成见，但他年长一些，在为人处世上表现了长者的沉稳与大度。不仅如此，王安石后来还逐渐改变了对于苏轼的看法，他特别钦佩东坡的文学天才，特别是在读了东坡独抒性灵的诗作后，他发自内心称赞：“子瞻，人中龙也！”

才智机敏的东坡，也并不可能永远正确。一天苏东坡登门拜访王安石。王安石不在，管家便把东坡引到主人的书房里用茶。苏轼在书房里一边品茶，一边欣赏主人书房悬挂的字画。

目光一转，他注意到王安石书案上有一首尚未写完的《咏菊》诗。其中的二句是：“西风昨夜过园林，吹落黄花满地金。”苏轼看罢，谐谑的天性发作，哈哈大笑。他认为：春兰秋菊，菊是多年生草本植物，素有傲雪之骨，不管风吹雨打菊花只会枯干，不会飘落。眉山苏家庭院里的菊花就是如此！没想到当朝宰相王安石连这一点常识都没有！

他略加沉吟，提笔在王安石的诗句下加了二句：“秋花不比春花落，说与诗人仔细吟。”续完诗句之后，回过神来的苏轼，知道自己总是祸从口出，这样岂不是冒犯了“拗相公”的脸面？白纸黑字，已经不能再在纸上涂抹或销毁证据了。于是，他向管家匆匆告辞而去。

王安石回家，管家说：“苏轼来过，等了您一会儿，就走了。”

王安石见到书房的书案上的续诗，知道定是苏轼所为。他不禁暗笑起来：“苏轼呀，枉自你过目成诵、出口成章，但是你对事物观察得不仔细、不全面啊！《离骚》你不是背得很熟吗？那里边就有‘夕餐秋菊之落英’的诗句，该如何解释呢？难道你这名震京师、帝王视为栋梁之材的大学者，连这都不晓得吗？你的眼界很有限！”

东坡来到黄州后，公务之余，经常与友人一起吟诗消遣。一天正值九九重阳节，他约请已是隐士的陈季常来家里饮酒赏菊。当他与陈季常来到花园时，一向见花就喜形于色的东坡，突然沉默了。原来啊，昨天还是怒放的菊花，经过一夜风雨之后，现在只剩下一些光秃秃的枝干在风中微微摇曳，像一个光杆司令，枯菊秆下铺满了金黄色的菊瓣……真是秋风秋雨愁煞人，寒宵独坐心如捣。

陈季常很少见到东坡这副沉默木然之样，忙问缘由。东坡禁不住深深叹了一口气，便把给王安石续咏菊诗等往事，细说了一遍。

陈季常饱读诗书，提出了自己的观察："橘子生长在淮河以南就称为橘，生长于淮河以北就称为枳。菊花一般不落瓣，但黄州这里的季候有些特别，菊花是落瓣的。可见凡事都有它的特殊性。你曾经提到，蜀地眉州还有香海棠，但是黄州这里的海棠就没有任何气味啊……"

东坡豁然大悟，他有些不好意思了，羞惭满面地对陈季常说："看来'拗相公'所写的'吹落黄花满地金'没错！倒是我写的'秋花不比春花落'错了！这才是地地道道的狗尾续貂……"

几年之后，东坡被重新起用应召回京时，他曾专门为续诗一事，登门向王安石认错。

苏东坡与王安石两人在从政方面虽处于对立面，而且自始至终谁也没有说服对方，但从文学创作上讲，尤其是变法初期的情况已成为往事之后，他们又是真正的同路人，毕竟都是欧阳修古文复兴运动中的杰出人物。在欧阳修逝世后，苏东坡、王安石成为当时文坛上威望最高者，时代赋予了他们很多期望。在文学上的这种关系，促使他们更加重视和珍惜彼此的友谊。因为拥有友谊，并非要出于知音。

元丰七年（1084）秋，苏东坡从黄州调往汝州（今河南省汝州市）。已经成为平头百姓的王安石，晚年又失去了爱子，心灰意冷之余他选择退出官场，隐居在金陵钟山（即南京北山）的"半山园"。得知苏轼要到金陵来看望自己，他深受感动。苏轼到达的时候，王安石整衣束冠远远迎候在山下路旁。这是"迟到的握手"，他邀请东坡在金陵逗留一个多月，成为千古佳话。

经过了很多挫折与荣辱，是龙是虫早已一清二楚。苏东坡、王安石的处境都有了巨大变化，他们终于抛弃了官场纠纷，在文学的地界握手言欢。两人一道出游，尽论古昔文学，彼此听取和交换意见，使得王安石对于苏东坡有了更进一层的了解，王安石对人感叹道："不知更几百年，方有如此人物。”尤其是他读到东坡《同王胜之游蒋山》诗中的“峰多巧障目，江远欲浮天”之句，王安石就对在场的王胜之大发感叹：“老夫平生作诗，无此一句。”

东坡对于王安石也是倾慕的。即使大家攻击王安石的学风时，他也肯定王安石的文章未必不好。这次会面的临别，苏东坡写有《次荆公韵四绝》，其三就满怀真情：

骑驴渺渺入荒陂，想见先生未病时。
劝我试求三亩宅，从公已觉十年迟。

苏轼认为，他们彼此历经了十年的风风雨雨，王安石劝自己买下三亩地住下来，一起归隐山林，但他觉得已经太晚了，何况自己有罪在身。唉，茫茫人海里，哪里才是尽头？

这一次分别后，他们再也没有见面的机会了。

攓云与送雪

罗马尼亚诗人埃米尔·齐奥朗说过：“雾是空气的神经衰弱症。”在我看来，这是诗人的突兀之语。显然，雾气在敏感的诗人心中具有呼吸不畅的意象。反观中国诗人，他们不但没有这么多抱怨，而且视雾气为生活的瑞兆。

秦岭主峰太白山麓，原始森林茂密，岚烟与浓雾互嵌，加上云瀑的加盟，气势仰天俯地，不禁让人产生“出尘”的自由遐思。据清人王文诰《苏文忠公诗编注集成》卷三记载，北宋嘉祐七年（1062）三月，时任凤翔府签判的苏轼，首先是在郊外，因与知府宋选登临真兴寺阁祷雨，当天雨雾交替，云气满袖。后来因为旱魃肆虐，他又与宋选进入太白山迎湫水，耳闻目染之余，在进入山道中即兴写了一首《攓云篇》。苏轼叙述了攓云的过程：“余自城中还，道中云气自山中来，如群马奔突，以手掇，开笼收其中，归家，云盈笼，开而放之，作《攓云篇》。”诗歌高度形象地描绘攓云过程中云气的变幻：“物役会有时，星言从高驾。道逢南山云，歘吸如电过。竟谁使令之，衮衮从空下。龙移相排拶，风舞或颓亚。散为东郊雾，冻作枯树稼。或飞入吾车，逼仄人肘胯。抟取置筒中，提携反茅舍。开缄乃放之，掣去仍变化。云兮汝归山，无使达官怕。”

显然，苏轼攓云的方式是“手掇”与“抟取”，即掇拾和抟聚；他所攓之云，是大雨临近时山中涌出的云气，在奔突滚荡中迎面而来、进入轿子内的云气；他攓云使用的工具是随身携带的竹笼和竹筒，这可能内衬有棉布，属于衣箱或者书箱，具备一定的密封性；攓云之后是赶紧携到城内家中。然后开笼放云，云气缓过来了，伸筋缩骨打开了翅膀，欲飞。

这是多美的一幕！

苏轼的攓云，想来是童心未泯，诗兴大起的乘兴而为，明显是“赤子”之举。由于携带的距离比较短，并且始终没有离开山中的环境，因此云气所处的气压、温度等因素都没有发生明显变化。苏轼诗的末尾还特意强调，从竹器中放出的云气仍然保持原有的活动能力，并幽默地希望云气如鸟，能够空中识途自行归山。

云也罢雾也罢，结尾一句“云兮汝归山，无使达官怕”，云啊，你还是自己回到山中去吧。俗话说“木生稼，达官怕”，意思是树木上结冰，这预兆着达官贵人里有人死亡，这会让他们多害怕啊。云雾之中，他也没有忘记幽默一把，从而使诗歌上升了一个高度，达到了云朵之上。全诗意象万千，如梦似幻，趣味横生，字词精准到位，用典也较多，不知不觉让人们体验了一次山林隐逸、仙踪无迹的生活感受，也让人们看到了一个不一样的苏东坡。

但仔细想想，苏轼的描述不大容易实现，至少温度、湿度一旦略微变幻，就不具备可复制性了。尽管从他的描述来看，他的确是成功了。

诗人王士禛对此指出：“坡公作《攓云篇》，余昔行秦栈中，见道左石罅间烟气如缕，顷刻弥漫山谷。已而雨大至，行人衣袖中皆云也。始信‘囊云’非妄。”①

后来查慎行还作诗提及此事，其《三笑堂书阮亭先生题壁后》诗曰：“谢灵运屐去已久，苏子瞻诗留不多。两袖攓云独惆怅，一灯照壁犹吟哦。”（[清]查慎行：《敬业堂诗集》卷十五）

苏轼攓云成为后世仰慕的风雅之举。清乾隆皇帝《御制诗集》二集卷二十有《攓云亭》诗。晚清徐灏著有《攓云阁词》一卷[宣统辛亥（1911）南京刊本]。

南宋晚期的周密《齐东野语》卷七“赠云贡云”条，提到了云是否可以持赠的问题。在这条记载中，周密先引陶弘景的五言四句小诗，得出“云固非可持赠之物”的说法，又引苏轼《攓云篇》，他得出的结论是“然则云真可以持赠”。也就是说周密认为苏轼之举完全成立。最后，他还记载了北宋徽宗宣和间“贡云”的事件：“宣和中艮岳初成，令近山多造油绢囊，以水湿之，晓张于绝巘危峦之间，既而云尽入，遂括囊以献，名曰贡云。每车驾所临，则尽纵之，须臾滃然充塞，如在千岩万壑间。然则不特可以持赠，又可以贡矣。并资一笑。”

囊云的地方是汴京附近的山峰；放云的场所是汴京宫城内的皇家园林“艮岳”，用意在于营造云烟缭绕的人间仙山，满足教主道君皇帝的高情逸致；囊云的工具是用水打湿的油绢囊；囊云的办法是清晨云气蒸腾时，在绝巘危峦之间，张开油绢囊，让云气飘入囊中，然后扎紧囊口，运送入京。

这里，顺便再说一说“囊云”。

龚炜字巢林，自称巢林散人。江苏昆山人，生活在康熙至乾隆间，一生怀才不遇。其《巢林笔谈》记录了读书之外的很多从庸常生活中霍然而起的灵念，成为我十分喜爱的一部枕边书。在笔记里龚炜自云：“四十余年来视履所及，暨胸中所欲吐，稍稍见于此矣。”此书编排按时间为序，起自康熙六十一年（1722），迄于乾隆二十八年（1763）左右。所记内容相当广泛，既记社会民情、风俗掌故、天灾人祸、官吏贪诈，

① [清]王士禛：《分甘余话》卷二，中华书局1989年2月版，第51页。

也有考据心得和友朋交往。

其中有《囊云》一篇：

> 宁献王自号臞仙，尝令人往庐山囊云，结屋曰“云斋”，障以帘幕，每日放云一囊，四壁氤氲如岩洞，此兴不减东坡。坡有《攓云篇》，其序云：“云气自山中来，以手掇，开笼收其中，归家，云盈笼，开而放之，作攓云篇。”①

宁献王是指一代才子朱权，为明太祖朱元璋第十七子。这也类似明朝分封成都的蜀王一样，杨升庵赞其“文教一方，藩屏中央，文集五部，贤王众多”。宁献王博学多思，平生撰述纂辑见于著录者有七十余种，存世约三十种。这对于皇室弟子而言，尤其难能可贵。朱权在正统十三年（1448）卒，享年七十一岁，谥曰“献”，世称宁献王。

在陈田（1849—1921）辑录的《明诗纪事·甲签》卷二里，“宁献王权”条收录有诗二首，其前小传曰：宁献王“作《囊云诗》云：‘蒸入琴书润，粘来几榻寒。小斋非岭上，弘景坐相看。’王每月令人往庐山之岭，囊云以归，结小屋曰‘雪斋’，障以帘幙，每日放云一囊，四壁氤氲，如在岩洞。余观周宪王有《送雪诗》。臞仙囊云，宪王送雪，此宗藩中佳话可属对也”。

唐代诗人喻凫曾经写下妙句：“煮雪问茶味，当风看雁行。”烹雪煮茶，历来是文人的雅事，这与山僧“因陋就简”就地取材，似不可同日而语。

得与“囊云”合作佳话的“送雪”之宪王，更是明代藩王中最为才华卓绝者。明宗室朱谋㙔在晚明时期编撰的《藩献记》当中，对明代多个宗藩的事迹和艺术贡献有比较详细的记载，其中称赞他“好文辞，兼工书画，著《诚斋录》《乐府传奇》若干卷”，“所制乐府新声，大梁人至今歌舞之”。

钱谦益《列朝诗集小传·乾集下》“周宪王”条：“王讳有燉，周定

① ［清］龚炜：《巢林笔谈》，中华书局1981年版，第22页。

王之长子，高皇帝之孙也。洪熙元年袭封，景泰三年薨，在位二十八年，谥曰宪。王遭世隆平，奉藩多暇，勤学好古，留心翰墨，集古名迹十卷，手自临摹，勒石名‘东书堂集古法帖’，历代重之。制《诚斋乐府传奇》若干种，音律谐美，流传内府，至今中原弦索多用之。李梦阳《汴中元宵》绝句云：‘中山孺子倚新妆，赵女燕姬总擅场。齐唱宪王新乐府，金梁桥外月如霜。’”

近读晚清巴蜀才子赵熙四次登临峨眉山的诗词，在佛光、圣灯、云雾、冰雪、虫草的咏叹里，无人为之送云与送雪，只有僧人送来了一筐山笋，赵熙也写了《峨眉僧送笋》一诗。可见蜀人更讲求实际，没有太飘。

凤翔府地域的大熊猫

可以说，凤翔也是苏轼文学的一个全新的起点。有些人的仕途是在深宫，而苏轼的仕途是深入民间，耳濡目染的百态生活不但激活了他童年的乡村记忆，也为他的创作打开了广阔的视野。《凤翔八观》《石鼓歌》等一百三十余篇（首）诗文和《喜雨亭记》《凌虚台记》等名篇佳作，都写作于凤翔。

英宗治平元年（1064），某天苏轼在凤翔的山野，见识到了一种奇妙的动物。他为此写的一首标题为《竹𪕮》的诗，很少引起人注意：

野人献竹𪕮，腰腹大如盎。
自言道旁得，采不费罝网。
鸱夷让圆滑，混沌惭瘦爽。
两牙虽有余，四足仅能仿。
逢人自惊蹶，闷若儿脱襁。
念兹微陋质，刀几安足枉。
就擒太仓卒，羞愧不能飨。

南山有孤熊，择兽行舐掌。

事情的来历是这样的：当地一个村民上山砍柴时，抓住了一只竹鼦，刚好苏轼路过，村民就送给了他。村民还说，这是在山道旁得到的，自己也没有费什么力气。

这个动物对二十九岁的苏轼来说是非常陌生的，这激发起他莫大的兴趣。根据诗中“腰腹大如盎”和“两牙虽有余，四足仅能仿”来推断，以往学者认为是形似豚鼠的一类动物。也有人认为，这一动物，似乎就是在四川竹海之间很容易见到的“竹鼬”，四川民间称之为竹鼠、竹牛。

虽然古人历来相信道法自然，不可随意违背天道，但饮食一道，似乎就顾及不了那么多了。山野村民不会为这些道义所控制，加上生活清苦，飞禽走兽也是一大饮食来源。

那么，竹鼦是什么动物呢？

俗话说“天上的斑鸠，地下的竹鼬”。早在两千年前，竹鼠是朝廷高官才有资格享用的珍贵食材。在苏轼看来，眼前这个动物“腰腹大如盎”，模样十分可爱，自然不愿意去杀死而烹吃，他更着意于“南山有孤熊，择兽行舐掌”的味道，意思是自己很想吃山野里的熊掌和熊肉。因为在苏轼笔下，多次提到的“熊白”，也称“熊脂”，《图经》云：“熊入冬入穴而藏蛰，始春而出，脂谓之熊白。”其实，就是黑熊背上堆积起来的脂肪。

和父亲苏洵一起住在汴京的苏辙，在接到苏轼的诗歌《竹鼦》后，立即写了和诗《次韵子瞻竹鼦》：

野食不穿囷，溪饮不盗盎。
嗟鼦独何罪？膏血自为罔。
阴阳造百物，偏此愚不爽。
肥痴与瘦黠，禀受不相仿。
王孙处深谷，小若儿在襁。
超腾避弹射，将中还复枉。

一朝受羁绁，冠带相宾飨。
愚死智亦擒，临食抵吾掌。

苏辙为这一只被兄长拒绝食用的动物感到可怜，继而提出了“愚死智亦擒”的观点，引申出自己为“百物”性命感伤的情怀，由此也能看出宋朝知识分子对大自然、对动物的一种关爱。

值得一提的是，与历史上其他诗人写竹鼬的文字相比较，可以看到苏氏兄弟明确反对食用。东坡诗“念兹微陋质，刀几安足枉。就擒太仓卒，羞愧不能飨”，意思是应该将它放归自然，最后两句发挥了韩愈《猛虎行》中猛兽应“择肉”的诗意，表示绝不吃掉它。苏辙的和诗都是对东坡诗意的紧密回响，我们可以说，苏轼、苏辙是最早提出保护大熊猫的古人。

四川大学张志烈教授是著名的杜甫、苏学专家。他对此提出了自己的看法：“根据苏轼诗歌的情态描述，这是继续形容这一动物的肚子和屁股像装满酒的皮口袋一样肥大圆滑。这一动物显然不是寻常的竹鼬，而应该是大熊猫！”[①]

竹鼬体型太小，一般不到一斤重，个别肥大的至多大一些，但无论如何不会达到“腰腹大如盎”的庞大程度啊。从大熊猫的习性可以得知，它们比较容易受惊，而且大熊猫往往是近视眼，很多场景都看不见，等到了眼皮子底下才看到，自然就会被吓一跳。

古籍中主要把大熊猫称为“貘”以及食铁兽等，两千多年前，汉朝初年成书的《尔雅》中，便有“貘体色黑驳，食竹”的记载。《山海经》第二《西山经》谈到南山产“猛豹”，“猛豹”即是大熊猫，这没有学术争议。而南山就是秦岭山脉。就是说，在战国汉晋时期的四川、陕南便有大熊猫生存。出生于蜀地的司马相如在《上林赋》中，列举了当时咸阳“上林苑”里饲养的近四十种珍奇异兽，大熊猫就名列首位。汉武帝刘彻把大熊猫放养于纵横超过二百里面积的上林苑，以成功猎杀它为荣

① 张志烈：《苏东坡兄弟与大熊猫的诗歌情缘》，《成都日报》2022年3月28日。

耀。可见大熊猫在当时就已经被人们视为珍贵的奇兽了。

同为吃竹的动物，大熊猫对付竹鼠有一套巧妙之法：一旦闻到竹鼠的气味，或发现其踪迹，大熊猫很快就能找到它们的洞穴，然后会向洞里猛烈喷气，用前爪使劲拍打，让竹鼠惊吓而出……如果竹鼠不为所动，大熊猫就会深挖洞直捣老巢。这就颇有点“相煎何太急”的意思了。

依据著名学者文榕生的观点：竹子与大熊猫之间既有关联，又不能根据有竹子就有大熊猫的反推臆断，首先要确定，陕西秦岭自古有竹，确是无疑的。竹林是单优势种组成的纯林，一种竹子组成一种群落。竹林主要分布在热带和亚热带，有的竹种分布在温带。“陕西省竹类含变种在内共约 9 属 30 种，其中以刚竹属种类最多，为陕西竹种一半以上，箭竹属、青篱竹属和拐棍竹属面积最大，约为全省竹林面积的 90%，是构成陕西省天然竹林的主要成分。在史前和历史时期陕西也有竹林。如仰韶文化时期的陕西西安半坡村遗址，有竹鼠和大片的竹林。《史记》中记有‘渭川千亩竹，此其人皆与千户侯等’。《汉书》也记，秦地有‘鄠、杜（鄠县与杜陵）竹林，南山檀柘，号称陆海，为九州膏腴’。这反映了汉代终南山（今秦岭）有大面积用材林，多檀、柘等林木；渭川（今陕西渭河平原）多竹林；鄠、杜一带也有竹林。”①

如今的大熊猫国家公园由四川岷山片区、邛崃山—大相岭片区、小相岭片区和陕西秦岭片区、甘肃白水江片区所组成，这些地方都是大熊猫古老的家园。郭璞注疏《尔雅》：“狛与貊，貘与貘，并异字，而音同”，而“貊似熊而黑白驳，亦食铜铁”。《山海经》说“邛崃山出貊”，《说文》则谓“貘，似熊而黑黄色，出蜀中”，《字林》亦谓“（貘）似熊而白黄，出蜀……”所谓陕西自古有“秦岭四宝”之说，是指生活在秦岭中的朱鹮、大熊猫、金丝猴和羚牛这四种珍稀动物。苏东坡见到竹鼬的地方是在凤翔，正是秦岭西北的边际区域，那里分布有秦岭箭竹。秦岭箭竹是

① 王树芝、焦延静、冯丹：《凤翔雍山血池遗址出土木材鉴定与相关问题》，《考古与文物》2020 年第 6 期。

灌木状竹类，合轴丛生，一年生二年生的竿表面有一层粉状物，呈灰绿色，三年生及较老的竿呈绿色，老年竿的颜色为黄绿色。在湿度较大的山谷中，竿为黑褐色。

秦岭箭竹作为箭竹属的一个新种，确认很晚，是由易同培、邵际兴两位学者在一九八七年著文公布的。“秦岭箭竹的模式种采于陕南佛坪县岳坝村，模式标本存于四川林业学校标本室。”①

“貘皮辟邪”的说法，在唐代很流行。唐代贞观十八年（644），唐太宗李世民正与重臣长孙无忌等十余人在丹霄殿饮宴，《旧唐书》中特别提及：唐太宗赏赐司徒长孙无忌等十余人貘皮。武则天更是阔绰，据日本《皇家年鉴》记载，她曾赠送给日本天皇一对活着的白熊（今四川平武、汶川一带民间仍称大熊猫为白熊）和七十张大熊猫皮。这样的活体与皮毛，应该是来自秦岭。

唐末五代时期，秦陇之地，也就是秦岭西部，人迹罕至，山高林密，大熊猫生息地尚未遭到打扰，因而繁殖得很快。因为常见，就有人编造童谣，以记此事。宋初编成的《太平广记》卷一六三就据《王氏见闻》引录了一首《秦人竹貂谣》：

貂貂引黑牛，天差不自由。
但看戊寅岁，扬在蜀江头。

这首民谣，表面说的就是大熊猫与黑牛，其实是暗示了有人要占领蜀地。

由陈贻焮先生主编的《增订注释〈全唐诗〉》收录了这首《秦人竹貂谣》，正文之后有编者的简要注释，兹引录如下：

见《太平广记》卷一六三引《王氏见闻》：竹貂又作竹鼦，向释为竹鼠，当即熊猫。《分门古今类事》卷十三引《益部耆

① 易同培、邵际兴：《秦岭箭竹龙头竹分布生物量》，《竹子学报》1987年第1期。

旧传》，此谣首句作“猫猫引墨牛”。句末注：“王氏见闻”云：“竹貂，食竹之鼠。肉肥脆。生深山竹林无人境，岐梁睚眦之年，此物遍入人家房内。秦人口腹饫焉。忽有童谣云云，智者不能议之。庚午岁，梁刘知俊叛梁入秦，岐王以为泾州节度。知俊为人色黑，而其生岁在丑。貂者，刘也。始知‘貂貂引黑牛’之应，后奔蜀，王建用之，令反攻岐，有功，竟忌而杀之。岁戊寅，建不豫，见刘为祟，因粉刘骨投之江。其言‘扬在蜀江头’，亦验云。”按“岐梁”指李茂贞和朱温。唐末，朱温封梁王，李茂贞自称岐王。二人常举兵以争长。事见《新五代史·李茂贞传》。“睚眦”，怒目而视，争斗。“刘知俊”，原任梁忠武节度使，开平三年，叛附于岐。即所谓“入秦”。见《新五代史·梁本纪》。“生岁在丑”，丑年属牛。王建，前蜀创立者，见卷八小传。“不豫”，称帝王有病。[①]

凤翔位于秦岭西段偏北，今陕西省商洛市商州区处于秦岭东边，宋时为商州辖地。凤翔北部丘陵山区，海拔一千二百至一千六百米，最高峰一千六百七十八米，由红色底砾岩及三趾马红土构成。沟壑纵横，溪流潺潺，人稀地广，黑竹、刚竹、龙竹绵延，清静幽雅。而古时大熊猫的分布地区比现在生存区海拔要低。比苏东坡时代略早的宋初著名诗人王禹偁在淳化三年（992）被贬为商州团练副使。王禹偁在商州期间，也写了一首题为《竹鼬》的诗，古生物学家文榕生在《中国珍稀野生动物分布变迁》[②]一书里，收录了此诗，可惜文榕生依然认为是竹鼠。但仔细阅读全诗，分明是对大熊猫的细致描写：

商岭多修篁，苍翠连山谷。
有鼠生其中，荐食无厌足。

① 陈贻焮主编:《增订注释〈全唐诗〉》第 5 册，文化艺术出版社 1996 年版，第 957 页。

② 山东科学技术出版社 2009 年版。

春笋啮生犀，秋筠折寒玉。
饫饱致肥腯，优游恣蕃育。
林密鸢不攫，穴深犬难逐。
凤皇饿欲死，彼实无一掬。
唯此竹间鼦，琅玕长满腹。
暖戏绿丛阴，举头傲鸿鹄。
不知商山民，爱尔身上肉。
有锸利其锋，有锥铦于镞。
开穴窘如囚，洞胸声似哭。
膏血尚淋漓，携来入市鬻。
竹也比贤良，鼠分类盲俗。
所食既非宜，所祸诚知速。
吁嗟狡小人，乘时窃君禄。
贵依社树神，侼盗太仓粟。
笙簧佞舌鸣，药食嘉言伏。
朝见秉大权，夕闻罹显戮。
李斯具五刑，赵高夷三族。
信有司杀者，在暗明于烛。
彼狡勿害贤，彼鼠无食竹。

这首诗前部分，对这一动物的食竹特点描述得非常鲜明，写它的“肥腯”和“优游恣蕃育”，也使人联想到野生大熊猫的生活习性。中间写山民对此的猎杀、出卖，使人痛心于历史上熊猫竟还有如此遭遇。王禹偁在诗的后面部分，用比兴手法，表达自己立朝的政治观点，在我国传统文化中更是常见的。

南宋人黄干（1152—1221）也写有一首《食竹鼦》，是写人们如何吃竹鼦的诗，可知这也是真实的历史事实。

可以认为，从唐末五代至宋中后期，“竹鼦”这个名字，指的确实就是大熊猫。

我们可以说，苏轼在凤翔府山区见到的，应是一只未成年的大熊猫。也可以认为，王禹偁、苏轼都是最早歌咏大熊猫的诗人。

四川省社会科学院教授李后强对于苏东坡与大熊猫主题异常关心，撰文指出："2020 年 7 月 30 日—8 月 6 日 我们调研组赴陕西省汉中市、勉县、凤县、太白、宝鸡市、岐山县、扶风县、延安市、榆林市、神木县、宜川县、黄陵县、西安市等地调研，还专门去了中国青铜器博物院、黄帝陵、炎帝陵、周原遗址、石峁遗址、半坡遗址等地，发现陕西文化遗址资源数量多，分布广，面积大，等级高，体现了当时科技、生产力发展最高水平，是中华文明辉煌成就的典型代表。课题组还深入森林、山区、社区、街道、市民、农户调研，在汉中、宝鸡（凤翔区）及其周边的有些老农和知识分子还知道苏东坡喜欢大熊猫的故事。特别是当地有些学者认为，'竹鼬 '是古代方言、土话，表示很小的吃竹子的大熊猫，不是指竹鼠、竹牛，当地出土文物中还有大熊猫的遗骨。这与张志烈教授的考证一致。"①

纡竹启示录

深墨为面，淡墨为背

"竹"是象形字，在甲骨文里字形像两根细枝上垂下的六片叶子。祖先们故意忽略竹干部分，强化这冬草之叶的造像。但有学者认为，竹字的构字理据，应该是指"初生之竹"，即刚刚冒出来的竹笋。正符合宋代徐庭筠《咏竹》所谓"未出土时先有节，便凌云去也无心"的旨归。毕竟竹的全部精神蕴藏在竹叶间：君子彼此之间戛然独立，又隐隐相互依托，风举为海，呼和成涛。

唐代刘孝孙《事始》载，百官执笏之制，周朝之前已有，"天子以

① 李后强：《苏东坡遇见大熊猫》，《中国企业家日报》2023 年 3 月 10 日。

玉，诸侯以象齿，大夫以鱼须，文士以竹”。由此可见竹的平凡与另一种文士之气象。

“竹子效应”也引发古人的思索：竹子用四年时间生长，竹芽只能长出一寸，而且这一寸还深埋于地下。到第五年，竹子终能破土而出，以每天一米的速度爆发，仅用半个月可以长到十五米。在前四年的时间里面，竹子并不是过早动用自己的精华，而是花大部分的时间和能力在“扎根”。它将根茎深入土壤里，接触到的面积绵延数百平方米，所以能广泛吸收水分和营养物质，为后来的爆发夯实根基。

姑且不谈竹林林总总的大千世界，竹子之中一般有“谬竹”与“真竹”的分野。

宋代叶梦得在笔记《岩下放言》中，记录了一则他在山中栽种竹子的往事：山里原有几十竿竹子，经他数十年栽培，繁殖几千竿，成为一片大竹林，每常在竹间漫步，任情欣赏，无一处不森茂，便以为自已种竹的功夫已经到家，没有人能比得上他种竹子的经验。后来他遇到秀才王份，王份告诉他：竹子本来容易栽培，只要土肥，清除瓦砾荆棘，经常浇水壅肥，没有活不了的。但这样的竹子，供赏则可，若就使用价值说，则远不如山中野生之竹，在硗岩瘠地生长的大竹，其质坚实，断之如金石，用作屋椽，可以经十年不坏。而寻常栽出来的竹子，十年就腐败不能用了。叶梦得听了这席话，回去实地调查了他所居前后用竹子做屋椽的人家，情形完全与王份所说的相符。他才恍悟：种了三十年的竹子，实际上还没有懂得什么是“真竹”，因而感叹道：“要不是王份告诉我这些学问，我对于竹子可以说完全无知。”①

所谓“谬竹”，指的是难堪大任的寻常之竹。而进入东坡、文同审美畛域的竹子，彰显怪竹之“精”、壮写瘦竹之“气”、放大纡竹之“神”，他们的胸中之竹，正是这种“真竹”。

如何为“真竹”赋能?

深墨为面、淡墨为背的墨竹，是“湖州竹派”的美学架构，已逾

① 原文见［清］杨钧:《草堂之灵》(上)，浙江人民美术出版社 2016 年版，第 112 页。

千年历史。湖州竹派始自文同、苏轼，还有李衎、高克恭、赵孟頫、管道昇、吴镇、顾安、李士行、柯九思、倪瓒等，发展至明代，还有文徵明、王绂、夏昶等墨竹熠熠，峭拔生辉。湖州竹派的四大画家里，创始人文同和苏轼都来自蜀地，由文同、苏轼开创的"以书为根，以画为干，以文为骨"的墨竹气质，作为一种经典绘画样式确立下来，成为后世的典范。文同的代表作《墨竹图》目前收藏于"台北故宫博物院"，著名画家黄胄称赞其"千古绝唱，笔笔精神，无一笔不佳，使人惊叹不已，千年竟无人过之"。文同、苏轼独领风骚，其作品并成为中国美术史上的不朽经典。

文同（1018—1079），字与可，号笑笑居士、笑笑先生，人称"石室先生"。北宋梓州梓潼郡永泰县（今四川省绵阳市盐亭县）人。《宋史》里有文同的记载：文同为汉文翁之后，因为文翁创建世界上最早的地方官学"石室"而化蜀，蜀人犹以"石室"名文同家。文同相貌堂堂，方口秀眉，以学名世，操韵高洁。当时文彦博守成都，对于文同很感奇特，致书文同："与可襟韵洒落，如晴云秋月，尘埃不到。"

文同三十三岁中进士，步入仕途，仕宦三十年，且大多数的时间在家乡任职。文同非常有个性，因为善画竹名声在外，开始他并不自贵重，四方之人持缣素请者，足相蹑于门。文同不耐烦了，夺过对方送来的缣投之于地，骂曰："吾将以为袜。"

一〇六七年，英宗崩，神宗即位，"熙宁变法"的序幕由此展开。此年文同母亲去世，他回乡丁忧。期满还朝，知太常礼院兼编修《大宗正司条贯》。因为议论几位宗室后嗣承封爵位之事，文同受到降职处分。在此背景之下，文同请求回蜀地故乡任职。

苏轼称文同"有四绝：诗一，楚辞二，草书三，画四"。在"四绝"中，以诗为首。其诗在艺术上最突出的有二：一是以描写景物见长；一是以图画入诗见称。他的写景诗占他所存诗歌的四分之一以上。这些诗寄情野谷山林，清新素雅，风格朴素，直指人心。钱锺书在《宋诗选注》中说："他（指文同）在诗中描绘天然风景，常跟绘画联结起来，为中国的写景文学添了一种手法。"

陵州纡竹

苏、文二人不仅是表兄弟，并且同为“竹痴”。恰如东坡所言，文同主张画竹必先“胸有成竹”。所写竹叶，自创深墨为面、淡墨为背之法。他供职的陕西洋州有筼筜谷，多竹林，时往观察，因而画竹益精。一日，文同去观竹，晚饭仅有竹笋下饭。正吃时收到东坡信札。东坡除了照例嘘寒问暖外，还附了一诗：“汉川修竹贱如蓬，斤斧何曾赦箨龙。料得清贫馋太守，渭滨千亩在胸中。”两人的密切关系，一如竹子与竹叶，文同建了房子，东坡就写《墨君堂记》；文同去陵州当官，东坡写《送文与可出守陵州》相送，一再劝慰他“夺官遣去不自觉”；文同的良马被庸医治死，东坡也写诗悼念。有东坡这样的亲家，“清贫太守”备感慰藉。他常坦言：“世无知己者，唯子瞻识吾妙处。”

有意思的是，治平三年（1066）冬季，文同前往成都府担当“交子”勘验的事务。这是一般人所不知晓的。

熙宁三年（1070）三月，文同服满还京，任职太常礼院兼编修《大宗正司条贯》。六月，作《永泰县新修孔子庙记》，宣扬“治学为治国之本”的观点。七月，与陈荐等议宗室袭封事，执据典礼，这一建议违背了皇上旨意，皇帝怒而被夺官，由五品降为六品。他再请乡郡，以太常博士知陵州（今眉山市仁寿县）。次年（1071）三月文同出任陵州知州，初来乍到，他对于当地的贫瘠是颇为震惊的。当时的陵州下辖仁寿、贵平、井研、藉县四个县，户数不到三万，尽管田地贫瘠，商业也较为凋敝，但百姓勤劳善良，耕作不辍。眼见“城兀高峰，爽气浮翠微”，丘陵地带的漫山竹林给了他很大慰藉。得到文同的书信与画作后，尤其是见到文同笔下的“纡竹图”，东坡感念之余，从中也看到了自己一生屈而不挠的棱棱风节。在文同逝世后十四年的元祐八年（1093），经历了朝云之死的沉重打击，某天东坡回忆起往事，提笔写了《跋与可纡竹》：

纡竹生于陵阳守居之北崖，盖歧竹也。其一未脱箨，为蝎所伤，其一困于嵌岩，是以为此状也。吾亡友文与可为陵阳守，见而异之，以墨图其形。余得其摹本以遗玉册官祁永，使刻之石，以为好事者动心骇目诡特之观，且以想见亡友之风节，其屈而不挠者，盖如此云。

纡竹，即盘曲不直之竹。产于龙泉山脉陵阳地界的这些歧竹，让太守文与可产生了人生美学上的诸多联想。至于东坡认为这是嫩竹为蛇所伤造成的扭曲，那是他的悬想。“困于嵌岩”而奋然向上，才是纡竹的根性所在。文同晚年仕途失意，加之疾病缠身，纡竹便成为其苦闷心境的真实写照，其所绘墨竹“为垂岩所轧”而“屈已以自保，生意愈艰”，且有挣扎向上之势。总之，歧竹与怪竹的造型之间，“屈而不挠”才是关键词，纡竹之画，人生之厄。目睹竹子为垂岩所轧、屈已以身保、生意愈艰，却又挣扎向上。看懂了纡竹，就看透了文同的人生。这不但与杜甫的风骨一脉相承，也是文与可、苏东坡心目里中国士人精神风骨的具体显现。

有感于此，苏东坡还特地请朝廷中专门刊刻碑石的刻工“玉册官”祁永，将文同《纡竹图》刻石立碑，并亲笔撰书《跋与可纡竹》加以赞誉，号召人们铭记那种“屈而不挠”的风节。与其说是赞美文同，不如说也蕴含了东坡的神伤。

诗人王维善画竹。据李衎《画竹法》记载，开元间即有刻石。萧协律善画竹，白居易《画竹歌》云：“萧郎笔下独逼真，丹青以来唯一人。娟娟不失筠粉态，肃飒尽得风烟情。举头忽看不似画，低耳静听疑有声。”把竹子的色、声、情都予以呈现。元代张退公在《墨竹记》中说：“夫墨竹者肇自明皇（李隆基），后传萧悦（协律）。”黄山谷有云：“吴道子画竹，不加丹青已极形似。”当时有专门画竹的名家，可见唐代画竹已成独立的题材。

植物之中竹难写，为纡竹造像无疑是难上加难。没有迂回、跌宕、爱怜之心，岂能懂纡竹！岂能在纡竹的盘曲之间看到沧桑！霜筠雪色，劲节虚心。在委屈、挫折之中完成了缓慢的向上！自此以后，“纡竹”

意象成为后世画家倾心的重大竹题材。宋代诗人刘克庄有“苦嫌野蔓萦纡竹，甚爱残花点缀苔”之句。相传文同五十岁后，疾病缠身，仕途失意，他时常画纡竹，在纡竹的“俯而仰”的大尺度往复之间，在出发与归去之间，顿悟“活着”的天地奥义。东坡与文同不同于常人的反向审美，意义深重。

有时我想，陵州的纡竹启示录，是否也包含了蜀地蜀人的气象呢？

文同观竹法

文同对竹子的精微观察法，非常值得注意。文同的儿女亲家苏辙在元丰元年（1078）前后所作的《墨竹赋》，详尽记述了文同是如何观察竹子的：

> ……与可听然而笑曰：“夫予之所好者，道也，放乎竹矣。始予隐乎崇山之阳，庐乎修竹之林。视听漠然，无概乎予心。朝与竹乎为游，暮与竹乎为朋。饮食乎竹间，偃息乎竹阴。观竹之变也多矣。若夫风止雨霁，山空日出。猗猗其长，森乎满谷。叶如翠羽，筠如苍玉。澹乎自持，凄兮欲滴。蝉鸣鸟噪，人响寂历。忽依风而长啸，眇掩冉以终日。笋含箨而将坠，根得土而横逸。绝涧谷而蔓延，散子孙乎千亿。至若丛薄之余，斤斧所施。山石荦埆，荆棘生之。蹇将抽而莫达，纷既折而犹持。气虽伤而益壮，身已病而增奇。凄风号怒乎隙穴，飞雪凝冱乎陂池。悲众木之无赖，虽百围而莫支。犹复苍然于既寒之后，凛乎无可怜之姿。追松柏以自偶，窃仁人之所为。此则竹之所以为竹也。始也，余见而悦之；今也，悦之而不自知也。忽乎忘笔之在手与纸之在前，勃然而兴，而修竹森然。虽天造之无朕，亦何以异于兹焉？”

文同听过苏辙言论后，微笑着说：“我所追求的就是道，把这种追求寄托在竹子中了。我开始在高山南面隐居，在竹林附近修建房屋，视听淡漠，对外界了无牵挂。早晨和傍晚都和竹子同在。在竹林间吃饭，在竹阴下睡觉。看到了竹子形态体貌的诸多变化。每当风住雨停之时，山林间空旷幽静太阳出来，竹林就显得特别秀丽茂盛，布满了整个山谷。竹叶像是翠鸟的羽毛，竹上的青皮像是青玉，非常薄，竹上的寒露好像都要滴下来了。只有蝉和鸟在林间鸣叫，人的声音寂寞而寥落。我顺着风发出长啸，终日眺望苍茫的远方。新的竹笋带着笋壳一起落下，根在土里潜长，穿过涧谷蔓延，生长出上万后裔。至于被斧头砍过，比较稀薄的地方，怪石嶙峋，荆棘丛生，竹在那种地方艰难地抽出芽却无法伸展，虽欲倒却顶强支撑着，虽环境艰难元气受损却更加坚强，身体弯折形状却更加奇特。狂风怒号的天气，天寒地冻，感叹于别的树木即使粗大却没有自持力，竹却依旧在严寒之后苍翠，没有那种可怜的姿态，使自己与松柏同列，这是效仿仁者的做法，这就是竹子为什么称之为竹了。我开始见到竹子很是喜悦，如今这种喜悦的感觉已经融入自己身体。兴致所到挥毫泼墨，那真切的竹子就在跟前。自然的竹子是天造地设的造化，可是，这与墨竹又有什么分别呢？”

最后的反问，恰恰是墨竹美学的关键。在文同眼里，翠竹的最佳美学造影，在浅淡、深重、浓得化不开的变幻中，竹注定是墨色的，既非翠绿，更非五颜六色。

这是一段看竹、有竹、化竹、无竹的心理过程，即便到了郑板桥，也难脱其范式。所谓“一竹一东坡”固然不假，墨竹峭拔于华夏，更有竹影摇曳之处，便现出文同身形之感。苏辙总结说，客人们听了这一番议论后认为：“我从前听说，庖丁是位杀牛的厨师，但是学养生的人从他那里学到了养生的至理；轮扁，是制造车轮的木匠，读书人却从中悟到了读书之道。世上一切的道理都是一样的，只不过他们所从事的工作不一样而已，更何况您把这道理寄托在竹子中，我说您是得道的人，难道不是吗？”

《图画见闻志》：“与可工于墨竹之画，非天资颖异而胸中有渭川千亩、气压十万丈夫，何以至于此哉。”可谓的评！

话归正传。在文同出任陵州以后，他在此完成了一百多首诗、五篇赋、二十多篇文章。比如七律《吴公惠酒因谢》，就作于陵州时期。收到成都知府吴中复赠送的“郫筒酒”，他不能不写诗作答。先写当地严冬时节的梅花“露小红”“破萼未深聊敌雪”，再由梅花意象，转移到邀请同道一起品尝客人赠酒的喜悦，表达了对成都知府吴中复的感激之情。此诗虽为应酬之作，也较好地抒写了友情。他并未一味沉迷于写作，尽管对命运的安排颇为失望，他还是在地方上积极有为，“愿以所学施于有政”，提出了“抚柔良，抑强悍，宣教化，齐咸俗”的施政纲领。文弱书生振臂一搏，大力整顿社会秩序，关心陵州的卓筒井状况以及盐业生产，针对当时盐井数量猛增，燃料供应跟不上、井户役人多而杂，对社会治安与稳定具有潜在威胁等问题，积极上疏，提出了解决问题之法。文同还上了《奏为乞改陵州州名状》，朝廷最后采纳了文同的建议，改陵州为陵井监。

在仁寿县黑龙湖八十五座岛屿中，其中最大一座岛龙岩寺的石窟壁上，有一幅神奇的“怪石墨竹图”。据说此图是文同画的，灰白色的石面光滑无迹，平时看不到图画，只要泼上水，就会出现一幅墨竹图造像。水一干，图画又消失了。《仁寿县志》载：“文同北宋熙宁四年知陵州后，在龙岩写怪石墨竹，两壁摩岩隐隐有光，怪石墨竹既无墨迹，又无雕镂痕；用水涤石，画面犹新。”这幅隐形的怪石墨竹图被誉为“蜀中一大奇观”。

……

大家知道“胸有成竹”与苏轼有关，其中有一个富有趣味的故事。.

文同是苏轼的表兄兼知音，曾画《筼筜谷偃竹》赠苏轼。

宋神宗熙宁八年（1075），文同任陕西洋州知州，筼筜谷就在县西北山里，那里竹林连绵，文同曾在此谷筑亭，长期观摩竹子。

苏轼特意为文同画竹写了一篇著名文章《文与可画筼筜谷偃竹记》，大意是：

竹子出生时，不过是一寸长的嫩芽，可是竹节、竹叶俱全。从蝉腹一般、蛇鳞似的小笋，长到挺直几丈的巨竹，从来都是有节有叶的。可现在的人画竹时，却是一节一节地接起来，一叶一叶地堆上去，这样做哪里还有竹子呢？所以说，画竹一定要心里有完整的竹子，提笔凝神而视，就能看到自己心里想要画的竹子了。

这时，画家应快速跟随自己的所见去画，去捕捉看到的形象，就像兔子跃起、鹘鸟降落那样神速。这是文与可教给我的方法。我做不到，但心里却明白这样的道理。虽然心里明白应该这样做，却不能做到，认识和行动不统一，理解道理和实际操作不能一致，这都是学习不够的毛病。

所以啊，对于事情常常是心里了解而不能熟练地去行动，平时自以为很清楚，但事到临头却忽然不明白了，难道只有画竹才是如此吗？

“胸有成竹”的故事和成语告诉我们，如果想要做好事情，就需要提前在心里想得十分成熟，然后着手立即行动，拖延不得。“成竹在胸”不但体现了苏轼独特的思想，而且是一个突破前人思维的壮举，人竹合一，逐步发展为“眼中之竹—胸中之竹—笔下之竹”的艺术创造规律。

记得是几年前的一个上午，我来到春雨笼罩下的青神慈姥山下，山踝一线空无一人，细微的雨声与嫩竹嘎嘎作响的拔节之声相互缠绕，让一座空山充盈着自然的韵律。穿行其中，竹影婆娑，仿佛有一个背影以绝世轻功踏叶而舞。我想起了那个如竹节般峭拔的奇人：东坡。

走进林密叶稠的竹园，眼前光线暗下来了。通往幽深林子的石板路早已被野草覆盖，竹笋甚至顶起了石板，从缝隙里倔强而出。我站在园边，怀着一种说不清道不明的希望竖耳静听。传来的是村子的狗吠声，是林间唧唧的蛩声。静下心来，还是能听到一声声“咯吱、咯吱”的细微响声。声响虽小，但在寂静的早晨，还是清楚地传到耳际，一声落下，一声又起，此起彼伏，不绝于耳，似金属相击，又像清泉落潭，与那时鸣时停的蛐蛐声相唱和，一高一低，一问一答。这是竹笋生长拔节的声响。竹子晚间是不休息的，白天吸足了阳光甘露，晚间就争先恐后生长。刚拱出土的竹笋长得极快，争着比着不断地拔节壮大身体，往高处直蹿；还未拱出土的笋，眼看同伴先行一步了，便是急不可耐地破土而出……生长发出的“咯吱、咯吱”之声，在心静时候才听得到。

慈姥山间，也有不少纡竹！细弱，歪斜，个别悬空在突出的崖边，慢慢挺直向上。

我想，竹子的拔节之声，陈希亮一定听到了；东坡兄弟肯定听到过；宋仁宗至和元年（1054）二月，拔节之竹会在东坡与王弗的大喜之日如同红烛一般高高跃起；文同会在拔节之声下，枯坐，不看皎洁的月，也不看迷乱的星空，更不被摇曳的竹影扰乱心神，他就像一片委地的笋壳……

也像一根纡竹。

记得那天清晨，我置身水汽浓郁的竹林，双目微合，“咯吱、咯吱”春笋拔节的响声，就是时间的步履。经历一个长夜的孕育，每一棵春笋都会生长发声，我就这样听着，突然热泪涌出来……

苏东坡笔下与竹有关的诗词、赞铭等就有二百多首。据莫砺锋教授统计，东坡在黄州画兴浓郁，尤其喜画竹石。见于记载的就有元丰四年（1081）三月为章质夫画枯木拳石丛筱；元丰五年（1082）八月为方竹逸画竹石，同年岁末为李昭玘画竹石；元丰六年（1083）五月为蔡景繁画扇，同年七月在里人王齐愈（字文甫）家画墨竹等。元丰四年九月，米芾来访，看见东坡将一幅色白而泛着丝光的“观音纸”粘在墙壁上，画上“两枝竹，一枯木，一怪石”，然后赠予米芾……

绍圣元年（1094），东坡南谪途经南安军（今江西省大余县），他赞美此地“大江东去几千里，庾岭南来第一州”，更体悟到“人心自畏石头顽”的炎凉。他游历了著名的灵岩寺（又名丫山寺），在墙壁上随意画了一幅“丛竹丑石图”，那是他烂熟于心的题材。百余年后，宁宗朝的权相韩侂胄闻知此画，下令把整堵墙壁搬运到杭州，安置在其家的阅古堂。韩侂胄死后，这堵墙壁又被移至秘书省的内庭……一幅壁画珍贵如此，至于东坡的纸本绘画作品，自然是价值连城了。

在西方文学经典里，将神奇的石头比喻为“活石”，透过苏轼写竹、画竹的一生，人们方能体味到何为“活竹”。

第二章 回首黄州：长江绕郭知鱼美，好竹连山觉笋香

“乌台”与鸦翅

“乌台”就是汉代御史台的简称。西汉初年，中央监察机构沿袭秦代制度，称为御史府。到汉代时，御史府一带柏树成林，称为“柏台”；树上有数千只乌鸦朝去暮来，称之为“朝夕乌”，后来御史府也因此叫“乌台”，这一命名颇具象征意味。北宋的御史台机构设置形式上基本沿袭唐、五代体制，但与之相比又有明显的变化。北宋御史台以御史大夫为长官，御史中丞为副长官。

开封府的历史渊源可以追溯到唐代，唐代时期，开封府是一个御史台，主要负责监督官员和检查官吏的行为。到唐朝末年，开封府演变为一个刑部衙门，负责审理各种刑事案件。到了宋代，开封府成为全国的司法机构之一，拥有非常大的权力和影响力。宋代御史台的位置，即现在的开封市保定巷一带。

北宋御史台是朝廷的纪律监察机构，当时任御史中丞的是李定，李定原是王安石的门生，王安石推行新法正需要人才的时候，深得王安石信任。

元丰二年（1079）七月二十八日，万里无云的天空，突然飘来一大片乌云，就像一个砚台的墨水翻倒在一池清水里。看着这一景象，东坡不由得一怔。

鉴于他在徐州任期已满，开始以祠部员外郎、直史馆身份，出任湖州太守。他于本年的三月二十日抵达湖州。此时，王安石早已罢相，但新旧势力仍处于激烈的拉锯战状态。觊觎者的眼光，从未放松过对他的密集关注。

当朝的宰相吕惠卿、御史中丞李定、监察御史里行舒亶等人，撒下天罗地网，一直在苦心搜集东坡的犯罪证据。他是旧党里最敢于直言的，作品又是那么多。寻找其微言大义，自然不难。

舒亶无疑是浩荡“新法”的助推者，他从台州临海县尉到京师，是王安石的一手提拔。他科考以状元及第，存世的五十首诗词均为佳作，还有“浮生只合尊前老，雪满长安道”名句传世。他上书朝廷，呈上了苏轼的诗集，说苏轼抨击新法，还广为传播，是对皇帝的大不敬。舒亶指出：“臣伏见知湖州苏轼进谢上表，有讥切时事之言。流俗翕然，争相传诵，忠义之士，无不愤惋。”

元丰二年四月，苏轼到达湖州不久，他曾给神宗皇帝上过一份《湖州谢上表》，苏轼毕竟过于直率，谢表中所说的“新进”，就是暗指李定这类新贵。这一“新进”当然有嘲讽之意，李定得知后恼羞成怒，那么不对这个对手予以迎头痛击，难解心头之恨！偏偏此时，又出版了诗集《元丰续添苏子瞻学士钱塘集》，李定、舒亶、何正臣这几个御史台官员，精心摘出苏轼谢表、《钱塘集》里的“悖反之论”，还有《灵璧张氏园亭记》中的句子，罗织罪状，直捣核心，均说苏轼“侮慢圣上”。

面对这些举报，皇帝都批送中书处理，未亲自过问。

元丰二年七月二日，御史中丞李定上章弹劾苏轼，其略曰：“知湖州苏轼，初无学术，滥得时名，偶中异科，遂叨儒馆。有可废之罪四……”大体说来，是这样四大罪状：

一是怙终不悔，其恶已著；

二是傲悖之语，日闻中外；

三是言伪而辨，行伪而坚；

四是皇上修明政事，怨不用己。

面对国子博士李宜之、御史中丞李定的连续上奏，神宗皇帝决定予以答复，批示：“送御史台根勘”。一场“文字狱”由此拉开大幕……

北宋的御史台接到圣旨，立马派人到湖州“追取”东坡来汴京候审。

由于一时找不到适当的差官去完成捉拿、押解东坡的重任，御史台的老吏眼光独到，鉴于太常博士皇甫遵[①]是苏轼的对头，于是成为不二人选。太常博士随行带了独生儿子与两个御史台马弁，“倍道疾驰”。

为什么要带儿子一道去捉拿犯人？我想，他是为了借此增加一些儿子的官场见识吧。大名鼎鼎的苏轼都有如此下场，为官岂能乱说乱写？！

驸马都尉王诜与苏轼是老朋友，暗中派人赶往河南商丘，向在此为官的苏辙告急。苏辙火速派亲信星夜兼程赶往湖州报信。这真是在两股道上，跑着两辆车。

皇甫遵到达润州（今江苏省镇江市），不料独生子感染风寒生病，不得不停下来医治，由此耽误了半日路程。这宝贵的半日里，苏辙的信使提前赶到了湖州。

一阵急促的马蹄声直冲到州府门前，满头大汗的送信人交给苏轼一封密信。苏轼放下手上的字画，接过信笺匆匆看了一眼，手肘一抖，书案上的茶具“啪”的一声就掉到了地上。他知道，自己惹出了滔天大祸！

苏辙向哥哥报告说御史台派人来逮他，请他速做准备。

苏轼双手一摊，决定只身去面对。还需要做什么准备吗？还来得及准备什么？现实更像是一连串棱角分明的错讹……

惊惧、悲愤抵抗不了眼前的凄凉。他的神志一直被书画带往竹影婆娑的世界，他急忙返回现实，他才惊讶地发现，混乱的事体、混乱的

① 孔平仲在《谈苑》里，记作：“太常博士皇甫僎被遣以往。”王水照先生的《苏轼传》使用的是“皇甫遵”。

器物，现实里堆满了一系列棱角分明的错讹，已经演化为一个稳定的罪证，在自己头上罩定！

他并未想依附一个幻景，让自负的斑斓去覆盖它们，十指的劳作在指向一个期待的明天，阔大，明净，处处都有仪式感。尊贵的人性深处，即便遭逢厄运时也堆积霜雪。他要摆脱麻木，狭隘，自以为是，临渊而不自知……这是不是一场命定的惩罚？

话说半日之后的七月二十八日，皇甫遵一行到达湖州。湖州太守之职，已由湖州通判祖无颇予以代理了。

可叹，苏轼还在踌躇：自己是否应该穿戴好官服去面对！

那是一个雨后初晴之日，御史台差官来到苏轼住宅，“勾摄”苏东坡到御史台接受鞫劾。苏东坡注意到两个狱卒的腹部鼓起一块，估计是兵刃，他以为皇甫遵要将他就地正法，不禁大感恐惧……中国文化史上著名的“乌台诗案”正式拉开帷幕。

在宋代孔平仲《谈苑》卷上里，对于这一过程的描绘，刚如铁画、媚若银钩，为后人留下了精妙的细节：

把苏轼捉拿到州府衙门，“径入州廨，具靴袍秉笏立庭下，二台（御史台）卒夹侍，白衣青巾，顾盼狞恶，人心汹汹不可测”。

东坡的确非常害怕，对皇甫遵说：“得罪朝廷，今天定是赐死。死也无所谓，只希望同家人诀别。”

皇甫遵居高临下，见此情景，也许动了恻隐之心，反而透露了对方最希望知道的底牌：“死，不致如此！”

祖无颇上前一步，揖道：“太博必有被受文字（逮捕状）？”

皇甫遵问：“尔是何人？”

知道对方是权州后，皇甫遵乃命台卒从怀中取出公文交给祖无颇，责成罪犯立即上路。这样，两个台卒夹着苏东坡踉跄而行……风闻太守被逮捕了，老百姓聚集起来，“即时出城登舟，郡人送者雨泣”。孔平仲最后说：“顷刻之间，拉一太守，如驱犬鸡。此事无颇目击也。”

被五花大绑的苏轼，踉踉跄跄在老百姓面前而过。那根拉着他前进的绳子，既维系着中国文化的前途与命运，也让一代巨人，蜷缩成了一块“丑石”。

这些细节，估计是苏东坡一生最为狼狈、最为耻辱的一幕了！

苏轼的副手、代理知州祖无颇等大小官吏全部回避了，只有掌书记张师锡赶到城郊，为苏轼斟酒饯别。王适、王遹兄弟也一直送到郊外劝慰苏轼……

值得一说的是王适（子立），他后来是苏轼的侄婿，也就是苏辙的女婿。而苏王两家的交往，始自苏轼于徐州为官之时。那时王适年及弱冠，在徐州求学，苏轼对他的评价相当高：“贤而有文，喜怒不见，得丧若一。”还有更高的评价：此人“是有类子由者”。也就是说，这个后生的言行颇类似弟弟苏辙，这让苏轼颇为欣赏。

后来苏辙将次女许配给王适为妻，结为亲家。再后来，王适的女儿第十四小娘子，又嫁给苏轼的孙子苏符（苏轼长子苏迈之子），可见苏王两家的交情了。可以说，苏轼和苏辙的三个儿子的文学启蒙老师，都是王适。

苏轼一生极少为人撰写墓志铭，除了为家眷及保姆，专为他人所作墓志铭不过四篇（另有两篇为代作）。其中有北宋名臣范镇（景仁），有忘年交张方平（安道），还有方外之交陆道士，余下的一篇，即专为亦亲亦友的王适所作。

二王兄弟为苏轼送别，官场方面的考量倒是无所谓，而张师锡就有些不同。

满朝官员都生怕受到牵连，自然要趋利避害。只有张师锡，特立独行，要替太守送行。这是嫌新党找不到苏轼的党羽吗？

张师锡，襄邑人（今河南省商丘市睢县），进士出身，官至大理评事、殿中丞等。他父兄均为状元，自幼生活在文学气氛浓厚的家庭环境，有较高的文学造诣，有著名的《老儿诗亦五十韵》等诗作传世。也许恰恰拥有这等经历与熏陶，他是出于对文学的敬重，不顾一切，为眼前的这位“文学之王”，敬上一杯薄酒壮行。

苏轼一饮而尽，告别了泪眼婆娑的众人，大儿子苏迈陪同苏轼随押解的官差奔赴京城。生死未卜，这一别，何日方能相见！

几天后，苏轼一行来到太湖边，可以遥遥看见鲈香亭。不料所乘之船坏了，只好在这里修理船舵，要停泊一晚。鲈香亭是为纪念当时逃避政治风险、欲回到家乡的张翰而建，因为张翰说思念家乡的莼羹、鲈鱼脍，所以叫鲈香亭。历史上流传着另一种说法：就在渡过长江之际，东坡准备纵身一跃，告别万千烦恼……

这种可能性是存在的。

是夕，风涛倾倒，月色如昼。

千言万语涌立，与明月之光一起躺平为水波，经岸边的水草摇曳，突然幻化出了无数双眼睛。妙曼的太湖似乎断了腰身，水面的宽度容不下爱的表达方式。一个人被理想燃烧多年，现在终于明白，比理想更为冷厉的是无边无际的构陷。他只能怀着枯萎的心境，去等待一个异化的罪名。

太湖夜景不可方物，大美之际备感神伤，他想跳湖自杀。但自己一走，肯定要牵累弟弟子由和朋友们。在鲈香亭的影子里，他似乎又看到了一些异样的波动光影。苏轼、子由受父亲易学熏陶，他总是相信命运的运转里总有预兆。

他思前虑后，那就走一步看一步！

如此，到达汴京进入御史台监狱。御史台官员颇为兴奋，这个自命不凡的大学士，现在成了砧板上的鱼。他们采取种种方式逼供，“侵之甚急，欲加以指斥（朝廷）之罪”。苏轼提前准备好了“青金丹”，藏匿在身，以备最坏情况下使用。据说这是一种效果强烈的毒药，这应该就是他在大祸降临之际唯一做好的准备吧。

宋朝建国之初，太祖认为中央监狱设置在大理寺不妥，有“用法之失”之疑。于是一改前朝的遗制，将中央监狱建在御史台，史称“台狱”。所以开封城内除设大理寺狱和御史台狱两个中央监狱之外，开封府本身也设有监狱，称为开封府狱，或称“开封狱”。而关押苏东坡的监狱，自然是御史台狱。

其实，他们刚刚到达安徽宿州时，御史台的命令又轰然而下：搜查苏家所藏的文稿。

当地州郡官员接旨后，派人冲入苏府，把苏府上下翻了一个底朝天，将所有诗稿、文稿一网打尽。苏轼家人从未经历过这样的事情，惶惶不可终日！等差人一走，夫人王闰之已是气得昏厥过去！回过神来，她把这股怒气发泄到丈夫头上：“就是因为你好著书写字，才惹出来这些大灾难，把人吓得半死！”一怒之下，她把剩下的书画烧了大半。

待案件结束东坡回家，发现书籍字画损失了十之七八，不禁仰天叹气！那可是他大半生的心血啊。

回想起来，离开京师已是八九年了。从杭州到密州、徐州，又奉调到湖州，他远离了斗争漩涡的中心。当年王安石推行新法，苏轼和司马光等人一再反对，两派人物看法不同，龃龉延宕，一时间朝中充满了危机。苏轼两次给神宗皇帝上书，力辩新政之不可行，措辞十分激烈……现在想起往事，苏轼不禁满身泛起了一层鸡皮疙瘩。

东坡是心直口快之人，他早已忘记了父亲为他取名字时的谆谆嘱咐，要收敛，要用“轼”这根横木来平衡、控制自己。他待人接物总爱直抒胸臆，毫无遮拦。他曾对苏辙说过：“我如果觉得某件事情不对，就像饭菜里发现了苍蝇，非吐出来不可！”而且他天性幽默，喜欢在朋友的茶聚酒会上开玩笑，讥刺别人。

可以发现性情耿直的苏轼，的确是真正的爱国者。他的言辞虽然过激，于国于民并无不妥，他太珍惜老百姓的生命与生活！

皇帝喜欢他，百姓爱戴他，而妒忌他的人也很不少。比如，《梦溪笔谈》的作者沈括。那还是十年前的事。沈括巡察江南水利，来到杭州第一件事就是去找苏东坡叙旧。神宗特意交代他：“你到了杭州，要好好对待苏轼。”因此沈括对苏轼很友善，沈括也得到了苏东坡的热情款待，彼此谈论了新写的作品。为表示对苏东坡新作的喜爱，沈括当即将诗集抄录了一份。他回到京城马上就将苏东坡为民间发声的诗句加以圈点，并做了详细的“注解”，上报给神宗皇帝，称苏轼“愚弄朝廷”。但他没料到，皇帝对此沉默，反而对苏东坡的那本新诗集爱不释手。

沈括的算盘打错了。

苏轼的诗里，的确有两句诗“根到九泉无曲处，世间惟有蛰龙知”。

蛰，是指潜藏、隐秘、冬眠，特指僵硬中还没复苏的万物。龙指皇帝，判官们认为，以“蛰龙”来比喻当今皇帝，这是罪大恶极！

宰相王珪好几次拈出东坡的“蛰龙”作为铁证，挑唆神宗治苏轼“不臣”之罪。奇妙的是，当时位居参知政事（副宰相）职位的章惇据理力争，指责王珪：“你是想使别人整个家族倾覆吗？”王珪诡辩：“我不过是转述舒亶的话罢了。”章惇的话锋利如刀：“难道舒亶的唾沫你也吃？”

很快苏东坡就知道了。他感念不已：有胆有识，章惇还是那个章惇！

御史台根据苏轼的诗作，给了一个诨名叫“诗帐”。审讯之后，李定的意见是，苏轼狡猾且十恶不赦，该斩！只等神宗皇帝的批准了。

东坡在监狱写了一份“供状”，详细交代了自己的三代、官职和来往密切的“案人”，其中有司马光、张方平、范镇、驸马王诜、苏辙、李清臣、黄庭坚等二十九位大臣名士，另外还写了一份“坦白书”，老老实实地交代自己的诗中，哪一句是讽刺朝政的，例如《李杞寺丞见和前篇复用元韵答之》：“兽在薮，鱼在湖，一入池槛归期无。误随弓旌落尘土，坐使鞭棰环呻呼”，是“言朝廷新法行后，公事鞭棰之多也”等等，一共数十例。不知东坡这份交代，算不算彻底“坦白交代”。但御史台并不满意，认为还有隐瞒之处。鉴于宋朝的律例中，初无“文字谤讪”该当何罪的明文记载，最后只援引“作匿名文字谤讪朝政及中外臣僚”罪，呈报皇上判“徒刑二年”。最后神宗还是一再宽宥，决定把东坡贬谪，但保留他的“员外”官阶。

文化学者黄苗子指出：“道光年间，桐城姚莹从友人处抄到了《诗案》始末，载入他所著的《康辎纪行》卷十中。”①

苏轼下狱后，长子苏迈一直在照顾父亲。在等待最后判决的日子里，苏迈每天去监狱给他送饭。由于父子不能见面，暗中约好，平时只送蔬菜和肉，如果有死刑判决的坏消息，就改送鱼。有一天苏迈有事，

---

① 黄苗子：《野史杂闻》，三联书店 2009 年版，第 291 页。

就托人给父亲送饭，但苏迈忘记告诉朋友这个约定，偏巧朋友给苏轼送去了一条红烧鱼。苏轼一见，认为难逃一死，他立即写了两首绝命诗给弟弟苏辙。

苏辙看到哥哥的绝命诗，痛哭流涕给神宗皇帝上书，要求以自己的官爵为其兄赎罪……宋神宗此时也犹豫不决。因为宋太祖曾有誓约，除了叛逆谋反者，一概不准杀害大臣。

德高望重的老臣都为苏轼请命。最后还是赋闲在钟山的前宰相王安石给神宗进言，这很大程度上决定了苏轼的命运。他对神宗进言："安有圣世而杀才士乎？！"是啊，盛世怎么能杀大才子呢？！实事求是，王安石没有作壁上观，更没有落井下石，这句话体现了一代政治家的博大胸怀。

此时重病中的太皇太后曹氏也为苏轼说话了，认为苏轼是老实人，不会背叛朝廷，皇帝不要被人蒙蔽。每当苏轼遇难，这位太皇太后总是张开羽翼竭力保护他！所以有人这样评价她："她呵护的岂止是一个苏轼，她呵护了中国的文明！"

这时，神宗读到了苏轼的狱中绝笔诗，还派人窥看苏轼在狱中的状态，确认苏轼对皇帝并无怨恨和道德的愧疚。神宗于是对左右说："我早知道，苏轼胸中没有亏心事！"

就在这节骨眼上，太皇太后突然病逝。举丧期间，依照法律和习俗也只能减罪而不能杀人，悬在苏轼头上的那把明晃晃的利刀挪开了。神宗下诏：贬苏轼为黄州（今湖北省黄冈市）团练副使，本州安置，不得签书公事。名义上是地方军事助理官，其实不过是一个挂名的闲职。

但皇帝只下令把他贬到黄州。东坡本来有一首狱中留别子由诗，这时狱卒还给了他，东坡还自和了一首，其中一联曰："却对酒杯浑似梦，试拈诗笔已如神！"后来他忽然想起，祸是由作诗闯出来的，就一边骂自己，一边却还在嘴硬："犹不改也！"

"乌台诗案"文字狱，让苏轼周围的亲朋好友受到了连累：贬弟弟苏辙监筠州盐酒税务；王巩监宾州盐酒税务；王晋卿免除绛州团练使、驸马都尉的官职；张方平、李清臣罚铜三十斤；司马光、范镇、陈襄、刘攽、李常、孙觉等二十人各罚铜二十斤……历时一百三十多天的“乌台诗案”算是结案。

而在民间，湖州、杭州一带的老百姓，他们得知苏轼身陷囹圄，奔走相告，他们不约而同地连日为苏轼做了一个多月的“道场”以期解困……民心是一杆秤，民心所向就是对苏轼的最高奖赏！

《为兄轼下狱上书》

苏东坡被抓走之际，长子苏迈徒步跟随，照顾父亲。

剩下的一大家子人，如何生活？苏迨才十岁，苏过才八岁，还有一群女眷，怎么办？苏东坡有两个从徐州跟随他到湖州来的学生王子立、王子敏，毅然担起了重担。他们不惧株连，将苏家二十几口家小一路护送到南京，交给苏辙。

苏辙一边安顿哥哥的家眷，一边寻思如何营救哥哥。

苏东坡在入狱前给弟弟写信，说过一段话：“轼早衰多病，必死于牢狱。死固分也。然所恨者，少抱有为之志，而遇不世出之主，虽龃龉于当年，终欲效尺寸于晚节。今遇此祸，虽欲改过自新，洗心以事明主，其道无由。”鸟之将死，其鸣也哀；人之将死，其言也善。这分明已是东坡的遗言。

现在苏辙能做的，乃是超出了一个弟弟、一个仕途之人所能做出的大义之举。他决定向神宗皇帝冒死进言，“祈天请命”。这就是著名的《为兄轼下狱上书》。

苏辙开头写道：“臣闻困急而呼天，疾痛而呼父母者，人之至情也。臣虽草芥之微，而有危迫之恳，惟天地父母哀而怜之。”他那呼天告地的话，把他为救哥哥万分焦急的情态表现无遗。接着他说他哥哥秉性愚直，“前后上章论事”，“陛下圣德广大，不加谴责”；又作“歌诗”，被人（指两面派沈括等）打了小报告，“陛下置而不问”。以后他就“感荷恩贷”，“深自悔咎，不敢复有所为”。他在将要被逮的时候，还说要为陛下“效尺寸于晚节”。他的意思是说，他哥哥以前冒犯过陛下，在得到陛下宽恕之后就改正过来了，对陛下是赤胆忠心的。

说到动情处，苏辙甚至这样说：“欲乞纳在身之官，以赎兄罪。”这样的做法并非史无前例，于是作者进一步引用汉文帝时缇萦上书救父的例子。汉文帝时淳于公犯了罪，当受肉刑，其年仅十几岁的女儿缇萦跑到京城，表示愿以自由之身“没为官婢，以赎其父”。汉文帝被缇萦的孝心感动，便免去了淳于公的肉刑。苏辙自谦，我的诚心远远不及缇萦，但陛下聪明仁圣远远超过了汉文帝。我愿意纳在身之官位“以赎轼兄”，乞求陛下免他一死。“若蒙陛下哀怜，赦其万死”，“臣愿与兄轼洗心改过，粉骨报效，惟陛下所使，死而后已。”苏辙为救哥哥，愿意舍官，也就是放弃士大夫的地位和俸禄，回去当平民百姓。

面对苏辙的哀婉泣血之言，神宗皇帝的确比汉文帝“高明”，他未置一词。

四个多月后的十二月二十八日，东坡才从御史台监狱释放出来。“责授检校水部员外郎、黄州团练副使、本州安置、不得签书公事。”苏东坡惊魂未定，仅仅三天之后，正月初一即被乌台差人押赴前往黄州。可见神宗皇帝对反对“新法”者的痛恨之深！

与苏轼有诗文来往的二十几名官员均受到轻重不同的处罚。苏辙被贬为“监筠州盐酒税务”，五年不能升官和调任，可见神宗的记恨。他由南京去筠州（今江西省高安市）时，就把哥哥的家眷送到黄州来，这时已是五月末尾了。两弟兄一同游览了寒溪西山，也都作了诗。苏辙因为要转回九江带着留在那儿等他的家眷去筠州，不敢久留黄州。两弟兄难舍难分，东坡送弟弟走出三十里，在车湖遭遇了风雨，才不得不在王齐愈、王齐万家里饮别。

这才知道，东坡在御史台监狱里关押之际，赋闲在家的前宰相张方平也给神宗写了一封求情信。信怎么才能送到神宗手上？想来想去，他觉得夹带在官府里的奏折中最为便捷。可在这众人避之唯恐不及的节骨眼上，哪个敢冒险帮张方平这个忙？张方平叫儿子张恕带上信，去开封登闻鼓院（击鼓上闻的机构）擂鼓进书。张恕在院外徘徊甚久，没敢进去！

东坡出狱后，司马光的学生、曾担任谏议大夫的刘安世，让东坡看到张方平写给神宗求情信的副本，东坡一看，脸色煞白，直吐舌头。刘安世问他这是怎么了，东坡始终没说一句话。

刘安世感到很奇怪，将这件事告诉了苏辙。

苏辙拿过那封信一看，抖了抖信纸，说："我哥哥他吐舌头，正是觉得多亏了张恕呢！"

刘世安问："那为啥？"

苏辙说："我哥哥其实哪有什么罪过，只是他名气（才情）太大，风头盖过了朝廷（暗指神宗以及王安石）的缘故啊。"苏辙指着信上写的文字继续说："你看，这写的什么，'实天下之奇才'，啧啧，这不是给东坡上药吗？皇上看了还能有好气？"

刘安世说："你的分析在理！那这句话该怎么说才能救东坡先生呢？"

苏辙笑着说："只要在信上这样写，'本朝从未有过杀士大夫的先例，如今陛下的做法，就等于开了一个不好的先河，后世子孙自此必然以陛下为挡箭牌，大开杀戒了。'为什么这样讲呢？因为当今圣上注重名声，怕人说他不讲道义。这么写的话，或许可以起到救人的目的。"

刘安世连连点头。

……

夕阳之下的码头，东坡默默走在前面，苏辙在后。一个人把游弋于世界的目光收敛起来，开始仔细观察自己的身影，并从中发现许多从未注意到的细节，这一般是一个人中年之后才意识到的事。而能够持续探究自己的身影，这时候才彻底承认，认命与认输，不过是与人生达成和解的另一种说法。

俗话说"危难见真情"，东坡受奸佞小人攻击被捕下狱，生死难卜。在此危急时刻，苏辙不惧株连，挺身上书皇帝，表示愿意以自身官职来换取苏轼性命。尽管他的换算方式并未得到帝王的认可，但苏辙的这些作为，无疑是传统伦理道德中“悌”的完美实践，“悌”就是兄弟时刻要心系彼此。东坡与弟弟毕生之间书信不断，彼此的唱和之作数量远远超过了书信，单是以“子由”为题的诗歌就达一百零四首之多。这也足以显示出程夫人、苏洵两个家族绵延而下的深淳家风。

《宋史·苏辙传》说：“辙与兄进退出处，无不相同，患难之中，友爱弥笃，无少怨尤，近古罕见。”①

这的确不是一般弟兄能够做到的，放之历史，又有几个兄弟能情深至此？！多年后，在写《东坡易传》期间，苏东坡提出“《象》曰：风自火出，‘家人’。君子以言有物而行有恒。火之所以盛者，风也，火盛而风出焉；家之所以正者，我也，家正而我与焉”这一著名观点，那是一段时间里，他没有接到弟弟的书信，忧心渐起所致。

苏辙说哥哥：“抚我则兄，诲我则师。”

苏轼说弟弟：“岂独为吾弟，要是贤友生。”

也难怪“窃哀其志，不胜手足之情”之类的话语，早已经成为中华家训家风的名言。

……

黄河水曾多次冲刷开封，苏轼生活过的北宋汴京，已深埋于地下，考古证实开封的确是“城摞城”。在如今的开封寻找苏东坡生活过的痕迹，已是“人生到处知何似，应似飞鸿踏雪泥”，无从寻觅了。三月的一天，我来到开封市，随手展开一张开封地图，可见一条深重的中轴线沿中山路延伸到龙亭公园。这条线从未改变，也使得开封成为世界上唯一一座中轴线没有改变的古城。也想起当地民间的俗语：“不到龙亭公园，不算到了开封城。”昔日的荣光已深埋于黄土之下。在龙亭公园清宫遗址，地下五米处是明代的周宫，地下八至十米处是北宋著名的东京城，地下十二米处是唐代汴州城……

置身中轴线的苏东坡，以他的聪明会估计到，即便经历千年也会有人来探访他的踪迹。只是，现在的我与他，隔着十米厚的时空距离。我

① ［元］脱脱等：《宋史》卷三百三十九，中华书局 1977 年版，第 10837 页。

穿过包公湖，在迎宾路尽头，那就是保定巷。墙角的椿树、柏树和夹竹桃安静地生长着，拥有粗大的枝干，高举的树冠述说着它们吸纳的宋代风华……唯一清楚的是，这里绝对看不到乌鸦了。

北宋时期，御史台的地址是现今的保定巷一带，这里是普通居民区和一个停车场。严格地说，是位于保定巷地面之下八至十米的地方。孟元老撰《东京梦华录》“大内西右掖门外街巷”一节记载：“大内西去右掖门、祆庙，直南浚仪桥，街西尚书省东门，至省前横街，南即‘御史台’，西即‘郊社’。省南门正对开封府后墙，省西门谓之‘西车子曲’。”可见在御史台和郊社之间有一条通道，正对开封府的后墙。这条通道的大致位置，即前、后保定巷南北走向的主街，南起省府西街，北至大厅门街。所以，北宋御史台旧址位于保定巷南北主街的东侧——当然了，也应该在黄土之下。

苏东坡被囚此地一百三十天，经历生死反转，渡劫之余，他看到了那个为了自己而殚精竭虑的弟弟，留下了“与君世世为兄弟，更结来生未了因”的深重喟叹。他由此料到了很多事，他悟透了很多人。但他未必会想到，那个才子舒亶，在十年之后，经历一系列起起落落，也参悟而作词《失调名》，发出“十年马上春如梦”的喟叹。这首词只有短短七个字，却把他半生的经历全部写尽，也恰恰暗合了苏东坡自己的见识：“世事一场大梦，人生几度秋凉？”

……

夜里，一盏灯熄灭了，接着是一片灯带也裂开而大片熄灭。但那些不熄的灯，并不意味着他就是守夜人。也许，是夜色降不下来，在他们的个人时间里。通过一个深刻的夜晚，去抵达另一个夜晚，夜晚就不再是一般的夜晚了。夜是纯黑的，是面对一个光亮一饮而尽的夜晚。夜晚以黑缎子的质地，吃尽了光，却拒绝了反光与吐出。

围绕权力而展开的狐步舞，稍有不慎，就步入歧途了。

那么，不跳这样的舞，不取悦于那个判官和周边的觊觎者，可不可以呢？

临皋亭

一个人静下来，认真地阅读阳光下自己的影子，就会发现自己远不像曾经想象的那样孱弱。影子遮蔽了自己的弱小与惊惶，影子也模糊了一个人的穿戴与相貌。影子暗示你应该去找自己的那个影子一起生活。如果自己认为那可能更陷入孤独的话，那就站在阳光下，静静观察自己的未来吧。然后携带影子前行，继续自己的事！该干什么就干什么。

东坡《迁居临皋亭》一诗中有刻骨的比喻："我生天地间，一蚁寄大磨。区区欲右行，不救风轮左……"纪晓岚在评此诗时，说该诗"有兀傲之气"。要在一副旋转的磨子锋棱糟齿之间苟活，闪展腾挪之外，岂止是"有兀傲之气"——不是负气自傲，还需要一种在窄逼的缝隙里随之"物化"的心态。古人所谓的"行唐"，恰是在踟蹰往复里去靠近某种释然。在东坡看来，活着，自己不跟自己处处过不去，才是第一要义。

东坡和大儿子苏迈首先在黄州定惠院暂时安身。元丰三年（1080）五月二十九日，苏辙携家带口合计二十多人抵达黄州，与东坡团聚。

毕竟定惠院乃是清净之地，居住于此诸多不便，于是他决定迁居到临皋亭。

临皋亭所在位置，北宋许端夫在《齐安拾遗》中称："夏澳之侧，本水驿，有亭曰临皋。郡人以驿之高陵上筑南堂，为先生游息。"皋，乃是水边的高地。南宋王象之在《舆地纪胜》中记载："东坡故居，即今之临皋亭及临皋馆，后又居雪堂。……临皋馆，在朝宗门外，原名瑞庆堂，以故相秦公桧之父舣舟其下，秦公于是乎生。又有临皋亭，东坡曾寓居焉。"这与东坡诗文所记完全相符，又有赤壁和长江为参照。二〇二三年春季，我考察了黄冈中学老校区，临皋亭应在黄冈中学东侧围墙所在的高阜之上。经过时空对位，临皋亭下临大江，对岸就是武昌的西山，距离东坡赤壁大约一华里。

临皋亭也名回车院，是北宋时期的驿站。但按照朝廷规定，谪贬官员无资格居住，而驿站亦是官舍，东坡居住具有一定风险。这要归功于黄州太守徐君猷，他是深明大义之人，深知东坡的委屈；此外，武昌太守朱寿昌也予以疏通关节，希望相关人员给予东坡照顾。得知东坡一家终于在临皋亭安顿下来，东坡投书朱寿昌，表达了感激：“已迁居江上临皋亭，甚清旷，风晨月夕，杖履野步，酌江水饮之，皆公恩庇之余波。想味风义，以慰孤寂。”

滔滔长江之水，“皆公恩庇之余波”。这不禁让我想起旅居成都的杜甫对于大恩人严武的壮写：“公来雪山重，公去雪山轻。”长江蜀山，破胸而出，傲岸而起。

黄州盛产苎麻布、连翘，也产大竹。王禹偁《黄州新建小竹楼记》指出：“黄冈之地多竹，大者如椽。竹工破之，刳去其节，用代陶瓦。比屋皆然，以其价廉而工省也。”江边竹涛与江流相互呼啸，能够纵目江山，东坡那种欣然的性情又回来了！遂在《临皋闲题》中感叹：“临皋亭下不数十步，便是大江，其半是峨眉雪水，吾饮食沐浴皆取焉，何必归乡哉！江山风月，本无常主，闲者便是主人。闻范子丰新第园池，与此孰胜？所不如者，上无两税及助役钱耳。”

闲者便是主人！不只是欣然，他的幽默也渐次复萌了。

东坡喜欢长江之水，那种狂放与自由恣肆的气势，宛若胸臆的外化。他自称饮用水和洗澡水都取自江中，这里的生活便利，使得他没有患思乡病，他觉得长江之水有一半来自峨眉雪山，所以他在临皋亭前饮用长江水，也算是饮用来自家乡玻璃江的万缕清流。他似乎回到了青神中岩的岷江……

委身于江山，自己就是江山。

因为江山让某些人鞭长莫及，只要有自然之心（闲心），自己就是风月之主了。

这是东坡的逻辑，也是他的价值观。

范子丰是东坡的儿女亲家。他向范子丰描绘了临皋亭所处的位置，该处距长江仅几十步，可谓枕流大江与星河。可以目睹大江浪花奔涌，水质清澈，看上去像巨大的雪堆连绵不绝，这让他联想到家乡峨眉山的雪景。东坡名作《念奴娇·赤壁怀古》就创作于临皋亭。此词中的“乱石穿空，惊涛拍岸，卷起千堆雪”，当是本自该文中的峨眉雪水意象。

那时范子丰也刚造了一处大庭院，东坡就拿临皋亭的江山美景与之相较，虽然这是他幽默的天性使然。心情好的另一个原因，则是居住于此不用缴纳“两税”——他仍然没有忘记，捎带着讥讽一下王安石。

宋代规定农民必须交纳“夏税”和“秋税”。明朝陈邦瞻《宋史纪事本末》卷三七载：“（熙宁三年十二月）戊寅，行募役法。先是，诏条例司讲立役法，条例司言：‘使民出钱募人充役，即先王致民财以禄庶人在官者之意。’命吕惠卿、曾布相继草具条贯，逾年始成。计民之贫富，分五等输钱，名‘免役钱’。若官户、女户、寺观、单丁、未成丁者，亦等第输钱，名‘助役钱’。凡输钱，先视州县应用雇直多少，随户等均取雇直。又增取二分，以备水旱欠阙，谓之‘免役宽剩钱’。用其钱募人代役。”真是巧立名目，花样纷呈。

“变法则存，不变则亡”，道理固然如此。但王安石推动的税收改革，病急用猛药，规定百姓要向官府交纳一定税钱，凡是交纳过“助役钱”的百姓就可免除徭役。东坡被贬到黄州后，此时因为他没有买地，所以呢，他不用交税钱和助役钱。

虽然有这样的幽默，但实事求是说，那时的东坡还没有从心理上摆脱“乌台诗案”的浓郁阴影。毕竟美景不能疗饥，举家二十多张嘴嗷嗷待哺，自己宦囊羞涩，日渐掏空，让置身风月的他必须返回现实。还是吃饭要紧。

《唐律疏议》明确规定：“犯五流之人，有官爵者，除名，流配，免居作。”就是说，被谪贬的官员，可以免除劳役之苦，但却没有俸禄。唐睿宗时期有一个叫李邕的官员，因为屡次贪污，先后被两任皇帝连贬三级，最后混成了一个县尉。但李邕充分发挥自己擅写碑文的特长，在地方上替别人写碑文牟利，居然赚到数万资产，足见发挥谋利才能的重要性。这一制度到宋代也是如此，仅有一些官方多余的物品予以抵给，变卖后为口粮。

东坡为人慷慨，没有多少积蓄。此前苏轼出任杭州通判时，湖州秀才贾耘老曾向苏轼介绍过节俭度日的经验。《乌程县志》载："贾耘老原名贾收，喜饮酒，家贫。"贾耘老名贾收，为湖州乌程的著名隐士，长期隐居苕溪，其居有水阁名"浮晖"。贾收广有诗名，喜饮酒，李常、苏轼于熙宁、元丰间先后知湖州、杭州时期，皆与之交往，彼此唱酬甚多，东坡尝题诗作画于"浮晖"阁壁之上。

东坡也很替贾收穷愁潦倒的生活发愁，一〇五六年夏季，他在《次韵答贾耘老》中云："五年一梦南司州，饥寒疾病为子忧。"为此给予贾收不小帮助，甚至还出面帮贾收纳妾。但那时的苏轼并没有想到窘迫贫穷会降临到自己头上，而今一大家子二三十口人都指望着他来吃饭，东坡真是到了一个铜板掰成两半用的程度。

当家眷还没有来到黄州时，东坡已经在谋划生计问题，在给章惇的信中他写道：

> 黄州僻陋多雨，气象昏昏也。鱼稻薪炭颇贱，甚与穷者相宜。然轼平生未尝作活计，子厚所知之。俸入所得，随手辄尽。而子由有七女，债负山积，贱累皆在渠处，未知何日到此。见寓僧舍，布衣蔬食，随僧一餐，差为简便，以此畏其到也。穷达得丧，粗了其理，但禄廪相绝，恐年载间，遂有饥寒之忧，不能不少念。然俗所谓水到渠成，至时亦必自有处置，安能预为之愁煎乎？

这是话中有话。坦然讲述了自己和弟弟一家的经济处境，他甚至畏惧家眷们的到来，这如何是好啊？！东坡高妙，也不无希望能够拨动对方的恻隐之心。

东坡被贬谪黄州"亲朋多畏避不相见"，反而只有章惇不顾立场，以朋友身份给苏轼写信，予以安慰，这不啻雪中送炭，让苏轼颇为感动。但章惇是否还有另外的一番心肠？姑且不说破吧。

《答秦太虚书》是东坡写给秦观的信："初到黄，廪入既绝，人口不少，私甚忧之。但痛自节俭，日用不得过百五十。每月朔，便取四千五百钱，断为三十块，挂屋梁上。平旦，用画叉挑取一块，即藏去叉。仍用大竹筒别贮用不尽者，以待宾客。”

东坡每天计划的用度方式很是特别：每月初一他从积蓄中拿出四千五百钱，然后将这些钱分为三十串，一并悬垂于屋中房梁，每天一早用画叉挑下一串，以此作为一天全家的花费。

为了断绝花钱的欲望，那就不再抬头望见房梁的东西，他甚至把画叉藏起来，以此保证每日的花费不超过一百五十钱。即便如此，他也并不是把这点钱花光，如果这一天有了节余，他就将剩余的部分储藏在一个大竹筒里，等有客人来时，就用竹筒内的钱招待宾客。

东坡明确说，这其实是贾耘老教给他的办法。即使如此，以他现有的储蓄，按这种节省方式也仅够维持一年多光景。如果储蓄花完了怎么办？东坡达观地跟秦观说，到时再想办法！车到山前必有路，不必忧心忡忡。

那时的黄州经济水平一般，物价很是便宜，如果只是一二个人，应该没有生活压力，等到苏辙把东坡的家眷送过来了，以致令东坡产生饥寒之忧，所以他才想出了贾收教给他的计划用钱方式。家眷到达黄州后，东坡与妻子王闰之商定每天只吃两顿饭，每顿饭只能一酒一肉，如果有客人来，只能添加一道菜。

宋代赵令畤的《侯鲭录》中载有此事：

> 东坡在黄州，尝书云：东坡居士自今日已往，早晚饮食，不过一爵一肉；有尊客盛馔，则三之；不可损，不可增。有召我者，愿以此告之，主人不从而过是，乃止。一曰安分以养福，二曰宽胃以养气，三曰省费以养财。

他是故意在门前张贴文字告示，既告诫自己管住欲望，同时也告诉朋友们，行事做人，即便饥肠辘辘，仍然高迈地拒绝加菜。即使如此窘迫，东坡也能找出自己的幽默理由，一是安分养福，二是少食养气，三是节约钱财。

可惜的是，“养气”并不能变成油水。

北宋时期经济繁荣，物价很低，低到什么程度？我在宋史专家程民生教授的文章里，读到《一文钱》：

> 宋代曾有高僧如此说道：“钱如蜜，一滴也甜”，所说的一“滴”钱，就是1文钱，自然也是有用的。所谓“一钱重丘山，斗粟轻粪土”，即是在钱荒情况下1文钱的珍贵。在广东沿海的南恩州，1文钱可以买2只螃蟹，还可以在岭南夏季的水边，买1捧小虾。在熙宁五年（1072）的杭州观看歌舞的勾栏里，可以喝1杯茶。在北宋后期的苏州，可以买到1块饧（即糖）。陆游也曾用1文钱买了1块名为“�”的饴糖。宋徽宗时，在开封可以买到1贴治疗咳嗽的成药。在开封城内，1文钱可买7颗蒸枣。在建炎年间的赣城，可以交1次新建浮桥的过桥费。大约可以买1只食用的青蛙。可以在南宋中期的临安府买1幅印制的政治漫画。①

这样一算，发现一百五十文钱虽不能奢望大鱼大肉，但填饱一家人的肚皮应该无大问题。

这是不得已的生活，而东坡几曾到了数米度日的精细程度！正如他给李公择的信中所言：“口体之欲，何穷之有，每加节俭，亦是惜福延寿之道。此似鄙吝，且出之不得已也。然自谓长策，不敢独用，故献之左右。住京师，尤宜用此策也。”看看，他还渴望以这样的窘迫之计在京师官宦之间推广。这分明不是他的目的，而是他的微讽。

置身临皋亭，东坡更多是读书写作。他的《和何长官六言次韵五首》诗，抒发了他在临皋亭中读书之乐趣：“石渠何须反顾，水驿幸足相荣”；临皋亭还是东坡待客的好地方，如元丰五年（1082）三月，作《徐使君分新火》中，有“临皋亭中一危坐，三见清明改新火”的句子。直到唐

① 程民生：《宋代物价研究》，江西人民出版社2021年5月版，第458页。

代，寒食节与清明节无论从内容上或是时间上都有明显的划界与区别，这一划界与区别主要表现在寒食节要禁火，清明节则要钻木取火，即分火。

元丰五年（1082）九月的某天，这已是东坡来到黄州第三年了。他与客人在雪堂夜饮之后，乘醉返回临皋亭。那时已是半夜三更了，家童鼾声如雷，苏轼敲门，家童不应。东坡毫无睡意，移步来到长江边，江声浩荡，宇宙星河似乎已经溶解到大江，而顺着大江就可以漂入星河……

后来他写出了那首著名的《临江仙·夜归临皋》：

夜饮东坡醒复醉，归来仿佛三更。家童鼻息已雷鸣。敲门都不应，倚杖听江声。

长恨此身非我有，何时忘却营营？夜阑风静縠纹平。小舟从此逝，江海寄余生。

上阕叙事，着意渲染其醉态。真有“行到水穷处，坐看云起时”的豁达心境。此词的心迹，是要解决“去”与“留”的大抉择。距离“乌台诗案”已经三年多了，该平息的已经平息，该崛立的已然崛立。那么，自己是继续留在官场，还是像陶渊明那样辞官归隐，这是摆在东坡面前最重要的事情。

如果继续留在官场，不但升迁无望，不能实现匡扶社稷的抱负，还可能被人继续陷害，他开始明白“陷阱之下还有陷阱”的道理。那么不如辞官，一走了之，做一个自由自在的农夫。

“长恨此身非我有，何时忘却营营。”长恨此身误入名利之网，并非“我”能左右。什么时候才能忘却这功名利禄日日钻营呢？

东坡是否回想起，父亲为自己取名“轼”的自我平衡、控制之深意？

东坡是否意识到，“轼”之于马车（官车）与牛车（民间之车）的分野？

他是否从来就没有时间来思考，慢速的牛车，是否能够抵达心中的终极地？

分岔之途，尤其是拐向民间山野的路途，自己真的可以踏进而不反悔吗？

即便如此，问题又来了：人生天地间，真的有自由自在的人生吗？

这个问题，是不能也无须马上回答的。

长江的涛声盈耳，他似乎从“夜阑风静縠纹平”的丝绸一般的水面找到了答案，即“小舟从此逝，江海寄余生”。此时此刻他的归隐的心情无疑是真实的。这最后一句颇有孔子所言“道不行，乘桴浮于海”之意。该词传播开来后，引起了一系列谣传。比如叶梦得在《避暑录话》中就称：

> 子瞻在黄州，病赤眼，逾月不出，或疑有他疾。过客遂传以为死矣。有语范景仁于许昌者，景仁绝不置疑，即举袂大恸。召子弟具金帛，遣人赒其家。子弟徐言：“此传闻未审，当先书以问其安否，得实，吊恤之未晚。”乃走仆以往，子瞻发书大笑。故后量移汝州谢表，有云：“疾病连年，人皆相传为已死。”

有一段时间苏轼患了眼病，只能杜门不出，有人怀疑他得了恶疾，但传着传着就变成苏轼病死了。有人把这个传闻告诉了身在许昌的范景仁，范闻讯后大哭，还准备一些祭奠之物准备派人送到苏东坡家。有人跟范建议，这种传闻最好先写封信去证实一下，如果确实如此再吊丧不晚。于是范景仁派人前去询问，东坡得范书后大笑不已……但这个传闻并没有就此平息，《避暑录话》中接着写道：“未几，复与数客饮江上，夜归，江面际天，风露浩然，有当其意，乃作歌辞，所谓‘夜阑风静縠纹平。小舟从此逝，江海寄余生’者，与客大歌数过而散。翌日，喧传子瞻夜作此辞，挂冠服江边，拏舟长啸去矣。郡守徐君猷闻之，惊且惧，以为州失罪人，急命驾往谒，则子瞻鼻鼾如雷，犹未兴也。”

这是说，朝野有这样的传闻，说东坡填完这首《临江仙》后不久就乘船漂荡江湖一去不复返了，黄州太守徐大受闻听此讯后大为惊恐，因为朝廷把被贬之人安置在他所管辖的知州内，罪人若逃离，州守肯定罪责难逃。他立即前往临皋亭去查看究竟，发现苏东坡正在睡觉，鼾声如雷，这才让他放下心来。徐太守担忧此事，一是缘于职责所在，二是因为他知道皇帝很爱惜东坡。

《春渚纪闻》载：

> 公在黄州，都下忽盛传公病殁。裕陵以问蒲宗孟，宗孟奏曰："日来外间似有此语，然亦未知的实。"裕陵将进食，因叹息再三，曰："才难。"遂辍饭而起，意甚不怿。

所谓"才难"，分明就是"天妒"啊！

苏轼的超人之处，就是在厄顿之时不会人穷志短，他仍然在撒豆成兵的想象世界中，振翮远行。他居住临皋亭时期，艺术成为他遁世离忧的方舟。宋代郭若虚在《图画见闻志》卷二中写道："苏子瞻内翰尝得永升画二十四幅，每观之，则阴风袭人，毛发为立。子瞻在黄州临皋亭，乘兴书数百言寄成都僧惟简，具述其妙，谓董、戚之流为死水耳。"

成都的惟简大师是东坡老友，东坡青年时代曾到大圣慈寺观摩壁画，并与惟简谈论诸多文化往事。东坡看到成都画家蒲永升的二十四幅画，显然进入忘我之境。蒲永升平日嗜酒成性，放浪不羁，权势者叫他作画，他扬长而去；待他创作灵感来时，"不择贵贱，顷刻而成"。如此性情，与文同颇为近似，这让东坡顿生好感。蒲永升性情与水尤其相符，他笔下的活水，得孙位、孙知微笔意，甚至包括黄居宝、黄居寀兄弟，李怀衮辈皆不及之。他对惟简大师一吐胸臆：蒲永升的画水图，简直是水波荡漾，水韵酣畅淋漓。在苏轼看来，有些画家如董羽与常州戚氏所画之作，无疑是死水一潭，而蒲永升所画则是活水。从死水活水之论，在神似与形似之间，足见苏东坡别致的艺术欣赏力。

此文所本乃是苏轼所撰《书蒲永升画后》，该文是论述绘画中水纹技法高与低的名篇，东坡首先称："古今画水多作平远细皱，其善者不过能为波头起伏，使人至以手扪之，谓有洼隆，以为至妙矣。然其品格，特与印板水纸争工拙于毫厘间耳。"

就绘画技法论，画家大多画出一些水波细纹，技法高一些的画家能够画出波浪的起伏，让人有想摸一摸的冲动，以此说明这种波浪的凹凸感很明显。苏轼认为这种画水方式没有达到极致，他最推崇的画家乃是唐代的孙位和孙知微，但就算是这两位大画家所画之水，在苏轼看来也比不过他的乡人蒲永升，当年蒲永升给他画了二十四幅水图，每当盛夏之时，苏轼在屋中将其悬挂起来，顿然感到凉气逼人。如果是实景描写的话，蒲永升的水图简直堪比今日之空调，在苏轼看来，有些画家画的是死水，而蒲永升所画则是活水。

此跋的落款是“元丰三年（1080）十二月十八日夜，黄州临皋亭西斋戏书”。这正是苏轼最为困顿之时，其既然能于此欣赏朋友的画作，其胸襟之宽广，少有人能及。

东坡居士躬耕记

生活里常见的多是忙人。

人生过半之际，常常感叹，最幸福的就是那些起早贪黑的日子，日子过得忙碌而充实，因为没有任何闲暇的时间停下来，在缓慢中去触及那些平素难以觉察的情愫。只要感觉活得实实在在，就是真正的活着。其实，这就是常人之想。

而这样的忙人一旦失意，只能把事闷在心里，没事的时候就会想起那些纠结的心事，默默流泪，第二天还要对人强颜欢笑。忙人不大具备处理失意与伤痛之法，他们甚至不知道该如何疗伤。

东坡呢，他也有由忙人到闲人的心理过程。

初到黄州，连地皮都没有踏稳，当年四月十二日，东坡就迎来了从武昌过长江来探望他的老友，这是他见到的首位与武昌县衙有关联的友人。更为特别的是，友人还带来两样来自武昌西山的礼物。

这位友人是杜沂，字道源，世居蜀中。其父杜君懿在嘉祐元年（1056）恰逢东坡兄弟进京赶考，把自己觅得的两支极为名贵的诸葛笔相赠，为苏家兄弟“试笔不败”，一考即中举人而助上一臂之力。说来也巧，这时杜沂的大儿子杜传正好在武昌县衙供职，得知东坡落难而来，杜沂从武昌西山谋得两样特产——酴醿花和菩萨泉，与儿子杜传一道过江，拜访这位传奇之人。

酴醿花又称荼蘼花，属蔷薇科，是一种白色、散发香气的花，但古书上也用酴醿指称重酿的酒。因酒与花颜色相似，故取以为名。东坡的回礼，是《杜沂游武昌，以酴醿花、菩萨泉见饷二首》，足以让杜沂欣喜莫名。

第二天即农历四月十三日，苏东坡自喻是达摩一苇渡江，渡江登临古武昌（鄂州）西山，自此与西山结下不解之缘。黄州对岸的西山不高，主峰海拔仅一百七十米，若把主峰周边小山头加起来，也只有大约两平方公里。山不在高，有仙则名；水不在深，有龙则灵。这里，还有“豹隐”的历史踪迹。

西山依旧在，几度夕阳红。因为东坡在十五年前就来过一回了。

宋治平三年（1066）四月二十五日，苏洵在京城病逝。“英宗闻而伤之”，诏命“有司具舟载其归葬于蜀”。当年六月，东坡兄弟护送父亲和王弗的灵柩溯江回川。

现在，他写了一篇《记樊山》，特别说明“予十五年前过之（樊口）”，跟弟弟一起“寻绎故迹”：在樊山之西的雷山圣母庙探访孙权猎豹遗踪；在山脚下的樊口码头听到老人们谈起“陶公（陶侃）治武昌，既病登舟，而死于樊口”的往事。虽是短暂逗留，樊山、樊口的历史给东坡留下了深刻印象。

心性使然，东坡对于猛兽并不关注，而《记樊山》里有这样一段话：“仲谋猎于樊口，得一豹，见老母曰：‘何不逮其尾？’忽然不见。今山中有圣母庙，予十五年前过之，见彼板仿佛有‘得一豹’三字，今亡矣。”[1]

① 朱易安、傅璇琮等主编：《全宋笔记》第一辑之九，大象出版社 2014 年版，第 80 页。

竖起豹尾，古代帝王车队最后一乘必须建豹尾，豹尾之剪力横扫一切尾随者，故后来以“竖豹尾”指建帝王之业。这个“老母”，影射的应是西王母。而这样的权力之喻，为什么东坡要去留心呢？

也许，他在想象，一头横卧在酴醿花丛间的豹子。酴醿花在豹子身上奔涌不息。但豹子提前用自己的花斑，将酴醿花一朵一朵裹住，成了“花中花”。孙权杀了这只花豹，真是太可惜了。

东坡更喜欢“豹隐”之外的旷野与无垢蓝空。豹子与蓝空，一起构成了、铺展了他的日趋散淡的诗性。天地与豹子是互为保管的。甚至可以说，因为豹子的仰躺，与大地融为一体，白云苍狗的不断交替，就变得慢下来了。

我去过重庆忠县（忠州）的白居易的“东坡”，那是唐元和年间白居易被贬忠州期间所造就的一块人文高地。在紧邻苏家梯子的道路之北，竖有一块高大的石碑，上刻两个隶体字“东坡”。旁有跋文，这是民国十一年（1922）忠州知事黄以镛先生所书。跋文为：“昔香山守郡，东坡种花，作诗寄兴，即今城东苏家坡是也。子瞻游忠郡，慕流风，徘徊胜地。因于元丰五年（1082）在黄州筑雪堂，自号东坡居士，所谓‘忠黄江上两东坡’也。以两贤爱重之区，宰斯土者，转茫然不觉；荒烟蔓草，抱恨为何如耶？爰书‘东坡’二字以志其地，并使好古者得以考览焉。长宁以镛跋。”那时的东坡除与苏家梯子相连的道路两侧有些民居外，整面山坡草木丰茂，溪流潺潺，尚有白居易笔下“前有长流水，下有小平台”的景象。这里所说的“长流水”，就是白居易笔下的东涧或曰东溪。东涧从东坡而下，在严颜桥外注入长江。白居易的“东坡”，却让苏轼成为最大的继承人。

元丰三年（1080）二月一日，在御史台差役的押解下，苏轼在长子苏迈陪同下来到黄州，其余的十几位亲人都由弟弟苏辙代为照料，直到五月底才送达黄州，一家终于团聚。弟弟苏辙有七个女儿，“债负山积”，他自己已是泥菩萨过河自身难保，现在又负担哥哥的一大家人生活，几乎到了难以为继的程度……苏轼必须寻找一大家人的活路。

到了第二年，他终于得到一块可以耕作的土地，在州城废弃营地的东面，那里恰好位于一个大长坡的坡顶到坡腰位置，因此被命名为“东坡”。据其自述：

> 余至黄州二年，日以困匮。故人马正卿哀余乏食，为于郡中请故营地数十亩，使得躬耕其中。地既久荒为茨棘瓦砾之场，而岁又大旱，垦辟之劳，筋力殆尽。释耒而叹，乃作是诗。自愍其勤，庶几来岁之入以忘其劳焉。(《东坡八首并序》)

自耕自食，汗流浃背，看起来远没有陶渊明“采取东篱下，悠然见南山”那般诗意盎然。就像苏轼最为喜欢的陶渊明后来取名号“五柳先生”一样，这里交代了“东坡”的来历，是苏轼到黄州的第二年，即元丰四年（1081），老朋友马正卿为他向官府求来的一块荒地，让他可以躬耕以此免饥，这一建议，得到了苏轼老友、黄州太守徐大受的批准。

陶渊明辞官归里，过着躬耕自资的生活。夫人翟氏与他志同道合，安贫乐贱，“夫耕于前，妻锄于后”。历史总是惊人地相似，现在的东坡与王闰之，俨然就是陶潜与翟氏劳作的化身。但不同的是，东坡却没有与桃花源相遇的任何机会了。

苏东坡在大旱之岁开荒播种，十分辛劳，放下锄头写了《东坡八首并序》。诗的最后，东坡还这样描述了马正卿：“马生本穷士，从我二十年。日夜望我贵，求分买山钱。我今反累生，借耕辍兹田。刮毛龟背上，何时得成毡？可怜马生痴，至今夸我贤。众笑终不悔，施一当获千。”面对为自己雪中送炭的朋友，他也不忘开玩笑，说他帮助自己是希望得到千倍的回报。他自嘲说马正卿这么帮助自己，这不是龟背上刮毛，受人取笑吗？

虽然如此，总算可以指望下一年有些收入了，而有了“东坡”的苏轼也就自称为“东坡居士”。此后，他又在东坡造了几间屋，因为落成于冬天，便在墙上画一些雪景，称之为“雪堂”。安静的雪堂是他写作和接待客人的地方，家属还住在临皋亭。所以从此以后，黄州就有了一个东坡居士，时常往来于临皋亭与雪堂之间。

其实，黄州的东坡在地形上并没有什么特别之处。黄州本是小山城，四周冈峦起伏。东门外的山坡上有一处比较平旷开阔，面积有五十来亩，原是官家废弃的营地，荒草离离，瓦砾遍地，不像白居易的忠州东坡那般绿树成荫，流水潺潺。即使在苏轼把这块荒地开垦出来之后，每当他乘着月色在东坡散步时，手中的拄杖还不时敲击到路上的瓦砾，发出铿然的声响。由此可见，黄州东坡原来比较贫瘠，更非名胜。但正如清代袁枚《谒岳王墓》所说“江山也要伟人扶”一样，自元丰四年（1081）苏轼开垦荒地并自号“东坡居士”，黄州东坡因此名闻天下，从地望间峭拔而起的“东坡”，也就成为一个特殊名词了。

二〇二三年春节期间，我来到位于黄州区的老黄冈师范学院考察，在老校区后门附近一带，矮小而密密麻麻的建筑之下，就是昔日“东坡”所在地。说真的，我很想掀起一块石板，抓起一把石头下的泥土，闻一闻泥土里“宋朝的味道”。而从少量正在拆迁的房子地基裸露出的土地来看，土壤是泥岩分解而成的，并不肥沃。

无论如何，站在东坡园的菜畦间，苏东坡太喜欢属于自家人的这一小块土地了。流自己的汗，吃自己的饭，自己的事情自己干。除了应付一点公务，他的时间都消磨在东坡田园。白居易由朝中被贬到重庆忠州时，年龄与苏轼在黄州时差不多。当年忠州城东就有一个“东坡”，白居易也对那片土地精耕细作，种花栽树，有《东坡种花二首》等诗传世。

苏轼历来敬重白居易，自己的个性、操守、行为方式又与白居易相通，正如周必大在《二老堂诗话·东坡立名》里所言：白居易、苏东坡两人，“其文章皆主辞达，而忠厚好施，刚直尽言，与人有情，于物无着，大略相似”。更重要的是，苏轼贬黄州后，也像白居易遭贬后一样，思想发生了重大转变。从此以后，苏轼特别欣赏白居易“知足保和”的处世态度。他屡次在诗文中提到自己与白居易的相似，如：“我似乐天君记取，华颠赏遍洛阳春。”（《赠善相陈杰》）“平生自觉出处老少粗似乐天。”（《去杭州》序言）等等，这就是他喜欢“东坡”二字的缘由。自从雪堂落成之后，他便处处以“东坡居士”自称。

在中国古代文人中，苏轼的称号之多无人出其右，根据学者袁庭栋《古人称谓》统计，竟有七十多个。尽管北坡、南坡、西坡等竞相仿效，时年四十六岁的苏轼，“东坡”一词如高高的江岸峭拔而起，一个词为历史和未来打开了一个立足大地、直面天空、穷且益坚不坠青云之志的诗意空间。莫砺锋教授指出:“从那以后，除了苏轼曾经自称的‘东坡居士’‘东坡老人’之外，人们又亲切地称他为‘东坡先生’‘苏东坡’‘坡仙’‘坡公’‘大坡’‘老坡’，甚至是第一个字——‘坡’！”①

“居士”后世一般指信仰佛教、在家修行的人。在古代则并非专指佛教信徒，有德才而隐居不仕的人也被称为“居士”。尤其是唐宋以来，文人雅士多以“居士”自称，颇有孤芳自赏之意。比如李白自称青莲居士、白居易自称香山居士、欧阳修自称六一居士、秦观自称淮海居士、李清照自称易安居士、辛弃疾自称稼轩居士等等。

东坡与家人又在田地四周种了三百余棵桑树，以及一些枣树、栗树，还在坡上盖了五间草房，号“雪堂”。一个雨后的月夜，苏轼拄杖从雪堂回到临皋亭，他独行于时幽时明的小路上，他手中的铁杖不断叩击泥土里的石块，声响连连，响彻月夜。他意兴未尽，《东坡》一诗就诞生了:

雨洗东坡月色清，市人行尽野人行。
莫嫌荦确坡头路，自爱铿然曳杖声。

“雪堂”建成，就成为名人的会客厅。青年书法家米芾曾来这里与东坡谈论书法艺术。经历八十八年风雨之后的乾道六年（1170）八月，南宋诗人陆游官宦入蜀时路过黄州，特意来到东坡故园瞻仰，天佑东坡！陆游发现涉及昔日景观依旧，记录下了自己的观感:东坡在黄州城东门之东，这一带地势高低起伏，到东坡则平展开阔了。东面隆起一座土坡，较高，上有三四间房子和一所亭子。亭下是一排朝南的住房，很

① 莫砺锋:《漫话东坡》，凤凰出版社 2008 年版，第 5 页。

有气势，这就是雪堂，四面墙壁上都挂有字画。堂中挂着苏轼画像，戴一顶乌黑的帽子，身着紫色皮衣，横按着一根邛竹杖。堂东有一株大柳树，传说是苏轼亲手栽植的。正南是一座桥，题为“小桥”，桥下小河是干涸的，下雨山溪奔流才汇为急流。再向东有一眼井，井水冷冽，即所谓的“暗井”。

东坡眼中无豹，也没有飞鸿，只有“黑牡丹”。那是一头黑色的耕牛。北宋时期，一头耕牛的价钱在三贯到五贯，相当于苏家一个月的生活费用总和，不能不小心对待。

在致老友章子厚（章惇）的信里，东坡调侃：

> 某启：仆居东坡，作陂种稻。有田五十亩，身耕妻蚕，聊以卒岁。昨日一牛病几死，牛医不识其状，而老妻识之，曰：“此牛发豆斑疮也，法当以青蒿粥啖之。”用其言而效。勿谓仆谪居之后，一向便作村舍翁，老妻犹解接黑牡丹也。言此发公千里一笑。（［清］梁廷枏《东坡事类·与张子厚》）

东坡幽默，幽默里藏匿着另外一份心情：他一大家人躬耕东坡，妻子养蚕，种稻种菜，姑且以此为生，自己早已不做他想了。为证明此言不虚，他告诉对方一件有趣的事：家里耕牛“黑牡丹”病了，奄奄一息，兽医也诊断不出病症，老妻用青蒿医治好了它。实际上是苏妻熬的青蒿汁。看来，妻子王闰之除了会给牛治病，还懂得“黑牡丹”的心思。

按《古今事文类聚》：“唐末刘训者，京师富人……京师春游，以观牡丹为胜赏。训邀客赏花，乃系水牛数百在前，指曰：‘此刘氏黑牡丹也。’”大富翁刘训，想来也是风雅之人。春天时邀请宾客前来赏牡丹花。花园中拴了数百头黑色的大水牛。他对来人说：这是刘家的黑牡丹！

尽管东坡园里没有种植牡丹，那为什么又不可以戏称黑水牛呢？

耕作之余，东坡经常回忆起家乡眉州，回忆起眉州的竹笋，他甚至请眉州的老友巢谷带来家乡的巢菜种子播撒在东坡，命名为“元修菜”。

一个作家的智慧并不局限于写作，更体现在他对生活细节的观察与热爱。苏东坡记录了大量黄州一带的风土人情，比如对市价低廉的羊骨头的精细加工而成美味，对于猪肉、猪头、鲫鱼、棕笋、野菜等的烹调，往往别出心裁，饮食深谙养生哲学，著名的“东坡肉”就发明于此。加上他本是植物花卉的爱家，他对于这里的海棠花就有很多记载。《记游定惠院》记叙说，黄州定惠院东边的柯山上，有一株海棠，枝叶特别繁茂。每年花开的时候，我都会带着客人前去饮酒赏花，已经五次醉在这海棠树之下了……他写有著名的《海棠》七绝，《王直方诗话》指出：“东坡谪黄州，居定惠院之东，杂花满山，而独有海棠一株，土人不知贵。”这说明，在偏僻的黄州，当时人们还不知道海棠花的文化与风韵。

苏东坡更喜爱的事情，是黄昏时分在东坡散步，如果有月亮，那就再好不过了。月亮才是他最亲密的朋友。踏着浮动的月光，他在虫声四起的山道上漫步，走着走着似乎感觉灵魂出窍了，与天地同游。转念一想，自己的名声渐渐不为世上所知，自己反而像一块丑石头那样滚落到了山溪中，也许这才是石头最好的归宿。远远看去，丑石头与草木流水又是多么和谐、生机勃勃！

爱是灯，但友情不是影子。当灯熄灭了，影子也灰飞烟灭。这个时候，唯有闪烁远方的几点冷光才让他意识到，还有一些不是来自灯火的光，隐隐约约在厘定自己的方向。他一下感到有点说不清道不明，那就索性不说吧！

必须停留在喷射的瀑布旁边！

必须要让“雪堂”成为生活的牧场！

必须停驻在长江波浪推开又退去那充满生命力气息的滩涂！

必须在空荡荡的街市回望阑珊灯火下，那些一直目睹自己离去的眼睛！

那时，苏轼脑子里只有一个念头，那就是回到眉州老宅，像一滴凝在笔尖的闪耀着晶辉的墨汁。

为此，他尽力保留了黑夜与白日交汇处那种微暗的无尽暖意，去坦然面对一切。因为，自己已是东坡居士，不再是曾经那个挥斥方遒的书生了。在《书韩魏公黄州诗后》中，东坡承认："轼亦公之门人，谪居于黄五年，治东坡、筑雪堂，盖将老焉，则亦黄人也。"书生成了"黄人"，但东坡还是告诫自己，不要伤春悲秋，抱怨自己年纪大，"休将白发唱黄鸡"。

从"方山子"到"陈惊坐"

在御史台催逼之下，苏轼在长子苏迈陪同下，不顾刺骨的严寒立即上路了。元丰三年（1080）元月，他们经陆路奔赴黄州。

到达陈州时，苏辙急忙从二百里外的南都赶来相见。兄弟劫后重逢，真是悲欣交集，可惜只相聚了三天便挥泪而别。苏辙受到哥哥案件的牵连，携家带口到达江西九江以南数百里的高安县任职。他们商定：东坡的家眷由苏辙带着经水路去往黄州，这样哥哥可以稍微消停自由一点。苏辙尽一切努力为哥哥着想，为哥哥分忧，不惜一切得失与哥哥患难与共，如此深厚的兄弟情义，中国历史上并不多见。

一路上，苏轼走走停停，有景即游，有诗便写，看起来与以往没什么不同。其实牢狱之灾已震撼了他，山穷水尽、柳暗花明，但人生真的就像一架荡来荡去的秋千吗？苏轼陷入了对生命意义的反思中……

二月到达黄州，苏轼寓居佛寺定惠院。此院环境清幽，位于黄州东南大片山林之下，此处听不到长江的涛声。

不要说杭州了，就是与密州、徐州相比，黄州不但是小城，而且是穷乡僻壤。由于此地可以交流思想的人很少，苏轼很压抑，觉得天空也阴沉得可怕。

他偶然听说光州、黄州有一位隐士叫"方山子"如何如何了得，东坡偶然在麻城歧亭（又作"岐亭"）杏花村，见识了号为"龙丘居士""方山子"的高人：头戴方山冠峨然耸立，"弃车马，毁冠服，徒步往来，山中人莫识也"。哈哈，这不是老友陈季常吗？！凤翔府一别，距今已经十六年了。原来他一家人在黄州隐居，“方山子亦矍然问余所以至此者。余告之故。俯而不答，仰而笑。”东坡笔法的潜台词太丰富了：陈季常了解到“乌台诗案”的过程、贬黄州情况之后，“俯而不答”，多少愤慨、惋叹、不平尽在其中。然后呢，陈季常“仰而笑”。陈季常联系自己的际遇，认为时事如此，幸与不幸，得意与失意，只应付之一笑罢了。这一笑是融万千言语于不言之中。

富有深意的是，陈季常因此成为东坡谪贬黄州后第一位迎接者！彼此都不会知道，后来陈季常也是东坡离开黄州送别最远的人。一饮一啄，岂非前定？

《舆地纪胜》卷四十九《黄州》下载：“风月堂，在麻城县柳氏家，陈慥季常妻家也，东坡名之曰风月堂。”

东坡来到陈季常家中，更进一步显出了陈季常的精神气象：“环堵萧然，而妻子奴婢，皆有自得之意。”“室内无长物，窗下有清风”的生活，不见蹙然愁苦，相反全家上下都怡然自得。其实，这不是陈季常贫困所致的，而是为了远离豪奢。

这暗示陈季常已经不再是那个仗剑纵马的贵公子了，而是真正的高人“方山子”。

这倒未必。

这位使酒好剑、挥金如土的阔少爷，如何也在黄州安家？冥冥之中注定朋友必要相聚吗？他还怕不怕河东狮子吼的老婆呢？很可惜，苏东坡的《方山子传》没有点出这一点。

其实呢，陈季常还是当年的那个公子。放弃功名是真，他也不是全心全意隐居，只不过是在山野乡村寻找自己的诗意栖居，他希望把古人理想中的任侠生活予以现实落地，而且他具有实现这些的物质条件与人脉关系。有一回，陈季常前往黄州拜访苏东坡，东坡愕然发现，黄州的豪门贵族居然都争先恐后地安排轿子，邀请陈季常去做客，他俨然是名满江湖的“孟尝君”转世啊！于是，苏轼作《陈季常自岐亭见访，郡中及旧州诸豪争欲邀致之，戏作陈孟公诗一首》，给陈季常又开了一个玩笑：

孟公好饮宁论斗，醉后关门防客走。
不妨闲过左阿君，百谪终为贤太守。
老居闾里自浮沉，笑问伯松何苦心。
忽然载酒从陋巷，为爱扬雄作酒箴。
长安富儿求一过，千金寿君君笑唾。
汝家安得客孟公，从来只识陈惊坐。

诗歌里引证了蜀人扬雄“载酒”与“问字”的典故，足以看出陈季常的学识受人敬重。诗人的全部优点、缺点，似乎陈季常都有。东坡发自内心喜爱这样的真人。只是“陈惊坐”一出，堪对东坡赠予其夫人的“狮子吼”了。

在黄州的四年里，东坡到歧亭找陈季常三次，陈季常来黄州看望东坡竟有七次。东坡来麻城，都会在陈季常家住上十天半月。东坡心细，担心好友为招待自己去宰杀活物，专门给陈季常写了一首“泣”字韵的诗，要他不必因待客杀生。自从贬谪黄州后，东坡感觉自己“恶业深重”，于是吃斋念佛，戒杀生，陈季常马上执行，自己也茹素。据说陈季常的这一举动还影响了村里人，吃素风逐渐流行。

他们有做不完的趣事，谈论佛法，吟诗作赋，寄情山水，抚琴高歌，两人还一起合谋赚钱……东坡诗句中的“酸酒”“甜酒”，指的就是与陈季常共饮的麻城老米酒。

宋词本为公演的曲艺形式，自然离不开觥筹交错与红颜。东坡性真，非常喜欢俗乐，以及唱俗乐的歌女。“陈季常有位歌女名叫秀英，苏轼很喜欢她。有一回苏轼喝醉了给陈季常写信，附了一首带‘君’字的诗。酒醒后他问夫人自己写了什么，夫人说写的是‘一绝乞秀英君’，苏轼羞愧难当，赶紧再去信解释。”[①]

① 仇春霞:《千面宋人：传世书信里的士大夫》，广西师范大学出版社 2023 年版，第 453 页。

东坡逐渐抵达了“自喜渐不为人识，人生尔尔莫如此意”的境地！

韩愈等官员可以为人写文章挣大钱，晚年“为文必索润笔”，东坡没有这等兴致，只能守穷，尽管他的书画名满江湖，换钱是非常容易的，但东坡只为知己而书。诚如莫砺锋先生所言：“友人们收受了东坡的书画作品，却从不表示谢意吗？当然不是。比如收受东坡书帖甚多的陈季常，便时常在物质上接济东坡，东坡曾作书致谢：‘至身割瘦胫以啖我，可谓至矣！’至于其他友人，往往以笔、墨、纸、砚等物相赠，例如唐林夫赠诸葛笔，庞安时赠李廷珪墨，郑元舆赠绢纸，段君玙赠令休砚等，皆见于东坡在黄州所作题跋。凡此种种，都是朋友之间礼尚往来的互相馈赠，绝非商业活动。换句话说，东坡赠给友人的书画只是礼品，友人回赠的文房四宝也都是礼品，后者是东坡创作书画作品必需的艺术耗材。一切商品都是有价的，真正的艺术品则是无价的。东坡在黄州时衣食不周，捉襟见肘，却从不出售书画以谋利，他的写字作画皆是纯粹的艺术活动而非商品制造。正因如此，他的作品才会那般生机勃勃，元气淋漓。”①

是否如此呢？也不尽然。

提到陈季常与东坡的生意经，不能不看到他的睿智与慷慨。

学者仇春霞指出：

陈季常虽然隐居，但也没闲着，一直在经营出版业。他刻的书里有传统经典，如《易》《史记索隐》《旧五代史》，以及一些医书。另外，他还经常送纸给当代名家，请他们将自己写好的诗抄在纸上寄过来，他再把这些人的诗文刊印发售。他为苏颂刻过《苏尚书诗集》，这个苏颂就是苏轼《天际乌云帖》里提到的“子容”，后来官至宰相。黄庭坚的舅舅李常去世后，陈季常找到黄庭坚，想要他模拟李常的口吻写诗，然后刊刻发行。黄庭坚拒绝了，他认为这是对舅舅的不尊重，是不道德的

① 莫砺锋：《宁钝斋随笔》，凤凰出版社 2022 年版，第 297 页。

行为，但他答应把给舅舅写的墓志送给陈季常刊刻发售。

陈季常刻售最多的应该就是苏轼的诗文了。苏轼是写诗词写文章的好手，又有名气，他写的东西自然不愁卖。可以想象，当苏轼的《前赤壁赋》《后赤壁赋》《黄州寒食帖》《浪淘沙·大江东去》等名篇横空出世时，陈季常得赚多少钱。也难怪苏轼要称陈季常为“大檀越”，也就是大施主。当然，苏轼这样称呼陈季常不只是因为陈季常帮他赚了不少钱，也因为他经常向陈季常借书看。

对陈季常来说，苏轼为他撰写的最有价值的两篇文章当属《陈希亮传》和《方山子传》，前者是陈季常父亲的小传，后者是陈季常自己的小传。苏轼自从与陈季常成为好友后，对老领导陈希亮了解更深了，也明白了当年老领导惩罚自己的良苦用心。后来元人在修《宋史》时，关于陈希亮和陈季常的列传全部参照了这两篇文章，两人因此而得以名垂青史。[①]

北宋的惯例是，官吏薪俸有相当大的部分由实物折合银钱来代替。苏轼的水部员外郎属于加官，薪俸由公家造酒后的废旧袋子代替，他领到后还要设法卖出换钱。即使黄州物价低廉，但他一向不善持家理财，也不屑于与人斤斤计较，薪俸到手很快就用光。他初到时与僧人一起进餐，每月一次到城南的安国寺随僧人一起沐浴，借此节省烧水的柴火费。

后来家属来到黄州后，经知州徐君猷同意，苏轼将家搬到城南长江边上的临皋亭。此亭本名回车院，是供行经水道的政府官员住宿的驿站。

“苏文熟，吃羊肉。”现在呢，“苏文”的制造者却根本买不起羊肉了。

① 仇春霞《千面宋人：传世书信里的士大夫》，广西师范大学出版社2023年版，第460页。

鉴于羊多为西北产，而汴京贵族的膳食里主要是牛羊肉，这造成北宋羊肉价格高得离谱。据程民生教授《宋代物价研究》记载，北宋时期一只羊大概值三贯，一贯钱约等同现在的人民币六百七十元，也就是说北宋一只羊售价约等于现在的两千元！《夷坚志》也记载，绍兴年间，“吴中羊价绝高，肉一斤，为钱九百”。而当时县尉（相当于今天区县公安局局长）一个月的工资也不过才七千七百文，也就抵八斤多羊肉。《夷坚丁志》卷十七《三鸦镇》就记录当时有人写的一首打油诗：“平江九百一斤羊，俸薄如何敢买尝。只把鱼虾充两膳，肚皮今作小池塘。”

苏轼曾言：“平生嗜羊炙，识味肯轻饱。”在被贬惠州期间，苏轼就曾写信给鲜于子骏，讲了他在惠州吃羊肉的趣事。当时惠州的市场上，有商家每日杀一只羊出售，这也是每日仅有的一只羊。苏轼想吃，却又顶着被贬之官的名号，不好和当地权贵们抢着买羊肉。

可是苏轼又放不下那羊肉，便找到了商家，订下了一般没人要的羊脊骨。作为一个上得厅堂、下得厨房的资深美食家，苏轼拿着那一段羊脊骨，果真又倒腾出了花样。他先将羊脊骨煮透，再淋上酒，撒上盐，放到火上烘烤。待烤至骨肉微焦，便可享受一点点剔骨缝里的肉的乐趣。而苏轼的这道私房菜，便是“羊蝎子”的雏形。

在黄州期间，苏东坡饮食题材的诗词超过三十首，赋有一篇，文有十二篇（含书信）。他在逆境中以一种近乎审美愉悦的态度去拥抱生活，对简朴的生活倾注极大的热情，比如关于生活清贫如何喝酒，从《桂酒颂》“有道而居夷者”，可见端倪。

炎炎八月，乳母任采莲去世了，年约七十二岁。任采莲是眉州人，在程夫人嫁入苏家时进门，跟随苏家患难与共三十五年。任采莲用乳汁喂养过八娘和苏轼，后来像一位奶奶那样养育东坡的几个儿子。平时任采莲担负起了生活总管的全部工作，是苏家不可或缺的成员。她为人“工巧勤俭，至老不衰”，无论穷达总是默默地追随苏轼一家，给以力所能及的支持，可谓有恩有劳。她的人品和精神给了苏轼很深的影响。在自己落魄的时期，乳母去世，苏轼心情无比沉重，亲自撰写了墓志铭。这年十月，苏轼将乳母葬于黄冈县之北。他自己或让孩子多次祭奠她，对她难以忘怀。

这样，东坡经常去拜谒任氏墓。离开黄州前，特来拜谒并委托好朋友潘彦明在他离开黄州后维护墓地。即便离开黄州后，他也多次来信询问墓地维护情况，拜托朋友祭拜事项。到了明清时期，有农民耕地时发现了墓碑碎片，后经人整修存放在东坡赤壁留仙阁内。

就在苏轼家陷入左支右绌的境地之际，一天老朋友马正卿(字梦得)登门拜访东坡。那还是嘉祐五年（1060）八月，苏洵被朝廷任命为试秘书省校书郎，而作《谢赵司谏书》中，则说他“寓居雍丘，无故不至京师”。因而可以推断，苏轼、苏辙就是在居住雍丘期间认识当地有名的“穷士”马正卿。

马正卿是杞县人，不愧是著名的“穷士”，穷到了什么程度？他连自己的祖父、父亲死后都无钱下葬！苏轼兄弟一度也大惑不解：“问人何罪穷至此？”《东坡志林》卷一《命分》有一条云：“马梦得与仆同岁月生，少仆八日。是岁生者，无富贵人，而仆与梦得为穷之冠者。即吾二人而观之，当推梦得为首。”

东坡的意思说，马梦得和自己同年同月生，只比自己小八天。而这一年月出生的，命中都注定不能跻身富贵行列。但如果二人“比赛”一下谁的命更穷的话，苏轼情愿将第一名让给马梦得。这是苏式幽默，但幽默之中藏有多么浓重的辛酸啊！

元符三年(1100)，东坡北归时，提到他的《东坡志林》还未能完成，这是他从元丰至元符年间近二十年的杂说史论，马正卿的“穷”能被苏轼记录在案，可见晚年的苏轼在回忆中对马正卿的关注与思念。这不仅仅是因为二人同年同月生，而是苏轼认为，冥冥中注定了他和马正卿的坎坷命运。

《东坡志林》卷五还有一条关于马正卿的记载：

> 杞人马正卿作太学正，清苦有气节，学生既不喜，博士亦忌之。余（少时）偶至其斋中，书杜子美《秋雨叹》一篇壁上，初无意也，而正卿即日辞归，不复出。至今白首穷饿，守节如

故。正卿字梦得。[1]

彼此结识、相知逾二十年，不管彼此得势与否，两人始终交好：话说一〇六一年制科考试毕，苏轼被授予大理评事、凤翔府（今陕西省宝鸡市凤翔区）签判。某天，苏轼去拜访马正卿，不巧他外出了，苏轼就在他书斋粉墙上题写了一首杜甫的《秋雨叹》。马正卿回来一见，心有所感……所以，当苏轼于十一月带着妻子王弗和襁褓中的苏迈离京踏上西去之途时，跟随苏轼一起到凤翔去担任幕僚的，就有刚刚辞掉太学正的马正卿！

如今，得知苏轼贬谪到达黄州，马正卿便急急赶来看望老友。

老友相见，眼泪夺眶而出。马正卿胡须浓密，苏轼亲切地称呼他为“马髯”。马髯抬头见到房梁上挂着一些钱串，感到有些惊讶：“子瞻，这是为何？”

苏轼哈哈一笑，用叉子挑下来一串钱说：“一串钱一百五十文，我家人每一天的花销便是这一百五十文。我遭遇贬谪，囊空如洗，每月只能花四千五百文，所以啊，我每日一早挑下一串钱，作为当日吃穿用度的花费。”

马正卿大为感叹，自己却一时无力设法，只得在梁下低头，不停叹息。

见马正卿一脸愁云，比室外的天色还要晦暗，苏轼反而开导他：“马髯，前些天我想了许久，终于想清楚了我为何困顿至此。唐代韩愈以磨蝎为身宫，我则以磨蝎为命。韩愈一生颠沛，颇多谤誉，足见这个时候出生的人，便没有大富大贵的。你比我小八天，却与我一样是磨蝎。我与你都属于穷困之人，但若硬是要分个高低，想来还是你更清苦一些吧……”所谓“惺惺惜惺惺”，苏东坡通过马正卿的命运，也许窥视到了自己坎坷半生的谜底。

① 亦见孔凡礼点校《苏轼文集》，中华书局1986年版，第2296页。“少时”二字，依《文集》补。

马正卿正思忖着与苏轼讨论进一步的生计，听到这番苦中作乐的话，简直不知道该如何作答这番苏轼的疯言疯语。其实，马正卿此时刚好在黄州府供职，而且担任的是黄州通判。

马正卿不但为苏轼从官府申请下来一片撂荒的五十亩旧营地，还帮助苏轼修筑起居室，让他们一家终于有了安居之地。苏轼带领家人整治营地，自备耕牛、农具，躬耕其中。土里除了大量种植蔬菜瓜果，当地几位崇敬苏轼的朋友也来助阵：卖酒的潘丙，卖药的郭遘，还有书生古耕道，他们挽起袖子下地，顶着烈日栽种麦子，到夏天则播种稻谷……总算解决了一家人的衣食之忧。次年二月，苏轼为自己在东坡建立的临时居室取名“雪堂”，并在门楣上镌刻题有“东坡雪堂”四个大字的匾额。

应该说，黄州的体力劳动，是东坡有生以来最为密集的。这时苏轼外表颇像农夫，皮肤黝黑，身体反而强健了。成天在田地里操劳的苏夫人王闰之也像农妇，王闰之自幼在青神县乡间长大，动手能力极强。一天她发现花了大价钱买来的耕牛快要病死了，牛医也束手无策。苏夫人细心观察看出了结症，她很有把握地认为：“这头牛在发豆斑疮，治法是喂它吃青蒿粥。”按照她开的药方，耕牛转危为安，赢得了大家的夸赞……

芒种之后，看着麦穗越来越饱满，这是东坡躬耕以来的第一年大丰收，苏家人收获二十多石麦子。恰逢家中的粳米吃完了，王闰之开动脑筋，将大麦与红小豆掺在一起煮饭。也许火候掌控不佳，饭食软硬不一。吃起来嘴里嘎嘎嘎嘎……家中孩子就相互调笑，说这粗粮吃起来毕毕剥剥直响，声音仿佛是咬虱子。东坡一听，幽默的天性被启动，大笑不止：“不然不然，我倒觉得颇有西北的村落气息。尤其是撒入一把小豆一同煮饭，吃起来特别有滋味。”

鉴于大麦与小豆外表均为红色，王闰之见丈夫不改旧日幽默脾性，也笑道：“这是新样的‘二红饭’！”

幽默是抗拒忧伤的最好武器。经他这么一说，一家人立刻欢声笑语，苏东坡好久没见过一家人这么高兴了。妻子王闰之一向话极少，更别说什么幽默了，纵然不是在这贬谪之处，而是在繁华富庶的杭州，她也少言寡语，只管埋头料理家事。多年来，东坡极少从她嘴里听到新奇有趣的说辞。而今天，算是开了眼了！

看起来，吃着自己种出的粮食，感觉太美了！

在这穷乡僻壤，若不是夫人辛勤劳作，自己有何能力填饱一大家子人的肚皮？想到此处，苏轼不免一阵心酸。

有一天，东坡酒醉饭饱。他靠在椅子上欣赏室外的景色。东坡写道：

> 东坡居士酒醉饭饱，倚于几上。白云左绕，清江右洄，重门洞开，林峦坌入。当时是，如有思而无所思，以受万物之备。惭愧！惭愧！

白云、树林、山峰、水波，万物纷至沓来，任自己随意指点，“如有思而无所思，以受万物之备”，我仿佛在思考又像是没有思考什么，没有执念，并不消沉，惬意享受万物所有的惠泽与神启。独对天地，那是一介闲人获得的无尽馈赠，这岂不让人连说“惭愧惭愧”。这些观点，与《前赤壁赋》中“达则兼济天下，穷则独善其身”积极旷达的人生观相较已经有所变化，但开掘的域界明显更为阔达了。

桤木卷帖

一九四〇年夏季，西南联合大学中国文学系教授朱自清第一次抵达成都，于九眼桥下游锦江右岸的宋公桥报恩寺租赁了三间简陋的房子。他对成都的印象非常好，认为成都气候温润，物产丰富，最宜居家。一年的学术休假届满，他从九眼桥锦江码头弃岸登舟，入锦江，经江口、夹江、嘉州，再行至宜宾上岸，转行川云山道进入云南。抵达昆明后他在一封致成都友人金拾遗夫妇的信件中，描述自己顺锦江而下的观感：

"江口以上，两岸平原，鲜绿宜人。沿河多桤木林子，稀疏瘦秀，很像山水画。"可见，沿江的风致多少冲淡了他淤积在胸的生存阴云。

信件里提到的桤木，又名水冬瓜树、水青冈、青木树、桤蒿，属乔木科，并不粗大，但可以长到一二十米高，具有椭圆形树叶，枝叶茂盛。此树春季发芽，秋季落叶也落子。桤树是由种子繁殖的植物，一棵老树之下，往往会有成片的树苗，几年就可以迅速追赶上父辈。桤树容易长虫，往往包裹成修长的纺锤形，民间俗称"吊吊虫"，就像一根测量使用的线锤，锥立水面，测量着水与天、阴间与阳间的距离。记得我在幼年时节，经常用竹竿扰乱这一静谧的场景，大概是出于"扫除一切害人虫"的心理驱使吧。

古人视校雠如扫落叶，意思是扫不胜扫。陆游在《新凉书怀》里就感叹："无日桤林无坠叶，有时燕户有新雏。"是说桤木自夏至秋，日有落叶，不可胜扫也。想一想，如果天天有稿费单如树叶飞来，估计他就会喜欢桤木。

宋祁《益部方物记》指出："桤木蜀所宜，民家莳之，不三年可为薪，疾种亟取，里人利之。"渴望追求其立竿见影的利润，在于蜀人务实，对植物的选择上也可以窥见其生活美学的向度。

在这样的蜀地氛围烘托下，桤树无脚走天下，遍及巴山蜀水。二十世纪五十年代，在岷江、青衣江、沱江以及无数支流之畔，均能看到野水奔流、拽动山影的风俗画卷，两岸由成片的桤木林子构成，宛然如一只踏水而飞的鹭鸟，把斜影留给了造梦的历史。桤木顽强的生命力被地力激发而起，桤木林盘深处必有人家。其实此树质地并不坚硬，树干也不广直，因为不是栋梁之材，无法被委以重任，农民多砍伐用作猪圈栏杆，也当柴火。树皮、果实富含单宁，可作染料和提制栲胶。木炭甚至可制黑色火药。堤边也间有柳树、芦竹、芭茅之类。置身眉山一线的西蜀平原上，秀美而细腻的田园风光一览无余：田野里大小沟渠纵横，农田中的农作物一年四季郁郁葱葱，它们就像疾风暴雨般的大起义。桤木林中，莺学唱新词新调；稻花香里，蛙仍奏古曲古琴。蜻蜓回旋，麻雀、雨燕、乌鸦、苍鹭、野鸭穿梭游动。苍穹之上，不时有黑鹰以刀片似的翅膀，切割蜀天厚云。

高大的桤木树在风中不时洒落水珠，就像迷路的村妇在嘤嘤哭泣。夏秋日雨过天晴，桤木树下会生出一种黑菌，叫“桤木菌”，因其生长地多伴有芭茅，人人戏称其“好吃不好采”。此菌的煮法是用清油加热放入盐，再在锅中倒入一小盆清水，放入菌子、大蒜，待其水开加入少量豆粉水，其味鲜美异常。

古人视草木具有通灵之能，草木荣枯自然成了一个时代的风向标。宋元时代著名学者马端临的《文献通考》卷二九九《物异考五》当中，记载了眉州的两桩“木异”事件：

> 广明二年（881）春。眉州有檀树已枯倒，一夕复生。

另外一桩是：

> 元符二年（1099）九月，眉州眉山县桤木二株，异根同干，木枝相附。

桤木异根同干，相互呵护，暗示了一种空前的情义。我们可以追问的是，为什么马端临要记载这一看似寻常的事件？

在我看来，马端临对阴阳五行具有卓越的见解与非凡的处理方法。他的《文献通考》以“物异”代“灾祥”，他褪去了笼罩在诸多“灾祥”身上的神光，还原为至多的罕见的自然现象，他的头脑毫无冬烘之气，这乃是马端临在史学研究上的重大突破。于此记载的眉州桤木，他是埋有伏笔的。

历史的深意恰在于此：同在元符二年（1099），眉州的苏辙自雷州调往循州。在雷州后来命名的“二苏亭”处，苏轼与苏辙，万里投荒，逐臣同路，携手同游。兄弟挥手分别，隔海酬唱。诗情倒卷而来，一如海峡震荡的流波。白发苍苍的东坡，贬居荒寂的海南岛，他只能与当地的黎民、白云、椰林交流他的痛苦与忧烦。

正所谓“彼此扶持弟兄桤，相亲挚爱夫妻榆”，成为苏门亲情的绝佳写照。

古人进一步意识到，桤木能够肥田甚于粪壤；一旦得风，叶子发声如白杨，就像是穷人在热烈鼓掌，这暗示了桤木的民间化指向。北宋严有翼在《艺苑雌黄》中也说：此树“止可充薪而已。惟蜀地最宜种。蜀人以桤为薪，三年可烧”。正因桤木具有这样的“蜀性”，杜甫于唐肃宗乾元二年（759）年底来到了成都，几个月后他的草堂建成了，杜甫四处索要树苗、竹子、果树。听说桤木生长迅速，他就四处寻找。而住在成都的诗人何邕是杜甫的好友，杜甫想起何邕的宅园中有桤树，就写诗向他索要树种。其《凭何十一少府邕觅桤木栽》说：

草堂堑西无树木，非子谁复见幽心。
饱闻桤木三年大，与致溪边十亩阴。

可以发现，杜甫在草堂种植的桤树，应该不在少数。诗人的草堂尽管简朴，但杜甫一定会在其中竭尽所能营造艺术氛围。草堂建好后，杜甫又细致地描绘了“桤林碍日吟风叶，笼竹和烟滴露梢”的诗意图画。试想一下：高大的桤木遮住了阳光，和风吹响树叶好像是在吟咏，修长的笼竹萦绕着烟雾，它们的梢头还滴着露珠。

这，的确是让一代诗史恍然如梦的物候之学。

无独有偶，后来的王安石也在《偿薛肇明秀才桤木》中写道：“濯锦江边木有桤，小园封植伫华滋。”而苏东坡更是屡次在诗文中提到桤木，如《次王介甫韵》诗中：“斫竹穿花破绿苔，小诗端为觅桤栽。”他还在《送戴蒙赴成都玉局观将老》诗中云：“芋魁径尺谁能尽？桤木三年已足烧。”而其《木山》诗中也说：“二顷良田不难买，三年桤木行可樵。”

如果说杜甫开启了“桤木诗学”的历史，那么苏东坡则是历史上第一个具有“桤木情结”的大诗人。

苏东坡在《论书》里有一句被今人奉为圭臬的话：“书初无意于佳

乃佳尔！”意思是学习书法初始时不必刻意求佳，应放松随意，自然能达佳境。这句话里有一个艺术创作技巧与心态的问题：朝向自然，如水一样与万物不争。

遥想魏晋时期狂诞的风度，《晋书》中记有王敦大将军每次酒至酣畅处，常常以铁如意击唾壶而慷慨放歌，以至于壶口因而缺损。这固然不是行为艺术，但在东坡看来，艺心与策略，只能在纸上！只能全力以赴去建立自己宏大的“纸上迷宫”。

东坡在黄州生活了四年零三个月时间，在心有余悸的状况下，诗歌、文章写得不多，唯有词与书画作品的创作却是处于大幅度跃进。东坡寓黄州平均一年写词十九首，远高于一生平均之数。他的书画作品在黄州臻于炉火纯青之境。

首先当从制度上考察一下宋代的“惩罚与规训”。如像韩愈、柳宗元遭贬，固然被迫离开了权力中心，但他们在贬地却还是名副其实地掌握着地方的权力，生活并无忧愁。而到了苏东坡的时代，情况便大不相同了。成熟的官僚体制使这种惩罚方式更有效地发挥出惩罚的功用：朝廷制造出大量有名无实的官衔，把被贬者抑留于官僚体系之内，却不使其具有权力。

到达黄州，苏轼的头衔有二：“检校尚书水部员外郎、充黄州团练副使、本州安置”。水部员外郎是水部（为工部的第四司）的副长官，但“检校”则表示这只是一个荣誉称号；团练副使是唐代的地方军事助理官，宋代只表示官僚的级别，根本就不存在这样的具体职务。比较实在的倒是“本州安置”，也就是说，苏轼必须老老实实待在这个地方。令人啼笑皆非的官名，不过是把贬谪官员与流放罪犯做了最低限度的区分。

在后人看来，黄州的贬居生活是东坡生平中的一个转折阶段，这样的看法肯定低估了这次贬谪对他的心理打击。正如做噩梦的人，不知道眼前是不会延续太久的梦境。当时，他也不知道何时才能走出厄运。按一般的推想来看，他会觉得自己俨然已走入一条死路：元丰三年（1080）的苏轼已经四十五岁，而亲自主持政务、坚决实行“新法”的宋神宗年方三十三岁，谁也不能预料神宗竟然英年早逝，则因持“旧党”政见而不知洗心革面的东坡，能够指望的至多是谅解而已，如果说苏轼“得志”的前提是“党争”局面的改观，那么在当时看来这种希望何其渺茫，几乎是不可能有“翻盘”的希望。所以对当时的苏轼而言，自己的政治生命基本上就可能终结于此。这一打击，用“毁灭性”来形容并不为过。

苏轼顶着一顶近乎虚无的官帽，自然会与当地或路过的官员有所交往，但尴尬的是俸禄却基本断绝，需要自营经济收入。他初到黄州时，寄居于定惠院僧舍，到五月份苏辙将其家眷送来，全家便迁居到长江边的临皋亭，据说大有饥寒之忧，他只好痛自节俭，时不时地还得依靠苏辙的接济，全家以此苟延残喘。

在基本生活有了着落的基础上，其次就要保持身体健康、精神乐观了，方法是修道养气、参悟佛理。随着生活暂时稳定，苏轼继续《周易》《尚书》《论语》的研究与注释。可以肯定，在黄州期间，他已经完成了《易传》九卷、《论语说》五卷的初稿，《书传》也已开始起笔。这些成果标志着苏轼自成一家的学术思想的形成，经过黄州谪居，埋头著述的他已跻身于北宋最为重要的思想家之列，其学说被后世称为“苏氏蜀学”。

苏轼毕生极崇书法艺术，他“幼而好书，老而不倦”，认为“凡物之可喜，足以悦人而不足以移人者，莫若书与画”。在黄州期间，苏轼的书法作品主要有:《黄州寒食帖》《祭黄几道文》《念奴娇·赤壁怀古帖》《前赤壁赋帖》《杜甫桤木诗卷帖》等等。

《黄州寒食帖》是苏轼书法作品中的上乘，在书法史上影响很大，元朝的书法大家鲜于枢把它称为继王羲之《兰亭序》、颜真卿《祭侄稿》之后的“天下第三行书”。

“诗至杜子美，文至韩退之，书至颜鲁公，画至吴道子，而古今之变，天下之能事毕矣。”苏轼对杜甫的诗以及其人格精神、情怀，都是极其推崇的。

鉴于《寒食帖》世人谈得太多，这里主要谈一下《杜甫桤木诗卷帖》。

东坡黄州书迹今日可见的大约三十八件，除《梅花诗帖》为草书之外，其余三十七件均为行书或行楷书。《杜甫桤木诗卷帖》乃是行书，行书介于草书和楷书之间，行书不易呈露真性情，一旦深情注入，才是鲜活之书。他落笔沉着，行笔涩进，提按转折凝重，故线条圆润丰实而富有内涵。据载，苏东坡“少时规摹徐会稽，笔圆而姿媚有余；中年喜临写颜尚书真行，造次为之，便欲穷本；晚乃喜学李北海书，其豪劲多似之”（黄庭坚《山谷集》）。东坡是借杜诗以抒发流寓黄州的心情。桤木，成为他传递这一情愫的枢纽。跋文以及杜诗，说明桤木易长因而农家多栽植。行书结字秀润，姿态横生，笔法遒劲，墨韵生动，为东坡中年时节意韵丰厚之杰作，甚至可以说是苏轼墨法最高的书品。

苏轼所书杜甫桤木诗的全文是：“背郭堂成荫白茆，缘江路熟俯青郊。桤林碍日吟风叶，笼竹和烟滴露梢。暂下飞乌将数子，频来语燕定新巢。旁人错比扬雄宅，懒惰无心作《解嘲》。”全诗共八行五十六字。

所谓“缘江路熟”，缘由是草堂在浣花溪上，溪近锦江，故通称江。江边本无道路，因营造草堂，缘江往来，走出来一条路，故曰缘江路熟。“熟”有成熟之意。“俯青郊”，意思是面对郊原。草堂地势较高，故用“俯”字。

为此，苏轼跋文：

> 蜀中多桤木，读如敧仄之敧，散材也，独中薪耳。然易长，三年乃拱，故子美诗云：“饱闻桤木三年大，与致溪边十亩阴。”凡木所芘，其地则瘠。惟桤木不然，叶落泥水中辄腐，能肥田，甚于粪壤，故田家喜种之。得风，叶声发发如白杨也。吟风之句，尤为纪实云。笼竹亦蜀中竹名也。

清人安岐评论说：“此卷字画沉着，用墨浓淡适中，较丰墨者别有生动之趣。”明代金冕题跋云：“昔先生尝赞美杜子美诗、颜鲁公书，皆求之于声律点画之外，今观先生书杜诗，后千百年，宛然若昨日挥洒者，盖寓精神于翰墨而才品所自到尔。倘拘以宇宙之得而论之，是未可同赏妙也。”

应用不同书体抄录过多遍《汉书》的苏东坡就认为:“真(楷)生行，行生草；真如立，行如行，草如走，未有未能行立而能走者也。”行，安步当车，一步一个脚印，所以万山均在履下。

苏东坡研究专家李一冰先生指出:“苏宗晋唐，黄追汉魏;苏才浩瀚，黄思邃密；苏书势横，黄书势纵。”苏东坡字形偏横，黄庭坚字形偏纵，经常看到，突然心熟眼生，幽默就来了。东坡说黄庭坚字像树梢挂蛇，黄庭坚说苏东坡的字像石压蛤蟆，二人哈哈大笑，莞尔之间，彼此都抓到了对方的特点，形容得很是到位。这就是说，苏黄等大家胸中学问有余，不免矜矜然玩弄音韵、游戏文字，游刃有余，因为高出时代群伦太多了，彼此都显出寂寞!

苏轼以神赋形，才学品性贯注其间，凤翥龙翔。读杜有思，挥毫神助，使后人“爱玩不忍舍”。

这一幅东坡的杰作，现存于“台北故宫博物院”。

记得去年冬季一个黄昏，我在杜甫草堂开完会出来，阴霾天飘起了冷雨，信步走到“诗碑林”，抬头就看到了刊刻于石的东坡《杜甫桤木诗卷帖》，雨水已经浸湿了大理石板，天光微暗，印刻的字迹发出了一种奇特的墨光。

写字的东坡，就是黑夜凝聚的一滴墨。

一滴墨，发出墨精之辉。

墨黑浓郁，墨精发亮。

他的每一个笔触，就已经在最黑的黑夜中墨光绽放。

正所谓“笔精墨妙发潜光”。

桤树俨然是具有民间化向度的植物，我不妨直接称之为昭示民间祸福的消息树。“天下未乱蜀先乱，天下已治蜀未治”的著名结论，来自明末清初人欧阳直的《蜀警录》。此书描写张献忠屠川诸多真实亲历的细节，其中提到自己“奔入资、简界，比夜憩。林皋遇四虎，相逐过其前，直困卧荒草中，侥幸脱虎口。过淙溪，遇暴水，漂汹涛间，因浪附桤树岸获免死”。桤木竟然可以救命，由此可见桤树在明末川中一以贯之的恒久木性。眉山的桤木村、桤木岭就是一个地名学的案例。

明朝何宇度撰有《益部谈资》三卷本，其中特意指出：“桤木笼竹，惟成都最多。江干村畔，蓊蔚可爱。每见，必诵杜甫碍日吟风之句，第桤字音欺，不见字书。”《山海经·北山经》记载：“单狐之山多机木。”郭璞注：“机木似榆，可烧以粪稻田。”汉朝成都大才子扬雄《蜀都赋》：“春机杨柳，裛弱蝉杪”，机、桤古今字。南宋学者蔡梦弼指出：“《蜀中记》[①]：玉垒以东多桤木，易成而可薪，美阴而不害。然余尝历考韵书，无桤字，询之蜀人，相传以为丘宜切。”

很显然，这是何宇度寓目欠广所致。而且这个“桤”字的读音，四川大学古籍所教授向以鲜认为此乃古蜀人的发音。对此我完全赞同。

稍微仔细一点，就可以发现大作家们心细如发，笔下的诸多细节绝非偶然。与朱自清一样，“下江人”叶圣陶先生抗战时期旅居四川乐山、成都多年，他对蜀地的风物观察也堪称入味。到了一九六一年，他在《成都杂诗》里曾吟道：“慈竹垂稍见异裁，护溪桤木两行栽。成都郊景常萦想，第二故乡今再来。”他是把成都当“第二故乡”，其钟爱之情溢于言表。叶圣陶早在一九四五年就写过《谈成都的树木》，他是沿袭着自己的江南视野，以江南园林的美学构成来评论成都平原的树木，认为成都各家院子里的树木过于繁密，“如果栽得疏散些，让粉墙或者回廊作为背景，在晴朗的阳光下，在澄澈的月光中，在朦胧的朝曦暮霭中，观赏那形和影的美，趣味必然更多”。这，恐怕又是不太熟悉蜀地的民情。蜀地审美远没有江浙园林的工巧，他们注重的是人的身体感受而非眼睛的审美，这就是繁、大、多、重、密，至于疏朗美学，那必须要到一个可以矫枉过正的时候。但是，那个时候远没有到来啊。

现在桤木在成都并不常见，各处的景观树早已经被各种高档树木取代了。桤树难登大雅之堂，其主要用作建材和制作家具的材料，其用剩下的边角余料、树皮和锯末，用于提取色素用。这就是蜀人的眼光，更

---

① 此书应该指的是陆游的《入蜀记》。

多关注了桤木的实用价值。他们不懂利用桤木来造梦。

歌德于一七八二年发表了一首神秘的叙事诗《桤木王》，其中有这样一句对话：“父亲，你难道没有看见桤木王，头戴王冠、长发飘飘的桤木王？”

是的，我们看不见桤木王，只看见肥料、菌子、家具、火药、油漆……

我们如何才能感悟苏轼寄托于《杜甫桤木诗卷帖》里，那一树与流云对望、窸窣而动的乡情呢？

二〇二〇年某天，我与眉山作家华子、林歌儿等人在三苏祠喝茶。谈到我曾经采访叶圣陶之孙、著名作家叶兆言时，他回忆起祖父笔下的成都平原时对我说：“当然了，我最向往的地方是三苏祠……”三苏祠院子里曾有桤木，但早被名贵花木取而代之。在我看来，眉山的闲适，不是庭院幽深、曲径风荷、花木叩头如捣蒜；而是闲坐喝茶，独听雨檐琴声，白眼看鸡虫。楠木高敞，银杏肃穆，往往呵护的是高寺大宅。但寻常的、不堪做栋梁之材的桤树，俯仰之间，恰有蜀人的平常心：竹篱茅舍风光好，道院佛堂终不如。

这就难怪古人干脆直接赋予桤树一个伟大的名字：蜀木。

为友人扬名的“元修菜”

东坡肉、东坡鱼、东坡肘子……发展至今的东坡菜横跨川菜、浙菜、海派等菜系，与苏东坡有关的美食，千百年来逐渐成为华夏民族对苏东坡的一种味觉怀念。但有一味乡野小菜，也与东坡息息相关，更是让他在离开家乡的十五年里仍然魂牵梦萦。

这菜，便是产自东坡家乡眉州的寻常小菜——元修菜。

元修菜，也叫巢菜。巢菜有大小二种，小者即苏东坡所谓元修菜，大者即薇，就是《诗经》里大名鼎鼎的薇。司马迁《史记·伯夷列传》中曾记述伯夷、叔齐在殷商灭国后，义不食周粟，隐于首阳山采薇而食的故事。自此之后，首阳采薇及西山薇蕨便成了中国文化中坚守气节的代名词，屡见于历代诗词等典籍中，其中陶渊明的“饥食首阳薇，渴饮易水流”，也是历代称颂的名句。

生命力极强，加之分布广阔，历史上巢菜的别名很多，如野豌豆（《品汇精要》）、野麻豌（《草木便方》）、箭舌豌豆（《植物学大辞典》）、救荒野豌豆、春巢菜、普通苕子、野菜豆、黄藤子（《中国主要植物图说·豆科》）、苕子（《广州植物志》）、肥田草（《贵州草药》）等等。《诗经》中也称它为“苕草”，汉代《尔雅》称之为“柱夫”与“摇车”。晋代陆机在《诗鸟兽草木虫鱼疏》中又称“苕饶”“翘饶”，史籍上“翘摇”之名也较常见。

可以推测，古语里的漂摇菜等名字，发音与陆游所说的“漂摇”很相似，可谓是花开一朵各表两枝，应是以音谬传的结果。而蜀人称之为“巢”，多半是“苕”的一音二转。

“夫美不自美，因人而彰。”出自柳宗元的《邕州柳中丞马退山茅亭记》。意思是：自然景物要成为审美对象，必须要有人的审美活动，通过人的意识去发现它的外物气质和风景韵致，不起眼的元修菜恰恰富含异常丰富的故事。

元修菜的命名，出自苏轼的诗作《元修菜（并叙）》：“菜之美者，有吾乡之巢，故人巢元修嗜之，余亦嗜之。”可见，巢菜得名要早于巢元修，加之巢元修也十分喜欢巢菜，分明是“巢巢叠加”的结果。

苏东坡与巢谷是同乡也是好友，传说他博学多才、力大无穷，少时曾携手游于江湖。苏东坡被贬黄州，在这期间，他不禁思念家乡，于是他嘱托来黄州看望自己后准备回眉州的巢谷，记着给自己带一包巢菜种子回来。巢谷很快照办了。目睹在黄州东坡菜畦里长出的元修菜，东坡闻到了故乡的气息。在这种野菜上，寄托了东坡对于巢元修以及故乡的深重感情。每当黄州当地人问到这是什么菜时，苏东坡都会介绍这是“元修菜”。诗作之外，他还专门写一篇文《记元修菜》以传之。

在我看来，元修菜之名并非东坡一时兴起开的一个玩笑。而是他深知，经锦心绣口一说，巢谷就不再是滔滔时光中的无名者。

宋代诗人陆游在蜀地为官多年，留心蜀地风物，也喜爱巢菜，而且对巢菜的分类及渊源还颇有研究，在他的《巢菜并序》中记述说："蜀蔬有两巢。大巢，豌豆之不实者。小巢，生稻畦中，东坡所赋元修菜是也，吴中绝多，名漂摇菜，一名野蚕豆。"

漂摇豆在南宋《履巉岩本草》第二卷也有收录并附有彩绘图鉴，与大巢菜极为相似。

陆游关于大巢菜及小巢菜的区分，历代一直沿用，李时珍也认为"此说得之"，清代《植物名实图考》中还曾清晰地绘出了大巢菜与小巢菜的植物图鉴予以区分。

大巢菜及小巢菜均属于豆科野豌豆属植物，大巢菜有"野豌豆"等多个俗名，小巢菜除了俗名"硬毛果野豌豆"外，也有多个俗名与大巢菜相同。此外，同为豆科野豌豆属的救荒野豌豆、广布野豌豆及野豌豆也常常被当作是巢菜。《诗经》中的"薇"，很可能是上述几种野豌豆属植物及其他近似种的混用名，按照现代的分类系统并不一定能够准确区分。[①]

东坡、放翁所记述的也是将茎叶当作野生蔬菜食用的，"薇名野豌豆，藿（豆叶）可作羹，东坡所谓元修菜也。"（清代《乾隆淮安府志》）明代朱橚主持编写的《救荒本草》中称为"野豌豆"，则是采用豆子来救饥，"救饥采角煮食，或收取豆煮食，或磨面制造，食用与家豆同"。

奇妙的是在四川，对于元修菜一直有争议。有人认为元修菜就是常见的豌豆尖，也有人说是红苕尖……这个让苏东坡牵挂的美味，究竟是什么？

根据田野调查，元修菜实际上就是四川山乡随处可见的油苕，它们匿身在杂草之间，以上升而弯曲的枝叶，打开了一种蜀地的从容诗意。这是一种立春之后开始生长的野菜，也叫巢菜、肥田草等，可以拿来烧炒，做羹烧汤；还能做成干菜……做法多样，味道鲜美。

我的表弟曾照长期生活在崇州市的乡野，据他讲那一带就称之为苕

① 张叔勇：《早春的那些巢菜》，《中国科学报》2021年3月18日。

菜，文雅点的叫龙须菜，遍及山乡。川西坝子乡下一般吃法是这样的：锅中放油，下豆瓣姜蒜粒炒香，二十世纪七八十年代农村家家吃沥米饭，就有米汤，加入米汤煮苕菜一般成了标配，另外特别之处是还要抽一小把挂面断成几节放入一起煮；有奢侈点的还加点油渣或猪油，快起锅时再放入切好的蒜苗节。

再对比一下苏东坡写的《元修菜》一诗，他早就厘清了元修菜几乎所有的形态与功用：

彼美君家菜，铺田绿茸茸。
豆荚圆且小，槐芽细而丰。
种之秋雨余，擢秀繁霜中。
欲花而未萼，一一如青虫。
是时青裙女，采撷何匆匆。
烝之复湘之，香色蔚其饛。
点酒下盐豉，缕橙芼姜葱。
那知鸡与豚，但恐放箸空。
春尽苗叶老，耕翻烟雨丛。
润随甘泽化，暖作青泥融。
始终不我负，力与粪壤同。
我老忘家舍，楚音变儿童。
此物独妩媚，终年系余胸。
君归致其子，囊盛勿函封。
张骞移苜蓿，适用如葵菘。
马援载薏苡，罗生等蒿蓬。
悬知东坡下，塉卤化千钟。
长使齐安民，指此说两翁。

诗里对巢菜作了详尽描述，烹煮后不变色，依然翠绿；吃起来甚至也不会去想吃鸡肉和猪肉了，可谓对元修菜极尽赞美。这其中显然蕴含了对故土的浓郁情怀，思念加剧了味蕾的无限回甘。

宋代蜀地眉州爱国诗人、曾担任过大理寺少卿的家铉翁（约1213—1297）写有一诗，标题很长:《西州旧俗，每当立春前后以巢菜作饼，互相招邀，名曰东坡饼，顷在燕尝有诗》:

我家自贵东坡饼，不为人间肉食羞。
闻道西山薇蕨长，摘来我可辈元修。

可见，家铉翁是用巢菜做饼，但宋代的“饼”不是现在流行的做法。陆游曾写过：蜀中以巢菜杂彘肉作笼饼，也就是“巢菜包子”。家铉翁所写的，就应该是巢菜包子了。

苏学学者刘晋川指出，现在眉山乡间到处可见元修菜，老百姓把油苕的嫩芽摘了，与肉丸子一起煮成汤，就是一道家常美味。二〇二二年春季，我去眉山郊外的苏坟山拜谒，在山门牌坊下的甬道旁，就发现长有一些紫云英，这就是巢菜，它们俯伏在地，却悄然举起了旋转的花箭。这，是不是一种天意的昭示呢?

在都市的绿地，巢菜并不起眼，一般都被视为杂草。但在野外，满地大片的巢菜则是让人无法忽视的存在。野采之外，很早便有了种植的历史。晋人郭义恭《广志》中曾记述道:“苕草，色青黄，紫华（花），十二月稻下种之，蔓延殷盛，可以美田，叶可食。”

这个菜的吃法，就是少量油炙锅后加入米汤煮熟，然后蘸酱食用。不过吃元修菜有一点要注意，就是不能同时喝酒，不然可能会引起喉头水肿。这就等于解释了巢菜没有能够成为日常蔬菜的原因，苏东坡在《记元修菜》的说法是:“性甚热，食之使人呀呷，若以少酒晒而蒸之，则甚益人，而不为害。”

川西坝子的民俗是，吃苕菜不能喝酒，否则会呼吸急促。有的还说哪怕是中午吃了苕菜，到晚上也不能喝酒。但的确有喝酒之人说过破解之法：喝酒前先吃几口生的干苕菜，再喝酒就不会有出气急促的现象了。

看来，巢菜只是百姓的救饥野菜而非王公贵族们的桌上佳肴。透过它的枝叶，我看到的都是清癯如竹的背影。

故人的情与义

在东坡一生的朋友里，参寥子显得很特别。同为诗僧，他不如佛印那样有名；作为挚友，他又不像惟简、佛印那样有才学，但盘点东坡诗文，会发现参寥子在苏轼诗文中出现多达上百次。

参寥子本姓何，名昙潜，参寥子是其号，人称“妙总大师”。他自幼出家，熟读经史古籍，酷爱写诗，有诗集行世。他一生与苏轼来往三十年，因“乌台诗案”受到牵连，也未断交。受到牵连的参寥子，被剥夺僧籍。东坡听闻，感慨之余，将“昙潜”之名改为“道潜”，以表宽慰，从此“道潜”之名更为人知。

参寥子奔波千里的黄州之行，令东坡动容，在“雪堂”安置，与之同吃、同住、同饮，白日看山游水，晚上对联作诗，探讨经史典籍……慰藉了东坡初到黄州的低迷与寂寞。东坡甚至将一眼泉水命名为“参寥泉”。之后东坡无论升迁还是再遭贬谪，乃至南行惠州、海南，两人始终保持联系，直到东坡病逝。真可谓是“有情风万里卷潮来……”

这里，我想着重叙述一个奇人。

巢谷（约 1025—约 1098），本名榖，字元修，北宋眉山（今四川省眉山市）人。在苏轼、苏辙兄弟的众多朋友里，巢谷是最具传奇风格，又最易被忽视的一位，称“风尘异人”庶几近之。他的事迹主要见于苏辙的《巢谷传》。我们知道苏辙为人刚直端正，写人物传不多，为一位名不见经传的乡邻作传，应是仅此一篇。

苏辙在这部传记里，写下了奇人巢谷几件感人至深的事迹。

一是“予以罪谪筠州，士大夫皆讳与予兄弟游，平生亲友无复相闻者，谷独慨然，自眉山诵言，欲徒步访吾兄弟”。

二是在韩存宝落难之时受其重托，不辱使命。“谷许诺，即变姓名，怀银步行，往授其子，人无知者。”

在文章最后，苏辙把巢谷比作古代君子高恭。苏辙想起苏东坡第一次遭贬，巢谷亦曾慨然奔赴黄州探视并一起躬耕于东坡园。因而说：“谷于朋友之义，实无愧高恭者。”

苏辙用传记把他记录下来，成为今天扬贤颂德、追述缅怀的翔实史料。

巢谷排行老三，因此小名叫巢三。因为眉山程氏、孙氏、朱氏、史氏、苏氏等家族因读书致仕而崛起，当地读书风尚大兴，他父亲巢中世在务农之余也勤于诵读，后来成为村里的私塾先生，也奠定了巢家耕读传家之风。巢谷耳濡目染，“朴实博学”的巢谷比苏轼大了十一岁，以长兄情怀视之，与少年苏轼自幼就有了醇厚的情义。巢谷也曾经到京城开封参加过进士科考，可惜未能如愿。他体质粗壮，力量强劲，巢谷产生了弃文从武的念头。当时蜀地弥漫习武结社、守土保乡的世风，尤其经过公元九九三年王小波、李顺在青神县发动的大起义后更为盛行。刘斧编撰的《青琐高议》就记载，经历王小波、李顺起义之后蜀地民情汹汹，成都平原的社会民间仍是暗流涌动，稍有风吹草动，就会再次激发一场祸乱……巢谷于是置办了弓箭，开始练习刀马射术，武林的行话叫“一力降十会”，他逐渐成为文武兼修之才。

北宋时期，西夏强势崛起。宋仁宗、宋神宗、宋哲宗先后都大规模对西夏用兵，河湟地区成为双方角力的战场，先后爆发过几次大战，宋朝先后收复了宕、叠、洮、岷、河、临（熙）六州，这就是著名的持续达三十年的“熙河开边”。巢谷听闻边地战事后，执意西行，来到陕甘宁边防前线一带游历，渴望一展报国之志。巢谷结识了宋军将领韩存宝，见识趋同，两人关系十分融洽，巢谷还为他指点兵书奥义，结下了动荡之际的深情厚谊。韩存宝是统领河州军队的将领，熙宁十年（1077）他还带兵作为右路军参加了岷州的平叛战斗，其“熙河名将”的名头伴随西进的马蹄而驰骋西北漠地。

世界上没有常胜将军，经历西北战事的拼杀磨砺，韩存宝多少有点轻视蜀地的民情风潮。

元丰三年（1080），朝廷“命泾原路总管兼第一将、四方馆使、忠州团练使韩存宝都大经制泸州蛮贼事”，韩存宝“经制十万之众”，统一指挥镇压西南泸州纳溪地区的夷人屡禁不绝的暴乱。个中原委是：渝州獠攻打南川，獠酋长阿讹战败逃到斧望箇恕那里，经制泸夷的韩存宝重赏发檄文欲杀阿讹，斧望箇恕不从，将阿讹藏匿在部族里。当时斧望箇恕年老，将兵权传继给儿子乞弟。乞弟曾经跟随韩存宝讨伐罗苟部得过赏，泸州知州乔叙让梓夔都监王宣守江安，也贿招乞弟，乞弟以为宋室怕自己，日益骄横，率众围攻熟夷罗箇牟族，王宣率兵救之，一军全没，宋室立即令韩存宝率兵讨伐。

韩存宝不熟悉川南江河纵横、山势连绵的地望，特意请巢谷到军帐来了解情况，巢谷多年行走江湖，熟悉蜀地人情风俗，尽力辅佐。

元丰三年十月的枯水时节，战争拉开帷幕。一开始就发现川南山路十分艰难，军需供应艰难，进军受阻。在鸦飞不到山（九丝城）一带，韩存宝收到夷人首领、曾经的老部下乞弟的一封乞降书，他心胸宽阔，于是决定退兵回泸州，以观情况变化再谋方略。但朝廷据此认定韩存宝“出师逗挠，遇贼不击”，为树威严，次年八月在泸州竟然将其问斩！

霹雳炸空之际，韩存宝知死罪难逃。他拜托巢谷：“我本是泾原一介武夫，死不足惜，只是妻儿不免要挨饿受冻。我装钱的袋子里有几百两银子，现在除了你，没有人可以代我把钱送给妻儿了……”巢谷流泪指天发誓，换装改名，潜行陕西，将银子如数交给了韩存宝妻子。他不辱使命，完成了知己之托，在当时没有一个人知道这事，其豪侠之气直贯天地。自此，为避祸巢谷隐居江淮，匿其踪迹。

不久，巢谷偶然得到苏轼贬谪黄州的消息。元丰五年（1082）九月，五十九岁的巢谷独行千里前去黄州探望，此时苏东坡的黄州生活已延宕近两载。巢谷是闲不住的人，平时就是一副农人打扮，参与东坡园的劳作。他筑雪堂、盖南堂，学做有名的黄州小吃“为甚酥”[①]，开坛教育穷

① 一种米粉所煎的油果子。

家子弟。巢谷住在东坡上的雪堂，这里居住条件简陋，空床破絮，破灶冷薪，但巢谷不以为意。苏东坡将两个儿子——十三岁的苏迨、十一岁的苏过交给他教授。能够成为苏东坡家的西席（家庭老师），不但表明巢谷学养不凡，也昭示苏东坡对他的另眼相看。

黄州生活是苏东坡首次遭受打击、甚为落寞的时光，他就像一根被暴力严重折弯的竹子，他急需扶助之力让自己逐渐恢复常态，感受到来自上空的阳光暖意与呢喃鸟语。两人结伴饮酒作诗，躬耕东坡、游赤壁、逛承天寺、问禅定惠院……深淳的友情大大缓解了苏东坡的苦闷，他在巢谷出生入死的经历中，恍悟出一己遭受的苦痛，不是生命承受之轻与重的问题，而更多是一种宿命式的命定。

冬天来了，春天还会远吗？

他的眼光渐渐清澈沉定，他在长江之水被赤壁激发的雪浪花里，似乎洞悉到一种变数与常数。

元丰六年（1083）冬季，黄州的冬季大异于蜀地，东坡园早被厚厚的积雪覆盖，大风在积雪上刮削出条条诡谲的痕迹，就像一面放射形的凸凹磨盘，自己不过是磨盘间的一只蚂蚁，而蚂蚁随时可能成为齑粉，又如何去指望改造历史呢？苏轼一家住在黄州城南的临皋亭，那里距离东坡雪堂有二三里的距离，二十四节气里最后一个节气大寒的当日，鉴于民间有“过了大寒，又是一年”的俗语，他携带家里仅剩的一壶酒披雪出门，他想对孑然一身的巢谷说一番话，共度大寒日。在他的《大寒步至东坡赠巢三》里，生动记录了两人患难相助的生活场景：

春雨如暗尘，春风吹倒人。
东坡数间屋，巢子谁与邻。
空床敛败絮，破灶郁生薪。
相对不言寒，哀哉知我贫。
我有一瓢酒，独饮良不仁。
未能赪我颊，聊复濡子唇。
故人千钟禄，驭吏醉吐茵。

那知我与子，坐作寒蛩呻。
努力莫怨天，我尔皆天民。
行看花柳动，共享无边春。

只有一壶酒，连酒量不大的苏东坡也“未能赪我颊”，对于素来豪饮的巢谷，就只能濡湿一下嘴唇！恰是在如此寒冷的境遇下，人间至情的暖阳回荡胸臆。苏东坡的自信心在恢复，努力莫怨天，我尔皆天民！这就像伤口处的结痂，往往比平常的肌肤更为坚韧。更何况，出去走走，看到积雪之上花柳在萌动，无限的春意正在凝聚。

巢谷阅人无数，见识岂是寻常人所能及。古人所谓“武医一家”，他通医术，手中积累了不少秘方，这和蜀地道教盛行有关，也与他常年云游在外、习武从军相关联。《圣散子方》据说是他祖传的丹方，被他视为至宝。而苏东坡幼习道学和岐黄之术，也喜欢收集药方，后来的《苏学士方》就是东坡收集的药方书籍，后来人们把苏轼的《苏学士方》与沈括的《良方》合编成《苏沈良方》，于北宋熙宁八年（1075）刊刻成书。恰逢那时黄州出现了疫情，巢谷出手救治了不少人。苏东坡很想得到他手上秘方，软磨硬泡好久巢谷方才应允，并要求苏东坡指着长江发誓：这个方子只可以用来救人，绝不外传。东坡事后却认为这样有效的方子，应该能救治更多的人才对。他便违背了誓言，私下把这个药方传给了当地一位名医——后来的“北宋医王”庞安时。巢谷知道后长叹不已，但没有和东坡绝交。

这样的胸怀与眼界，千年以后也感动着我们。

《圣散子方》在苏东坡二度知任杭州时发挥了至关重要的作用。一〇九〇年春天，杭州“饥疫并作”，苏东坡又用《圣散子方》施药施粥，再次救活了民众无数。后来，苏东坡还为庞安时的《伤寒总病论》以信为序，此书中就收录了《圣散子方》。此方一时便流传开来，备受推崇。

二〇二二年春季的一个上午寒风料峭，我来到位于黄冈市中心区的遗爱湖公园，阳光照射湖面，腾起缕缕水雾，不禁想起苏东坡代巢谷而写的《遗爱亭记》。那是元丰五年（1082）的重阳节，恰逢黄州太守徐君猷任职三年即将离任。他亲民而颇有惠政，对谪贬的苏轼总是悉心照顾。离任之际自然有一系列宴请。席间安国寺继连法师谈到，应该给寺中竹林间的一新建的小亭起名，苏东坡命名为“遗爱亭”，一语双关，有纪念徐太守留下仁爱高风之意。太守欣然认同，并请巢谷为遗爱亭写记。

这是怎样的期许啊！只能证明继连法师对巢谷学养的高度认可。

巢谷站起身，瞩目东坡。这不是巢谷疏于笔墨，而是他清醒地意识到，在这种特殊语境里，自己一介武夫，岂能去夺了文人雅士的头彩！巢谷注视苏东坡，苏东坡哈哈一笑，主动请缨。《遗爱亭记》一气呵成，他特意在题下特别点明：“《遗爱亭记》代巢元修”。起首设问，直接引用汉代何武的典故，接着对遵循规律、为政清净不折腾、深受民众拥戴的徐太守加以褒扬，记叙了徐太守与他同游安国寺吟诗作赋的过往，最后说明此记的由来。实际上，巢谷到黄州已经有一年了，中间经苏轼介绍认识了徐太守，三人还多次一起饮酒唱和。而且巢谷作为苏东坡孩子的家庭老师，徐太守对其文采自然也是相当认同的。本来一人命名，一人作记，徐太守的要求是合情合理的。但是巢谷也是谦谦君子，自知一介布衣，又是东坡西席，由苏东坡来写这篇文章更合适；而苏轼欣然命笔并特意点明“代巢元修”，既写实又照应了巢谷的胸怀与情分，顺便又对徐太守的关怀照顾表达感激之情，更为重要的是借赞扬徐太守而抒发自己对无为而治、为官不扰民的执政理念的高度认可。

一年半之后，元丰七年（1084）四月，苏东坡接到由黄州改迁汝州任团练副使之令。前途未明，但朝廷的政治风向已在趋缓。

巢谷未同行，年逾花甲的他悄然返回了眉山。

一〇八五年，宋神宗病故，登基的皇帝是年仅十岁的哲宗赵煦。高太后已是太皇太后，她奉神宗遗诏辅佐小皇上。高太后立即任用司马光为宰相，将王安石的新法全部废止。她执政期间勤俭廉政，励精图治，政治比较清明，经济也十分繁荣。好运与厄运是相互转换的，旧党执政，苏东坡开始了顺风顺水的历程，他再次回到朝堂，从登州知府、礼部郎中、起居舍人、中书舍人、知制诰，到龙图阁学士、杭州知州，可谓风光无限。这期间巢谷反倒从苏东坡的交际圈中消失了。

磨难就是朋友面临的照妖镜。

大千世界，多数人都是旁观一个人的起落沉浮。只有极少部分会第一时间站出来和你分担风霜雨雪，正所谓风光不离，低谷不弃。

雪中送炭的人，假不了。

危难时刻挺身而出的人，错不了。

对此，唐代骆宾王的《帝京篇》概括精妙："一贵一贱，交情乃见。"

一〇九七年，巢谷又闻苏东坡、苏辙两兄弟同遭不幸，双双被发配往岭南。他不顾亲朋劝阻，执意去岭南看望东坡兄弟。他以七十三岁高龄，于当年冬月从眉山出发，沿水路出川，过湖北入江西，弃舟登岸直奔赣南的赣州，奔波三个多月，于次年正月才到达梅州。巢谷在到达梅州时给苏辙写了一封信："我万里步行见公，不自意全，今至梅矣。不旬日必见，死无恨矣。"以当时的交通条件和巢谷的身体状况，他不听亲朋相劝万里跋涉来探老友，并非逞匹夫之勇，他已抱死志。

苏辙的贬居地在龙川，这里是岭南最早设置的古县龙川县城（佗城）所在地。当他见到一身风尘、疲惫不堪的巢谷，苏辙感动万分，含泪相拥："元修大兄，你就是高古之人呀！你跋涉数千余里，就只为探望我们兄弟一眼！"

从苏辙的言谈里，巢谷得知：几个月前，东坡被再贬谪往海南儋州。稍事休整后，他又执意要去海南看苏东坡。苏辙劝说无效，见他已囊中羞涩，勉力资助了他一些盘缠。巢谷坐船顺东江而下，船到惠州，登上白鹤峰和留守的苏过、苏迈及两房家小相见。师生见面，不胜唏嘘。当巢谷坐船到新会，不料却被一个南蛮差役偷走了他的行李和盘缠。后来听说盗贼在新州被抓，他又赶去想取回盘缠……经过这番折腾，他终于在新州病倒了。

自知行将不起，巢谷对着南大海的滚滚波涛呼喊：

东坡东坡，我来看你了。

最终，他死于客栈。这里，距离儋州的苏东坡有一千里地，距离龙川的苏辙有四百里地。

苏东坡闻听此噩耗，大为悲伤，写信告知眉山老家的杨济甫，请他资助巢谷远在西北军中的儿子巢蒙前来迎丧，并请地方官员协助。苏辙闻听后痛哭失声，后悔不已，后来特意写下了《巢谷传》，巢谷的侠义事迹才得以流传。

邓敏先生指出，在今天眉山市东坡区和丹棱县的户籍档案上，已查询不到巢姓后人了。

在广东省广州市从化区吕田镇黄迳村的头龙山南麓，有“巢氏大宗祠”。巢氏大宗祠有数百年历史，具体始建时间现已无从稽考。据当地宗亲考证，从化几地巢姓宗亲，均奉巢谷为祖。还有资料记载，巢谷终葬于广州白云山，巢谷之子巢子寅葬于吕田黄迳巢氏大宗祠西南向约十公里处。吕田黄迳巢氏大宗祠所供巢氏始祖为巢谷，但黄迳巢氏大宗祠供奉之巢谷（名元修）与宋代四川眉山巢谷（字元修），极可能是同一人。

何为侠义？《墨子·经说上》曰：“任，士损己而益所为也。”任——就是去做自己不喜欢的事以解别人之危，牺牲自己，扶危救困。“侠”有辅助、挟持之义；“義（义）”字指羊，是“用我来宰羊以作祭品”的意思。又因“我”字指宰羊的兵刃，故義字从我。侠义之魂戛金断玉，响彻古中国的锈红色长空。而像巢谷这样的侠义之士，就是放弃自我、追怀道义的古人。在我眼中，巢谷就是真正的大侠。

知不可为而不为，是为智。

知不可为而为之，是为勇。

所以，知不可为而勇为之，担负起道义的责任和使命，这才是“侠之大者”的风范。

邓敏感叹：“也许，在今天的眉山应该立起一个两苏和巢谷的雕塑，主题就叫作‘忠肝义胆’。巢谷如此侠气，笃于风义之人，可惜是生错了时代。在唐必然大书，在宋则不然。文化再盛，也需侠义。眉山人巢谷的故事，既是对朋友最好的诠释，也是现代人所要厚补的一种精神。”①

---

① 邓敏：《侠士留遗风——苏东坡的侠义朋友巢谷》，《惠州日报》2023 年 1 月 25 日。

《圣散子方》具体是治疗哪种瘟疫？是寒疫还是温疫？如何对症施药？庞安时书中将此方归到寒疫处方当中，并未讲清其他对症施治的注意事项。所以苏东坡在有了两次成功的应用经验后，在其《圣散子叙》中便有失审慎地坦言："用圣散子者，一切不问。"或许他这样的推崇是自信过了头。他毕竟不是专业的医学家，据后世医家在深入研究东坡病案之后，认为他最后死在常州也是错在他自己给自己开的药上。

再后来在宋末到明的几次瘟疫中，有很多人硬生生套用这个方子，结果出了不少惨烈的意外。方子是死的，用方人是活的，要辨证施药，要看病症，要看剂量，不应该机械照搬。类似于对今天"新冠"病症的用药。这一剂药方从配伍看是治寒湿的，针对寒湿性的瘟疫效果会很好的，但如果用在风热、湿热、实热的疫病上，杀人也很快。可惜《圣散子方》被人诟病和责难，乃至弃用。

沙湖的一蓑烟雨

一个人把游弋于世界的目光收敛起来，开始仔细观察自己的身影，并从中发现许多从未注意到的细节，这一般是一个人中年之后才意识到的事。而能够持续探测自己的身影，就会彻底承认，认命与认输，不过是与人生达成和解的另一种说法。

面对汴京那些衮衮诸公构成的"无物之阵"，东坡真如禅宗机锋所言"如鸦啄铁牛，无下口处"。既然无从置喙，那就只能找会心者。

苏东坡贬官黄州，前后两任太守是陈君式、徐君猷，他们有感于苏东坡的遭遇，都很关心照顾，只要东坡能够自由自在，那就是最好的安慰。

不知不觉，苏轼已在黄州生活了三年。元丰五年（1082）寒食节，知道返回眉州探亲无望了，苏东坡便在雪堂写了《寒食帖》。后来被世人评为"天下第三行书"，足与王羲之比肩而立。

东坡在黄州四年间，他开始逐渐重视买田置地稳固家业，这毕竟是一大家人基本温饱的要义。这要归功于老友陈季常的反复推荐，螺蛳店看地，武昌看宅院，以及另外朋友们的推荐，他都一一去查看，讨价还价。可惜的是，几乎没有成功签约的记录。

当年三月七日，苏东坡决定与朋友一道去沙湖一带探视田园，听说那里地价不高，看看有无另择安居之地的可能性。毕竟东坡园是官方的土地，他必须预防到随时都有被收回的可能。

《东坡志林》中说："黄州东南三十里为沙湖，亦曰螺蛳店，予买田其间，因往相田。"

其小品文《游沙湖》《书吕道人砚》中也提及沙湖，北宋的沙湖名称，到了明代以后就被"道人湖"替代了，也许觉得过于直白，在近代再演变为道仁湖，位置在今湖北省黄冈市黄州区路口镇与陶店乡之间的道仁湖及其周边。《游沙湖》中提到的"螺蛳店"位于道仁湖附近。《书吕道人砚》中的"黄氏家"，应是道仁湖旁的陶店乡陶店村的黄家湾。苏东坡从沙湖渡过巴河到蕲水县（今浠水县）麻桥街寻找名医庞安时常治病的渡口，就是今黄州区陶店乡孙镇村的"西阳古渡"口。

那天上午，大家走走停停，中途突然遇雨。由于带雨具的仆人走到前面去了，于是大家四处寻找避雨之地，只有苏东坡芒鞋竹杖，安步当车。风大雨也急，他竟然一路高歌，好不自在！东坡喜欢下雨天，因为雨中有诗意。而且他也经常写到雨景，除了雨景的美，他还总爱说，雨落成诗，诗成画卷。

"世路如今已惯，此心到处悠然"。他突然感到有雨滴渗透到了心底，他感到一种从未有过的透亮，曾经认为"世间、出世间事，不两立也"，现在看来似乎不再去着意了。一个人敢于承认自己在现实中的失败，那就很了不起。

当夜，他写下千古名作《定风波·三月七日，沙湖道中遇雨。雨具先去，同行皆狼狈，余独不觉。已而遂晴。故作此词》，这是他的一生遭遇、心志、人格的最佳写照：

莫听穿林打叶声，何妨吟啸且徐行。竹杖芒鞋轻胜马，谁怕，一蓑烟雨任平生。

料峭春风吹酒醒，微冷，山头斜照却相迎。回首向来萧瑟处，归去，也无风雨也无晴。

苏东坡对“一蓑烟雨”的意象堪称情有独钟，他曾经改编过唐代词人张志和的《渔父》，作《浣溪沙·渔父》，其中有“自庇一身青箬笠，相随到处绿蓑衣”，在当时就家喻户晓，广为传唱。

“烟雨”是一语双关。所以东坡用《定风波》词牌是有意取“平定风波”之意，那么如何面对如山似海的人生风波呢？安步当车的人，因为已经“放下”了一切，那么狂风算什么？暴雨算什么？高头大马算得了什么？涌动在他心中的，是儒家“穷则独善其身，达则兼济天下”之志，融汇成了他独特的人生智慧，现在就像他身上的蓑衣。所以不要怕形单影只，一身蓑衣任凭风吹雨打，照样过着不一样的人生！“莫听”二字说明了下雨等等对他来讲均是身外物，根本不足以念念不忘。这不仅仅是这一次郊游偶遇风雨，即便是人生的雷鸣电闪，又奈何得了一个彻底“放下”之人吗？

这是苏东坡从生活的磨炼中，提纯出来的答案：将功利的一切“放下”。

妖魔鬼怪也好，大悲大喜也好，患得患失的人与事，终究都会过去，而且已经过去了。因为他用了一个足以抵消万古哀愁的词：

“谁怕！”

东坡赤壁

湖北省境内的长江两岸有两个赤壁，一个位于黄州（今湖北省黄冈市）城西，在长江北岸，称“黄州赤壁”；一个在蒲圻县（一九九八年改名赤壁市）的西北部，在长江南岸，叫“蒲圻赤壁”，又叫“周郎赤壁”。

在黄州西北就是浩瀚的长江，距离太守官邸数百步之处，南岸赤鼻山的石头突出江心，这是一片赭红的悬崖峭壁，像一头大象的长鼻子插入江水，它低头思悟着东逝之水的永恒奥秘。在古代，当地人称之为“赤鼻”；也有一说，是鉴于岩石突出像城壁一般，颜色呈赭红，所以称之为“赤壁”。因为城市之间的“赤壁”之争，有人又称黄州赤壁为“文赤壁”。有诗曰：“文武赤壁乃一处，更喜坡翁伴周郎。”唐代著名诗人杜牧任黄州刺史时，偶然在黄州江边拾到一把折戟，他赋诗一首《赤壁》，其“东风不与周郎便，铜雀春深锁二乔”便不胫而走了。

黄州赤壁又叫“东坡赤壁”，那是源于苏东坡的名声。康熙六十一年（1722），黄州知府郭朝祚因敬仰苏东坡的道德文章，于再次修缮赤壁后挂牌“东坡赤壁”，并在门楼镌刻对联：“客到黄州，或从夏口西来武昌东去；天生赤壁，不过周郎一炬苏子两游。”赤壁背山面江，风景优美，几乎是当时黄州最著名的盛景，东坡常约请一些友人到这里雅聚。

群星俯冲向大地，把长江砸出万千碎银。而斜月却从天边处反弹而起，成了一面团扇。每当面对这样的月色，东坡的思绪就伴随团扇的微风，乘风而去……日出唱歌去，月明拊掌归。

苏东坡第一次去赤壁，是刚到黄州不久之时。“舟至赤壁，西望武昌山谷，乔木苍然，云涛际天”，他仿佛看到石壁上盘踞着两条大蛇，也看到了大江岸边晶莹的鹅卵石。那些卵石生得温润如玉，五颜六色，他就从儿童手中买来不少，他发现将这些怪石放在盆中，注入清水，石头似乎从历史的大梦里惊醒了，焕发出清晰的纹理！苏东坡认为这一做法，是欣赏怪石的最佳方法。他选择了二百九十八枚怪石，放在铜盆中，其中更有一枚长得像老虎头，眼睛口鼻都栩栩如生，被他视作珍爱之物。他特意写作《怪石供》一文。之后又收集二百五十枚放入二个石盘，作《后怪石供》。苏东坡还将这些怪石盛在一个石斛里，寄给老朋友鲁元翰。鲁有开，字元翰，好《礼》学，通《左氏春秋》，从政有古“循吏”之风。他在杭州跟苏轼同任通判，并在范镇的“东园”与苏辙相识。寄石之外，东坡还赋诗一首，有广为流传的名句："清池上几案，碎月落杯盘""坚姿聊自儆，秀色亦堪餐"。

这些美学倾向、怪石之癖均是他在眉山时期形成的，那个"五亩园"就是他接触石头的第一空间。他希望投身于石，或者让这些石头长在自己身上。那么，怪石就是东坡的骨头："陋劣之中有至好，石之一丑则众美俱出。"可以说，他是历史上第一个怪石的知己。

对于东坡赤壁，北宋以后历代文人不断前往探寻访古，钱锺书先生非常留意，《管锥编·毛诗正义》第二十三则《淇奥》，副标题为《〈正义〉隐喻时事——诗文中景物不尽信而可征——君子亦偶戏谑》，他搜集后发现宋以后古人对东坡赤壁的考察诗文，此地"了无可观"，多是诗人"梦语"。钱锺书以此来证明"古今之文举不足信"，与"传奇中所谓'佳人'，半出虚说"观点一致。

这也说明，东坡艺术的夸张、变形之力，历来是他艺术独步古今的不二法门。就像北宋黄州其实并无多少竹子一样，但在东坡笔下，却是竹影婆娑的世界。

元丰五年（1082）七月十六日，苏东坡又约了几个朋友一起去赤壁赏月。荡起一叶扁舟，迎着若有若无的清风，大家饮酒唱诗。过了一会儿，月亮从东山升起，徘徊在北斗星与天牛星之间，牛乳一般的月光洒落在江面上，又与茫茫白雾交融横贯水面，仿佛是天女的裙裾。大家也不必划桨了，让小舟随波漂浮。苏东坡如同平时练气功那样，闭上眼睛，仿佛两肋生出羽翼，御风飞行在无边仙境。虽然比不上庄子笔下的列御寇，但苏东坡已获得了一种生命的快感，内心回荡着自由的风。大家情不自禁唱起歌来，歌词是东坡写的诗，他似听非听，叩击船舷打着节拍："桂棹兮兰桨，击空明兮溯流光。渺渺兮予怀，望美人兮天一方……"

有人说，当年曹孟德就是在这里对酒当歌，高唱"月明星稀，乌鹊南飞"。现在，站在江中礁石上歇息的鹭鸟，都弯着脖子，金鸡独立，仿佛一把休息的弯刀。周围是自由的风，流动的水，高敞的星空，两岸无边落木萧萧下。可是白鹭懒得抬头，梦在水里融化，宛如破水的刀。

但刀在水里融化，就像融化的过往与风景。鹭鸟不但构成了一个赤壁之梦，更让苏东坡发现，自由与自在，均在振翮与收翅之间明灭。

回去后苏轼就写了《前赤壁赋》。

在《前赤壁赋》中，提到“举酒属客”“客有吹洞箫者”等句子中的人物，正是从庐山到黄州东坡雪堂做客、居留数月之久的蜀人杨世昌。

杨世昌的洞箫声悠悠而起，伴随着水汽而散开，江面豁然开阔，壁立千仞无依倚的赤壁似乎消匿了。面对着雄奇的江山与知心朋友，东坡如水一般回到大江。他不由得吟起《诗经·陈风·月出》：“月出皎兮，佼人僚兮。舒窈纠兮，劳心悄兮！”仿佛天人感应，一轮明月从东山顶冉冉升起。月光下的景渐次入梦，仿佛披上了一层鹅溪绢。水天一色，江面变得更加辽阔，夜声与水声，又被杨世昌的洞箫一点一点串起来，那就是天籁！一叶孤舟出没在万顷烟波之中。东坡与众人都飘飘然有神仙之慨。

这时，杨世昌箫声呜咽，东坡愀然变色，诘问杨世昌：“老弟，为何箫声如此悲凉啊？”于是引出了一番对话……

杨世昌回答：“月明星稀，乌鹊南飞”，这不是曹操的诗句吗？他面对长江饮酒，握着长矛赋诗，本是一代枭雄的人物，现在何地？何况你我在此打鱼、砍柴，以鱼虾为朋，与麋鹿为友，驾着一只小船，举一壶浊酒，在这天地之间渺小得如一粒粟米。人生太短暂，想像长江一样无穷无尽，想和仙人一样长命百岁，万古长存，但这些都是不可能的。所以啊，我只能把这些念头寄托于箫声，化在秋风里……

东坡骨子里是昂扬的，对于杨世昌的感叹有些不以为然。面对江水的浩渺、月亮的盈亏以及风声月色，他意识到任何事物都是无常的。流逝的江水，实际上并没有流去；盈亏的明月，最终也没有增减。变与不变就看自己的角度。如果以变易的角度看待万物，那么天地之间一眨眼就是移形换位；如果以自己不变的立场去看，那么万事万物又都是永恒的。变，万物都在变；不变，万物都不变。那么你又有什么可羡慕的呢？

天地之间，万物各有其主，不是自己的东西，一丝一毫也不能拿。这话，最早是母亲苏母告诉东坡的。现在只有江上的清风、山间的明月成为时空的主语，耳朵能捕捉到就成为声音，眼睛看到它就成为颜色，这是大自然赐给人无穷无尽、用之不竭的宝藏，我们方能尽情享用。苏东坡用江水和明月作为喻象，强调看待事物的角度不同，得出的结论也会完全不同。

东坡气势滔滔，众人无语。

从云层倾泻而来的月光，开始在丝绸般的水面淌金。白鹭忽闪着翅膀栖息下来，水墨画一样地简净淡雅。白鹭立在水边长久冥思，成为隐士们的榜样。在它的身边，则是穿行在千年长江里的那一叶扁舟，终于用一束渔火，放大了扁舟梦一般的体形。我们不但目睹了杜甫的扁舟，也看清了李白的白鹭，而白居易的扁舟彼此交错而飞，在历史的水面撒下了三百六十五天的樱花、报春与细雪……

过了三个月，他和两个友人再游赤壁，又写了一篇《后赤壁赋》。当然了，还有雄视千古的《念奴娇·赤壁怀古》。

这些诗文，千年以来一直晃动在历史的天头地脚，一有间隙，它们就纷纷离开纸面，把书稿推出天窗，返回到各自的域场，把那些飞扬在空气里的精魂收回，焊合折断的刃口。然后，诗歌坠地，稳如衬枋和柱础。这印证了一个古老的说法，有些诗，是不能躺在纸上念诵的。甚至，它们不是依靠糖浆的嗓音来到世上助兴悦耳的。

有些诗，出口即灭，一根火柴无法再次划燃。

有些歌，说出就变质，晶煤曝光成了矸石。

这样的诗只信任一条管道，在血的加盟中，血宛如银丝镶嵌，勾勒出声音的纹理。

自称“以文字之缘漫浪江湖者四十年”的宋代文人俞文豹，在《吹剑录》里记载说：

> 东坡在玉堂日，有幕士善讴，因问：“我词何如柳七？”对曰：“柳郎中词，只合十七八女郎，执红牙板，歌‘杨柳岸晓风

残月’；学士词，须关西大汉，铜琵琶，铁绰板，唱‘大江东去’。”公为之绝倒。

这并不是对写作境界的坐而论道。词乃须以曲度之，诗词必须发出声音，方能让抽象之思从纸面起立，复原它的身姿或猫步，并钩稽那看不见的余韵或丝缕，以飘拂的方式在声音的边缘觊觎或放弃。或如丈夫见客，大踏步便出去；或如女子见人，先有许多妆裹作相。

《吹剑录》之名取自《庄子·则阳》：“惠子曰：夫吹管也，犹有嗃也；吹剑首者，吷而已矣。”吹剑只能发出小而锐利之声，自谦之中，在红板玉音之下，在铜琶铁板之下，恐怕也蕴藉了俞文豹的个人之声。

可是，俞文豹为何不利用“筑”来加固自己的修辞术呢？或者学学伍子胥，干脆拔剑而歌。

这就让我发现，那些感动后世的，往往不是那些锦囊妙计或宫阙里的顾盼自雄，而是黑色绝望所酝酿出来的铅与铁，却又被柔情涂上了一道诡异的胭脂。而所谓绝望，多半是力可拔山却无从拯救红颜时产生的。这时，汹涌的力量转过了利刃，只好咬噬自己。这样的人从来就无须别人的宽恕。有人认为狂放、浪漫、血性就是“楚狂”精神，其实它们是戾气的掌上之舞，这也是我所理解的“楚狂”气质。不料数千年以后，它成了自由主义的对立面。

连苏东坡也说不清楚，自己到底去了多少次赤壁。他实在是喜欢那种苍茫无际、大江东去的感觉。长江比家乡的岷江宽阔，沉默的赤壁只需用一个水面的镜像，就立马让时光老去。

每次有好友过来看望他，他都会安排小舟载酒，彼此谈古论今，痛饮于赤壁。比如有一次，李善来访他：“李善吹笛，酒酣，作数弄。风起水涌，大鱼皆出，山上有栖鹘，亦惊起。坐念孟德、公瑾如昨日耳。”

苏东坡喜欢赤壁，不仅仅是为了喝酒。与古人晤面，他要与曹孟德、周公瑾以及那些沉浸在时光之水下的千载英灵对坐、流泪、晤谈。

多年以后，经历更多的幻灭，东坡的思想已然与赤壁时期发生改变。多少成败事，都付笑谈中。

《后赤壁赋》按题材说，属于纪游赋的创作，但东坡却写得惝恍迷离，确实与前人同类赋作完全不同。所以宋人唐子西《语录》说，历代的赋作，只有“东坡《赤壁》二赋，一洗万古，欲仿佛其一语，毕世不可得也”。

这样，在铁板铜琶的破裂处，露出了历史的红肉，筑音把一种与剑气异质同构的品质挥发出来，以千钧一发的悬置，构成了汉诗之上难以触摸的天庭。而《垓下歌》与《大风歌》，却是这天庭的梁柱。

但我一直认为，在东坡的这三篇杰作里，《后赤壁赋》最靠近诗。因为用彻底的梦去置换了景色，反而获得了诗的大确立。

这样的诗，被楚狂之气高高抛起。诗是不规范的，无意为诗，但诗性为这样的胸臆铺就了诗境。在此之后，汉语诗歌的面孔逐渐规范、整饬，一副眉清目秀的可人。这样的诗是不能“和”的，异品拒绝仿造。非要为之，不是东施效颦的问题，而是有鞠躬过度、撕裂裤裆的危险。

二〇二三年一月一天下午，陈新群先生陪同我来到东坡赤壁，买了门票进去，见到有一小水池，水呈黄绿色，看着不像活水。登上高处往长江方向眺望，鳞次栉比的住宅小区，层楼叠嶂，根本不见长江天际流，没有江上使人愁。当地人解释，因为长江多次改道，江流的主干道早已不再经过赤壁。

千年之后，东坡的赤壁，已经不能再“酾酒临江，横槊赋诗”了。这才叫“沧海桑田”。东坡自己是不知道的。那么舒亶、章惇、王安石、李定之类，有什么好争的呢？“遥想公瑾当年，雄姿英发……”

不禁想起东坡的雄论：如果以自己不变的立场去看，那么万事万物又都是永恒的。变，万物都在变；不变，万物都不变。

英雄狗熊俱往矣。逝者如斯夫！

连我们以为“不废江河万古流”的长江，都改道了！东坡啊，这是变，还是不变？

《黄泥坂词》诞生记

东坡初到弹丸之地黄州，满目萧然，他给友人书信里说："黄州真在井底。"可以看出苏东坡当时内心的苦闷、彷徨，非常思念千里之外的家园。逐渐地，他才慢慢适应，变得随遇而安。

黄泥坂，一个名不见经传之小地名，因东坡的亲历跃升而起。

苏东坡在《后赤壁赋》中说："是岁十月之望，步自雪堂，将归于临皋。二客从予，过黄泥之坂。"依据此段记载，地望很明显，黄泥坂就在雪堂与临皋亭之间。就是说，黄泥坂是位于城内，而非城外。现在学者一般认为，黄泥坂的具体方位在黄冈中学至黄冈市中药材商店之间。明、清时代称之为"会同冈"。

北宋时期黄泥坂究竟位于黄州城东还是城南或城西呢？明代弘治《黄州府志》有两处南辕北辙的记载，其一说："黄泥坂，在黄冈县西，苏东坡先生作词。又，《赤壁赋》云'过黄泥之坂'。弘治庚申，新建亭，揭匾于其地之旁。"其二说："黄冈山，在府城南，度壕堑，绵亘而行，平冈迤逦，由便民仓至洗马池止，其北则接一字门西之山顶。溯县学、按察分司、军储仓冈而来，此即《赤壁赋》云苏子与二客所过黄泥坂也，以土色黄故名。""迤逦"一词，曲折连绵之意。洗马池在北宋时期名"夏澳"，明代改为洗马池，临皋亭在其侧。将以上两条记述进行剖析，前者明显失于考证，有误后来人。准确的黄泥坂，位于府城南洗马池与一字门之间曲折连绵的黄冈山，也就是如今穆家街十三坡方向。

花朵可能木化为刺，刺可以石化为阴沉木，阴沉木在时光中铁化为一个个问题的岛屿。一只倦鸟飞临，连同影子，终于在岛屿上停驻。夕光下的空间里，事物正在纯化。就像一个个孤立、散落在外在品质，都将归于室内的暖光，成为身体异乎寻常敏感的触觉。不禁想起明朝李贽《焚书》所言："岂知吾之色身泊外而山河，遍而大地，并所见之太虚空等，皆是吾妙明真心中一点物象耳。"

按清光绪十年（1884）的《黄州府志·城图》，即可知今日黄州区实验小学（原青云街八一小学）、黄冈中学、银花宾馆、国药大楼、原地区公路总段等单位坐落的地方，略略隆起，就叫黄冈山。黄冈山南延续到洗马池（今黄冈中学内），北抵濠沟集贸市场，西自八一小学，东抵国药大楼。苏东坡《后赤壁赋》中言及的黄泥坂在黄冈山山脊之上，东抵十字街，西抵江堤。所谓“出临皋而东骛兮，并丛祠而北转。走雪堂之陂陀兮，历黄泥之长坂”，指的就是这块地方。说简单一点，今日黄冈中学到黄州区教育局（原一字门遗址）之间的道路，就是当年苏东坡寄居临皋亭、躬耕东坡每日必走的黄泥坂。[①]

黄州尽管位于长江边，但气候远非夔门之内长江沿线可比，冬季劲风呼啸而干燥，非常寒冷，与北方平原无异。

宋神宗元丰五年（1082）岁末一天下午，天寒地冻，东坡与诸友往来临皋亭和雪堂之间。他途经黄泥坂时，大醉倒地道旁昏睡，衣服全被露湿，于是写下一首纪游之作《黄泥坂词》。词中叙述了原委：“出临皋而东骛兮，并丛祠而北转。走雪堂之陂陀兮，历黄泥之长坂。大江汹以左缭兮，渺云涛之舒卷。”丛祠，是指乡野林间的神祠，即后来著名的承天寺。陂陀，指倾斜不平的陂地。将以上文字进行理解，大意是说他从临皋亭出来后朝东走，沿着承天寺向北转弯。走在雪堂那倾斜不平的陂地，其间经过了黄泥坂。汹涌的大江在黄泥坂的左边环绕而去，舒卷的云涛看上去显得分外遥远。

《黄泥坂词》大意是说，自己酒后和朋友分手后，踉跄回家。东坡兴致浓郁，一路唱歌，抒发豪情。冷风一吹酒劲倒灌而上，他显得立脚不稳了，索性把手杖扔开，枕着土块倒伏草地呼呼大睡。不知过了多久，露水沾湿了衣裳，月亮也升起来了。放牧归家的老乡经过，怕他被牛羊踩伤，才把他叫醒。他爬起来，继续唱歌，还没忘损贬自己一番：是啊，天凉了，赶紧回家吧，我不能一直在黄泥坂嬉戏太久……

《黄泥坂词》初稿是酒醉之作。看到浑身沾满泥水的父亲，不顾一

① “黄州赤壁古战场研究会筹备小组”王琳祥作，2022 年 12 月 12 日发布微信《黄泥坂与承天寺》。

切在奋笔疾书，那是神灵附体之状！待东坡罢笔卧床后，小儿子苏过将父亲匆匆书写的草稿收藏起来，秘不示人。醒来东坡问及，儿子故意说，不知道。东坡也懒得追问了。

时光倏忽，六年之后东坡升任翰林学士的两个多月后，东京汴梁城的仲冬寒夜，苏东坡与三个学生夜坐闲话，这三个学生是黄庭坚、张耒、晁补之，只缺一个秦观，不然就凑够“苏门四学士”了。大家欢聚一堂，也许又临寒夜，东坡偶然提及黄泥坂的严冬“睡卧”之举，在座者皆惊。三人翻倒几案，终于搜索箧笥时获得了原稿！可是草稿上的字有一半不可识读，东坡以意寻究，乃得补全全文。

张耒没有放过珍藏苏东坡手迹的机会，他将《黄泥坂词》抄写一篇给恩师，然后将原稿名正言顺地归为己有。其他人手慢了，只能徒自叹气。这段韵事，在文坛久传不衰。

这一记录黄泥坂的亲身故事，张耒抄录落款是元祐元年十一月二十一日。这是一〇八六年，东坡五十岁，这一天距离他的生日十二月十九日还不到一个月。张耒不禁诵读起来：“初被酒以行歌兮，忽放杖而醉偃。草为茵而块为枕兮，穆华堂之清宴。纷坠露之湿衣兮，升素月之团团。感父老之呼觉兮，恐牛羊之予践。于是蹶然而起，起而歌曰：月明兮星稀，迎余往兮饯余归。岁既宴兮草木腓，归来归来兮，黄泥不可以久嬉……”

于是，东坡将两日来“失而复得，得而复失”的趣事，记录在这一作品的最后，也就是留存今世的《书〈黄泥坂词〉后》：

> 余在黄州，大醉中作此词，小儿辈藏去稿，醒后不复见也。前夜与黄鲁直、张文潜、晁无咎夜坐。三客翻倒几案，搜索箧笥，偶得之，字半不可读，以意寻究，乃得其全。文潜喜甚，手录一本遗余，持元本去。明日得王晋卿书，云：“吾日夕购子书不厌，近又以三缣博两纸。子有近书，当稍以遗我，毋多费我绢也。”乃用澄心堂纸、李承晏墨书此遗之。元祐元年十一月二十一日。

第二天当朝驸马、文人雅集组织者之一的王诜听说之后，嫉恨不已，当即给苏东坡写了一封“抗议信”，“吾日夕购子书不厌，近又以三缣博两纸。子有近书，当稍以遗我，毋多费我绢也”。这说明王诜对东坡的书画爱之成癖，总是想方设法占为己有，近来又以绢代钱、购回区区“两纸”。他是提醒苏东坡，若再有新作也给他，不要让他再破费从外面去高价购买了。苏东坡接信一看，大笑不止。呵呵，当年“乌台诗案”，王诜亦因此受到牵连，苏轼总感觉对他有所愧疚。既然老友有求，便遂了他的心愿吧。赶紧选用佳墨良纸将当年在黄泥坂的醉中之作《黄泥坂词》重书一遍，送给王诜，并在文后附题跋，记下这一曲折的佳话。

黄庭坚说苏轼极不爱惜笔墨，这是有来历的。同在京城任职时，苏轼只要心情好，案上纸墨不论好坏，随意挥洒。东坡这次很是慎重，为重书《黄泥坂词》以赠王诜，特意使用了当时重金难求的“澄心堂纸”与“李承晏墨”，可以说是匠心独运、不留缺憾了。澄心堂纸是南唐后主李煜的御用纸，极其名贵。梅尧臣有诗《答宋学士次道寄澄心堂纸百幅》:“李主用以藏秘府，外人取次不得窥。城破犹存数千幅，致入本朝谁谓奇。漫堆闲屋任尘土，七十年来人不知。而今制作已轻薄，比于古纸诚堪嗤。古纸精光肉理厚，迩岁好事亦稍推……”这是叙述此纸流传入宋的过程，一开始被束之高阁，后来从宫中少量流出，如今大量仿制却无法企及其品质。澄心堂纸洁白、平滑、厚重、坚韧、易受墨，可惜制纸技艺当时已失传，虽然宋代的书画大师李伯时之画多用此纸，但是所用皆是仿制品。现在看来，苏东坡使用此纸是不是仿作，就不好推测了。此种仿造纸虽不如五代澄心堂纸，但仍受文人所追捧。

“李承晏墨”自然也不是等闲之物。苏东坡有诗《谢宋汉杰惠李承晏墨》，可见他拥有此宝。李承晏是李煜敕封的墨务官，是李廷珪的侄子，而李廷珪就是“徽墨”即“李墨”的创始人，古今制墨家尊崇的宗师。宋代晁冲之《复以承晏墨赠僧法一》:“我闻江南墨官有诸奚，老超尚不如（李）廷珪。后来承晏复秀出，喧然父子名相齐。”老超指李超，本姓奚，后赐姓李。李家世代制墨，技艺精妙、墨质优良异常，宋代即有“黄金易得，李墨难获”之说！

苏东坡每见黄庭坚，都要对他随身携带的一个“百宝袋”检索一番，曾经“讹”去李承晏墨半挺，弄得黄庭坚如同割肉般难受：“群儿贱家鸡，嗜野鹜”，家鸡野鹜其实出自晋人庾翼，以家鸡喻自己的书法，以野雉喻王羲之的书法，比喻不同的书法风格；也比喻人喜爱新奇，而厌弃平常的事物。黄庭坚移来，是说东坡不珍惜自己的东西，就喜欢抢别人的东西。东坡听了才不理，“遂夺之”，当然黄庭坚最后还是忍痛割爱。

文人雅集、诗墨往还、书画往返就是他们的生活日常，而洒脱里的率真性情、闲雅之中的魏晋风度，就是他们的精神追求。《黄泥坂词》与《书〈黄泥坂词〉后》，似乎将不同时空下的两段冬夜场景予以叠加，犹如一块银幕上，叠显出了两部电影！穿过这些影像，苏东坡之所以成为苏东坡，历历可见。

值得一说的是，苏东坡逝世后，张耒（张文潜）先后来过黄州三次，并在黄州居住了七八年，应该说他不但把东坡笔下的黄州走了个遍，而且他一定多次到黄泥坂去，寻找东坡的踪迹。张耒说当时黄州的宋城是：“黄名为州，而无城郭。西北江为固，其三隅略有垣壁，间为藩篱。”有城，但很简陋了。他另一篇文章里提到：“入东门而右回兮”，这里说的东门，就是宋城的东门……

我想，年届知天命的东坡，一直就是一个赤子，就像一副著名对联所言：

天为被，地为床，谁人敢睡？
田作琴，路作弦，哪个能弹？

这些都无妨，有一个黄泥坂，东坡就可以安卧，还做了一场酩酊之梦！

东坡写诗，并不像杜甫那般据实而为，而是更倾向于诗意的飘飞与诗心的寄托。因此，过于拘泥于东坡诗句企图在现实中按图索骥，就容易头撞南墙。二〇二三年一月，我在陈新群先生引导下来到黄冈中学附近，游走了较长一段距离，在那些较为老旧的低矮楼群间穿梭迂回，可惜没有见到一棵老树可以供我慢慢缅怀与想象。我有些茫然地站在一个小十字路口，心想：我脚下的一米多深的地界，一定是东坡倒卧的地点……

倒地而卧游天地，在东坡的世界里，并非例外。

安步当车，如果景致不错，加之还有美酒，就大可一卧，与天地同游。东坡经常到黄州附近的蕲春县游历，也常请当地名医王庞安为自己诊病。比如宋神宗元丰五年（1082）春三月，东坡乘兴游历蕲水，拜谒了清泉寺。那一天，东坡大感振奋。暮色渐晚，他渴望沉醉。

> 顷在黄州，春夜行蕲水中。过酒家饮酒，醉。乘月至一溪桥上，解鞍曲肱，醉卧少休。及觉已晓。乱山攒拥，流水锵然，疑非尘世也。书此语桥柱上。
>
> 照野弥弥浅浪，横空隐隐层霄。障泥未解玉骢骄，我欲醉眠芳草。
>
> 可惜一溪风月，莫教踏碎琼瑶。解鞍欹枕绿杨桥，杜宇一声春晓。(《西江月·顷在黄州》)

上片书写一己见闻以及必不可少的醉态，下片说自己对美好景物的怜惜之情。空山明月托举无垠之澄澈，把东坡的心境彻底纯化，这是一幅富有诗情画意的月夜仙境图，表现出一个物我两忘、超然物外的大境界。东坡描绘了一个物我两忘、超然物外的时空，把自然风光和自己的感受融为一体，在诗情画意中表现自己心境的淡泊、快适，抒发了他乐观、豁达、以顺处逆的襟怀。小序简洁，短短五十四字，即写出地点、时间、景物以及词人的感受。所谓诗情画意，字落欲飞，足可与《记承天寺夜游》相颉颃。

在承天寺的月光下

承天寺是黄州的一座普通寺院，规模较小，因为苏东坡的涉足，俨然成了一个巍然地标。其故址在湖北省黄冈市城南。然后呢，一般记载就语焉不详了。

“承天”一名的意义，即是承奉天道，顺承天意。《易·坤》载：“至哉坤元，万物资生，乃顺承天。”《后汉书·郎顗传》中《荐黄琼、李固书》云：“夫求贤者，上以承天，下以为人。”

元丰三年（1080）的六月中旬，暑气笼罩大地，置身长江之畔的黄州赤日炎炎。东坡给好友陈季常去信说：“临皋虽有一室，可憩从者，但西日可畏。承天极相近，或门前一大舸亦可居，到后相度。”信中的“承天”指的就是承天寺，承天寺与东坡住宅临皋亭相隔不远，位于临皋亭的东边。

苏东坡在《黄泥坂词》中有“出临皋而东骛兮，并丛祠而北转”之说，词中的“丛祠”即指承天寺。“丛祠”一般指乡村郊野的神祠，这在四川眉山乡野也很常见，所以在遣词造句上，东坡是非常精准的。由“丛祠”二字可以推测承天寺规模不大，声名也不显著。

宋徽宗崇宁二年（1103），岁在癸未，“苏门四学士”中的张耒谪居黄州，他反复于东坡曾经的踪迹，不断发现那些昔日的温情，去温暖自己的诗心。他作《……癸未元夕，谪居齐安，携家游定惠、妙圆、承天、下大云、东禅，盖出雨夜，有感示秬秸》寄怀，诗题中的承天即承天寺。

承天寺延宕至明代已不复存在了。明代弘治《黄州府志》记载承天寺说：“古寺，在今城南大云寺前，今为民居。”大云寺即张耒诗题中的下大云寺。

二〇二三年一月底，我在黄冈市陈新群先生指引下，来到黄冈中学。由于学校放假，大门紧锁着。大门内的左侧方向，就是临皋亭位置。由此往东二三百米，黄州区十字街口西南、原黄冈地区公路总段的宿舍区位置，即承天寺旧址。

张怀民，字梦得，一字偓佺。出生于清河，他出身不凡，东坡曾在送他返京的诗中称其为“卫霍元勋后，韦平外族贤”，暗示他是元勋的后裔。他当时被贬黄州的原因，是由于和当时主张革新并实行“新法”的王安石政见不同，便作诗讽刺“新法”，一度身陷囹圄，后来被贬往黄州。张怀民于宋神宗元丰六年（1083）来到黄州，初时寓居承天寺。他还筑亭于住所旁，以纵览江山之胜，东坡心性高远，为之命名为“快哉亭”，并请弟弟苏辙写了《黄州快哉亭记》。元丰六年十一月朔日（初一），苏辙开笔，感叹：“张君不以谪为患，窃会计之余功，而自放山水之间，此其中宜有以过人者……连山绝壑，长林古木，振之以清风，照之以明月，此皆骚人思士之所以悲伤憔悴而不能胜者，乌睹其为快也哉！”意为梦得先生不把被贬官而感到忧愁，利用征收钱谷的公事之余，在大自然中释放自己的身心，这就是他心中应该有超过常人之处。

东坡尤其喜欢写小品，大都作于贬谪时期，简洁的文字凸现一个历经磨难而又豁达旷阔的心灵。铅华褪尽的小品，犹如竹梢聚集的露水，露水里甚至沉浮着事物的碎屑，唯有这样的竹露才能指心见性，展示他率真而无饰的人品。而他的这种启示录写作，无疑是其儒、释、道思想的默化之影，尤其是汇通了儒家与道家精神，将“乐”与道家精神尤其是庄子“独与天地精神往来，而不敖倪于万物”，黄州的山水风物，承载了他生命的价值旨归。

在黄州期间，他相继完成《书临皋亭》《记游松江》《记游定惠寺》等佳作，峭拔而起的无疑是这篇仅有八十五字的《记承天寺夜游》。试翻译如下：

元丰六年十月十一日夜。我脱下衣服准备休息了，一抬头，恰见月光照亮门楣。于是我欣然起身，悄然出门。忽想，缺一个与我同游者，于是前往承天寺寻找张怀民。怀民也未睡，我们便在庭院散步。月光照在庭院，像积满了清水一般澄澈，水中的藻、荇菜纵横交错，原来是竹林和柏树的投影形成的。哪个夜晚没有月光？又有哪个地方没有竹子和柏树呢？只是，缺少像我们两个这样的闲人罢了。

作为对黑夜的致敬，植物的影子总是虔诚地倒伏于地，影子距离月光最近处看起来是接近黑夜底色的，但投射于远处的影子并不逐渐稀薄，这是黑夜加持了它的漏光而产生褴褛的部分，所以竹影看起来内外如一，就像那些天天向上的植物。

随笔、小品是以审美为其核心的。而审美是一种回荡于形与相之间的直觉升跃与触发，彻底回避了实用、功利之目的。德国哲学家叔本华谈及月光之美时所说过一段话："为什么满月的景色具有这样一种仁慈的、宁静的和崇高的印象？因为月亮是一个观照的对象，却从来不是欲求的对象。"[①]因为谁也无法否认：满月就是人间的精致盛装，是月亮回赠大地的最高澄明之景。弦月一日一日变得饱满，恰是为了融入满月这一高光时刻。

在叔本华看来，人就是他自己意志的奴仆：有意志于是有欲望有追求，有了欲望和追求于是就有悲苦和烦恼……但在审美过程中可以暂时忘却自我，摆脱意志的束缚，人就由意志世界移到意象世界。可见，审美是不带欲求、超越功利的精神活动。有鉴于此，王国维先生更认为生活的本质是"欲"，那么要摆脱生活之欲带来的苦痛，只有求助于美和艺术："美之对象，非特别之物，而此物之种类之形式；又观之之我，非特别之我，而纯粹无欲之我也。"

因为艺术是以无欲之我静观物之理念，所以才能摆脱欲望的羁绊。月光下的东坡，铅华尽褪，他在竹影的牵引下，在静谧的时光深处吹来了一股凉风，让他微微一怔。

东坡高妙，一点不写自己深处的情感，似乎只是画了一幅月光与树的文字素描，但藏匿其间的智慧，昭示了他一尘不染的情怀，并使

① ［德］叔本华：《作为意志与表象的世界》，张旭、苏玉鑫导读注释，上海译文出版社 2020 年版，第 136 页。

无形的、静态的月色有了空间感与动态感。清代文史学者储欣在《唐宋十大家全集录·东坡集录》卷九评价道："仙笔也。读之觉玉宇琼楼，高寒澄澈。"

生活中永远不缺少美景，但总是缺少善于发现的眼睛。也可以这样说，发现者更需要一双"闲人"的眼睛。

……

唐宪宗元和年间，成都名媛卓英英在《锦城春望》里，这样赋予了"闲人"一种强势集团的形象：

和风装点锦城春，细雨如丝压玉尘。
漫把诗情访奇景，艳花浓酒属闲人。

锦城春光、如花少女、香风浓酒，均属于那些富贵"有闲"者把玩。此处的"闲人"，与鲁迅先生的语境一致。《三闲集》编讫于一九三二年，集中出现"闲"，是因为成仿吾批评鲁迅"有闲"，并且"有闲"具有三种缘由："它所矜持着的是闲暇，闲暇，第三个闲暇"，鲁迅于是反其道而用之。

但这个世界上的确还有真正的无权、无势、无钱的"闲人"。

而世界上最美的良宵与最美的景致，却是为"闲人"准备的。

而最美的景致，竟然是因为两个"闲人"的闲庭信步而创造出来的。

更为关键的还在于，"闲人"未必没有"闲事"。慧开禅师所言"若无闲事挂心头，便是人间好时节"，唯有心中无"闲事"，了无牵挂，方能真正做一回拥有天地大美的"闲人"。

可见，要彻底整日整夜地闲着，才是人生的正事！

问题是，东坡做得到吗？闲日的生活日复一日地这样重复，意义何在呢？其实，这对于东坡而言，就在于：意义暂时不考虑，活着而已！因为做不来彻底的闲人，只能这样向闲人致敬。

庄子说："天地有大美而不言，四时有明法而不议，万物有成理而不说……"东坡心念一动，心有大美者，方能"闲笔"录之。

闲人，闲心，闲笔，不可不予以分别。

《周易·谦》："谦谦君子，卑以自牧。"那是说，君子以谦抑的态度修身养性。东坡深得其中三昧。

所谓"闲"，在东坡的语境里是具有反讽意味的——他与张怀民，不再是忙碌的公事人而已。所以"闲"不是身份，更多的是内在的一种恬淡生活。真正的"闲"不仅仅是避开觥筹交错的官场应酬与俗事，更重要的是在心中，拥有一派明月朗照与竹影婆娑。禅宗语录中有两句诗："拾薪汲涧煎茶外，倚杖闲看云去留。"生活清苦，因而得"闲"，由此得到了自性与自明。

唯有以"闲笔"予以记录的才是生命流动的文字。仔细看，似乎文中并无玄奥的生命之论与境遇之叹，但东坡的文字素描，已经撷取了生命游弋在地面的投影与纹理。刘勰所谓"句有可删，足见其疏；字不得减，乃知其密"，而《记承天寺夜游》臻于此境！东坡的这等笔法，"尔道不孤"，在明清小品文，乃至日本清少纳言随笔《枕草子》的"物尽"笔法里，呈现出别样的传承韵致。

黄州的几年，无疑让苏东坡的写作臻于炉火纯青的境地，达到了"无一意一事不可入诗"的化境。古人所谓的"反视法""翻案法"等写作观点，并不能圆满概括黄州岁月对于一个诗人的身心磨砺与锤炼。清代叶燮《原诗·外篇上》指出："志高则言洁，志大则辞弘，志远则旨永。"意思是说，志趣高尚、宏远之人，写出文章自然行文简洁流畅，措辞刚健，思想深邃，耐人寻味。

叶燮在《密游集序》里进一步指出：才子之诗可以写，也可以不写；志士之诗就是想不写，也必定不能不写。才子之诗，虽可以让人享受丰厚的俸禄和很高的职位，但常常没有流传下来；志士之诗，更显得诗人贫贱而内心忧伤，但绝对不会不流传下去。才子之诗，从古至今数不胜数；志士之诗，虽然每一代都不缺抒写之人，但能够推到极致的，像晋代的陶潜，唐代的杜甫、韩愈，宋代的苏轼，是诗歌的成就达到极点的，事实上是将他们的志向抒发到极致的。大概他们以高远明达的性情为根本来成就诗歌的本质，经历世事变化而使他们的学习更坚定，遭遇过境况的困顿与忧郁烦恼而使他们的学识更老成，而后以无所不可的才情写出诗句。这本就不是号称才子的人可以写出和有希望达到的，像这样流传诗歌就是为了流传写诗之人啊。

这一段话，道出了“才子”与“志士”的区别，也道出了苏东坡之所为成为千古文化英雄的秘密。因为东坡承认，此时此刻的他，是“诗成却超然，老泪不成滴”。

陈新群先生陪着我，我们在公路总段的老宿舍区徘徊，遥想着地下一二米的深处，应该就是宋朝的地界，还有宋朝的夜光与竹影，还有苏东坡的履痕……

诺贝尔文学奖得主卡内蒂在《人的疆域》里指出：“有一些人，面带微笑，用死亡的方式对抗死亡。他们只能感觉到，所有抵抗死亡的行为都太弱了。”在这个意义上，我认为其实还有一种“苏东坡的方式”，那就是无论生、无论死、无论大悲大喜，都面带微笑，坦然就之。

何谓佳趣

在南京莫愁湖公园抱月楼前曲廊楹联里，就有“于此间得少佳趣；亦足以畅叙幽情”的妙对。分别改自苏东坡的《与毛维瞻》“纸窗竹屋，灯火青荧，时于此间，得少佳趣”，以及王羲之的《兰亭集序》“虽无丝竹管弦之盛，一觞一咏，亦足以畅叙幽情”。

张九龄在《题画山水障》诗中说：“对玩有佳趣，使我心眇绵。”《宋史·舒璘传》：“敝床疏席，总是佳趣；栉风沐雨，反为美境。”由此可见，“佳趣”乃是美妙的士人情趣。

《归去来辞卷》，是苏轼抄写的古人诗文。元丰年间，毛维瞻（1011—1084）为筠州（今江西省高安市）太守，善理政事，政平讼理，深得当地民众尊敬。他与苏辙交游甚密，且对苏辙多有关照。东坡曾有《与毛维瞻》一首，诗前序曰：

岁行尽矣，风雨凄然。纸窗竹屋，灯火青荧。时于此间，得少佳趣。无由持献，独享为愧，想当一笑也。

毛维瞻之子毛滂，于元丰五年（1082）二月从筠州来黄州拜谒苏轼，毛滂以诗文受知东坡。东坡对这个晚辈关爱有加，写《次韵毛滂法曹感雨》诗，由此可知东坡与毛氏父子交往已久。元丰五年岁暮，毛维瞻退休了，古语称“致仕”，请东坡书陶渊明《归去来兮辞》“以为林下展玩”，东坡便为其书写了《归去来兮辞》。

东晋安帝义熙元年（405）陶渊明为彭泽令，督邮来县里巡察，按要求他应冠带整齐去迎见督邮，但陶渊明以“吾不为五斗米折腰，卑躬屈膝事乡里妄人”，决定挂冠而去，归隐浔阳柴桑（今江西省九江市），自己身后，是恬淡自适的农耕生活远景。他行前作《归去来兮辞》，等于是宣布与权力体制的决裂。

东坡抄写《归去来兮辞》，一方面表达了他对耕读生活的向往，对陶渊明挂冠归隐的勇气的钦佩，这在苏轼大量的和陶诗中看得更清楚；另一方面，苏轼贬黄期间躬耕于东坡，远离官场是非，心情得以暂时放松，抄写《归去来兮辞》也是借他人酒杯，浇自家块垒，同时也有借此与好友共勉之意。

区区三十七字的短章，意蕴充盈而百折千回，当为东坡小品之上乘之作。放之于古典散文之林，仍然峭拔而起。所谓小品之神韵，恰在点到为止，韵味无尽。

“岁行尽矣”一句，现实颇为残酷。一年将尽了，风雨凄苦，纸窗竹屋，只有青荧的灯火相伴。显然苏轼置身一个幽冷凄清、百无聊赖的夜晚，处于万籁俱寂的孤独深处。这么寂寞、清闲，肯定是毫无情趣可言了。

笔锋一转，文中“得少佳趣”是自谦，其实东坡是怡然自得的。独享这闲人与闲时、闲书与闲灯的时辰。

他幽默地对朋友坦白，自己心境尽管有“佳趣”，却“无由持献”，只好自己独享了。没有丝毫虚伪矫情，更不是故作旷达，而是真诚地把以苦为乐的感情和心态予以和盘托出。细读《与毛维瞻》，其主旨不是发牢骚，而是“时于此间，得少佳趣”。

在我看来，一个成熟的思者，必须长久地置身于寂静。

就像古希腊神话中的坦塔罗斯一样，思者尽力将身、心低伏下来，透过时光的网格，他的指尖终于能触及甘泉的一点点虚体，那不过是甘泉涌溅起来的几星水花。如果再往下进入一点，可以用指尖提住水花的腰肢。

但即使这几缕水汽，也够思者抬起头来畅想云朵，畅想甘泉是如何升华至云的温床，又在睡梦中翻身而下的。寂静赋予一个人的滋养，就像是为剑刃镀铬。但是，又仿佛是抽去了现实中梯子上最高的那根梯木!

阴霾下的个人时光，窗外银杏铺地，随风而走，就像散落在地的薛涛笺，将历史的伤感在现实中悄然盛开。最后东坡发现，原来伤感的历史并非忧伤，而是那些忧郁成性的花朵，分外冷艳。这是外人不易察觉的书房秘密……

熙宁三年（1070），是王安石“新法”推行的时候。苏轼的上书建言，往往只有等来三种结果：“不许”“不从”和“不用”。这段时间苏辙也不在身边，苏轼更觉孤寂。他在给朋友杨济甫的信中叙述自己置身“南园”，说是子由不在，自己“无与为乐。所居厅前有小花圃，课童种菜，亦少有佳趣。傍宜秋门，皆高槐古柳，一似山居，颇便野性也”。

种菜弄花，对于东坡而言，固然有些许佳趣，聊胜于无，让他内心的野性渐渐萌动了。

周作人先生曾经称赞苏东坡之文：随手写来，并不做作，而文情俱胜，正恰到好处。周作人在《苦茶庵打油诗》续作中写道：“饮酒损神茶损气，读书应是最相宜。圣贤已死言空在，手把遗编未忍披。未必花钱逾黑饭，依然有味是青灯。偶逢一册长恩阁，把卷沉吟过二更。”青灯有味，那个青灯独照的“闲人”，庶几近于苏东坡的佳趣！

莫道狂夫不解狂

法国学者让－吕克·南希《解构的共通体》指出：“闯入者凭强力进入，或让人惊讶，或诡计多端。无论哪种闯入，都是没有权利、没有事先征得同意的进入。在陌生人身上必定有某种闯入的东西，否则陌生人就失去了陌生性。如果他已经有进入和拘留的权利，如果他是我们所等候的，是为我们所接受的，没有什么地方不合人意，不受欢迎的，那么，他不再是闯入者，也不再是陌生人了。”

作为强行进入者，这些才华横溢的人其实并没有权利这么直率，他们强行进入到一个制度里，结果是遭到驱赶。这一点不奇怪。这就是人们所说的“不速之客”。其实，这就是历史上公认的“闯入者”这个词的最美妙定义。

他们的直接性总是雷鸣电闪，毫不做作，甚至不管不顾的秉性，就已然成就了这样的表达，成就了作为一个艺术生命而鲜明存活的意义。

从文化上说，闯入者是最大的创新者。对于陈陈相因、按部就班的一个领域，闯入者是陌生的，他带来了簇新的力量，裹挟着旷野的虎虎生气，渴望对僵化的格局来一番大冲决。可以发现，自学成才的苏洵就是一个文学的意外闯入者，他创造出一种新的语言与角度，进而带来一种陌生的可能性。至于他的两个儿子更是青出于蓝的闯入者，在官场、策论、诗歌、散文、书法、美术、爱情，乃至生活方式方面，苏东坡无疑是过往巍然的文化王国里最大的一位闯入者。

法国作家帕斯卡·基尼亚尔就曾指出，“闯入”与“出生”一词非常接近。这是在于“艺术不知道有消极面，因为艺术没有时间性。在逃离标准之前，它已经靠近了鲜活的东西。艺术是不会偏心的：它就在中心的心脏地带。艺术就是行为，行为的行为性，‘道’的准确性。创造不会从世界中减去任何东西，也不会减去生活中的任何东西。这就是真正的生活。这才是真正的‘道’”①。

所以，闯入者并不知道是哪一刻进入到冰封的河道上的，也不知是从哪里进入到冰面上的。冰面在暖暖的春风里酥软如棉，如镜子一般平滑，只能看到自己模糊而迅疾的身影。一层霜花，是夜与昼交替的结果，是暖阳和夜寒的杰作。冰面上到处都是陷阱，到处都可能被疾风猛推一把而踉跄倒地。一望无际的雪原，又如晾晒蚕茧的平坝，阳光在冰面上暖成了霜花下的一滴水。人走在上面，会有玻璃江的破碎之声，从脚下升起。但眉州乡野里的蚕丝在风中打开的丝绦，一如路标，预示了闯入者的去向……

三苏均是北宋官场与文坛的双料闯入者，鉴于他们的才华过于炫目，睨视者、觊觎者、翻白眼者总想探究这些不世才华之下的家世、学历以及成长背景，从中找出漏洞，尤其是家世背景里的低微，从而予以贬斥，找到自我心理平衡。

而东坡的自我评价词就是："野性"。野性源自眉山田间地头，野性源自岷江一往无前的气势，野性源自苏家几代人某种"纵容"子女们的自由发展理念。可以说，野性熏陶了东坡随意自适、"任天而动"的人生观，野性就是闯入者的天然禀赋。野性既是东坡概括的自我性格特征，也是他"满肚子不合时宜"的具体外化。其表现特征就是不慎言语，任真而动的"疏狂"。这样的疏狂的野性，更塑造了东坡飘飘乎如遗世独立的高尚人格，使其在创作上表现出质朴自然的赤子之风。

熙宁三年（1070），鉴于东坡屡次上书议论王安石变法的诸多弊端，他已被下派，以殿中丞、直史馆、判官告院权开封府推官。他在《答杨济甫十首》（之四）中说：

某近领腊下教墨，感服眷厚，兼审起居佳胜。某此与贱累

① ［法］帕斯卡·基尼亚尔：《游荡的影子》，张新木译，译林出版社2007年版，第20页。

如常。舍弟差入贡院，更半月可出。都下春色已盛，但块然独处，无与为乐。所居厅前有小花圃，课童种菜，亦少有佳趣。傍宜秋门，皆高槐古柳，一似山居，颇便野性也。渐暖，惟千万珍重。

汴京春色已盛，苏轼却是“块然独处，无与为乐”。这已经暗示他的心情显然不是环境决定的了。他不满于当时政坛的种种举措，他甚至对仕途产生了失望。一个长期没有受到压抑的人，一旦被权势者念起了紧箍咒，自然开始对过往的田园生活产生向往，他认为那样才自由自在，才“颇便野性”。

“野性”一词第二次在东坡集子中出现是在熙宁八年（1075）。是年他在太常博士直史馆权知密州军州事任，一次游庐山作诗《游庐山，次韵章传道》：

尘容已似服辕驹，野性犹同纵壑鱼。
出入岩峦千仞表，较量筋力十年初。
虽无窈窕驱前马，还有鸱夷挂后车。
莫笑吟诗淡生活，当令阿买为君书。

如果说，东坡第一次表达的“野性”，要传达的是大自然对于居所的“野化”，那是东坡渴望置身的生活之境，那么第二次书写“野性”，则传达了他当时疲惫而不甘的内心，“野性犹同纵壑鱼”，化用杜甫《将适吴楚留别章使君》诗句“昔如纵壑鱼，今如丧家狗”。这让人想起《庄子·外物》之“涸辙之鲋”：那是干涸了的车辙里的鲫鱼。指即将干渴而死的鱼，也喻处于困境急待援助的人。“尘容”是肉身，“野性”却是不甘坐以待毙的心灵，身体虽然被生活所捆绑，但心灵是在野性推动下奋然前行。这是东坡随遇而安的深层因素，若有所思而无所思，那么野性同样赋予了若有所行而悄然行的秉性！这使他遭受任何际遇都能够做到进退自如。

我们似乎可以看出东坡的“野性”的本义与转义——是“蟆颐山色腴不枯，玻璃江水如醍醐”所赋予的根性；更是闯入者渴望超脱僵化束缚的快意人生态度，既然无法彻底摆脱无物之阵，那至少以保持距离的方式来实现超越自我从而实现精神的自由和心灵的解脱。

这种生活态度不全是儒家匡扶现实的入世情怀，也不是道家“知其不可而不为”的处世态度，更不是悲天悯人、杜绝世俗的佛门姿态，而是近于入世悟禅机、在世系黎民、出世修大德的生命智慧。

很多人以为，比如越南籍学者阮延陵就说：“苏轼的这种‘野性’所表达的不仅是儒家的胸怀，或是道家的襟怀，或是佛家的修养，而是一种苏轼式的儒、释、道融会境地，是一个活着的人带着三家思想，或更多对当下生活有用的思想，走进世俗生活去体验生活的真味。”①

对此，我并不赞同。

尽管每每遭遇不可解的苦难，东坡会遁入道教教义和佛经，甚至炼丹、参禅、茹素……但这些行为仅仅是他痛苦心灵的表现。其实，他根本不相信“羽化而登仙”；他也不会指望面对天下民生的艰难，立地成佛就会得到任何改变。他血液里流动着的是“达则兼济天下，穷则独善其身”的精神，甚至是“穷也尽力扶助”的无怨无悔。这不会允许他羽化而登仙，抛却这个满目疮痍的现实世界。因而，苏东坡是以野性否定了无为的神性和执着来生的佛性，更以自己的行动批判了营营奔走的仕宦人生。

东坡之“狂”，为我所最爱。狂想、狂放、狂傲、狂狷之外，唯独没有狂妄、狂悖。

晚清湖南湘潭人杨钧，乃杨度之弟，兄弟两人均为王闿运得意弟子。我读到他一段话《说狂》，切中了历史之死穴：

① ［越］阮延陵：《苏轼的人生境界及其文化底蕴》，世界图书出版公司2014年版，第21页。

禽滑釐曰，端木叔狂人也，辱其祖矣。段干木曰，端木叔达人也，德过其祖矣。此二说也，一似太过，一似不及。然则余于二者之间又孰取焉？顾信其辱于祖，毋宁信其过于祖也。且狂为美德，孔子曰："必也狂狷乎，狂者进取。"又曰："吾党之小子狂简。"是孔子以狂为教。孔子之弟子皆狂，而禽滑釐反之，以狂为辱，余以此知禽滑釐为非孔。

或问曰："以狂为教，其利安在？"余答曰："狂与腐，为对待之词。孔子知后世必有曲解忠孝节义之人，以成其名者，故不得不以狂为教之旨。曲解忠孝节义者，腐儒也。狂也者，防腐剂也。孔子以此防民，而唐宋以后之儒生，莫不蓄有腐气。试详审之，愈腐之人，反愈尊孔，而指狂者为离经叛道，则又孔子之所不料也。"朱竹坨之言曰"董仲舒、刘向经术最深，故其文最尔雅。彼扬雄之徒，品行自诡于圣人，务掇奇字以自矜，尚安之所谓文哉！魏晋以降，学者不本经术，唯浮夸是务，文运之危数百年。赖昌黎韩氏始倡圣贤之学，而欧阳氏、王氏、曾氏继之，二刘氏、三苏氏羽翼之，莫不原本经术，故能横绝一世"云云，即此数语，大可表示千年以来儒生心理。董仲舒，汉儒中之略腐者也，而彼扬之；扬子云，汉儒中之能狂者也，而彼抑之。更足以知唐以后之腐，倡之于韩退之；清以来之腐，振之于朱竹坨矣。而彼辈之所谓经术者，腐术焉耳，岂能睹乎古贤哲之所谓经术耶？①

卫国的端木叔是子贡的后裔（子贡姓端木名赐），依靠祖先留下的财产而富甲一方，所以他也乐得不问俗务，任意挥霍，只要是寻常人生活的享受，他无不去追求、去尽情玩乐。他还把所剩的钱送给亲人与邻里。到老年气衰体弱就抛弃家事，分散库藏的奇珍异宝，不给子孙留下一点财产。头脑冬烘的禽滑釐听到这个消息就说："端木叔真是个大狂

① ［清］杨钧:《草堂之灵》(上卷)，浙江人民美术出版社 2016 年版，第 23—24 页。

人，他那种做法真使他的祖先受辱。”

段干生予以反驳：“端木叔真是个通达的人，他的德行比他的祖先子贡还要高。”如此看来，端木叔的所作所为，虽刻意经营却也是真诚而又合情理啊！卫国那么多君子，都以礼教自我要求，却无人能比得上他的真诚。

这是晚清才子杨钧与朱彝尊、朱大可等人关于“狂”的一次思想对话录。朱彝尊为“浙西词派”开山宗师，与纳兰容若、陈维崧并称“清词三大家”。

以狂为教的孔子，认为“狂”有“肆、荡”之分，钱穆先生将“肆”释为“志愿高，每肆意自恣，不拘小节”；而“荡”则解释为“无所据，并不见其志之狂矣”。狂而不荡，所以孔子执着于儒学、气节尤其是为天下的理想“狂”的形象。

“狂”在苏轼诗集里出现过八十四次，词集中有十二次。诗里面“狂”字出现频率最高的是苏轼在杭州和其他外任时期，尤其是在“乌台诗案”发生前不久，但在诗案发生后贬居黄州时期诗集中基本上没有。看看他走出乌台监狱后的那种不服气、不服输的狂气：“平生文字为吾累，此去声名不厌低。塞上纵归他日马，城东不斗少年鸡……”他已意识到，自己因祸得福，名满江湖，我就这样可以走马天涯！

“相反，词里面的‘狂’字则于黄州时期出现频率最高。这些诗词里，有的是自况，有的是他况，有的是指其他跟表达人的感情态度无关的事情。在他况的例子中，往往是苏轼对前人之‘狂’表示赞美或向往，如对孔子‘不得与之言’的楚狂接舆，苏轼是非常赞美的……[①]”

在“狂狷”的二者分野中，孔子很明显喜欢狂者。子曰：“狂者进取，狷者有所不为！”狂者的这种敢于创新、开拓，改天换地的精神，强于有所不为，言尺行尺、见寸守寸的狷者！苏轼的狂，是秉承孔子之狂、

① ［越］阮延陵：《苏轼的人生境界及其文化底蕴》，世界图书出版公司2014年版，第23页。

汉唐遗风的率性之狂，也是诗人之狂。

元丰六年（1083）暮秋时节，长江上涌来的劲风挥洒落叶，一天饮酒后，热力奔涌，东坡写下《十拍子·暮秋》：

白酒新开九酝，黄花已过重阳。身外傥来都似梦，醉里无何即是乡。东坡日月长。

玉粉旋烹茶乳，金虀新捣橙香。强染霜髭扶翠袖。莫道狂夫不解狂。狂夫老更狂。

这首词关注的人甚少，但读到这首词的人相信都会喜欢。有的人喜欢的是最后两句："莫道狂夫不解狂。狂夫老更狂。"东坡可以目空一切，但他并非狂妄自大。所谓无常的人生，意义其实还是清楚的：如《赤壁赋》所言："自其变者而观之，则天地曾不能以一瞬；自其不变者而观之，则物与我皆无尽也，而又何羡乎！且夫天地之间，物各有主，苟非吾之所有，虽一毫而莫取。惟江上之清风，与山间之明月，耳得之而为声，目遇之而成色，取之无禁，用之不竭。是造物者之无尽藏也，而吾与子之所共适。"一个人真正能够与天地达成和解，那就突破了区区自我得失的藩篱，托体山阿，就远非关汉卿所说的那种决绝了："我是个蒸不烂、煮不熟、捶不扁、炒不爆、响当当一粒铜豌豆"，而是以某种佯狂的姿态，"强染霜髭扶翠袖"，狂——就是展示生命那黄竹一般底色。一如明朝状元杨慎，在泸州期间突然把自己打扮得花枝招展，叫女人抬着自己游历街巷——那就是"升庵"的一种佯狂的身体政治。

但一些有忧患经历的人，可能更喜欢这几句："身外傥来都似梦，醉里无何即是乡。东坡日月长。"东坡也是普通人，他不是神，他也会有喜怒哀惧，人生就卡在梦与非梦之间，那在梦的深处，却有长江之波携带浩瀚云气，滚滚吹来。

这就是真实的苏东坡：从困厄到坚韧到超脱，但寄托于浩渺虚空，他有时也会感到脚下无路、心中无力、眼前无光。这才是认清生活的真相、依然热爱生活的苏东坡。

问题在于，苏东坡在黄州的种种狂放与舒张，还是被有心人注意到了。

据孔凡礼《苏轼年谱》卷二十三，记元丰七年(1084)事，苏轼“在黄放肆，程颐斥之。苏、程结怨始此”，源于《朱子语类》卷一百三十，言及程颐《遗书·贤良》一段:“坡公在黄州，猖狂放恣，不得志之说，恐指此而言。道夫(朱熹弟子)问:‘坡公苦与伊洛相排，不知何故?’曰:‘他好放肆，端人正士以礼自持，却恐他来检点，故恁诋訾。’”①

东坡特立独行、坦率直露，不知道自我保护，他的确容易受伤。

他管不了那么多。

在我看来，这一过程中，苏轼“高风绝尘”的人生理想在狂的猎猎罡风下赫然树立，一如雪山之巅的旗云。而在经过元祐时期的痛苦反思，东坡野性的思想体系中，庄子哲学战胜了儒家学说。这标志着苏东坡野性的进一步成熟:他对人生、社会等问题的体认，更为落地、更为全面、更为深刻。而晚年东坡遭贬惠州、儋州，更使他的野性丰满而圆成。尤其是儋州时期，他已经由人生道路的选择，升华到更高的人性美学的畛域，由向往自然、追求生命的升华到与自然的彻底和解。

这便是苏东坡的一生，受野性秉承、经狂加持，终于在苦难醍醐灌顶过程里圆成的灿烂人生。

这，就是苏东坡的民生性!

这让我想起俄罗斯思想家罗扎诺夫在《落叶》中的一句话:“不是我像换手套一样换思想，而是我们的思想像手套一样戴在我们手上，过于肥大，套不住手，套不住心灵。”思想应该是心灵被事物激发后，肌肤上产生的一层辉光。这层辉光薄得托举不住汗珠，就更别说别的物质了。但恰是这一层辉光，赋予了芸芸众生的异象，他就立刻从中被区别了出来。

① 孔凡礼:《苏轼年谱》卷二十三，中华书局1998年版，第608页。

东坡与海棠的邂逅史

中国有很多植物，比如牡丹、海棠、丰瑞花、虞美人、梅花等等，除了气候导致的生物爆发期之外，在唐朝迎来了一个四面开花的爆发期。

这有两大原因。

其一，是人口增加带来的生物迁徙与荒野垦殖期间的发现。罗马帝国时期的人口曾一度达到了六千九百万。唐朝的人口峰值达到了八千万，虽然安史之乱以后人口降低到六千万左右。同一时期的南亚地区的人口约为八千万。到达宋朝时，中国的人口一度达到了一点三亿至一点四亿。.

其二，朝廷对藩属重臣赠予罕见的植物，这是分封所带来的植物“不胫而走”的结果。

问题在于，海棠是自“海外”而来的舶来品吗?

海棠神姿潇洒，繁花似锦，自古就成雅俗共赏的名花，素有“花中神仙”“花尊贵”之称，在皇家园林中常与玉兰、牡丹、桂花相配植，形成“玉棠富贵”的意境。另外海棠花又称“断肠花”“思乡草”，有象征游子思乡、表达离愁别绪之意，又因其妩媚动人，雨后清香犹存，花艳难以描绘，又用之喻美人，所谓“花命妇”“花戚里”“花贵妃”等等，不一而足。

唐代李德裕的《花木记》说:“凡花木名海者，皆从海外来，如‘海棠’之类是也。”诗人李白也说:“海红乃花名，出新罗国甚多。”明朝李时珍根据李德裕、李白之说，在《本草纲目》里得出结论:“则海棠之自海外有据矣。”

汉语里的“海”，往往立足于中原立场。一是含有“海外”之意，比如“海榴”“海椒”“海莲”“马海毛”（安哥拉山羊毛）等等。二是有“蛮荒”“遥远”的意指，比如“海味”“海马”[①]等。三是指“大”的东

① 九品武官的官服为海马补服，来自西域的海马出现在南宋笔记《夷坚志》中。

西，比如“海芋”。但海棠却是本土生，并非来自海外。《诗经》里的“甘棠”“棠棣”，不是现在所说的海棠，而是棠梨、杜梨。汉代辞赋中出现了一个冷僻的称呼“柰（nài）”，与杏、李、枇杷等果树相并列，尽管有人认为是“绵苹果”，但它属于蔷薇科苹果属植物，应就是海棠。

海棠确实是在唐朝才俏丽于官场空间以及文人眼目的。

算起来，“甘棠”早在《诗经》中亮相，海棠的出场足足晚了一千多年。唐德宗贞元年间（785—805），地理学家贾耽（729—805）为相，著有《百花谱》，其中出现了“海棠”一词的最早记载：“海棠为花中神仙，色甚丽……”书中还提及“海棠无香，惟蜀中嘉州者有香，其木合抱”，“独靖南者有香，故昌州号‘海棠香国’”。此后海棠作为观赏植物的地位与声望日益凸显。唐代诗人贾岛《海棠》诗有“昔闻游客话芳菲，濯锦江头几万枝”的佳句，称道成都锦江两岸的海棠花。

在贾耽《百花谱》之前，海棠多用“柰”称呼，之后陆续出现研究海棠的专著《海棠记》和宋朝陈思撰的《海棠谱》（三卷）。《海棠谱》特意指出：“又杜子美《海棕行》云，‘移栽北辰不可得，惟有西域胡僧识。’若然，则赞皇之言不诬矣。海棠虽盛称于蜀，而蜀人不甚重，今京师江淮尤竞植之，每一本价不下数十金，胜地名园目为佳致，而出江南者，复称之曰南海棠，大抵相类而花差小，色尤深耳。”恰是当时蜀人不太重视，所以北宋沈立的《海棠记》记载说：“尝闻真宗皇帝御制后苑杂花十题，以海棠为首章，赐近臣唱和，则知海棠足与牡丹抗衡而独步于西州矣。”

宋朝释惠洪《冷斋夜话》里，还提到唐明皇李隆基（685—762）对海棠的喜爱：“（明皇）登香亭，召太真妃，于时卯醉未醒，命高力士使侍儿扶掖而至。妃子醉颜残妆，鬓乱钗横，不能再拜。明皇笑曰：‘岂妃子醉。直海棠睡未足耳。’”

我的结论是，鉴于唐朝帝王对于海棠的喜爱，广为种植，上行下效，加以分封，这一植物栽培才逐渐普及于西蜀和江南，到元明清三代，海棠已经成为文人常用的意象，歌咏海棠的诗词可谓汗牛充栋。

其实早在西晋，以豪侈闻名的石崇就说过“汝（海棠）若能香，当以金屋贮汝”的痴话，这是把海棠比作妙龄美人，说海棠你要是有香味，我不惜造一间金屋来收贮。（见《王禹偁诗话》）西晋之时，蜀地尚未有海棠花的明确记载，这明显是宋代人臆造的。但“金屋”总让人想起汉武帝“金屋藏娇”的典故，石崇虽然是表达自己对海棠爱之切，却似显轻薄。相形之下，苏东坡虽也如石崇一样，但他与海棠却有一段邂逅史。

东坡写过五首海棠诗，最有名的是《海棠》：“东风袅袅泛崇光，香雾空蒙月转廊。只恐夜深花睡去，故烧高烛照红妆。”海棠花开的日子，他日日徘徊树下，饱观不足，到了夜里还舍不得离开，故燃起红烛，夜以继日地赏花。红烛总让人想起新嫁娘，那一树红粉恰如美人，苏轼虽也把海棠比作美人，却显得十分自然雅致。一句“只恐夜深花睡去”，真是痴人口下方道得出的绝句。

这首绝句写于元丰七年（1084）春季，苏轼被贬黄州已是四年多。也许平时太忙，唯有成为黄州的“闲人”，才有闲心看待草木，用一己的坎坷为坡度，将它们提升到一个从未抵达的高度。“香雾”一词，历来有争议，我以为，东坡是实写，并非艺术的高蹈。在于他见到过家乡“海棠香国”的香海棠。

宋人彭乘在《墨客挥犀》中收录了其堂弟彭渊材的逸闻：“彭渊材闻李丹辞昌州，议者吐饭，往询弃之之故。李惊问之，彭曰：‘昌州海棠独香。’闻者传笑。”彭渊材博通群书，尤工乐律，曾献书于朝廷，而征为“协律郎”。他曾说，平生无所恨，所恨者仅五事：一恨鲥鱼多骨，二恨金橘带酸，三恨莼菜性冷，四恨海棠无香，五恨曾子固不能诗。后来得知昌州海棠独香，他一生憾事少了一件，喜不自禁。

连张爱玲也在《红楼梦魇》开篇感叹：“人生有三大恨事，一恨鲥鱼多刺，二恨海棠无香，三恨《红楼梦》未完。”这些说法，渊源有自。

据清代《古猗园志》记载，明朝古猗园第六任园主李宜之（不是北宋那个李宜之）曾为他心爱的海棠写了一百首诗，遗憾的是由于年代久远，目前仅存七首。

崇祯初年（1628），“海棠知己”李宜之从其叔父李流芳处得到猗园，略作修造后还撰《园居》以记，可见他对猗园的极度珍爱。其中有绝句“石家金物汝能酬，效死甘心学堕楼。从此渊材无一恨，海棠香不独昌州”，足以见得猗园里的乔木海棠是飘香的品种。①

清代才子李渔是非常希望海棠自带香味的，他搬出唐人郑谷的诗来做佐证，“则蜂蝶过门而不入矣，何以郑谷《咏海棠》诗云：‘朝醉暮吟看不足，羡他蝴蝶宿深枝？’”李渔说“有香无香，当以蝶之去留为证”，物候学的证据，似乎并不能彻底代替人的嗅觉。

朱自清在一九三〇年四月完成的《看花》里，有一段描述：“我爱繁花老干的杏，临风婀娜的小红桃，贴梗累累如珠的紫荆；但最恋恋的是西府海棠。海棠的花繁得好，也淡得好；艳极了，却没有一丝荡意。疏疏的高干子，英气隐隐逼人。可惜没有趁着月色看过；王鹏运有两句词道：‘只愁淡月朦胧影，难验微波上下潮。’我想月下的海棠花，大约便是这种光景吧。为了海棠，前两天在城里特地冒了大风到中山公园去，看花的人倒也不少；但不知怎的，却忘了畿辅先哲祠。Y告我那里的一株，遮住了大半个院子；别处的都向上长，这一株却是横里伸张的。花的繁没有法说；海棠本无香，昔人常以为恨，这里花太繁了，却酝酿出一种淡淡的香气，使人久闻不倦。”②

朱自清是敏锐的，他提到的北京中山公园里的西府海棠具有香味，不是文学的夸张。

为此我请教过成都植物园的专家，他们认为，西府海棠和一些北美海棠的确有香味，不过也不是任何状态都会播散香气。一般来讲，开得好的状态下在将近黄昏时分，闻起来会有明显的清香。

看起来，海棠之香，犹如峨眉山的佛光。

古人称贴梗海棠、垂丝海棠、木瓜海棠、西府海棠为“海棠四品”。而西府海棠却是既香且艳，是海棠中的上品。但海棠虽艳无俗姿，具有独特魅力。清朝苏灵在《盆玩偶录》里，把西府海棠列为“十八学士”

① 《南翔镇志》（卷十二），上海古籍出版社 2003 年版，第 195 页。
② 原载 1930 年 5 月 4 日《清华周刊》第 33 卷第 9 期“文艺专号”。

之一。西府海棠相传因古代生长在西府(今陕西省宝鸡市一带)而得名，二〇〇九年四月十四日被选为宝鸡的市花。

海棠一般有艳无香，其香只在“隐跃之间”，只有少数地方的海棠带浓香，如《广群芳谱》载：“蜀嘉定州海棠有香，独异他处。”在蜀地生活过的段成式，其《酉阳杂俎》中记载中说：“嘉州海棠，色香并胜。”唐代曾在嘉州做过刺史的薛能写道：“四海应无蜀海棠，一时开处一城香。”可惜的是，乐山境内已无处可寻其芳踪了。

还是回到唐朝贾耽的《百花谱》。

他指出：“海棠为花中神仙，色甚丽，但花无香无实。西蜀昌州产者，有香有实，土人珍为佳果。”说的是昌州海棠不但独具异香，还有美味“佳果”。至公元一二七九年，重庆大足一直是昌州州治所。时至今日，大足的海棠花仍然散发着淡淡的香气，这只能归结为独特的水土与季候。

东坡谪居黄州，一开始寓居在定惠院的寺庙里，而在定惠院东面小山上，恰有一株海棠，东坡《记游定惠院》的文章说：“黄州定惠院东小山上，有海棠一株。特繁茂。每岁盛开，必携客置酒，已五醉其下矣。”这个“五醉”，指从元丰三年(1080)到元丰七年(1084)三月，冬去春来，恰是五载。“年年岁岁花相似，岁岁年年人不同”。这似乎一模一样的花朵间，寄托了他多少“闲人”饱览江山的情怀啊。

东坡还有一首诗，叫《寓居定惠院之东，杂花满山，有海棠一株，土人不知贵也》，这是在元丰三年(1080)春所写。其实早在东坡抵达黄州之前，这株海棠就俯仰在杂花满山的东小山上，当地百姓没有见过海棠，自然无从欣赏。这首诗不仅题目长，诗也很长，其前曰：

江城地瘴蕃草木，只有名花苦幽独。
嫣然一笑竹篱间，桃李满山总粗俗。
也知造物有深意，故遣佳人在空谷。
自然富贵出天姿，不待金盘荐华屋。

“江城”黄州瘴气浓郁，因此草木蕃盛。在百无聊赖的时光里，荒凉偏僻的时光里，一树海棠独自怒放，识与不识，喜与不喜，照开不误。东坡欣喜不已，却感叹“只有名花苦幽独”，这样的名花却无人知晓，独一个儿地静静幽居于深山之中。这两句化用了杜甫“绝代有佳人，幽居在空谷”的名句。竹篱笆间的这株海棠花盛开了，恰如少女嫣然一笑，蓦然回首，而漫山的桃花、李花与之相较，都显得粗俗了些。看来还是造物主大有深意，故意让这样的佳人幽独在“他者”陌生的眼光里。海棠本是自然富贵出于天姿，根本用不着石崇这类富豪用金盘捧着它贮住在华屋里。

诗中又写道：

朱唇得酒晕生脸，翠袖卷纱红映肉。
林深雾暗晓光迟，日暖风轻春睡足。
雨中有泪亦凄怆，月下无人更清淑。
先生食饱无一事，散步逍遥自扪腹。

海棠花花瓣的颜色，未开时为红色，绽放后渐渐变为粉红，恰如美人饮酒，红晕生脸，娇羞无限。以花喻美人，苏东坡也未能免俗。而簇簇绿叶映衬着海棠花朵，又恰如美人从翠袖卷纱间伸出的一只“皓腕”，呵呵，也许就是朝云之手臂吧。这两句化用了杜甫的诗“忆子初尉永嘉去，红颜白面花映肉”，不过杜诗描写的是他的友人苏涣弱冠之年的丰容秀姿。春天探春，东坡想必经常来此逗留，有时来得早，树林很深，大雾弥漫，日光迟迟透不进来；有时又暖日洋洋，微寒之风里，海棠花倒像是春睡已足的贵妃。有时候他冒雨去柯山，花瓣滴雨恰如美人垂泪，令人亦生凄怆；有时候月下无人，只有一己独对海棠，那花儿神态倒更显得清闲淑静。东坡每每在酒醉饭饱的黄昏，心闲无事，一边摸着肚子一边散步逍遥。就这样突然有了惊喜的邂逅，而且每一次相遇，感受不同。

诗又写道：

不问人家与僧舍，拄杖敲门看修竹。
忽逢绝艳照衰朽，叹息无言揩病目。
陋邦何处得此花，无乃好事移西蜀。
寸根千里不易致，衔子飞来定鸿鹄。

东坡饭后散步，随意而走。黄州不大，东坡是名士，安步当车才是常理。比如突然看到竹子，不管是在别人的私宅里还是寺庙，他拄着拐杖前去敲门，要得饱观一阵，气定神闲了，才舍得离开。这样每日信步黄州，就像是他的练功。那一天，他突然在篱笆间意外逢见了一株绝艳的海棠，与已然衰朽的自己打了照面。呵呵，没想到在此处还能看到蜀地眉州常见的海棠，他不由得叹息无言，那个数千里之外的眉州啊，山河依旧否？似曾相识否？转念一想，身处陋地何得有此花开？这多半是哪个好事者，不远千里从西蜀移植过来的吧？寸根移千里而栽恐不易致，推测起来，一定是能飞千里之远的大鸟鸿鹄，从西蜀衔了海棠种子？

这是为我的未来而举起的一支火炬吗？

猜测完这株海棠的身世，东坡与海棠更添了一种天涯知己之感，即诗最后四句：

天涯流落俱可念，为饮一樽歌此曲。
明朝酒醒还独来，雪落纷纷那忍触。

为这株海棠饮酒一樽，歌下此曲。明朝酒醒了，还要独自一人来陪伴海棠，但就怕明天来时东风一起，花瓣纷纷飘落，哪还忍心看花、触花啊！

仿佛是老友了，东坡一直惦记着柯山上的这株海棠。

来到黄州的第三年四月份即元丰五年（1082），苏轼作了两首寒食诗，翌年书写《黄州寒食帖》，成为书法界之圭臬。《寒食诗》（其一）云：

自我来黄州，已过三寒食。
年年欲惜春，春去不容惜。
今年又苦雨，两月秋萧瑟。
卧闻海棠花，泥污燕支雪。
暗中偷负去，夜半真有力。
何殊病少年，病起头已白。

在东坡眼里，海棠花就像雪上搽了胭脂那样楚楚动人。即使是过着凄苦的日子，他还惦记着海棠花，担心被污泥所染。这哪里是写海棠，分明就是写的出尘的德行！

据说苏轼自己也特别钟爱这首长诗，每每写以赠人："平生喜为人写，盖人间刊石者，自有五六本。"此诗几经周转，传到河南永安县令张浩之手。由于张浩与"苏门四学士"之一的黄庭坚相熟，元符三年（1100）七月，张浩携诗稿到四川眉州青神县谒见正在此探望姑母的黄庭坚。黄庭坚一见诗稿，如晤子瞻，又思及当时远谪万里之外的海南，悲欣交加，写《跋所书苏轼海棠诗》："子瞻在黄州作《海棠诗》，古今绝唱也。"宋代黄彻《䂬溪诗话》卷八指出："介甫《梅诗》云：'少陵为尔牵诗兴，可是无心赋海棠。'杜默云：'倚风莫怨唐工部，后裔谁知不解诗。'曾不若东坡《柯邱海棠》长篇，冠古绝今，虽不指明老杜，而补亡之意，盖使来世自晓也。"

后人对东坡这首海棠诗评价更高，清代纪昀说："纯以海棠自寓，风姿高秀，兴象微深，后半尤烟波跌宕，此种真非东坡不能，东坡非一时兴到亦不能。"说这首诗借海棠自比，抒己怀抱，不仅非东坡不能作此诗，即使东坡非一时兴到，平常亦作不出这样的好诗！

如此延宕五年，就像一朵花由内卷到外翻，他终于等到宫阙的消息，元丰七年（1084），他要调任汝州了。黄州的官员、士绅仰慕他的文名，还有东坡的达观与湛然，临别之时的宴会上，颇为不舍。

东坡没有什么架子，因而求诗、求字的比比皆是。席间有一位歌女李宜（也作李琪、李琦），经常被州官安排出席官方宴请，想来也算当地的闻人，李宜熟悉东坡，并且有一定交际。大家都得到了东坡的题赠，最后李宜走上前来，向苏轼敬酒，还拿出披肩，希望苏大人题一首诗。东坡注视对方，让她磨墨，提笔就写。他写完前两句，就搁笔与客人笑谈应酬。并且此二句诗意境平平，并无奇特之处。良久，李宜再拜来求，东坡回过神来，遂画龙点睛完成最后两句。其实，东坡要将最好的一首即兴海棠诗留给她：

> 东坡五载黄州住，何事无言及李宜。
> 却似西川杜工部，海棠虽好不吟诗。

一语双关，情义全在字里行间。这首《赠黄州官妓》，收录在清人冯应榴编注的《苏文忠公诗合注》中。

北宋何薳的《春渚纪闻》卷六就记载了此事，题为《东坡事实》，所引诗文多为辑佚者所取，即苏轼诗文集中没有的作品，遂形成了多个版本，比如“五载”与“四载”、“城南”与“西川”、“李宜”与“李琪”等等。《春渚纪闻》中一则笔记题为《营妓比海棠绝句》，原文如下：

> 东坡在黄日，每日燕集，醉墨淋漓，不惜与人。至于营妓供侍，扇书带画，亦时有之。有李琪者，小而慧，颇知书札，坡亦每顾之喜，终未尝获公赐。至公移汝郡，将祖行，酒酣，琪奉觞再拜，取领巾乞书。公熟视久之，令琪磨研，墨浓，取笔大书云：“东坡七岁黄州住，何事无言及李琪。”即掷笔袖手，与客谈笑。坐客相谓：“语似凡易，又不终篇，何也？”至将撤具，琪复拜请。坡大笑曰：“几忘出场。”继书云：“恰似西川杜工部，海棠虽好不留诗。”一座击节，尽醉而散。

海棠的影子下，其实还有一些曲折。《庚溪诗话》则有“宜以语讷，不能有所请，人皆咎之”句，意思是李宜性格内向，不爱说话，于是一直没有得到过东坡的题赠。另外在“乌台诗案”中，何正臣、舒亶、李定一同弹劾东坡的新党里，还有一个名叫李宜之的国子博士。李宜之与李宜的名字太过相似，宛若一脉。极可能是东坡不愿想起那个李宜之，连写李宜的名字也有所忌讳。所以，最后东坡还是在诗句中将李宜故意错写成李琪。

到底是文以人传，抑或人以文传？东坡的心机，赋予了寻常美女另一种“符号的美学”，镜像反复叠加，人与海棠移形换位，构成了历史的迷人所在，也构成了符号竞相解放、自行发展、充满韵律与叙事的过程。正是这一行为，使她如杜甫诗中的黄四娘、李白诗中的汪伦一样，成为千古留名的人物。《清波杂志》载此事后评曰：“其人自此声价增重，殆类子美诗中黄四娘。”

至于“恰似西川杜工部，海棠虽好不吟诗”一句，这两句的用典，苏东坡自己认为原因是：“少陵为尔牵诗兴，可是无心赋海棠。”有人认为杜甫的母亲名讳海棠，所以在西蜀生活了近十载的杜少陵，从未写过与海棠相关的诗句。王禹偁说：“少陵在蜀，并无一诗话着海棠，以其生母名也。”洪迈的《容斋随笔》中也有“杜少陵母名海棠，故不咏海棠，理或然欤”的记载。其实，这在于盛唐时期成都固然有海棠分布，均在达官贵人庭院，并不普及。

几年前，为此我请教杜甫、苏学专家张志烈教授，他对以往的各种解答不以为然。他以为，这主要是当时成都的社会生态等原因：“一是杜甫写过海棠，作品失传了；二是那时成都的海棠花并不像木芙蓉、桤木、笼竹、荷花等植物那样寻常可见。可以说，海棠在唐代成都逐渐落地、盛开，才有了宋代海棠的辉煌。”后一个意见可能更接近事实。

东坡与海棠的邂逅史，并未绝响。唯有陆游以“放翁花”予以命名，续接了这段人与海棠的相互保管、相互赠予的传奇。

在眉山三苏祠博物馆碑亭里，我见到过东坡这首诗的笔迹刻石《寓居定惠院，有海棠一株碑》。行云流水，摇曳生姿；曲折跌宕，汪洋恣肆。名花、名帖两相辉映，情感、行笔物我化一，那种不屈的个性、潇洒的情态展现得栩栩如生。

东坡善谑，顺及海棠。据说好友张先八十岁娶了一位十八岁的妾，苏轼随友拜访，问张先得此美眷有何感想，张先随口回答：“我年八十卿十八，卿是红颜我白发。与卿颠倒本同庚，只隔中间一花甲。”东坡立即和了一首《戏赠张先》：“十八新娘八十郎，苍苍白发对红妆。鸳鸯被里成双夜，一树梨花压海棠。”萧然白发，宛如雪梨花，独对丰腴的红烛。一读，就像玫瑰突然长出了一身的倒刺，刺没刺中张先不知道，但大诗人里尔克的确中蛊了。

在江苏宜兴有一个“东坡海棠园”，里面有一株苏东坡种的海棠，玉立了近千年。

这株西府海棠树高丈余、树冠最大直径达八米，是苏东坡一〇八三年到宜兴探访同榜学友时亲手栽下的。北宋熙宁、元丰年间，苏东坡应宜兴单锡、蒋之奇等同科进士的邀请，多次前往宜兴游历。宜兴闸口天远堂主人邵民瞻仰慕苏东坡的才学，彼此建立友谊。元丰六年（1083）二月，邵民瞻新宅落成，苏东坡应邀前往祝贺，并带来一株“西府海棠”亲手植于邵氏庭院。

据传，当时苏轼去江苏曾携带了三株海棠，一株栽种于宜兴，两株植于常州（后被毁）。据明代进士史夏隆《永定海棠记》载：“东坡乞居阳羡，携其花至，而天远堂主人邵民瞻与之游园，传其种，而宜邑始有西府海棠……”这是宜兴西府海棠记载的最早栽种历史。东坡海棠园被列入宜兴市文物保护单位。海棠的寿命一般仅有十几年，个别特殊品种可达百年以上。我们宁愿相信，这株海棠就是苏东坡种下的那一棵！花与人一样，经历千磨万击，依然笑对春风。

东坡的酒道

苏东坡应该是古代文人中写酒写得最多的文人，他的诗文里流淌着浓郁的酒香。中年之后，他的生活和创作都离不开酒，他自言“殆不可一日无此君”。诗言志，酒载情。在东坡大量的涉酒诗文中有一显著特点，就是以酒点燃情怀，充分体现了“乐民之乐、忧民之忧”的爱民思想以及诗人的阔达胸臆。他爱酒、饮酒、造酒、赞酒、研酒，其主要内容为以表现觞饮内容的觞饮诗，以展现饮酒感受和体验为主的饮酒感怀诗，以吟咏酒以及涉酒事物为主的咏酒诗，以表现酒人交往为主的酒谊诗，等等，苏东坡展示了完全不同于唐朝人的诗酒哲学，他不但完成了宋代人的诗酒文化范式，而且构成了东坡式的“饮酒身体政治学”。

苏洵滴酒不沾，东坡先生好酒但酒量有限，自然不会向往李太白“会须一饮三百杯”的狂放状态。他评价平生有三样事情不如别人：着棋、吃酒、唱曲（见［宋］彭乘《墨客挥犀》卷四）。包括苏辙的酒量，甚至不如哥哥。他被贬谪为筠州的盐酒税小官时，曾说“阮籍作官都为酒，不须分别恨南邦”，他将自己与阮籍进行了一番比较，别人为了喝酒而追求仕途，自己却是整天守着酒坛而感到万分郁闷，这酒，如何喝得下去啊！而与苏家祖辈苏杲、苏序相比起来，苏家后人学问大涨，但酒量明显呈下滑态势。也就是说，苏家人的酒量与才华成反比。

酒，毕竟与东坡的贬谪之路如影随形。而且在岁月沉浮中，他的酒量还略有提高。他不得不躲到壶中，一度渴望像仙道壶公那样“瞒天过海”。但酒醒之后的怅然，又是饮酒之前估计不足的。

东坡晚年作《书东皋子传后》一文，阐释了自己的“酒经”：“予饮酒终日，不过五合，天下之不能饮，无在予下者。”他是说，普天之下，没有比自己更不能饮酒的人了。他喝酒并不看重多与少，而是重在寄意抒情，让心态酣适愉悦，认为自己饮“五合”即可。这里的“五合”就是半升，宋朝半升仅相当于现在的三百毫升。而北宋时期蒸馏酒还没有发明出来，那时的酒味甚淡，仅仅十几度而已，烈酒也不过二十度。但他也颇为欣赏“见客举杯徐引”，自己不畅饮也能享受发自胸臆的酣适之味，因而，他自言天下人之“好饮”无出其右。东坡于此实乃重在“好”，而非一饮而尽，这是东坡的独特“酒经”。东坡饮酒诗中最显而易见的一种抒写方式是直抒胸臆。我们可以从东坡饮酒诗中，感觉出他是如何地解除自我禁锢，畅所欲言去抒发胸臆，直言人生与历史。一般人的性格思想没有苏轼来得通达，因此他们的饮酒诗都没有什么内心感受，而东坡不一样，他往往选择将内心的感受、想法，淋漓地不加掩饰地予以表达。

他在密州时给叔丈王庆源写信指出：“近稍能饮酒，终日可饮十五银盏。”到了惠州时又给表兄程之才写信坦承：“弟终日把盏，积计不过五银盏尔。”

东坡的“酒经”，比较有说服力的还是《叔弼云，履常不饮，故不作诗，劝履常饮》：

我本畏酒人，临觞未尝诉。
平生坐诗穷，得句忍不吐。
吐酒茹好诗，肝胃生滓污。
用此较得丧，天岂不足付。
吾侪非二物，岁月谁与度。
悄焉得长愁，为计已大误。
二欧非无诗，恨子不饮故。
强为酹一酌，将非作愁具。
成言如皎日，援笔当自赋。
他年五君咏，山王一时数。

苏轼对酒的一些想法进行了认真的见考，针对恩师欧阳修三子欧阳棐所说的陈师道饮酒才能够写诗的创作现象，东坡以亲身体验为据，告诉欧阳叔弼酒之于诗歌创作的微妙关系。饮酒的确能够催动诗思，酒亦能排忧度日。如果不饮酒而作诗，身体内就会滋生激烈思想活动后留下的“污垢”，后果是得不偿失。这些观点听起来有点玄奥，如果不是对酒与诗歌具有深刻经验，恐怕就只能是“囫囵吞酒”了。

东坡在《题子明诗后》、《书东皋子传后》和《与王庆源十三首》（之二）、《与程正辅七十一首》（之四）等作中，都提到了酒量的具体数据：“二十蕉叶”“三蕉叶”“五合”“十五银盏”“五银盏”等等。

宋代诗人张镃有“杯传蕉叶温成酒，袄织梅花软入绵”之句。“蕉叶”为何？

唐冯贽《云仙杂记·酒器九品》：“李适之有酒器九品：蓬莱盏、海川螺、舞仙盏、瓠子卮、幔卷荷、金蕉叶、玉蟾儿、醉刘伶、东溟样。”此处金蕉叶是指蕉叶杯。

南宋胡仔《苕溪渔隐丛话后集·回仙》引陆元光《回仙录》：“饮器中，惟钟鼎为大，屈卮螺杯次之，而梨花蕉叶最小。”清冒襄《影梅庵忆语》卷二：“姬能饮，自入吾门，见余量不胜蕉叶，遂罢饮。”据此可知，“蕉叶”指的是像卷曲的芭蕉叶状的酒杯，是一种浅底小酒杯，容量不大。

《宋诗钞》里，有陈造《江湖长翁诗钞·雪夜与师是棋次前韵》：“掀髯得一笑，为汝倒蕉叶。”可见，蕉叶就是“形似蕉叶”的浅口酒杯。既浅又不是很宽大，所以它是盛不了许多酒的小杯子，一般是供饮“慢酒”的文人和酒量不大者浅斟慢酌，豪饮的李白一定看不起！同时期的蕉叶杯的大小应该是基本相同的，所盛酒的多少也就基本相同了。

明代袁宏道《觞政》记述：“余饮不能一蕉叶，每闻垆声，辄踊跃。遇酒客与留连，饮不竟夜不休。非久相狎者，不知余之无酒肠也。”袁宏道承认自己非常喜欢饮酒，听到酒保的叫卖声，就快步走进酒店，渴望遇到知心酒友，能喝一整夜，但是自己的酒量确实不大，喝不了一蕉叶杯的酒。

到了清代，蒲松龄诗文还有三处提到“三蕉叶”，足见清代也是这样称呼酒量的。如七律《送赴试者》云：“列万牙签凭引睡，饮三蕉叶易行沽”；七律《夜饮再赋》其二云：“放怀尽饮三蕉叶，酒醒床头香梦残”；文章《代毕韦仲为羲仙韩邑侯寄子记》曰：“适邢孝廉来自陇西，为侯同榜，与共晏笑，欢甚，促酎不觉尽三蕉叶焉。”

人们说某女人“不胜娇羞”，是褒义；又说文人“不胜蕉叶”，则是微讽。如果相较，你选哪一个呢？

另外，说一下“鸱夷”。

东坡五言诗《连日与王忠玉张全翁游西湖访北山清顺道潜二》，有“载酒有鸱夷，扣门非啄木”之句。《和赠羊长史》里，有“不特两鸱酒，肯借一车书”之说，均涉及扬雄饮酒之典。

公元九年，时年四十五岁的扬雄，大概于此年作《酒箴》。这是蜀人第一篇深刻论述酒文化的思想之作，一定程度上也开启了魏晋时代狂放的酒文化。

扬雄在《酒箴》里说：“鸱夷滑稽，腹大如壶，尽日盛酒，人复借酤。”“鸱夷”典故来自越国历史。《越绝书》记载说，吴国被越国复仇之后，越王竟然把美女功臣西施“鸱夷”沉江，就是把西施装在皮口袋里投水溺杀了。《吴越春秋·逸篇》沿袭墨子的说法：“越浮西施于江，令随鸱夷而终。”《东周列国志》赞同《墨子》沉江说，细节化令人心悸，把国家希望获得的“暴力清洁”，妖魔化成了女人之间争风吃醋的谋杀：“勾践班师回越，携西施以归。越夫人潜使人引出，负以大石，沉于江中。”后来范蠡泛舟五湖，自号“鸱夷子皮”，为什么？恰恰体现了他对西施的无尽缅怀。东坡《次韵代留别》里说“他年一舸鸱夷去，应记侬家旧住西”，此处的“鸱夷”，就是泛舟五湖的隐者范蠡的代称了。

鸱夷口袋可以闷杀美女，其实它本就是巨大的皮制酒囊，移动起来就很不方便，所以在“人复借酤”时，要用一个“滑稽”来取酒。所以说，滑稽的本义，是吸酒曲器之名。

北魏崔浩在《汉记音义》中指出：“滑稽，流酒器也。转注吐酒，终日不已，若今之阳燧樽。”清代文康的小说《儿女英雄传》讲得更通俗：“这‘滑稽’是件东西，就是掣酒的那个酒掣子，俗名叫‘过山龙’，又叫‘倒流儿’。因这件东西从那头儿把酒掣出来，绕个弯儿注到这头儿去。”

看起来，这是利用虹吸原理取酒的一种器物。把酒滑引出来的“酒掣子”，还具有限制的稽留功能。掌控弯曲的“滑稽”一端或起或降，就是“稽首”的形象；控制一定的量，就是“稽查”，由此不但可以看出巴蜀酒文化的源远流长，而且也可以坐实“滑稽”“稽查”等这些词语的“词源”，均与蜀地汉代以来的生活明显有关。

从词语历史上看，尽管“滑稽”一词，最早的出处可能是《楚辞·卜居》:“将突梯滑稽，如脂如韦，以洁楹乎？”王逸注:“转随俗已。”这明显告诉我们，此意已经是词语转义，而非本义。当然，扬雄在《法言·渊骞》中再次使用了“滑稽”来批评一些饱食终日的“滑头”:“饱食安坐，以仕易农，依隐玩世，诡时不逢，其滑稽之雄乎！”这里的“滑稽”，则是圆滑的意思了。司马迁《史记·滑稽列传》中，已引申为能言善辩、言辞流利之人。

尽管梁武帝《断酒肉文》早就指出“酒是魔浆”，但沉迷其间的人大有人在。宋代秦观《〈精骑集〉序》里说:“予少时读书，一见辄能诵。暗疏之，亦不甚失。然负此自放，喜从滑稽饮酒者游……”这也很符合我的性格。所以，经常听成都人说，喝醉了是一件很滑稽的事。遥想东坡在黄州临皋亭一边饮酒，一边诵读充满吊诡逸情的《猪肉颂》，这个场景一定非常爽！

高丽著名诗人申紫霞（1769—1845）名申纬，字汉叟，紫霞是他的号。在清嘉庆十七年（1812）曾到过中国，拜翁方纲为师。申纬十分欣赏苏东坡儒佛交融的思想境界，努力学习其诗境与禅心的和谐统一，甚至模仿苏诗的风格与用词，其书法也飞扬跌宕，手札里有这样一段话:“此处猪肉颇佳，顿胜于洛下，试一下箸如何？”这等情怀，显然是对东坡《猪肉颂》激赏不已的余韵……

过屠门而大嚼，虽不得肉，贵且快意。现在，变成了过苏门而思东坡肉了。

想起来就有点滑稽。滑稽就滑稽吧！但，多美啊！

相传东坡写有《醉乡记》[①]，开头就说:“醉之乡，去中国不知其几千里也。其土旷然无涯，无丘陵阪险；其气和平一揆，无晦明寒暑；其俗大同，无邑居聚落；其人甚精，无爱憎喜怒。吸风饮露，不食五谷……”

酒意烘托下，“醉乡”是一个符合老子道家思想、政简人和的理想国，固然是基于东坡对时局的失望，但是他之所以把理想国设于醉乡，

① 见《东坡七集·续集》卷一二。另一说此文作者为唐代王绩，见《王绩文集》，三晋出版社2016年版，第221页。

而非“桃花源”，应该说是与他的嗜酒密不可分。在东坡的笔下，“醉乡”距离他所生活的空间太过遥远了，但他有进入其中的锁钥与捷径。那里平畴千里，屋舍错落俨然，比陶渊明所描绘的桃花源更为诱人。那里，“平和一气”成为社会最大的主题。酒中的东坡，乘桴浮于酒海，他向着那个比桃花源更遥不可及的仙境破浪而去……

在醉乡里，东坡自由，他可以随心所欲于天地之间穿行。

在醉乡里，东坡逍遥，他能安闲自得于人世之外的自由世界。

在醉乡里，东坡独立，他更能怡然自乐于酒与桃花共醉的世界。

醉乡广大，在手间盈盈一握。

人间窄逼，于四周狼奔豕突！

东坡笔下的影像

田晓菲在《秋水堂自选集：影子与水文》里指出：“影子是西洋油画明暗技法的灵魂。国画有不同的美学取向。然而，当我们展开北宋乔仲常的《后赤壁赋图》，一幅描绘苏轼《后赤壁赋》的叙事长卷，我们赫然发现，在这一幅长卷的第一部分，‘苏子’‘二客’与一个童仆，在地上投下深深浅浅的影子。这是中国早期绘画史上，据我们所知唯一的影子。然而，除了这几个人之外，同一画面上的其他物象，树草、石，都没有投影。这几个人似乎是画面上得到映照的存在。这些影子为空白的画面和地面勾勒出纹理……”

中国画历来不喜绘出事物的影子，尤其是人物散发出来的情绪。明末意大利传教士利玛窦说过这样一段话：“中国画但画阳不画阴，故看之人面躯正平，无凹凸相。吾国画兼阴与阳写之，故面有高下，而手臂皆抡圆耳……吾国之写像者解此法，用之，故能使画像与生人亡异也。”尽管如此，并不意味着深谙风情的中国古人，不明白影子在历史上溅出的汁液和叫喊。

宋代词人张先（990—1078），字子野，因常把“影”字入诗词，人称“张三影”。可见影子造像，早已引起文人的重视。那么苏东坡呢？检索统计，苏东坡词中带有“影”字的诗句达六十多条。苏东坡堪称古代文人里书写影子最多的诗人，称为“弄影高手”，实不为过。

在实体之外，影子具有附属性、朦胧性、空无性的特征。东坡创造了多样的影子意象，表现清幽宁静的审美和孤独寂寞的情感意蕴。影子可虚，影子也可实，影子也可不翼而飞，唯有高手才可采撷影中的神韵。东坡的《传神记》就强调“传神写影”：

> 传神之难在目。顾虎头云：“传形写影，都在阿堵中。”其次在颧颊。吾尝于灯下顾自见颊影，使人就壁模之，不作眉目，见者皆失笑，知其为吾也。目与颧颊似，余无不似者。眉与鼻口，可以增减取似也。传神与相一道。欲得其人之天，法当于众中阴察之。今乃使人具衣冠坐，注视一物，彼方敛容自持，岂复见其天（真）乎！

这一段话，固然是画家捕捉神采的精微描述，东坡于此的体认，早有心法。

发现美，需要反复变形；获得美，需要不停折返。在我看来，“系风捕影”恰是苏东坡的一种审美方法论。大千世界里，实体与影像的存在，宛如现实与过往的关系。他超拔于视力对于影子体认的局限性，而代之以向着本质之影无限接近、渴望与之彻底合一，从而在审美理论上阐明了“意”与“达辞”的可显现性与可操作性。

东坡面目，也许就是超离历史烟云而投射到现实的一道斜影，它总是与纡竹、嶙峋怪石相俯仰，并从陶公的真意、白乐天的洒脱和佛禅的机锋中超离藩篱而自成面目。

东坡诗句中的“影子”范式，多为光线被物体挡住而形成的自然阴影；也有感情的具象化影子；怀有“幻影”；还有“疏影”——影子与月色构成的一幅幅洋溢诗情画意的水墨画；苏东坡曾画过自画像——照着自己映在墙壁上的影子，勾出画像轮廓，居然惟妙惟肖。他伸手触及墙上的影子，与我们抚摸镜子中自己的脸颊，区别在于：前者是为了疗伤，后者仅仅是出于自怜。

再看看东坡笔下的各式影子造像：

《菩萨蛮·回文秋闺怨》中的“影孤怜夜永”；《次韵范纯父涵星砚月石风林屏诗》中的“簸摇桑榆尽西靡，影落苏子砚与屏”。也有指物影的，如苏轼《文与可有诗见寄云，待将一段鹅溪绢，扫取寒梢万尺长。次韵答之》中的“世间那有千寻竹，月落庭空影许长”，通过月夜下竹影，刻意放大，以映衬竹子之长。还有《题潭州徐氏春晖亭》中的“穿竹鸟声惊步武，入檐花影落杯盘”等等。至于《登州海市》“心知所见皆幻影，敢以耳目烦神工”，影子显然成为达摩东渡的芦苇，东坡开始了反向横渡。

事物的阴影泯灭了美丑，所以影子总比本身显得更光滑、更伟岸。所以人们面对一个事物以及印象，力求摆脱其阴影，抵达事物本身，就成为一项异常困难的工作。因为对于不少事物而言，阴影就是其必不可少的构成，甚至是其骨骼成分。

在东坡置身的那些黄州之夜，他通过一个深刻的夜晚，去抵达另一个夜晚，夜晚就不再是一般的夜晚。夜是纯黑的，是面对一个光亮一饮而尽的夜晚。夜晚以黑缎子的质地，拒绝了反光。而对一具黑暗中熄灭的身体而言，一切溢出都是画蛇添足。黑暗中的身体，在手指的唤醒过程里，一寸一寸地黑下去了，将犹豫在身体边缘的热气，逐渐摩挲在手指刚刚滑过的地方。拒绝言说、拒接发亮的身体，在高温的洋溢中，任其流芳……

但既有情感，影子总会賫夜而来。

初到黄州时，《卜算子·黄州定惠院寓居作》无疑为奇妙之作，也是一首影子之歌：

缺月挂疏桐，漏断人初静。谁见幽人独来往，缥缈孤鸿影。
惊起却回头，有恨无人省。拣尽寒枝不肯栖，寂寞沙洲冷。

月亮挂在稀疏的梧桐树梢上，计时的沙漏也已经滴尽，院落里也没有人声了。一个影子在灯火下飘来飘去，它孤孤单单，像一只鸿雁。突然间，它回头凝望我，眼神中藏有怨恨。在恨什么，外人无从知晓。也许是想找一个地方栖息，又嫌弃院中的树枝配不上它的身份，宁可飞到寂寞寒冷的沙洲。

词中并没有说，他看到的影子是人，抑或飞禽。他只是在后一句说：它的影子像鸿雁。这，恰恰就是东坡的神来之笔。如果过于拘实，那又何来神启呢？！

那是高洁之物的君临，那是不肯与俗物为伍的天外来客。这里的鸿雁，既可能是东坡精神的外化，也可能是他记忆里的某个人，比如王弗。

林语堂在《苏东坡传》里指出："飞鸿是人心灵的象征，苏东坡的传奇一生，正是一个伟大心灵偶然留下的足迹，真正的苏东坡只是一个心灵，如同一只虚幻的鸟，这只鸟也许直到今天还梦游于太空星斗。"

飞鸟送来的鸡毛信。而能够在梦中与飞鸟一起飞翔，是幸运的。因为可以在漆黑的高空，看见更黑的鸟影。能够与纯黑的事物相伴，无疑是幸运的。人与飞鸟一道下坠，则显得突兀而自然。更幸运的是，醒来一片洁白的鸟羽，飘落在梦者的身上。而那一场最后的雨，停歇于鸟鸣，停歇于红嘴绿鹊的长尾之上，莹莹欲滴。

在东坡看来，影子是自己的一部分，情同手足，影子还经常可以抵达手足无法触及的高巅和彼岸，影子一直具有马前卒本色。尽管影子知道得太多，有时会泄露出一些秘密。秘密一旦曝光了，秘密就会缄默如初。影子比情侣更可靠，直到有一天，它在你倒地不起时，也蜷缩在你身下，镶出了一道死的蕾丝！

也许，爱过的人与事，都趋于出轨的、叛道的危险。

那些恨过的人都全然消失了，变得漫漶不清，并且没有影子。

越是思考成熟的人，都是放弃现实利益的人。也就是说，那些湛然之思，其实是认输的终极思想。他们只留下了印象与影子。

在东坡大量的影子之作当中，我最喜欢平起入韵七绝中的一首《花影》。此诗也有人认为是出自东坡崇拜者、诗人谢枋得的《叠山集》。但敢于大白话写诗，而且此诗充满反向美学意象与禅意，这样的诗也只有东坡才写得出。

重重叠叠上瑶台，几度呼童扫不开。
刚被太阳收拾去，却教明月送将来。

此诗约作于熙宁九年（1076），是在王安石第二次出任宰相后。该诗写花影，童子扫不胜扫。在人无力可使之际，太阳、月亮的联袂加持，花影得意扬扬，诗人无可奈何。诗人借吟咏花影，抒发了自己想要有所作为，却又无可奈何的心情。全诗借物抒怀，比喻新巧，意新语工，具有言近旨远、意在言外的含蓄。清人黄子云《野鸿诗的》总结说："诗有禅理，不可道破。个中消息，学者当自领悟，一经笔舌，不触则背。诗可注而不可解者，以此也。"

司空图所谓"思与境偕"，恰恰是古代诗人的最高境界。他就是"梦里栩然蝴蝶，一身轻"。

形而上的花朵拒绝散发浓香。比如牡丹，比如转莲。

形而中的花朵色香味俱全，那是花的全在。比如梅花，比如菊花，比如兰花。

形而下的花朵弥散四周，目迷肉身，扫不胜扫。比如茉莉，比如夜来香，比如月桂，比如隐去花体而凸显于地的顽固花影。

但跳出三界外的花是没有的，心中唯有感念"不辞相送到黄州"的无尽梅花之影。

重逢即是永别

熙宁九年（1076），王安石的爱子王雱离世，才三十三岁啊！这轰然一击，让王安石陷入了无边的悲痛。他的病也加剧了，神情恍惚，多次托病请求离职。

元丰七年（1084）春，王安石旧病复发，某天突然昏迷，两天滴水未进。也许暴病就是一场启示录，待病情好转，他思前顾后，认为自己佛禅修行远不到家，应该在有生之年广结善缘。就在这年冬天，妻子吴氏夫人也撒手人寰，这又是一次沉重打击。吴夫人二十岁与王安石成亲，四十二年倏忽而过了，她一直是以贤妻良母的形象出现在家族众人面前，广受赞美与敬重。于是，王安石散财超度，捐给了太平兴国寺大量熟田、旱地之后，恳请朝廷将江宁府上元县的“半山园”改为寺院。皇帝神宗立即降旨照准，并御笔题写了“报宁禅寺”。王安石在江宁秦淮河畔租赁了一所普通宅院，于四月从钟山搬家，在这所小院里度过了他的最后时光。

此时的王安石，已经悟入禅宗甚深。他不再是政治家，不再是大哲，甚至不单单是一个文士。他“以物观物”，臻于物象与心灵的整合成一、融为一体，全然是自然天成的审美之境，他的诗歌创作，也全然由古体诗转向了绝句。北宋诗人张舜民在《宾退录》卷二里，称赞王安石晚年诗作：“如空中之音，相中之色，欲有寻绎，不可得矣。”评价极高。连黄庭坚也由衷说：“荆公暮年作小诗，雅丽精绝，脱去流俗，每讽味之，便觉沆瀣生牙颊间。”足见王安石晚年之作，已然抵达唐诗那种直接用意象呈现形象的诗歌胜境！

未能达本且归根，真照无知岂待言。

神宗还赐给王安石一匹御马。不料御马很快病死，他就买了一头毛驴代步。那是王安石从“半山园”迁回江宁几月之后，炎炎七月的一天，他骑毛驴到乡野漫游，借此散心，不知不觉来到长江码头，江边密密麻麻停泊着大大小小的商货船只，舟帆林立，好不热闹。他把驴子交给鸡毛小店拴好，在岸边踱步。忽然一个熟人走上前来，指着江中的一艘商船禀告：“荆公，那是苏轼乘坐的船。”

王安石又喜又惊，立即让仆人带他上船。

王安石来得太过突然，苏东坡连帽子也来不及戴好，就急忙出舱相迎。

“子瞻，此次来金陵有何公干？”王安石的语气不徐不疾。

“学生奉圣谕从黄州‘量移’常州，路过金陵，正欲造府拜访您，不期在此相遇。仓促之间穿着便服参见先生，请恕失礼之罪。”苏东坡向王安石深深一揖。

“量移”是唐、宋公文用语。官员被贬谪远方后，遇恩赦迁距京城较近的地区。泛指迁职。

王安石笑着说：“子瞻何必客气！礼，难道是为我辈这种人而设吗？哈哈哈！”

东坡口里“呵呵”了几声。他发现，仅仅几年不见，荆公的确老了一大截。

王安石的坦然之态，让苏东坡又恢复了活泼的常态。他们在船舱简单交谈了一阵，约定次日在王安石寓所品茶叙旧。

翌日一早，苏东坡就来到王安石的便宅，王安石早在客厅等候。他们品啜香茗，话题自然要回到那些人生世事里难以解开的“结”。

看到白发萧然、举止迟缓的王安石，苏东坡满怀深情回忆往事：“荆公还记得否？熙宁三年朝廷拜先生为相的圣谕下达当日，百官登门道贺不已，而先生因为来不及向朝廷进献谢表，所以便让下人婉言拒绝了百官，没有出来接见。当时我和你恰好坐在西面的小阁里，耳闻外面的阵阵喧闹，你皱着眉头，许久未说话。忽然间你起身提笔，书写了‘霜筠雪竹钟山寺，投老归欤寄此生’两行诗。想不到先生十五年前的愿望，今日终于实现了……”

王安石笑道：“真的有这回事吗？往事如白驹过隙，加之我身弱多病，已经忘记了。我病愈之后，倒是有些工夫来琢磨这些往事了。”他看着东坡，接着说，“子瞻，过去的种种经历，真有如经历一场大梦。‘知世如梦无所求，无所求心普空寂。还似梦中随梦境，成就河沙梦功德。’当年你在朝中，毫不隐讳地指出皇上求治太急、听言太广、进人太锐，那时我在旁听了也很不舒服啊。现在回想起来，你的话还真有一定道理！”

这是一个难得的机会！可以说多年来东坡一直都在等待这个解释

的机会，他道："以前我对新法的确有较大的抵触情绪。贬谪黄州这几年来，接触很多普通百姓，了解到不少下面的真实情况，知道'免役''农田水利'等措施，对于减轻农民负担，保证农作物丰收，确实起到了作用。"

王安石本来不欲多谈政事，但受到感染，颇有感触地说："子瞻，你这次'量移'，只不过改换了地方。其实啊，你是做翰林学士的人才，眼下真有些屈才了……"

东坡生性诙谐，他对王安石说："荆公，让我讲个您家乡临川的故事吧。谁都知道临川的牛皮鼓名声在外，扬州一富商子弟表示愿出高价购买。有一位临川人得到这一讯息，千里迢迢将牛皮鼓运到扬州。那位富商子弟当场敲鼓，谁知半点响声也没有。富商大失所望，买鼓的事情自然就告吹了。临川人带着皮鼓垂头丧气回乡，越想越气，在过河时，一挥手就把鼓扔进了水中，想不到鼓却在水面发出扑通扑通的响声……临川人站在岸上，望着河水，深深叹气：你（指鼓）早出声，我也不会落到这个地步啊……"

王安石阅人无数，自然听得出，这是苏东坡借这个"鼓"，装进了他的很多心事。东坡的用意是在借鼓，暗怪王安石当政时没有替他说话，也没有予以重用。可见，东坡还有不平之气，拥塞于心。

王安石宽厚地微笑，没有做辩解。再说什么，均显得多余了。

事实上，王安石不但帮过苏东坡，而且是强有力地扭转了颓势。元丰二年（1079），御史台长官舒亶、李定弹劾苏轼利用诗歌讽刺"新法"、反对皇帝，造成轰动一时的"乌台诗案"。顷刻之间，苏轼就由堂堂的湖州太守变为御史台监狱的重囚。当时朝廷内外，上自曹太皇太后，下至张方平、范镇、王安礼等重臣要员，都纷纷伸手搭救，甚至连变法派中的章惇也在神宗面前为苏轼说好话。王安石在钟山听到这一消息，非常焦急，连夜给皇帝上书，用驿马快递送到京城。书中诚恳地规劝神宗说：苏轼是位举世闻名的才子，哪里有圣明之世却发生妄杀才士的行为呢？神宗看到，连"对头"王安石都出来为苏轼说情了，加上自己本来就爱惜苏轼之才，也不忍心把他置之死地，于是顺水推舟，从轻发落……

王安石上书营救苏轼这一义举，当时不为人所知，所以苏东坡一直不知道事情的原委。

他们在书房内谈论了不少老朋友的近况，见王安石有些疲倦，东坡建议一块出去透透气。王安石站起身来，扶着拐杖，来到后院的小花园。时当夏季，园内竹木茂盛，枝叶繁茂，两人受到感染，话题又回到了彼此心仪的诗歌。

几天之后，东坡在江宁知府王益柔（胜之）陪同下，游历钟山。他们在已经改为报宁禅寺的王安石旧居“半山园”里细细探寻。那里还有王安石居住过的“昭文斋”，酴醾金沙二花虽然花期已过，但绿叶婆娑，绿意盎然……还有老友米芾题写的匾额，还有悬挂着大画家李公麟为王安石绘制的肖像……揣摩此时苏东坡的心际变化，想来大有一番况味。

苏东坡倚马可待完成了一批近作，立即送王安石指教。

接到苏东坡诗稿，王安石详读《次荆公韵四绝》，其中第三首是这样的：

> 骑驴渺渺入荒陂，想见先生未病时。
> 劝我试求三亩宅，从公已觉十年迟。

王安石知道，苏东坡这首诗，是步其《北山》一诗之韵而作。苏诗中所描述的他们相聚的情景与种种感受，使他彻底认识到东坡心胸坦荡与真诚，已不易动情的他，也是颇为感慨。苏东坡还有一首题为《同王胜之游蒋山》的五古诗，以细致的笔触描写自己畅游钟山（又名蒋山、北山）的经过。当王安石读到“龙腰蟠故国，鸟爪寄层巅……峰多巧障日，江远欲浮天”时，不禁拍案，感叹道：

“像苏子瞻这样的人，今后几百年内还会再出现吗？”

“和”诗，表达的是文人间的敬重。他立即和诗一首，并在诗前用小序说明作诗的动机：“余爱其‘峰多巧障日，江远欲浮天’之句，因次其韵。”诗的结尾以“墨客真能赋，留诗野竹娟”的评语，再一次表示对东坡才华的赞赏。从一开始的道不同不相为谋，实缘于君子和而不同，大概是这次历史性相会的最佳注解。

在一来一回的诗章里，可以发现：

“从公已觉十年迟”，展示了东坡金陵之行重新了解王安石后得出的结论；

而“似子瞻之才日后能否再有”，无疑是王安石与东坡接触以及诗文唱酬后得出的新发现，一改他气盛的当年，对寂寂无闻的三苏的不屑。

两位政见不同、棱角分明的才子，在已往波谲云诡的权力争斗中所产生的系列龃龉与嫌怨，可谓是“度尽劫波兄弟在，相逢一笑泯恩仇”。

两人以为，就此别过，人生还会相逢。

苏东坡离开江宁抵达仪真（今江苏省仪征市），接连给王安石送去两封短信。第一封信说：“某游门下久矣，然未尝得如此行。朝夕继见，闻所未闻，慰幸之极。”这是继他“从公已觉十年迟”体认之后，又一真情实感的流露。第二封信谈到，他本来要遵从王安石的劝告，在金陵买田置宅，侍陪荆公养老钟山，但由于种种原因，未能如愿以偿。现在只好在宜兴、常州一带物色田园。如果买地成功了，将来扁舟往来，两人见面也就不是什么难事了。

信里，苏东坡还向王安石推荐秦观，说他不仅“行义修饬，才敏过人，有志于忠义”，而且“通晓佛书，讲习医药，明练法律”，是一个难得的人才，并附上秦观数十篇诗文，请王安石审阅评议。王安石接到信后，不久就给苏轼作了回复，信中对秦观诗文大加称赞，说“得秦君诗，手不能舍”，认为其作“清新妩媚”，足可以与鲍照、谢灵运的诗作相颉颃。

这足以说明，对于他们那样的品行高洁之人来说，他们之间从未有过私人的恩怨情仇，只有从政和民生方面的分歧。而且在奖掖后学、爱惜人才方面，他们的观点又完全一致。

联想起苏东坡在《上韩太尉书》里描述了他对古代君子的怀念和

崇敬。他将君子分为“古之君子”“后之君子”与“后世君子”三种类型。认为真正意义上的君子是“古之君子”，他们是儒家君子理想人格的典型代表：“古之君子，刚毅正直，而守之以宽；忠恕仁厚，而发之以义。”

如此看来，他认可王安石，乃是“古之君子”。

他们没有意识到，他们的重逢，就是永别。

在长江热气升腾的浩大水面，白蜡蜡的天光从乌篷船顶挤进来，江风就像剑穗一样飘拂，就像毛笔的枯笔一样在纸上涩滞，它们在用一种回光返照的方式暗示：不是再见，而是永诀。

谁也不知道，两年后的元祐元年（1086），王安石与世长辞，享年六十六岁。

谁也不知道，还有举在头顶的惊涛骇浪，在等着苏东坡。

难入法眼的“相如孺子”

人们花费两年学会说话，却要花上五十年去学会闭嘴，而且还不容易学到家。说得越多，彼此的距离却越远，矛盾也会丛生。东坡吃亏太多自然深谙此理，那么他说一说古人，似乎问题不大。

蜀地多才子，川中出奇人，至少在宋朝之前，蜀地很难出现绵延的家学与学派。这一现象，可以从扬雄《法言》《太虚》对后世的影响里找到部分原因。

蜀人呼“一”为“蜀”，扬雄的《方言》指出：“一，蜀也，南楚谓之独。”所谓“一者，道也”，标举其峭拔其上、独立于世的雄奇，这样的人一旦出世必将一鸣惊人，旁人无法学习。如果以此看待蜀地的才俊，司马相如无疑是证据凿凿的第一人。

作为西汉顶级的辞赋大家，司马相如是中国文化史、文学史上杰出的代表，是西汉盛世汉武帝时期伟大的文学家、杰出的政治家。景帝时为武骑常侍，因病免。工辞赋，其代表作品为《子虚赋》《长门赋》《凤求凰》等。作品辞藻富丽，结构宏大，使他成为汉赋的代表作家，后人称之为赋圣和“辞宗”。他与卓文君的爱情故事也广为流传。鲁迅先生的《汉文学史纲要》中，还把二人放在一个专节里加以评述，指出：“武帝时文人，赋莫若司马相如，文莫若司马迁，而一则寥寂，一则被刑。盖雄于文者，常桀骜不欲迎雄主之意，故遇合常不及凡文人。”[①]恰恰因为这个世界充斥着太多善于“遇合”的文人，由此可见，鲁迅先生对于司马相如人格的高度认同。

但在东坡眼里，诡谲的司马相如完全是为人师表的“反面教材”。每到困厄人生的某个临界点，东坡往往会情不自禁地骂一阵司马相如，犹如面对一个拳击沙袋。他对这个蜀地同乡的严重蔑视，主要还在于文人品格以及个人才华方面。在《东坡志林》卷二《臞仙帖》就和盘托出：

> 司马相如谄事武帝，开西南夷之隙。及病且死，犹草《封禅书》，此所谓死而不已者耶？列仙之隐居山泽间，形容甚臞，此殆“四果”人也。而相如鄙之，作《大人赋》，不过欲以侈言广武帝意耳。夫所谓大人者，相如孺子，何足以知之！若贾生《鹏鸟赋》，真大人者也。庚辰八月二十二日，东坡书。[②]

两千年以降，司马相如与唐蒙一起广开西南夷，具有深远的国家战略眼光。他稳定了汉在巴蜀的统治，保证了通往西南夷道路的顺利开通。他二次出使西南夷，使汉朝与西南夷地区的政治、经济、文化、民族联系得以加强，增强了西南夷对汉王朝的政治认同，为西汉政府后来在西南夷地区设置郡县奠定了坚实的基础。

可惜，东坡没有看到这些。他睨视天下，怎么会认同“谄事武帝”之举？！东坡认为司马相如仅仅为了讨好皇帝，不惜让汉武帝去攻占西南夷，搞得西南夷的人都恨死了他，快病死了还写了《封禅书》继续猛

---

① 《鲁迅全集》第10卷，人民文学出版社1981年版，第416页。

② 朱易安、傅璇琮等主编：《全宋笔记》第一辑之九，大象出版社2014年版，第54页。

拍马屁！同样是辞赋大家，相如和贾生相比，则一个分明是小人，一个才是“真大人”啊！

而千古流传的“琴挑”一词，成为司马相如“身体政治”的符码。

这改变命运的奔走方式，让古人一再置喙不已，他们均认为司马相如娶卓文君意图“窃妻”与“窃财”。

而第一个对司马相如和卓文君“私奔”提出质疑的，是历来崇拜司马相如的扬雄。他在《解嘲》里说：“窃赀于卓氏”，意思是司马相如觊觎卓文君的钱财。持有相同观点的人，还有中国“家训之祖”的魏晋南北朝的颜之推，其《颜氏家训》中披露得更加赤裸：“司马长卿窃赀无操。”——跑到卓文君家偷窃了一笔钱，毫无士人的道德操守了。扬雄与颜之推提出了“窃赀”，也就是劫财亦劫色的观点。

刘勰和蜀人苏东坡则关注淑女的命运，先后提出了“窃妻”之论。刘勰《文心雕龙·程器》“相如窃妻而受金”。苏东坡在《东坡志林》卷四里说：

> 司马相如归蜀，临邛令王吉谬为恭敬，日往朝相如。相如称病，使者谢吉。及卓氏为具，相如又称病不往。吉自往迎相如。观吉意，欲与相如为率钱之会尔。而相如遂窃妻以逃，大可笑。其《谕蜀父老》云：以讽天子。以今观之，不独不能讽，殆几于劝矣。谄谀之意，死而不已，犹作《封禅书》。相如真所谓小人也哉。①

这一番议论，千载以来从未尘埃落定。

钱锺书先生十分赞赏人人应追求自由恋爱与婚姻。他认为爱情应如《易经》所言：“同声相应，同气相求，同明相照，同类相召。”在《管锥编》里，他把晚清大儒王闿运及其弟子的观点引进文中，王闿运认为

① 朱易安、傅璇琮等主编：《全宋笔记》第一辑之九，大象出版社 2014 年版，第 141 页。

卓文君私奔司马相如是“史公欲为古今女子开一奇局，使皆能自拔耳”，王闿运弟子陈锐说：“读《史记》，疑相如文君事不可入国史，推司马意，盖取其开择婿一法耳。”钱先生在此意味深长地评注：“目光如炬，侈谈‘自由婚姻’者，盖亦知所本。”

东坡还在《和陶杂诗十一首》其四中写道：

相如偶一官，嗤鄙蜀父老。
不记犊鼻时，涤器混佣保。
著书曾几何，渴肺灰土燥。
琴台有遗魄，笑我归不早。
作书遗故人，皎皎我怀抱。
余生幸无愧，可与君平道。

诗中对司马相如从政而导致“忘本”大肆讥嘲，但对相如的作品予以了肯定。东坡最后表明自己虽未归隐，但一生坦荡无愧于心，足可与西汉大隐士严君平前辈交流。其实，司马相如《难蜀父老》先是概述西汉兴盛的形势和西征顺利的情况，然后假托蜀人之口说出对通西南夷的非难，紧接着详细论述通西南夷的意义，高度赞美了汉武帝的功业，具体批驳了蜀人的责问，最后略写蜀人态度的转变，文章并没有“嗤鄙蜀父老”啊。

“窃妻”也罢，“窃财”也罢，这叫一个愿打一个愿挨。再说了，估计司马长卿先生会幽幽地说：羡慕嫉妒恨，空虚寂寞冷。列位看官，我的爱情干卿何事？！

雷琴传奇

苏东坡有很多特异之处：他不是非常擅长抽象思维，但想象能力千年无俦；能饮，却称“不解饮”；会棋，却称“不解棋”；善琴，又称“不解弹”。但无论他如何谦退，古琴与他一生相伴而须臾不离；琴理与琴声也像竹子一般如影随形，伴随他大半生。

古君子历来有“剑胆琴心”的向往。他们除在墙头悬挂书画之外，还常悬挂镇室之宝：琴与剑。也许主人不一定会弹，就像袁枚所说：“我不知音偏好古，七条弦上拂灰尘。”主人也许剑术并不高超，但一剑在手，君子古风宛然在焉。

子女总会受到父辈审美、嗜好的强烈熏陶。对于古琴，苏洵就是顶级发烧友。在苏洵留下的众多逸闻里，除了花大价钱购买乌木假山、古画之外，更值得一说的是他对古琴的浸淫。毕竟在古人心目中，古琴与情操简直就是合二为一。

而且，苏洵自幼善琴。明朝万历年间琴师张大命在《阳春堂琴经·琴窗杂记》中就写道：“古人多以琴世其家，最著者……眉山三苏，斯皆清风颉颃，不坠家声于峄阳者也。”峄阳，峄山的南坡，借指精美古琴。苏洵对古琴的热爱也深刻影响了苏轼兄弟对琴乐的理解，他们习惯于琴声深处触及那些常人不易理会的天地之风、幽冥之理，并逐渐触类旁通。因此在苏氏兄弟的笔下，记述家传琴艺的诗文很多。

宋嘉祐四年（1059）十月，秋高气爽，苏洵率苏轼、苏辙乘船出川赴汴京，这次“家托舟航”，属于全家入京。二子、二媳、长孙苏迈与苏轼兄弟乳母任采莲、杨氏同行。比起三年前赴京赶考，这次多了些从容，这也是苏家唯一一次全家旅行。

一家人同游乐山大佛所在的凌云山之后，再顺水直走，于翌日夜泊戎州（今四川省宜宾市）江畔一个叫牛口的地方。东坡在《南行前集序》云：“舟中无事，杂然有触于中，而发于咏叹。”苏轼首次表达文艺观：缘情言志，决不刻意为文而造情。其时，苏轼、苏辙等一大家人在舟中听苏洵弹琴，两人皆写有琴诗为记，如苏轼《舟中听大人弹琴》：

弹琴江浦夜漏永，敛衽窃听独激昂。
风松瀑布已清绝，更爱玉佩声琅珰。
自从郑卫乱雅乐，古器残缺世已忘。

千家寥落独琴在，有如老仙不死阅兴亡。
世人不容独反古，强以新曲求铿锵。
微音淡弄忽变转，数声浮脆如笙簧。
无情枯木今尚尔，何况古意堕渺茫。
江空月出人响绝，夜阑更请弹文王。

着眼于苏轼“弹琴江浦夜漏永，敛衽窃听独激昂”之句，可知苏轼儿时就听过父亲的琴声。不同于广陵琴派，蜀琴之声尤其激越，金戈铁马之声拨动心弦，一听蜀琴便兀自“激昂”起来。激昂之后，重实温劲的雄远声韵一如蜀山入水之影，清雄沉细，如金石相击，这是雷琴所独具的琴色。而江面似乎被琴声越推越宽，琴声把片片月光串联起来，那似乎就是一本岁月的“玉册”。

苏辙则写有《舟中听琴》诗：

江流浩浩群动息，琴声琅琅中夜鸣。
水深天阔音响远，仰视牛斗皆从横。
昔有至人爱奇曲，学之三岁终无成。
一朝随师过沧海，留置绝岛不复迎。
终年见怪心自感，海水震掉鱼龙惊。
翻回荡潏有遗韵，琴意忽忽从此生。
师来迎笑问所得，抚手无言心已明。
世人嚣嚣好丝竹，撞钟击鼓浪谓荣。
安知江琴韵超绝，摆耳大笑不肯听。

两人诗作意境相仿佛，苏轼感叹“自从郑卫乱雅乐，古器残缺世已忘”，苏辙则说“世人嚣嚣好丝竹，撞钟击鼓浪谓荣”；苏轼诗中写了“江空月出人响绝，夜阑更请弹文王”，是写古曲《文王操》；而据苏辙“一朝随师过沧海，留置绝岛不复迎”意，指的是记述昔日伯牙从成连学琴的琴曲《水仙操》，从中可见苏洵的琴乐审美是好尚“微音淡弄”“古意渺茫”

之曲，这与北宋中期复古主义成风的社会好尚，显然是相一致的。但苏洵的“游学”生涯，又赋予了他另一种“万川归海海不盈”的博大气质。

根据苏轼兄弟诗文可知，苏洵曾藏有唐代蜀地斫琴名家雷氏家族所制古琴，这在当时已是稀世之宝。苏辙在《栾城集》中记述，苏洵平时常弹琴，但有一段时间外出久不复弹，并将雷琴借与他人，后来稍将温习，手熟了，即寻回旧曲一事，这首《大人久废弹琴，比借人雷琴以记旧曲，十得三四，率尔拜呈》说：“久厌凡桐不复弹，偶然寻绎尚能存。仓庚鸣树思前岁，春水生波满旧痕。泉落空岩虚谷应，佩敲清殿百官寒。终宵窃听不能学，庭树无风月满轩。”

雷琴，可不是“凡桐”。

中国古琴专指七弦琴而言，兴起于周代，定型于汉代，唐代尤有新发展。其形制与今琴大体相同，桐木、漆面、头足圆形，或圆头方足，琴身狭长，底板开二个出音孔，琴面有十三个徽，以标定泛音与音阶位置，其上张弦七根，拨弦即发音。一般于池沼上刻题腹款，造型美观，音质纯雅，每常令雅士爱玩不置。

中国制琴史上，唐代有“雷、张”二家制琴技艺冠绝古今。雷氏一家以雷威所斫最为卓绝，张氏一家即指的是江南张越。当时虽说两家并驾，但经过时光的洗淘，终归雷琴独步天下。雷氏家族造琴传承三代共计九人，造琴活动从开元二年（714）开始到开成元年（836）终，前后经历一百二十多年，为盛唐、中唐、晚唐三个历史时期。但雷氏子孙渐趋于利而失掉祖传，其后雷琴逐渐走向了衰落……他们所制的琴被人们尊称为雷琴、雷公琴、雷氏琴。雷威所制之琴，冠有“响泉”“松雪”“春雷”“忘味”“百纳”等名，一听名字就不是凡物，一千多年来身价与日俱增，皆为无上珍品。究其原因，雷琴做工精细，从取材、制造到校音、施漆的工艺都极为考究。一张琴音响效果的优劣，就是取决于选材、斫琴、髹漆三个阶段。自古斫琴必用桐木，所谓“焦尾枯桐”“龙门之桐”，而雷威却不一定专取桐树。

元代伊世珍撰《琅嬛记》引《采兰杂志》之说：“雷威作琴，不必皆桐，遇大风雪中独往峨眉，酣饮着蓑笠入深松中，听其声连绵悠扬者伐之，斫以为琴，妙过于桐。”大雪压树，树枝欲裂，直到发出咔咔的开裂声，斫琴家由此循声辨音寻木。雷威所作之琴，并不拘泥于梧桐、梓木，而是以“峨眉松”为主材，却比桐木制作的还要好。在传世古琴中，尚未见有松木之作，文献中亦只此雷琴一例。根据学者考证，所谓的“峨眉松”，正是峨眉山冷杉木。

《贾氏说林》记：“雷威斫琴无为山中[①]以指候之，五音未得。正踌躇间，忽一老人在旁指示曰：‘上短一分，头丰腰杀，巳日施漆，戊日设弦，则庶可鼓矣。’忽不见。自后如法斫之，无不佳绝，世称雷公琴。”附会神灵相授，自古重器皆然。

古琴有“忽雷”之称，此词的含义，《太平广记》卷四六四引《洽闻录》谓是鳄鱼的别名，或写作“骨雷”。据词意推测，雷氏所制之琴，形状与常见的一弦或七弦琴制形不同，而是仿鳄鱼之形而制出的琴体，因而才以此为名，而斫琴师又姓雷，可谓一语双关。雷琴既与常琴式样不同，其发音自然也就有异，所以《续湘山野录》才会说出雷琴声调，能盖过常用琴六七面之和，真可谓洪亮而激越。

《琴苑要录》则谓：“雷琴重实，声温劲而雅；张琴坚清，声激越而润。”不难看出，雷琴的精妙之处。

雷琴的清越高亢之声，在唐宋时代已经引起朝野高度重视。苏轼在《杂书琴事·家藏雷琴》及《东坡志林》等文中，详细记载了雷琴来历：“余家有琴，其面皆作蛇腹纹，其上池铭云：‘开元十年造，雅州灵关村。’其下池铭云：‘雷家记八日合。’不晓其‘八日合’为何等语也？其岳不容指，而弦不散，此最琴之妙，而雷琴独然。求其法不可得，乃破其所藏雷琴求之。琴声出于两池间，其背微隆，若薤叶然，声欲出而隘，徘回不去，乃有余韵，此最不传之妙。”“岳”也叫“岳山”，制作若恰到好处，就是一张好琴的标志之一，当时只有“雷琴”才具有这样的优点。

晚清梁章钜对此解释说：东坡“公非不解者，表出之，令后人思之

① 无为山在今四川绵竹、什邡境内。

耳。盖古‘雷’字从四田，四田拆之是为‘八日合’也”。

尤其需要注意东坡提及的五个字：“雅州灵关村”。这说明了雷琴与雅州的家族渊源。位于群山森林怀抱的灵关古镇，位于雅安市宝兴、芦山、天全结合部，现属宝兴县，那里盛产优质木材，曾是青衣羌国的国都，《华阳国志·蜀志》中说“蜀王杜宇以熊耳、灵关为后户”，熊耳峡在平羌县东北三十一里，位于今乐山县北、青神县西。灵关即灵关古镇。

唐开元十年（722），距离苏东坡时代已有三百年了。据文献记载，在宋代优良的古琴价值多在十贯以上。唐代雷琴价钱多为一千贯。南宋时南昌一家人藏有古琴，“面上三穿孔，然皆不碍声，不当弦”，琴的名字还挺美，叫“玲珑玉”，被一位官人买去，价钱是一千贯。嘉定年间，有人在临安城卖“雷琴”赝品，买家出一千贯，这人不答应，结果被人识破说他卖假琴，但因为琴音良好，最终以一百贯成交。

自古斫琴必用桐木，所谓“焦尾枯桐”“龙门之桐”，而雷威却不一定专取桐树，有的是桐面杉底，有的底面皆用蜀地峨眉冷杉木，仅于池沼内纳音部分用梧桐木镶贴而成，这样做的纳音，既没有增加琴面的厚度，又使龙池、凤沼两个出音孔变得稍稍狭隘，借以延缓共鸣箱中余音的扩散。东坡在文中用自己的亲眼所见，向后人记录了唐代雷琴在制作上的特点，弥足珍贵。

苏轼少年时，出于好奇曾对此琴进行过剖腹式研究，由此得知唐代雷氏琴在槽腹制作上的独特之处，在于“琴声出于两池间，其背微隆，若薤叶然，声欲出而隘，徘回不去，乃有余韵，此最不传之妙”。对此，这一特点从现存故宫博物院所藏“九霄环佩”等唐代雷氏琴上得到了印证，由此可知东坡所言非虚。

苏轼好友庐山道士崔闲曾弹过苏家这把雷琴，认为其音色绝佳。苏轼也曾在西湖月下听琴，《次韵奉和钱穆父、蒋颖叔、王仲至诗四首见和西湖月下听琴》的诗中写道：“……我有凤鸣枝，背作蛇蚹纹。月明委静照，心清得奇闻。当呼玉涧手，一洗羯鼓昏。请歌南风曲，犹作虞书浑。”

苏轼在《东坡志林》里写道:“唐雷氏琴，自开元以至开成间世有人，然其子孙渐志于利，追世好而失家法。故以最古者为佳，非贵远而贱近也。”在一个黄钟毁弃瓦釜雷鸣的时代，也愿后世的斫琴师应该牢记这句箴言!

轰然奏响无弦琴者，只能是陶渊明。

拥有听见这弦外之音的耳朵者，也只能是苏东坡。

苏东坡自幼谙琴，家有雷琴蓄艺长志，早已心驰天外。他要为偶像陶公申辩一下，写《渊明无弦琴》:“旧说渊明不知音，蓄无弦琴以寄意，曰:‘但得琴中趣，何劳弦上声。’此妄也。渊明自云‘和以七弦’，岂得不知音?当是有琴而弦弊坏，不复更张，但抚弄以寄意，如此为得其真。”

所以啊，千载之下，手持一根烧火棍就能连通宇宙的人，多如过江之鲫。

宋元丰二年(1079)正月，贬谪徐州的东坡与儿子苏迈等人春游泗水畔，来到桓山上的司马桓魋墓(后被证实为汉代墓葬)。桓魋是春秋时宋国的大夫，孔子在宋国时，因为说话得罪了在宋国掌权的司马桓魋，曾起意加害孔子。东坡不但“使道士戴日祥鼓雷氏之琴，操履霜之遗音”于桓魋墓，还发出“司马之恶，与石不磨”“司马之藏，与水皆逝”的哲学之思。

东坡在黄州期间，写有一首禅意十足的妙诗《琴诗》:

> 若言琴上有琴声，放在匣中何不鸣?
> 若言声在指头上，何不于君指上听?

本诗的喻象，源自《楞严经》:“譬如琴瑟、箜篌、琵琶，虽有妙音，若无妙指，终不能发。”琴声潜在于琴与手指二者之上，这就是“有”;而缺少二者其中任何一个都不能发出琴声，这是“无”。只有这种有、无结合才有成效，揭示出“有”和“无”统一，乃是万物生成的天地至理。

士无故不撤琴瑟，犹如剑不能无故拔出。人若心中有思，抚琴时从琴声里必然会与风吹万窍的“吹万”之声相遇，琴与自然之声相互接纳，相互赠予，相互加持，当琴音息灭，自然之音复又发出琴的袅袅余音。

清代纪昀就认为：“此随手写四句，本不是诗，搜辑者强收入集。”（见《纪评苏诗》卷二一）虽有人斥责纪评“所见甚陋”，但至少说明纪晓岚于禅门是门外汉。

最早将《琴诗》收入诗集的，是明成化四年（1468）程宗编印的《东坡续集》。与此同时，《续集》所收苏轼黄州书简《与彦正判官》又记载：“古琴当与响泉韵磬，并为当世之宝。而铿金瑟瑟，遂蒙辍惠，拜赐之间，赧汗不已。又不敢远逆来意，谨当传示子孙，永以为好也。然某素不解弹，适纪老枉道见过，令其侍者快作数曲，拂历铿然，正如若人之语也。试以一偈问之：‘若言琴上有琴声，放在匣中何不鸣？若言声在指头上，何不于君指上听？’录以奉呈，以发千里一笑也。”可见苏轼本人认为《琴诗》不是诗，而是“偈”。

琴曲的产生单靠琴不行，单靠指头也不行，必须人琴合一。但东坡岂是说废话之人！《楞严经》卷四云：“譬如琴瑟、箜篌、琵琶，虽有妙音，若无妙指，终不能发。汝与众生亦复如是。宝觉真心，各各圆满，如我按指，海印发光，汝暂举心，尘劳先起。”又偈云：“声无即无灭，声有亦非生，生灭二缘离，是则常真实。”可以说，《琴诗》是为这样的开释语提出了一个哲学命题。他的话语机锋微指世间诸事，都不是孤立的。事体的出现，必有它产生之道，而一件事情的圆成与否也有它的因果命定。凡事皆是因缘，相灭相生。

东坡有一首为古琴曲填词的佳作，那是为沈遵根据欧阳修《醉翁亭记》的意境创作的古琴曲《醉翁操》所填之词，这是苏轼为纪念欧阳修而创作的著名琴歌。

宋仁宗庆历五年（1045）欧阳修谪贬安徽滁州，写千古名文《醉翁亭记》，轰传天下。太常博士、古琴家沈遵为此到滁州观光。沈遵观滁山，神意飞荡，浮想联翩。“爱其山水，归而以琴写之，作《醉翁吟》一调。”沈遵创作的琴曲《醉翁吟》，为琴界和文人所激赏。欧阳修听到了琴曲《醉翁吟》，大为感动，立即引为知音，特写酬谢之作《赠沈博士歌》。东坡盛赞这首琴曲的成功，认为它“节奏疏宕，而音指华畅，知琴者以为绝伦”。

倏忽三十年过去了，欧阳修、沈遵魂归道山。沈遵的琴友崔闲感叹：“恨此曲之无词，乃谱其声，请于东坡居士。”苏轼觉得，能为浸润恩师心血的《醉翁吟》再填词是宿命的召唤，义不容辞。他在《醉翁操》词序中曰：“……翁虽为作歌，而与琴声不合。又依楚词作醉翁引，好事者亦倚其辞以制曲。虽粗合韵度，而琴声为词所绳约，非天成也。”他创作的这首琴曲比原词意境更为阔达而丰富，很快在琴界轰传，宋代古琴大家成玉磵在《琴论》里记述自己演唱这首歌的心法：“子瞻作《醉翁吟》，世皆知之。余每遇良夜，须作此曲，且弹且歌，至于‘月明风露涓涓，人未眠，则欢然’，如与子瞻抵掌谈笑耳。”

两种水在同一条河里也未必相融，两张琴即便同一人弹奏也未必和谐。一首琴歌因缘际会与六个人产生了深切关系，杰作由此诞生。这样的作品，在整个词史中罕有，在整个文学史中堪称唯一。

所谓抚琴动操，欲令众山皆响。

琴音过处，春雨无痕。

第三章 最美杭州：天下西湖三十六，就中最美是杭州

“新法”的利弊

就在东坡在仕途上快马加鞭之际，人生的不幸开始接二连三地来临：一〇六五年，时年二十七岁的妻子王弗在开封因病去世。苏轼悲痛欲绝，暂时把妻子灵柩放置在京城郊外。

不料几个月后，五十八岁的慈父苏洵也在治平三年（1066）四月二十五日撒手人寰，苏家又一次沉浸在悲痛之中。他辞官与弟弟一道扶父亲、妻子灵柩回到眉山……

一路上，东坡注意到，山林里超迈的鸟总是高飞，远离尘嚣。它们是天空的儿女，忙于云上的生活。有些尽量靠近人类生活的鸟儿，除了食物原因之外，它们无力高飞，必须利用一技之长来争取继续活下去的机会。有些鸟儿乖巧，羽色亮丽，就成功了。像白鹭、灰鹭、斑头雁。走中间路线，也在人们的视野内外存活下来。但乌鸦的近距离的叫喊，反复提示，苦口婆心，引起了人们的反感。其实，人类历来蔑视预言者，尤其是一些鸦语者。

遥想在二十二岁时，东坡参加进士考试时的答卷《省试刑赏忠厚

之至论》，其中就阐明了他终身坚持不渝的政治革新的纲领性主张：“爱民”“忧民”“广恩”“慎刑”①。在二十六岁参加制科考试时写的二十五篇“策”、二十五篇“论”和答卷《御试制科策》以及后来所作的《思治论》等文章，则全面、集中、系统地阐明了具体的政治革新思想和主张，其内容涵盖经济、财政、民政、吏制、军事、文化、外事等诸多方面。

转眼王弗已去世三年，东坡为父亲服丧期满后，又在青神县续娶了妻子，就是王弗的堂妹王闰之。她是王方弟弟王介（君锡）的幼女，原名二十七娘，因其出生于正月（闰月），后东坡给其取名闰之，字季璋。

早在服母丧期间，苏轼常到青神县岳父家去散心，与王弗那些堂兄弟、堂姐妹相处得很好。当时王闰之还只有十来岁，已对这位名震京师的姐夫充满了敬羡之情。而东坡对王弗和岳父家的感情也很深，也希望再续姻缘。

这弟兄二人，在丁忧之前都属朝廷备选的栋梁之材，被分派到最有前途的岗位上磨炼，时刻准备进入通往帝国权力中枢的上升通道。

等到他守满丁忧期②返回汴京时，他惊讶地发现，“新法”推进轰轰烈烈，以前赏识自己的大臣多不在朝了，主政的是主张变法的王安石。他公然标举“天变不足畏，祖宗不足法，人言不足恤”，意思是推进改革过程里，哪怕天象有变也不必畏惧，祖宗规矩不一定要效法，人们的议论也无须担心，这些出格的言论让苏轼不能不心生警惕。

可见，这是一个狠角色！

熙宁年间，王安石为节约支出，裁减皇家宗室的封号等级。皇室宗亲的子弟们聚集在京都，议论汹汹，集体抗议。等到王安石上朝的时候，纷纷上前围住他的马车。王安石缓缓地下马，从容说道：“就像是祖宗的功德一样，服侍到了就要把祖先的神主迁走！何况是你们这些贤

① 广恩就是向人民广施恩惠，慎刑就是少用刑罚。

② 朝廷官员的父母亲如果死去，官员必须回到祖籍守制 27 个月。此期间就叫丁忧期。

德的人呢？”一席话，这些宗亲子弟全都散去了。这虽然是王安石的临机应变，但是他所说的话，当时人们却不能不听。这个出自张燧《千百年眼》里的细节，也可以看出当年王安石的魄力。当时对王安石有八个字的评语：虚名、实行、强辩、坚志，变法才得以推行。在此威凛之下，造成了“元祐诸贤无定见”的态势。

何谓“青苗法”呢？《宋史 · 王安石传》中明确记载：“青苗法者，以常平籴本作青苗钱，散与人户，令出息二分，春散秋敛。”就是官方为出贷方（国家官营的高利贷），以“青苗钱”的名义公开向农民借贷，然后收取利息。正常的放贷方式就是在春天播种的时候，然后在夏天的时候收本息。这也并非王安石的专利，《左传》里记载郑国发生饥荒，当国正卿子皮依照子展之令，给每户人家发放一钟米。“青苗法”本意是体现王安石所一直倡导的“利民”思想。在青苗法令中不断强调，这是在“天灾之年”为了确保农民手头有钱可以安然度过。

推进过程里，问题丛生，这是高层根本预料不到的。很多官员利用价格杠杆，大肆在春季放贷，秋天大肆追求利息，从而赚取差价，不断剥削农民。而且贪污成风的北宋朝廷，克扣青苗钱，谋取私利，很多地方在放贷的过程中向自耕农的贷款比例“逾两成”，让民众苦不堪言。

冯友兰在《中国哲学史新编》中如此评价“青苗法”：“封建官僚的长技是欺下瞒上，阳奉阴违。无论什么良法美意，一经过他们的手就变质了。青苗法的变质就是一个例子。”

对此较早发难的是苏辙，《宋史 · 食货》记载：“以钱贷民，使出息二分，本非为利。然出纳之际，吏掾为奸，虽有法不能禁；钱入民手，虽良民不免非理费用；及其纳钱，虽富民不免违限。如此则鞭笞必用，州县多事矣。”他点明的问题在于——青苗法虽好，但是在实行的过程中，完全在人，利欲熏心者可以大肆捞取。

王安石变法最主要的措施，除《青苗法》外，另一个重头是实行“免役法”，可以“以钱代役”，有钱人可以出钱而不服兵役，政府用这笔钱再去雇人服役。这本来是一项改革举措，但在实施中却违背初衷，因为在征收免役钱时，增加了高达百分之四十至百分之五十的附加税，加重百姓负担。但朝廷通过“免役法”所得款顶，甚至超过了“青苗法”所得。

变法推行的结果如何呢？据著名学者马端临编撰的《文献通考》记载，变法之前的国家年税收，比如景德年间一年折合的粮为六百八十二万九千七百石，而变法后的熙宁十年（1077）猛增到五千二百一十万一千零二十九石，增长近八倍，作为户部的经费，可供开支二十年。此外各州县岁收也大大增加，作为地方政府的经费，可用二十四年。这充分说明王安石变法，确实达到了“富国”的目的。

熙宁六年（1073）的春节前夕，汴京笼罩在爆竹声声、酒香四溢的喜气之中。王安石踌躇满志，写了一首祝贺新年的七绝《元日》：

爆竹声中一岁除，春风送暖入屠苏。
千门万户曈曈日，总把新桃换旧符。

短短几句诗，描述了古代民间过年的风俗，人们家境富裕，生活充实，诗歌洋溢着人们欢度新春佳节、万户更新的喜庆之景。春风送暖，初升的太阳向千家万户送来簇新的阳光，既隐含一派万物生机盎然的意义，又有迎接美好未来（新法）的灿烂前景。而王安石对“总把新桃换旧符”这一民间习俗的标举，既揭示了旧事物必将被新事物代替这一客观规律，又表现出他对变法革新的美好前景，充满了乐观情怀和斗志。

春节过后，乍暖还寒时候，伴随阵阵风声，王安石听到了一个传闻：

说是治平年间某日，易学大师邵雍与客人散步到洛阳的天津桥头，突然闻杜鹃声飘坠而下，邵雍立刻面现惨然。客人问其故，邵雍曰：“洛阳旧无杜鹃，今始有之，不二年，上用南士为相，多引南人，专务变更，天下自此多事矣。”对这样的观点，客人感到很奇怪，邵雍解释说：“天下将治，地气自北而南。将乱，自南而北。今南方地气至矣，禽鸟飞类，得气之先者也。《春秋》书‘六鹢退飞’‘鸲鹆来巢’，气使之也。自此南方草木皆可移，瘴疟之病，北人皆苦之矣。”这就是邵雍利用“梅花占”预言王安石变法的著名案例。也许是附会，但杜鹃与季候的关系显然引起了大师的注意。

其实，这不过是社会上居心叵测者，利用邵雍的名头，以此来煽动北方老百姓对“新政”的不满罢了，用心有点儿险恶。

邵雍的杜鹃预兆之说还未散去，士大夫之间又出现了苏洵《辨奸论》的诸多议论……苏洵的《辨奸论》，火气十足，一改老苏素来低调的姿态，咒骂王安石“口诵孔老之书，身履夷齐之行，收召好名之士不得志之人，相与造作语言，私立名字，以为颜渊、孟轲复出，而阴贼险狠，与人异趣，是王衍、卢杞合为一人也”。甚至攻击王安石是“衣臣虏之衣，食犬彘之食，囚首丧面而谈诗书”，仿佛是历史上竖刁、易牙、开方那样不近人情的奸邪之辈，从思想品德到生活小节都极尽毁灭、攻击之能事，其语气之毒辣，史上颇为罕见。

苏洵写作《辨奸论》之事，见于方勺的《泊宅编》和叶梦得的《避暑录话》。方勺曾与苏东坡等名士交游，故记苏东坡、王安石等人逸事较多。原文则刊在元丰年间由张安道撰写的《老苏先生墓表》中，为此，苏东坡还特意给张安道去信，感谢他使父亲大作不致淹没。让人看来，似乎确有其事。这一公案，清代李绂《穆堂初稿》中有《书〈辨奸论〉后》(二则)，和蔡上翔《王荆公年谱考略》，都进行了详尽的辩证与批驳，在情在理……因此有学者认为，“蔡上翔等人推测(《辨奸论》)是由邵雍的儿子邵伯温一手炮制，倒很有几分道理”[①]。

熙宁六年(1073)四月开春，陕西华山等地发生地震，一股泥石流也随之喷出，倾没农田。这本来是自然地质现象，但枢密使文彦博却趁机发难，借此猛攻“市易法”。一次早朝，他当着神宗的面直言：市易法规定果实、衣帽等都要由官府监卖，这样做，商贾得不到利益，官绅大有意见，百姓感到烦扰，从而有丧堂堂大宋的国体，招致天怒人怨。刚刚发生的华山崩塌就是上天发出的警示。

王安石一听，怒火攻心，予以了严词反驳：“推行市易法的目的，

① 曾子鲁:《王安石传》，吉林文史出版社1998年版，第106页。

就在于解除百姓所遭受的层层盘剥，抑制富商兼并的巧取豪夺。如果硬要把华山的崩塌看作是上天的警示，也只是警告那些反对新法的小人。”

见文彦博愣在那里，王安石话锋一转，指出一些人空谈误国的危害：“朝廷行事，务必合乎人心，应该广泛地听取意见，把静守、稳重放在首位。陛下自登基以来，时刻不忘各位臣工励精图治，可是大家人心惶惶不安。为何？”

文彦博没有避开话头：“这就是全面更改旧法的过错！”

王安石感叹：“变法是为民消祸除害，为什么不可以实行呢？如果继承两晋颓废的清谈风气，一切事情都不去办，对治国没有丝毫益处，反而会加速国家的贫弱与败乱。”

文彦博是与韩琦、富弼齐名的元老重臣。当韩、富二人相继外任后，他还身居枢密要职。他想凭靠自己的声望与地位，集结力量，设法阻挠“新法”的推行。后来他看自己的意见往往不能被神宗采纳，也就一再地请求离开朝廷“外放”。经过这次辩论后，他去意已决。神宗一看，就批准他带着司空、河东节度使的头衔到河阳（今河南省孟州市）去做地方长官。

文彦博并不糊涂，他是同情东坡的。东坡因诗获罪复被起用后，仍是写诗不已，以至于又有人攻击他诗中有谤讪朝廷之意，于是东坡又被贬为杭州知府。文彦博与他告别时，再三劝诫他以后要少作诗，否则又将被人中伤而遇祸。

偏偏这年气候反常：从七月一直到第二年的四月，滴雨未下，河流干涸，千里田野一片龟裂，农作物枯焦待死，眼见是颗粒无收了。

得到各地奏报，神宗满面愁容，嗟叹不已。他更担心的是这是一种“天罚”，所以打算废除一些不够妥善的新法。他将王安石、冯京召进宫中，对他们说出了自己的想法。王安石却仅仅认为：“水旱灾害是经常发生的事情，唐尧、商汤时代也难以避免。现在虽然旱情严重，但只要发挥人的力量，就能够渡过难关。”

但神宗更关乎社稷江山的稳固，他忧心忡忡：“朕所担心的就是人事未修。如今向商贾和市井小民征取过重的‘免行钱’，弄得人心沸怨，从近侍到太后家族，无人不说它是一大危害。”

…………

除了士大夫之间猛药下沉疴与无为而治的争论之外，“新法”核心问题在于，民众的生活有没有随国库的快速增殖而同步提高呢？

看看变法期间饿死人的一组数据：

熙宁中，饥疫死人半。

熙宁之灾伤，本路死者五十余万人。

熙宁八年，两浙饥馑，卒死五十万人。

民间有钱，尚因无米，饿死四十万人。

熙宁中，杭州死者五十余万，苏州三十余万。

熙宁中，浙中饿死百余万人。

仅仅是富庶的两浙地区就饿死这么多人，其他地方可想而知。北宋时期全国总人口在七千万到八千万，因此饿死的人数是骇人听闻的。

“如此变法，急功近利，将国家、百姓置于何处？”

苏东坡不止一次向神宗上奏：先是上《议学校贡举状》，反对王安石的科举改革；后来王安石准备低价购买浙江出产的四千盏灯供宫中使用，东坡又上《谏买浙灯状》予以阻止。神宗皇帝认为苏轼说得对，没有采取王安石的意见。熙宁四年（1071）东坡挺身而出，为民请命，又上三千多字的《上神宗皇帝书》，直言劝谏，到了“非吐不可”的时候了，质疑王安石推行新政的可行性。

变法派恼羞成怒，将苏东坡视为保守派的干将，想方设法进行排挤打压。御史谢景温曾经把自己的妹妹嫁给王安石的弟弟王安礼，他自然要收拾一下苏东坡。他上奏说，苏轼回蜀“丁忧”时，用官船贩卖货物，并且大售私盐；“丁忧”期满回京时，又私下调用兵士……

东坡认为：谢景温为改革派成员，又与王安石弟弟王安礼是姻亲，谢景温如此诬告自己，自然是出于他们的授意了。其实，在王安石得到这一禀报后，“大喜，以三年八月五日奏上”[①]。

面对朝廷的质询，东坡回复：“苏某奉公守法，绝无贩卖私盐之事，也绝没有私下调度兵士。”

朝廷为此逮捕了当年船上的船工、水师等人，严加审讯，东坡中途曾经与天章阁待制李师中相遇，新党中人希望李师中出面做伪证，遭到李师中严词拒绝。朝廷才知道，东坡贩卖私盐之事纯属无中生有：那是苏轼返京之际，恰逢眉州兵士去汴京迎接新任的知州大人，于是顺道将东坡一行送还京城，其实东坡还为公家节约了一笔路费，显然不属于私下调兵。

案情已查清，但东坡彻底心灰意冷了。谁人不知这是陷害啊！他不想在汴京这个漩涡里弄得昏天黑地。

前途阴晴无主，风雪难料。

天地之间拥塞着不可名状的痛苦。望问远方，茫茫语境，有多少爱恨与悲欢湮没在天际。春季的静默中，唯有细雪斜斜飘成一种牵挂。但也许是了无牵挂。

他内心惊呼，充满空洞的时辰与毫无意义的忍耐。在自我的目光中踽踽独行，意义全部失散了。屋顶上的雪一如事物的补丁。深情在诗歌中匍匐倒地，歌坊的夜曲飘来，听起来就仿佛是一场旧梦。东坡回头，睨见朝云眼角有两道泪痕，省略了所有的艰辛。

风雪是不会收起承命的。辽阔的路途上，枝丫间的春意，把远方拉到了眼底……

那就走吧。

鉴于神宗的确是“专任”王安石，于是东坡“自乞补外”。神宗一见，批复“通判杭州”。通判相当于副知州，朝廷之所以不让苏轼当一把手，还是怕他不奉行新法。其实东坡自凤翔签判至今已经十年有余，足够知州的资格。蜀地是申请外调，所以甘愿降职。

熙宁四年（1071），苏东坡携带一家老小乘舟出都。陪伴他的是继

① ［宋］李焘：《续资治通鉴长编》卷二百十三，中华书局1995年版，第5175页。

室王闰之，还有发妻王弗所生长子苏迈，以及王闰之所生次子苏迨。他们一家在这一年的十一月二十八日抵达杭州。

初履杭州

杭州是中国十大古都之一，早在四千七百多年前的新石器晚期，我们的祖先就在这一带创造了以黑陶、玉器为特征的“良渚文化”。春秋时期先后属于吴国和越国。秦朝统一中国后，置会稽郡，下设钱塘县。如今的杭州市区与西湖当时还是一片浅海湾。到了西汉，由于江水冲击、泥沙沉积才形成陆地。开皇九年（589），废钱塘郡，置杭州，才有这一名称。隋炀帝开运河，杭州为南端的起点，杭州的经济与文化得以迅速繁荣兴盛。经过唐代全面开发，杭州成为东南名城和重要贸易口岸，出现了“灯火家家市，笙歌处处楼”的繁华市容。诗人白居易任杭州刺史期间，不仅兴利除害，完成了治理西湖、疏浚六井等惠民工程，而且留下了很多歌咏杭州山水与人文的诗章，比如脍炙人口的《忆江南》：“江南忆，最忆是杭州。山寺月中寻桂子，郡亭枕上看潮头，何日更重游？”

苏东坡一生曾两度做杭州地方官，第一次是熙宁四年（1071）到熙宁七年（1074）五月任杭州通判，历时三年多时间。第二次是元祐四年（1089）七月到元祐六年（1091）三月，担任杭州太守，这次前后不足两年。尽管时间不长，为什么他能得到杭州人民的感激与拥戴呢？

这就在于苏东坡尽一己之全力，为杭州城谋出路，为民众保平安，留下了无数感人的事迹。

熙宁四年十一月苏东坡来杭时，江南秋雨连绵到了初冬，毫无停止迹象，知州陈襄与苏轼等人来到田间察访民情。乡道泥泞不堪，村民冒雨抢收庄稼，老少妇女全都在田间忙碌……

陈襄比苏轼年长二十岁，他阅人无数，钦佩苏轼才华，对他十分器重。而且陈襄对王安石的改革早有看法，多次上书，知道了苏轼的观点与自己所见略同，所以他们很亲近。

站在路边一座功德牌坊下，屏退左右，陈襄说："子瞻，你在文中说新法'慎重则必成，轻发则多败'，与我的看法一样！可见我们并不反对改革，而是涉及国家民生，必须慎重。我在乡野私访，看见'青苗法'给这鱼米之乡造成了很大危害……"

苏轼神情黯然，叹气道："在这田间劳作的村民，一年到头辛辛苦苦，到头来生活还是十分困苦！如今官府缴税只要钱，不要米，现在稻米又卖不出好价钱，百姓只好卖耕牛来交税了。这样逼迫下去，迟早是要出人命的……百姓有米，而官府不要米；百姓无钱，官府却要现钱。稻谷价钱太低，必然伤害百姓，新法造成的钱荒，京城里的大人们都高高在上，他们也不屑于知晓下层的疾苦！"苏轼越说越愤慨。

他回忆起几天前在葛岭遇到的一位上山挖笋的七十老翁，苏轼见他身形蹒跚，手足浮肿，于是上前细问。老翁说，盐价太高，自己三个月没吃过盐了……

秋日的几场急雨，让乡民的收成大跌。一〇七三年十一月，陈襄派苏轼去常州、润州等地赈灾，苏轼忙到第二年六月才回到杭州。八月，又为蝗虫灾害赶赴临安等地。当时蝗灾很严重，蝗虫遮天蔽日："西来烟障塞空虚，洒遍秋田雨不如。"（《捕蝗至浮云岭，山行疲苶，有怀子由弟二首》其一）他疲于奔命，眼见百姓种种艰难，他备受煎熬，一度想要"杀马毁车从此逝"。这一典故是东汉冯良的故事。冯良出身孤儿，身份微贱，年纪轻轻开始出任县吏，三十岁才出任尉佐。一次奉命去迎接郡里来的督邮，一上路想到自己担任这种低贱的职务而大发感慨，愤然毁车杀马，撕裂了衣冠……

苏轼之所以萌生"杀马毁车"的念头，反映出他的心境极度苦闷。除了官差劳苦的因素外，还有"拜迎官长心欲碎，鞭挞黎庶令人悲"的痛苦以及仕途上不断遭受打压的落寞心境。苏轼感叹了一番，他没有像冯良那样一走了之，也不完全如诗中所说，是怕躲起来了弟弟苏辙找不到他，他不能失去这天地间唯一牵挂于怀的兄弟浓情……

手不释卷的苏轼，为了处理政务席不暇暖，这一年半时间里，不曾打开书本！这在他一生里还是破天荒头一回。

待灾情基本平息，已是次年初春了，一身风尘的苏轼回到杭州城，便听说有百姓来官府求助，原来城里的井口堵塞，百姓屡屡为饮用水发愁。

杭州临近长江入海处，井水常常带着海水的咸苦气味。唐代李泌任杭州刺史时曾经派人开掘了六口井，分别为相国井、西井、金牛池、方井、白龟池和小方井，并将西湖淡水引入全城，才得以解决全城百姓的饮水问题。三百年后，六眼井早已淤塞，饮用水问题再次困扰杭州。

陈襄决定修淘六眼水井，请来精通水利的仲文、子珪等僧人主持疏浚工程。东坡全力协助，一起谋划此事，规划挖沟壑、掏淤泥、修井壁……经过几个月的努力，西湖水流入相国井等井，再向南汇入漕河，毛细血管一样通达全城。他们很是细心，淡水所经之处沿路设置了四个水闸，砌墙上锁，保护好来之不易的甘泉。

实践出真知，实践见真理。第二年江浙又遭大旱，一些地方相继出现人畜饮水困难。而杭州城不但饮水充足，而且还有余水供耕牛饮用和洗澡。生活在六井附近的老百姓们都深深感恩苏轼。

因为白居易的亲民风格，加上东坡尤其喜欢他的诗，这促使他深深爱上了杭州。后来，东坡说过一番肺腑之言："我对杭州人有何恩情！但那里的人们一直惦记我。我自己也不知什么道理，每年差不多都要做四五个水淋淋的梦，回到了西湖。这大概就是世俗所谓的前生之缘吧。我初到杭州时曾游览寿星院，一进门就恍然有悟：我曾经来过这里啊。我当时便能说出后院堂殿、山石的样子。所以诗中有'前生已到'的话。"事实证明，苏轼一直把杭州视作自己的第二故乡，视作心灵的安稳之地。

柳宗元所言"夫美不自美，因人而彰"中的"人"，绝非泛说，乃指有灵心慧眼之文人，尤其是为生民立命、为城市立功的士大夫。一座城市的气韵之美，是依靠文人之笔而流传、而深化的。城市与文人，处于一种相互赠予、相互保管、相互挚爱的状态。

对此，明代李东阳《蜀山苏公祠堂记》有言：“夫天下之论名臣硕辅者，或原于岳降，或归之地灵，文章气节亦以为得江山之助固也。及乎遐陬僻壤一丘一壑，或有所凭借，亦足以不朽于世。是所谓人与地者恒相须以显，而亦不能不相为重轻。”①

文章得益江山助！他乡成为真故乡！这里，道出了自古文人尤其苏东坡与杭州两相契合、相得益彰、共存共荣、世代承袭的人文之理。

画扇制案

在杭州灵隐寺大雄宝殿上悬挂着一副著名的对联，其中上联是：“古迹重湖山，历数名贤，最难忘白傅留诗，苏公判牍”。“白傅”“苏公”分别指白居易、苏轼。

这一对联反映了苏轼在杭州判案的故事。

一天，一人到杭州府里告状，说有一位卖扇子的商人拖欠他的绫绢钱二万，很久不见归还，分明是存心赖账。而绫绢是制作扇子的材料。北宋时十文钱能买一斤米，对于老百姓而言，二万钱也是一笔不小的钱了。苏轼当即命人把卖扇商人传来。

不一会儿，那个商人便被带到堂下。苏轼问道：“这人告你欠他绫绢钱二万，可有此事？”

商人连连叩头，供认不讳。

苏轼阅人无数，发现商人是个老实人，就问道：“既然欠别人的钱，为什么拖延至今不予偿还？”

商人道：“大人有所不知，我丝毫没有存赖账之心。”声音哽咽，说着说着便流下了眼泪：“我家祖上一直以制扇为业，生意一向还好。不幸去年过年时，我父病亡，家道衰落。今春以来，连续下雨天气寒冷，

① ［明］李东阳撰，周寅宾、钱振民校点：《李东阳集》，岳麓书社 2008 年版，第 1031 页。

扇子积压卖不出去，所以我将买他家的绫绢钱给拖欠下来了……我并非要赖账，但实在是偿还不起，请大人宽恕。”说罢呜呜咽咽抽泣不已。

两宋时期是历史上较为寒冷的时期之一，“前后 319 年中有寒冷记载的年份有 41 次，平均 7.8 年就有 1 次，而且寒冷程度较重。北宋政和元年（1111），太湖出现第一次结冰记载，冬天大雪积丈余。”[①]北宋末年的杭州周边的山民，时有冻死人的事件发生。

苏轼端详着这个商人，见他发乎真情，泪流于面，不是演戏。他一边听，一边看，一边沉思。他在想如何帮这个商人偿还拖欠。忽然，他抓起惊堂木一拍，高兴地说：“有了！”

他一拍不打紧，堂下的两人都被吓了一大跳。特别是制扇子的商人，以为苏大人不信他的话，要“大刑伺候”，他瘫倒在地，上气不接下气地喊：“大人，大人，饶命啊！”

苏轼安慰商人道：“起来，快起来，不必伤心。你现在就回去，马上把你做的扇子给我拿二十把来，老夫自有办法……”

扇商不大理解这番话，但他还是很快拿来了二十把白团绫绢扇子，呈送上去。苏轼展开扇面，提起公案上判案用的朱砂笔，左勾右画，上书下写，将扇面画上枯木竹石，题上行行行书。不大一会儿工夫，便将这二十把扇子题画完毕。他饮了一口茶，对这个扇商说：“你赶快拿出门去，将它卖了还账吧。”

直到此时，这个商人才终于醒悟过来，这个“苏大人”不是一般人啊！他接过扇子，感激涕零，千恩万谢而去。

他一出门，便有许多人围上他。人们听说这是天下闻名的苏学士亲笔题画的扇子，争着以一千钱一把的价格购买。片刻工夫，二十把扇子一销而空。这位扇子商人点了点钱，恰好二万，随即尽数还了身边的债主。眼见事情峰回路转，他们都像在做梦一样。

这就是有名的“画扇制案”的由来。

---

① 文焕然等著：《中国历史时期植物与动物变迁研究》，重庆出版社 2019 年版，第 232 页。

这件事在杭州城引起了一阵轰动，人们对苏轼无不交口称赞，这也才有了灵隐寺里的那副赞美的对联。人们说苏轼心系民众，这就是一个生动而真实的故事。他曾说：“吾上可陪玉皇大帝，下可以陪卑田院乞儿……眼前见天下无一个不好人。”（［宋］高文虎《蓼花洲闲录》）在他眼中，清风明月，林林总总，不过如此。这就是明证。

写字作画在东坡青年时代就已开始，早成为收藏界的抢手货，他的好友、北宋驸马、著名山水画家王诜对苏轼的书法绘画爱之成癖，曾在信中对他说“吾日夕购子书不厌”；九江的刻碑工李仲宁则因专刻东坡书法而获得一家温饱；当时甚至出现了以制造东坡书法赝品而闻名的丹阳人高述、齐安人潘岐之类人物。

黄山谷题跋东坡书帖云：“今日市人持之以得善价，百余年后想见其流风余韵，当万金购藏耳。”想象一下，东坡画的二十把扇子，即便只有一把传世，就足以买下当今一个楼盘。

杭州梵天寺

杭州最为著名的寺院，有称为“西湖东南三大佛寺”的梵天寺、圣果寺和栖云寺。现在，梵天寺与圣果寺均已不存。

但梵天寺前的一对经幢，历经千年风雨，却依然挺拔，默默镌刻着千年前的香火。据《吴越备史》载，梁贞明二年（916），钱镠迎鄮县（今浙江省宁波市鄞州区）阿育王寺释迦舍利塔到杭州，建南塔珍藏。梵天寺经幢，后南塔毁于火；乾德三年（965），吴越国王钱弘俶重建，治平年间，改名梵天寺。

梵天寺经幢建于北宋乾德三年，现位于杭州南宋皇宫遗址区，为国家级文保单位。历史上，梵天寺不乏名人典故。苏轼和梵天寺的渊源便可谓极深。

苏东坡笃信佛教，热衷参禅，经历黄州岁月后，更是自称“居士”，与佛门中人来往甚密。他与梵天寺寺僧守诠（又名惠诠），便有过一段诗歌的佳话。

守诠是个不拘一格的自在和尚，经常放任自己，游山玩水，穿着打扮也是十分随便，但诗写得很好，颇有山野林泉的清新之气。有一次他诗兴大发，就在梵天寺的粉壁上挥毫写下了一首禅诗：

落日寒蝉鸣，独归林下寺。
柴扉夜未掩，片月随行履。
惟闻犬吠声，又入青萝去。

深秋时节，寒蝉哀鸣，叫嚷声似乎把凤凰山的寒气播撒开来。傍晚时分，深林幽静，守诠独自一人回到寺院。快到住所时，惊奇地发现柴扉竟然常开着，举目一望，穿行在云中的皎洁明月，跟随僧人的步伐，亦步亦趋。夜晚万籁俱寂，唯有犬吠伴随着衲子的静修，而且也随着夜色消失在青萝深处，物我两忘。守诠极其享受这幽静深远处的禅意氛围，也忘记了所有的烦恼。

熙宁五年（1072）秋天，苏轼过访梵天寺，正好撞见壁间守诠这首诗，读后只觉“清婉可爱”，令人赞服。苏轼一时技痒，也是为了应和守诠的诗境与意趣，略加沉吟，提笔写了一首和诗：

但闻烟外钟，不见烟中寺。
幽人行未已，草露湿芒履。
惟应山头月，夜夜照来去。

东坡奔波于宦途，虽然也想尽快脱离这尘世的藩篱，只是他有太多无法放下的事情，但诗人总有一种随处可寻“休歇处”的禅意胸臆。“祖师西来意”的开悟，不一定非要在寺院佛庵，只要心静，哪里都可能得到彻悟。纵观东坡的这首诗，充满禅趣和禅机。作品看似平凡，似不如守诠的诗作深蕴禅意而又不留痕迹。对此，周紫芝《竹坡诗话》就评价说：“东坡老人虽欲回三峡倒流之澜，与溪壑争流，终不近也。”

但东坡的诗章严密而紧凑，前两句烟外闻钟，境界悠远，中间两句幽行忘归，神游禅境，最后是明月照心，臻于开悟之境。总之，两首诗清远幽深而意趣相投，成为梵天寺人文积淀的绝妙见证。

十多年后的元祐四年（1089）秋季，苏东坡再一次造访梵天寺。一晃近二十年时光就过去了，他不由得发现，现在的自己饱经忧患，完全不同于先前题诗的那个人了。

他在《梵天寺题名》中写道："余十五年前，杖藜芒履，往来南北山。此间鱼鸟皆相识，况诸道人乎！再至惘然，皆晚生相对，但有怆恨。子瞻书。元祐四年十月十七日，与曹晦之、晁子庄、徐得之、王元直、秦少章同来，时主僧皆出，庭户寂然，徙倚久之。东坡书。"

以现在的话来说，就是："十五年前，我拄着藜杖穿着芒鞋游历诸山，就连其中的虫鱼鸟兽都相识，更何况那些道人，可再一次来到梵天寺，所见到的都是一些晚辈，令人惘然、遗憾不已。"

这不禁让人想起唐代禅宗青原惟信的话："老僧三十年前，未参禅时，见山是山，见水是水。及至后来亲见知识，有个入处，见山不是山，见水不是水。而今得个休歇处，依前见山只是山，见水只是水。"

"而今得个休歇处"，东坡的"休歇处"在哪里呢？

既然没有，他就唯"有怆恨"了。

一如"梦绕吴山却月廊，白梅卢橘觉犹香"所抒发出的浓浓情愫，东坡对梵天寺是十分眷恋的，他说"杭州梵天寺有月廊数百间，寺中多白梅、卢橘"。那些过访和诗歌的往事，那些再访的惘然的经历，那些字里字外的点点滴滴，都将梵天寺与东坡牢牢绑系在了一起，就像一个谜语的谜面与谜底。

于是，作为梵天寺护法神的苏轼，合理地诞生了。

《宋人轶事汇编》卷一二引清代陆次云《湖壖杂记》中记载的一个神奇的传说："杭州梵天寺伽蓝乃东坡。"此处的"伽蓝"，即指地位稍低于四大天王、韦驮菩萨的护法神。那么作为"伽蓝"的苏东坡，似乎也未能佑护梵天寺啊。

苏轼为何成了护法？佛教传入中土后，很多护法神便被中国化了。

如四大天王变成了执掌风调雨顺之神，二金刚变成了哼哈二将。此外，在中国还出现了本土化的护法，关羽、苏东坡、祝允明都被奉为伽蓝神。

据明万历间寺僧说，苏轼任杭州通判期间取寺左侧赤山之土筑堤，寺僧表示此乃破坏寺庙风水之行，万万不可，苏轼则立誓于佛前，愿在湖堤竣工之日（一说为死后）以身作伽蓝神。[①]

朱砂竹与反向美学

竹在宣纸上得到赋形，再得以赋色，终得以赋神。竹子具有了文化的恒在生命性：文同的竹、苏东坡的竹、钱松喦的竹、郑板桥的竹……从墨竹到朱砂竹的造像里，东坡对于自己的变奏，心知肚明。

熙宁五年（1072）暮春三月，苏东坡开始任杭州通判。根据他深度沉浸于美术笔墨的情形来判断，应该是在熙宁六年（1073）时的某天，他坐于堂上，一时画兴勃发，而书案上没有备好的墨，只有朱砂，于是随手拿朱砂画起竹来。后来有人问他：世间只有绿竹，哪来朱竹？苏轼答曰："世间无墨竹，既可以用墨画，何尝不可以用朱画！"由于他的首创，后来文人画中便流行画朱竹了，苏东坡也被尊为朱竹鼻祖。

苏东坡对于朱砂颇为熟悉，他自己一度开炉炼丹。朱砂是矿物混合体，古人渴望其蕴含天地精华，拼命吞服丹药的魏晋名士们不会因此长寿，但朱砂的纸上"出走"，却赋予了一段美学传奇。

苏东坡只有两幅画作得以传世，其中一幅就是《潇湘竹石图》，现珍藏于中国美术馆，另一幅《枯木怪石图》在抗战时期流入日本。所以有人说，东坡的朱砂竹没有流传下来。二〇一〇年十二月底，我在国内某著名的拍卖网上，见到了来自海外的一幅东坡绘制的朱竹图：题款为"平仲先生正，眉山苏轼"。钤印：赵郡、苏氏。题签："宋苏文忠公朱竹真迹神品。己未嘉平月，钱杜题签。"题跋："画竹以竹叶欲得

① 金莹：《三台山路寻苏记》，《书城杂志》2022 年 12 月号。

静中动，竹枝欲得刚中柔，最为难，此画凡四帧，细味之，则无一叶不在静中动，无一枝不在刚中柔，而大为坡公真本领，非其他胸无经纶之辈所可企及也。至正二年春日，梅花道人拜识。”部分专家鉴定为真迹。

东坡老友孔平仲为文学家、诗人，孔子后裔，其著作《孔氏谈苑》中记载了“乌台诗案”爆发时苏轼被押解进京的情景。

如果说文同墨竹画的本质在于“急起从之”“少纵即逝”，那么东坡的“不似”美学则走得更远，不求形似，以气韵取胜是其最大特色，最终臻于“身与竹化”之境。在他眼里，败笔在于画家们总是纠结于对竹竿、枝、节、叶等局部的剖析和精雕细琢，疏忽了对竹整体观感的把握与气韵提升，陷入了技术主义的迷狂，画作技巧有余而气韵不足，所谓“竹之始生，一寸之萌耳，而节叶具焉……今画者乃节节而为之，叶叶而累之，岂复有竹乎？”

于是，朱砂竹就这样被苏东坡第一次用反向原则给予了命名。在栽竹、识竹、知竹的进程中，苏东坡的朱砂竹超越了前人在植物意义上对竹的命名，刷新了中国画中墨竹的色彩，焕然火红的竹竿与枝叶，刺桐花一般高举。他由此提出“善鉴者固当赏识于骊黄之外”的美学主张，要在物体固有的造型、色彩之外，寻找自我的真实，其实就是生命的真实。东坡使文人画的色彩观得以彻底解放，宣告文人画乃“心画，心声也”，扭转了画风的走向，文人画从此走向成熟。这比西方抽象表现主义的色彩主体论提前了一千多年。

其实，朱砂竹和墨竹所依据的美术原理殊途同归：在于艺术家描述实体总是有所舍弃、有所彰显的。水墨在国画中分为“五彩”，同理朱砂色也可以分为“五彩”，而非一味“浓得化不开”。墨色和朱砂色虽然不能在色彩这方面再现竹子的或青翠、或苍黄的本色，但是仍能通过艺术地运笔，充分运用“墨分五彩”的原理，既破又立，从线与形、疏与密、柔与韧等方面传达，强调竹子挺拔、俯仰的千姿百态与“千磨万击还坚劲”的修为，从更高的境界而言，墨竹、朱砂竹比用原青色绘制的翠竹更具神秀清逸。

回顾起来，东坡的墨竹技法，自称得益于表亲文同。苏轼又和北宋名家王诜、李公麟、米芾交好，故其画多得名家指点。他画竹往往从地上直升到画幅的顶部。有人问他：可何不逐节分画？他答说：“竹生时何尝是逐节生的？”这一回答，彰显出东坡“功夫在画外”的主张，可谓卓然崛立。

苏东坡在《书曹希蕴诗》中说：“近世有妇人曹希蕴者，颇能诗，虽格韵不高，然时有巧语。尝作《墨竹》诗云：‘记得小轩岑寂夜，月移疏影上东墙。’此语甚工。”当时苏轼谪居黄州，苦难打开了胸襟，寂寞锋锐了感觉，不看竹子实体，反倾心于竹子被月光移动上墙的“疏影”，体现了他反向美学原则下的“苏式观察法”。

朱砂之色却彰显出苏东坡一种刻意破局之意图，朱砂竹就是要给人以某种陌生化的“侵犯”。目的是打破传统造像对艺术的限制，重新定义竹的艺术，拓展竹艺术的边界，为探索艺术的新形式和新结构提供广阔的可能性。简而言之，美学与反美学是对立的，而反反美学就是新新美学，新美学就是东坡的美学。

一味因循守旧、固守传统之辈，是不可能画红竹的。东坡历来有反向美学倾向，这是指对于传统审美方式的自觉反抗、消解，反对传统审美的固定化、教条化和权威化，力图以各种个人的方式重新表达对美的介入与体验。逆反思维所创造的反向美学，并非歪曲或背叛视觉形象的本质，这让我们联想起艺术大师阿恩海姆《艺术心理学》里的话：“一切原来为人们所熟悉的事物都具有了一种人们从未见过的外表”，而“以一种扣人心弦的新奇性和具有启发作用的方式，重新解释了那些古老的真理”。

反向美学的目的，在于一方面站在传统艺术的对立面，将传统艺术看作“他者”，但反向美学自身存在悖论，也构成艺术史的一部分，最终也成为被“反”的对象。

这一系列反向的审美，足以显示出，那个幼年得到“天石砚”的东坡，分明得到了一种上苍的加持；而那个得到木假山奇异造型启示的东坡，分明已然憧憬木假山的三峰暗寓三苏父子的崛立，虽成材而未遇

“好事者”，就无法得到最高的恩遇。木假山的风骨，蕴含“穷则独善其身，达则兼济天下”的抱负。在接下来的岁月里，怪石、枯木、纡竹，反复叠显，可称为“东坡造像三君子”，它们既是东坡贬谪境遇的镜像，又是他不屈抗争的风神。

米元章自湖南从事路过黄州，特意看望东坡。酒酣之际，东坡贴观音纸于壁上，起作两行，枯树、怪石各一，以赠米芾。黄山谷《枯木道士赋》云：“恢诡谲怪，滑稽于秋毫之颖，尤以酒为神，故其觞次滴沥，醉余嚬呻。取诸造化之炉锤，尽用文章之斧斤。”又题《竹石》诗云：“东坡老人翰林公，醉时吐出胸中墨。”我们由此可知，东坡平日非到酒酣的程度，触发真性情而染指，否则不会作画。

酒醉神迷，其一，可以解除过往美学结构的桎梏，摒弃堆积在事物本质上的青苔；其二，一旦进入某种陌生化的笔墨空间，信笔而走，随色而为，事物造像在变形的挪移中，反而获得了别样的形态与神韵。

面对“抱节君”，文同写下《守居园田三十首》寄给东坡。东坡写《和文与可洋川园池三十首》，全方位展示了竹的生物成长史与精神进化。可惜，他没有提到竹花（包括竹米、竹实），在我看来，竹子面临死亡而开花结实，恰恰预示了另一种人生感应，个中恰有深意与返照。倒是苏洵有《次韵和缙叔游仲容西园二首》：

春入禁城怀旧隐，偶来芳圃似还家。
番番翠蔓缠松上，粲粲朱梅入竹花。

客慢空劳严置兕，酒多无用早成蛇。
相公犹有遗书在，欲问郎君借五车。

朱梅入竹花，苏洵的本意未必就是“枯木倚寒岩，三冬无暖气”。在我看来，这同样是在反向取舍，但听命于人性。

三个女人的故事

人们穷尽一生，总是希望，最终能抵达内心的兰蕙。独行千里万里，一个人寻着那股眼睛散发的香气，终于归来。比如，你怯生生地来到昔日门前，看到了那个曾经在此指天发誓、豪情万丈的自己。走过庭院，还会看到那个苦读的自己。在书房的一角，那最静谧的所在，那里有最浩瀚的、最温暖的一团雾气，不过就是生命开始有觉悟的地方，还有自己童年时节散发出的体味。一声鸟鸣让你猛一回头，树梢上摇曳着自己追逐一生的梦想，以及故乡上空最清丽的云月！

这一段话，是几年前我坐在杭州西湖边用手机写下的。

话，并不一定非要说给东坡听，也可以写给那些流逝的红颜，以及陌生者。宋人张仲文《白獭髓》即说："所谓自有旁人说短长"，连东坡更是概莫能外。

林语堂先生说："根据记载，苏东坡没有迷恋上哪个歌妓，他只是喜爱酒筵征逐，和女人逢场作戏，十分随和而已，他并没有纳妾藏娇。"多多少少是为尊者讳。《五灯会元》中载有苏东坡与江南名妓琴操一段关系史，让大才子郁达夫念念不忘。

郁达夫先生在《琴操墓》里咏叹："山既玲珑水亦清，东坡曾此访云英。如何八卷《临安志》，不记琴操一段情？"这里提到的琴操，乃是北宋名噪一时的钱塘艺妓。苏轼与琴操的交往，风流倜傥，千载之下仍是为人所道。其实，士大夫与艺妓的交往，是唐宋之际一种官场生活方式，恰如丁传靖编著《宋人轶事汇编》（卷十二）所言："东坡生平不耽女色，而亦与妓游。"他欣赏琴操的才艺，与她一道泛舟西湖，快意当前；但东坡又不耽于美色，他高雅坦然的性情，使他不堕于酒池肉林。爱慕琴操从而保护琴操，为琴操指点迷津，体现了他对丽人的真正呵护与大爱。

二十四岁的琴操病死临安玲珑山后，东坡亦因"乌台诗案"被贬黄州。据说，后来东坡还去了一次玲珑山凭吊琴操……

既然是"人似秋鸿来有信"，那么结果就不可能"事如春梦了无痕"

那般轻描淡写。东坡在美丽与红颜之间，体悟到接纳无常，看淡起落。

南宋王明清《挥麈后录》卷六记载，一个年老之女，回忆自己年轻的时候在杭州曾经伺候过东坡先生。那时，苏东坡每逢假日都要邀请一帮文友到西湖齐聚。酒后安排每位客人各乘一只船，带领数名妓女游湖。下午了，再鸣锣集中，到圣湖楼喝酒。到了半夜，这队人马才高举巨烛浩浩荡荡地回去。杭州城里士女云集，夹道观看，实是当时的一大盛事！老女人回忆起这些风光岁月，不禁流露出骄傲之情。

…………

首先，说说一个更近距离的美女——春娘。

冯梦龙在《情史类略》中记载了这么一则轶事，冯梦龙也是抄自明代钟惺汇编的《名媛诗归》一书。而《四库总目提要》对《名媛诗归》的评价是："其间真伪杂出，尤足炫惑后学。"

知杭州期间，苏东坡的确是"家有数妾"，其中有一个侍女叫春娘。因为"乌台诗案"的持续效应，经历了一百多天的一惊一乍，最后东坡被贬往黄州。大难当头朋友纷纷回避，朋友蒋运使仍然前来为东坡饯行。席间，苏东坡让春娘出面劝酒。

蒋某问："春娘也一起去吗？"

苏东坡说："她要回娘家。"

蒋某明白了，说："我用所骑的白马换春娘，可否？"

东坡答应了。

据说，蒋某当场写了一首诗：

> 不惜霜毛雨雪蹄，等闲分付赎蛾眉。
> 虽无金勒嘶明月，却有佳人捧玉卮。

苏东坡和了一首诗：

> 春娘此去太匆匆，不敢啼叹懊悔中。

只为山行多险阻，故将红粉换追风。

春娘敛衣上前跪拜说："我听说当年齐景公要斩马棚的小官，晏子[①]劝谏：孔夫子马棚被烧，却不问马，都是看重人而轻视畜牲！"于是，春娘口吟一诗辞谢，诗中说：

为人莫作妇人身，百般苦乐由他人。
今日始知人贱畜，此生苟活怨谁嗔。

吟完，春娘走下台阶，一头撞到槐树上，不幸死去。

我以为，这是虚构的故事。多半是受"鬻马遣姬"引发的故事演绎。

白居易《不能忘情吟·序》："乐天既老，又病风，乃录家事，会经费，去长物。妓有樊素者，年二十余，绰绰有歌舞态，善唱《杨枝》，人多以曲名名之，由是名闻洛下。籍在经费中，将放之。马有骆者，駔壮骏稳，乘之亦有年。籍在长物中，将鬻之。"（见《全唐诗》卷四六一）

白居易晚年遣散家姬樊素、卖掉骆马[②]，曾赋诗记其事，宋人化用入词。老年的白居易欲去"身外之物"，散樊素、卖骆马，这令人唏嘘的一幕，移到了东坡身上，如此演绎为春娘换马。

宋人陈鹄《耆旧续闻》云：

陆辰州子逸，尝谓余曰：东坡《贺新郎》词后撷用榴花事，人少知其意。某尝于晁以道家见东坡真迹，晁云：东坡妾名曰朝云、榴花。朝云死于岭外，东坡尝作《西江月》一阕，寓意于梅，所谓"高情已逐晓云空"是也。惟榴花独存，故其词多及之。观"浮花浪蕊都尽，伴君幽独"，可见其意矣。[③]

① 春秋时齐国大夫。

② 尾和鬣黑色的白马。

③ 岂水编校：《历代笔记中的绝世美女》，中国和平出版社 2014 年版，第 46—47 页。

陆淞(1109—1182)，字子逸，号云溪，山阴(今浙江省绍兴市)人，陆游的长兄。他一度知辰州，所以有“陆辰州”之称。

胡仔《苕溪渔隐丛话》引《古今词话》:“苏子瞻守钱塘，有官妓秀兰，天性黠慧，善于应对。湖中有宴会，群妓毕至，惟秀兰不来，遣人督之。须臾方至，子瞻问其故，具以发结沐浴，不觉困睡，忽有人叩门声急，起而问之，乃乐营将催督之，非敢怠忽，谨以实告。子瞻亦恕之。坐中倅车属意于兰，见其晚来，恚恨未已。责之曰：必有他事，以此晚至。秀兰力辩，不能止倅之怒。是时榴花盛开，秀兰以一枝藉手告倅，其怒愈甚。秀兰收泪无言。子瞻作《贺新凉》以解之，其怒始息……子瞻之作，皆纪目前事，盖取其沐浴新凉，曲名《贺新凉》也。后人不知之，误以为《贺新郎》，盖不得子瞻之意也，子瞻真可谓风流太守也，岂可与俗吏同日语哉！”苕溪渔隐曰:“野哉，杨湜之言，真可入笑林，东坡此词，冠绝古今，托意高远，宁为一娼而发邪?‘帘外谁来推绣户，枉教人、梦断瑶台曲，又却是、风敲竹’，用古诗‘帘卷风竹动，疑是故人来’之意。今乃云‘忽有人叩门声急，起而问之，乃乐营将催督’。此可笑者一也。‘石榴半吐红巾蹙，待浮花浪蕊都尽，伴君幽独。浓艳一枝细看取，芳心千重似束。’盖初夏之时，千花事退，榴花独芳，因以中写幽闺之情。今乃云‘是时榴花盛开，秀兰以一枝藉手告倅，其怒愈甚’。此可笑者二也。此词腔调寄《贺新郎》，乃古曲名也。今乃云：‘取其沐浴新凉，曲名《贺新凉》，后人不知之，误为《贺新郎》。’此可笑者三也。《词话》中可笑者甚众，姑举其尤者。第东坡此词，深为不幸，横遭点污，吾不可无一言雪其耻。”

另外，在清人叶廷琯《鸥陂渔话》里，也提到“东坡妾碧桃”：

江右都昌县有坡翁诗石刻云:“鄱阳湖上都昌县，灯火楼台一万家。水隔南山人不渡，东风吹老碧桃花。”署“眉山苏轼书”。嘉庆中，杭人王文诰撰苏集，编注云:“其友人衡山王泉之作令江西，尝以事至都昌，见《都昌志》称，坡公南迁时，遣妾碧桃于县，因为此诗。”

春娘也好，榴花也好，碧桃也好，桃花流水杳然去，别有天地非人间。俱往矣。

钱锺书先生曾提出一个颇为别致的观点，即中国人在谈到喜、怒、哀、乐、爱、恶、欲七情中，缺少了一个“情”，那就是“愧”（见《干校六记》小引）。这就是说，正常的人应当不止具备“七情”，实在应当加上“愧”这个第八情。愧是成为有尊严的人的重要条件。学者黄苗子说，儒家把“孝悌忠信礼义廉耻”列入道德范畴，其实是分类分错了，耻是与喜怒哀乐等并列之反应，仅属于心理作用。一个人快乐，就咧着嘴笑；忧愁，就锁着双眉；而“愧”或“耻”，则立刻脸红、沮丧，抬不起头。

透过这些人与事，我没有半丝指责东坡的意思。

所以，我们不会感谢也无须怒斥那些演绎东坡风月的人，但会感激重放的花朵。东坡没有奉阅历积累的经验为唯一圭臬，他明显是信赖青春与激情的，以此才能实现横渡忘川。

如今，只是被冰霜覆盖、以至于不敢让人踏足的迷途，依然在每个日子间隙铺排。与自己不太清晰的希望并行，而他的现实图景不过是希望有一派山水田园。也许诗人们已被忙碌的欲望切断了旅程，用最后残剩的种子去幻想一个生机盎然的晨曦。抬头看看，天空也存有一丝遗憾的云。比如，在一个人举目时，对应着的是朝向天空塌陷的凹洞。

长夜无语，大地的荣耀呵护缺失的自我。一个人在颤抖中回望来世今生……追随时间的无情，渐渐托举起自己的全副善意。破碎之爱也会诞生出一个满月之夜，用久久不肯承认的最后希望，来接近心中的神明。

毕竟透过这些逸闻，我们还能看到诗歌隐喻背后的时光廓形，可以闻到往事残留的香气。在我看来，时间告诉我们的，往往不一定是读者心目中想象的那般美艳而哀婉，那般清晰，那般容易铭记。因为在不同人的笔下，时间与人的关系不是紧张而对峙的，虽然每个书写者也会慨叹时间的一去不回，但花朵的重现，取代了往事的重现，造成了我们对事物的无比亲近，从而使得笔下的人与事，变成自然且自足。

我不禁想起《徒然草》里的一句话：“想起温存于心头的岁月，虽还没忘记那动情感人的话语，但那人却很快隔阂于我离我而去。这般司空见惯，实在比同亡人死别，更令人悲伤。”

其实大可不必这般悲伤，把误解提到这个高度。圆凿方枘，就是一个人的榫头永远找不到合意之穴，这个世界的诗意从来就不是榫卯结构体系予以体现的。所谓隔阂，其实也不必说得这般文雅，但是不可纠正的误解赋予了事物充满诱惑的晕光。而不断的误解造成了我们的全部人生。吉田兼好说的这一句话，很值得我们铭记：面对与人与事物诀别，“风未尽花已落去，人心也是一样”。

也许，这就是时间的底牌：为什么风霜雨雪都过去了，我们还找不到愈合伤口的方子！

波及全国的旱情

苏东坡杭州通判任期将满，因为弟弟苏辙调到济州（今山东省济南市），他便向朝廷请求到山东任职。熙宁七年（1074）五月，苏轼被任命为密州（今山东省诸城市）知州。从杭州通判升任密州知州，兄弟俩的距离也更近了。

熙宁六年（1073）七月到熙宁七年四五月，河北、京东、陕西、山东等地连续干旱，灾情严重，涉及范围极广，连北方的辽国也因旱情而民不聊生。

熙宁七年恰是甲寅年，古人对此年不利有颇多议论。清初刘献廷《广阳杂记》云：“往闻之长老云：‘岁在甲寅多乱。’予初不信，及按史传，尧之洪水，幽王之得褒姒，吕政之易嬴，皆在是年。而今，康熙则有吴三桂之乱，其余比比，不可胜数，亦阅世者所当知也。”①

这样的古训，姑妄听之。

不幸的是当年春季，江淮等地相继发生大饥荒，老百姓食树皮和草根果腹，个个枯瘦如柴，一些人走着走着就因体力不支倒地而亡……

连神宗皇帝也向天下发出了“罪己诏”，正在西京御史台做判官的司马光，一读，痛哭流涕。他自熙宁四年（1071）外放洛阳后，集中全力投入《资治通鉴》的写作。现在他觉得发言的机会到了，于是连夜撰写奏疏，派人火速赶送汴京。疏中列举出当今朝中的六大弊政：一是广散青苗钱，使民负债日重，而县官一无所得；二是免上户之役，敛下户之钱，以养浮浪之人；三是置市易司，与细民争利，而实耗散官物；四是中国未治而侵扰四夷，得少失多；五是团练保甲，教习凶器，以疲扰农民；六是信任狡狂之人，妄兴水利，劳民伤财。他是从政治、民生、经济、军事、外交，把“新法”说得一无是处。

此时，山东青州知州滕甫也上书进言，说只要陛下颁发一道手诏，宣布自熙宁二年（1069）以来所执行的新法，凡是给百姓带来不便的，全都予以罢废，那么民气就会祥和，旱灾自然就会解除。

神宗此时对推行新法仍有足够的信心，所以没有听取他们的意见。然而就在司马光等人上书不久，郑侠献纳流民图的表演，不仅震动了京城以至全国，而且动摇了帝王的决心，使王安石经受到前所未有的严峻考验。

郑侠（1041—1119）本是王安石的学生，任光州（今河南潢川县）司法参军时曾得到王安石的赏识。他任满进京听候差遣期间，却以未曾“学法”为借口，拒绝了王安石的多次推荐，而甘愿当一个监守安上门的小吏。其实，他的思想早已站在守旧派一边，他看到了“新法”的诸多缺陷，以及推行过程里的欠妥之处，他颇为绝望，根本不愿意与王安石合作。

这一阵他天天在安上门前，目睹一群一群来自北方的难民，个个

① 岂水编校:《历代笔记中的史事寻源》，中国和平出版社 2014 年版，第 12 页。

面黄肌瘦，破衣烂衫，扶老携幼步履蹒跚地拥进城门。有的手上拿着一小团菜糠，有的口里正咀嚼着树皮、草根；从他们中间，还不时发出病人的呻吟和小孩的啼哭，真使人目不忍睹，耳不忍闻。郑侠目击这种惨象，心中对难民充满怜悯和同情。一怒之下，他却把旱灾的降临、流民的苦难，全都归于“新法”。郑侠有绘画才能，他绘一幅大图，并写下《论新法进流民图(疏)》上奏朝廷，称百姓被新法所苦，请求罢黜“新法”，但是中书省拒绝转达。

这样，郑侠先把图送往外地，然后假称是一件极为紧急、机密的公文，擅自调发驿站的快马，连夜传递到京都银台司，很快就送到了神宗手里。神宗先打开奏疏，开头直截了当地提出，要想抵御旱灾，当务之急是开仓放粮，救济灾民，罢黜一切新法；接着批评神宗信用的大臣，都是一些“贪猥近利”的小人，不是“宗庙社稷之福”；结尾说明献图的目的，并极为自信地宣称：“陛下观臣之图，行臣之言，十日不雨，即乞斩臣宣德门外，以正欺君之罪。”言简语重的短疏，极大地震撼了神宗。

面对这幅《流民图》，神宗皇帝被深深震动了，长吁短叹，夜不能寐。光献太后知道了，就对着神宗皇帝哭诉……第二天，神宗不与任何人商量，断然作出决定：命令开封府发回免行钱，三司考察市易法，司农开放常平仓，青苗、免役停止付息，方田、保甲立即废除。这一重大举措，使变法派一时摸不着头脑……

王安石非常失望而落寞。他被罢相，在离京赴江宁知府任上，为不惊动沿途官府迎送，王安石微服私行。结果呢，一路上看到的听到的全是对他的谩骂，有的农妇为了发泄怨根，甚至把自家养的猪和鸡唤作“王安石”和“拗相公”。甚至有老百姓拿着棍棒等候在驿站，准备等王安石经过时打杀了他！

更具讽刺的是，在新法被暂停后的第三天，竟然天降大雨！郑侠保住了性命，一张写实主义的画作告倒了堂堂宰相，命运就是这样吊诡。

当年十一月，苏轼到达了号称“山东第二州”的密州。“新法”的弊端似乎具有高速的传染性，初来乍到，他就发现情况不妙。

密州其实是一个小城，街道冷清，建筑简陋，城外就是荒芜的旷野，大风呼啸，飞蓬在荒野肆意乱滚。这里不但无法与杭州相比，也远不及江浙很多富庶的县城。他刚一到任密州就遇天灾，而“新法”让百姓负担加剧，民不聊生、盗贼四起……苏轼原来就没有储蓄的习惯，不料现在身为堂堂知州，竟然到了衣食难以为继的程度了。

王安石推行“新法”，大力削减公款费用，各级政府的小金库几乎都被收空，因此地方官员可支配的公款消费暴减。廉政固然正确，但也过于走极端，比如密州的政府用酒，一年不得超过一百石①的规模。

为此苏轼写诗发牢骚，说当年陶渊明一个区区县令，可以用官家田二顷五十亩种上高粱酿酒，我如今身为知州，却只能“岁酿百石，何以醉宾客”。他情不自禁地怀念起富裕杭州的岁月。

无酒是小事，但饥肠辘辘，日子就更为艰难。遥想唐朝诗人陆龟蒙写过一篇《杞菊赋》，讲自己实在没吃的，只好以杞菊（泛指野菜）为食。自此，枸杞和菊花固定成为一个高洁的意象，彰显了遗世独立、清贫自高的人生态度。古语里的菊，不仅仅是菊花，主要是指菊花菜，乃大名鼎鼎的茼蒿，这在古代甚至有“皇帝菜”的美称。东坡与刘庭式，多半会想起屈原“朝饮木兰之坠露兮，夕餐秋菊之落英”，这固然是中国最早食用花卉的记载，但痛饮甘露、菜食杞菊，仅仅是一种高洁的修为，并非当饭吃。但事已至此，只能囫囵填饱肚子再说。

为此，东坡写下《后杞菊赋》一文。东坡在序言中讲自己曾读到陆龟蒙此文，一开始不以为然，觉得读书人即便坎坷，但生活俭省一点，也可以对付下去，至于一个地方官饿到要吃野菜，那也太夸张了。现在呢，苏轼平生第一回体验到了这个境况。他承认自己为官十九年，终于发现日渐贫困，衣食越发不如以前。来密州前，以为最差的情况下也能吃饱……

在自嘲之外，更有椎心泣血的寄语：

---

① 一石约为100市斤。

……人生一世，如屈伸肘。何者为贫？何者为富？何者为美？何者为陋？或糠核而瓠肥，或粱肉而黑瘦。何侯方丈，庾郎三九。较丰约于梦寐，卒同归于一朽。吾方以杞为粮，以菊为糗。春食苗，夏食叶，秋食花实而冬食根，庶几乎西河南阳之寿！

据说有一次，孔子的学生曾参对子夏（卜商）说，准备退休之后到西河去养老。孔子死后，子夏到魏国西河去讲学，活到九十多岁。《抱朴子·仙药》："南阳郦县山中有甘谷水。谷水所以甘者，谷上左右，皆生甘菊。菊花堕其中，历世弥久，故水味为变。其临此谷中居民，皆不穿井，悉食甘谷水；食者无不老寿：高者百四五十岁，下者不失八九十，无夭年人，得此菊力也。"又据传说，河南南阳郦县饮甘谷水的居民均高寿。后因以"西河南阳之寿"用为咏长寿之典。

显然，东坡在此使用的是反语。

情况万般无奈，东坡与当地通守刘庭式一起，每天沿城墙根寻找野菜来果腹……幽默是苏轼的天性，两人寻觅到野菜后，迫不及待地放到口中，一顿大嚼，互相指着对方的肚子，哈哈大笑。

知州大人野菜充饥的事，传遍了密州城。城里富家被感动了，拿出粮食救济灾民，百姓才勉强渡过了这个荒年。后来，民众在苏轼挖野菜的地方建立"杞菊园"，成为名胜景观。

自此，杞菊不断出现在东坡的诗文里，散发持续幽香。比如《超然台记》："而斋厨索然，日食杞菊"；《唐陆鲁望砚铭》："噫先生，隐唐余。甘杞菊，老樵渔"；《过云龙山人张天骥》："饥寒天随子，杞菊自撷芼"；《再过超然台赠太守霍翔》："无复杞菊嘲寒悭"……

由此可见，东坡笔下的杞菊，比起隐士们的清纯意象，又多了一层刺骨的寒意！

到"乌台诗案"爆发时，政敌们翻找苏轼作品，这篇《后杞菊赋》便成为证据之一。

举目满眼凄凉，东坡的心情是颇为抑郁的。晚上回到家，有时小孩还缠着他哭闹，东坡有点不耐烦，禁不住发火。夫人王闰之开导他说，你怎能和小孩一般见识呢？不高高兴兴过日子，整天愁眉苦脸有什么用？一听，苏东坡恍然一怔，深感惭愧。王闰之为他洗好酒杯，让他以酒解愁。此事让东坡十分感慨，有如此豁达通透、善解人意的妻子，夫复何求！便特作诗《小儿》，记录下这一生活场景：

小儿不识愁，起坐牵我衣。
我欲嗔小儿，老妻劝儿痴。
儿痴君更甚，不乐愁何为？
还坐愧此言，洗盏当我前。
大胜刘伶妇，区区为酒钱。

东坡在诗中把王闰之和魏晋南北朝时刘伶的妇人进行一番对比，说闰之比刘伶妇不知道强了多少倍，“大胜刘伶妇，区区为酒钱”，自己自然也要比刘伶幸福得多。

其实，这分明是苦中作乐啊。

飞蝗蔽日的日子

对古代百姓来说，比猛虎更可怕的，一是孔子所说的“苛政”，二就是蝗虫。古代华北一带往往是旱灾的多发地，在最严重的灾荒之年，旱灾又往往与蝗灾相连，给当地百姓造成无尽苦难。

北宋时期，讲求“崇文抑武”，所以经济、文化发展极快，但富裕之后的社会弊端也逐渐显露出来，承受自然灾变与边境防卫的力量较为薄弱。有学者就认为，多年困扰北宋政府的“四大顽疾”恰是：蝗虫之灾、黄河之患以及西夏、辽国的兵燹。

从熙宁五年（1072）开始，江淮一带雨雪就特别少了，黄河以北地区出现了严重的蝗灾。经验证明，蝗虫一旦没有杀灭，真是“春风吹又生”，来年同样颗粒无收，次生灾害也会层出不穷。当时仅能依靠人力战天斗地，天不见雪，朝廷公文雪片一样纷飞而下，命令各地官员与老百姓并肩作战，大战蝗虫，随时上报蝗灾和抓捕情况。神宗皇帝焦急万分，他写了好几道手诏，让手下人快马加鞭送到捕蝗一线。

后来，神宗皇帝又细化了工作指标：凡是有蝗灾的地方，由知县牵头，所有的在职官员都要去田间捕杀蝗虫。每抓到五升幼蝗或一升蝗虫，可奖励一升细色谷；挖到蝗卵一升，给粗色谷二升。烧埋蝗虫的情况要详细汇报，如果因为捕蝗而损坏庄稼的，还要按情况予以处罚。

中国历史上关于旱魃的最早记载是在《诗·大雅·云汉》之中：“旱魃为虐，如惔如焚。”孔颖达疏：“《神异经》曰：‘南方有人，长二三尺，袒身，而目在顶上，走行如风，名曰魃，所见之国大旱，赤地千里，一名旱母。”旱魃最早的传说和蚩尤有关系，蚩尤和黄帝大战。黄帝派天女魃参战，魃身穿青衣，能发出极强的光和热。她来到阵前施展神力，风雨迷雾顿时消散，黄帝终于擒杀了蚩尤。应龙和魃建立了奇勋，但也丧失了神力，再也不能回到天上。应龙留在人间的南方，从此南方多水多雨，女魃留居北方。

宋神宗熙宁七年（1074）前后，一场大旱灾袭击了密州、沂州等地，随后引发了铺天盖地的蝗灾。苏东坡在往山东密州赴任的路上，他回想起来了，几个月前杭州各个属县也爆发蝗灾，当时的蝗虫厚如乌云，一波一波正是从西北方向飞来，似乎西北有一个蝗虫的大本营！他曾经这样记录：“见飞蝗自西北来，声乱浙江之涛，上翳日月，下掩草木，遇其所落，弥望萧然。”苏东坡所见的自西北方飞来的蝗虫，正是当时汴京以东一带（包括今山东的大部分及江苏北部一带）蝗灾的余波。

苏东坡进入密州境内时，就看到田间道左上，男女老少三五成群在奔忙不已，奋力捕杀蝗虫。他停下来仔细观察，发现村民用杂草将死掉的蝗虫包裹起来，挖地深埋。捕杀的场景一直绵延二百里地，垒垒蝗虫坟不可胜数。

苏东坡一到达密州府上，着手调查蝗灾、旱灾情况。这一年密州的秋旱特别严重，从夏至秋滴雨不落，秋小麦无法下种；等到十月十三日一场不大的雨降临时，已经错过了小麦播种的季节，即使勉强种下，麦苗也无法生长啊。由此可以推断，明年春夏之际，将面临严重的饥荒。他注意到一个惊人的数字：当地捕杀蝗虫已有三万斛了。这是什么概念呢？宋朝时一斛为五斗，一斗就是十五斤啊。但飞蝗来势太大，简直杀不胜杀。

他拜访老农，研究剿灭蝗虫之法，终于懂得了蝗、旱二灾发生、发展相互依存的关系。于是大力倡导“秉畀炎火”（火烧）、“荷锄散掘”（泥埋），利用下雨土质湿润松软的有利时机，深埋蝗子，根绝后患。他大力鼓励百姓积极灭蝗除卵，还可以肥田，一举两得。

到任后的一个月左右，东坡上《上韩丞相论灾伤手实书》和《论河北京东盗贼状》奏折，报告蝗灾的严重情形，对其前任的一些官员欺上瞒下的说法进行了批驳，比如，当地官吏认为蝗虫未构成大的灾害，有的甚至发出了“蝗虫飞来，能为民除草”的大谬之论。东坡请求朝廷豁免赋税或暂停收青苗钱，否则，“饥羸之民，索之于沟壑”，而“寇攘为患”“势必不止”。

但东坡内心充满了愤懑。他相信“头顶三尺有神明”，自古以来，连年冬天不下雪，夏天蝗虫必过境，这是被视为“天罚”的征兆。他进而认为蝗虫之所以这么多，都是王安石推进的新法给闹的，他在给弟弟苏辙的诗中说：“新法清平那有此，老身穷苦自招渠。”他的老朋友孔武仲对蝗灾抱有深仇大恨，认为比蝗灾更严重的就是眼下推行的新法。蝗灾还有消尽的时候，而且只有部分地区受灾，但是“新法”流布全国，看不到尽头，其危害比蝗灾严重多了。

不少人均有这样的“新法引发天灾”的认同，旧党中的官员，尤其是每天要去田野捕蝗虫的官员，就借机上书神宗皇帝，要他赶紧向老天爷认错，废止新法。但以王安石为首的新党，认为这世间事与老天爷没有任何关系，具体问题具体分析。他们更愿意相信雨多、雪多才是消除蝗灾的关键，捕杀蝗虫卵才是当前最重要的工作。所以雨和雪变得弥足珍贵，它们关系到老百姓的粮食，也关系到新法的顺利推行。

由此可见，雨雪是否降临，已成博弈天平的指针。

就在这时，京城开封飘起了纷纷扬扬的雪花。新派官员蔡卞欣喜若狂，岂止是“瑞雪兆丰年”！这一场雪，对于新派改革生死攸关。蔡卞是王安石的女婿，他从王安石学，得安石学术、议论非常多。因此，蔡卞就连升三级，成了中书舍人……现在书《雪意帖》，记录了这场大雪对于嗷嗷待哺的黎民百姓、对于矛盾四起的朝政，均有深远意义。

问题在于，京城的雪，是否可以挽救鲁北大地？

不能！

为了说服丞相，苏东坡动之以情：像我这样守在边远地区的一个小官，都不值得朝廷杀我的头，如果飞蝗根本没有造成灾害，我怎么敢拿这事欺骗朝廷呢？如果您再不相信我所说的，还要反反复复地考察验证，而丧失了救民最佳时机，那么等到朝廷来人察访饥民时，恐怕只能到山谷间找到被抛弃的尸体了……

东坡甚至深感后悔，为什么当初要自请移守密州，这样的心态在《次韵刘贡父李公择见寄二首》（其二）中呈露无余：

何人劝我此间来，弦管生衣甑有埃。
绿蚁濡唇无百斛，蝗虫扑面已三回。
磨刀入谷追穷寇，洒涕循城拾弃孩。
为郡鲜欢君莫叹，犹胜尘土走章台。

治理蝗虫过程中，东坡还是发现了一个可喜自然现象：“县前已窖八千斛，更看蚕妇过初眠。”因为“蚕一眠，则蝗不复生矣”。

来到密州的第一个春节就在这样郁闷的心境中默默度过了，好不容易盼来了上元节，本以为可以热闹一番的东坡再次深深地失望，对杭州的思念，突然如钱塘江潮水般涌来，他的《蝶恋花·密州上元》说：

灯火钱塘三五夜，明月如霜，照见人如画。帐底吹笙香吐麝，更无一点尘随马。

寂寞山城人老也！击鼓吹箫，却入农桑社。火冷灯稀霜露下，昏昏雪意云垂野。

这“昏昏雪意”，延宕到第二年的四月，干旱和蝗灾不但没有减弱，反而愈发严重了。东坡不能束手就擒，他沐浴焚香，素食斋戒，两次登临境内有名的常山，虔诚祈祷。据《唐十道四蕃志》记载：“密州常山，齐时祈雨常应，因以为名。”苏轼两次率吏民群众登常山祈雨救旱，果然得雨。苏轼又发现常山“庙门之西南十五步，有泉汪洋折旋如车轮，清凉滑甘，冬夏若一……乃琢石为井，其深七尺，广三之二”，此乃雩泉，东坡又为百姓寻到了水源，使抗旱救灾取得进一步实效。

而这二次祈雨，与他在凤翔府登太白山祈雨一样，天降甘露。苏轼欣喜若狂，他写《次韵章传道喜雨（祷常山而得）》：

山中归时风色变，中路已觉商羊舞。
夜窗骚骚闹松竹，朝畦泫泫流膏乳。
从来蝗旱必相资，此事吾闻老农语。
庶将积润扫遗孽，收拾丰岁还明主。

东坡送瓜

旱情仍在持续，灾荒深入到每一个家庭，密州百姓简直无法承受了，实在没有吃的，有人把自己的婴孩扔掉。苏轼发现了不少弃婴，这简直是人间惨剧啊！

他立即下令：务必收养弃婴。仅仅几天时间，州府中就收养了近四十名弃婴。他四处筹措了几百石粮食，规定单独储存，专门用作收养弃儿的费用，让这些民间的善良人家至少要把婴儿养到一岁。他不仅策划组织了这件事，而且自己也“洒涕循城拾弃孩”。人们受到感召，一年之后，收养的孩子们已经成长起来，负责哺养的人家和孩子的父母都产生了亲情，便不怕没人收养了。这一举措，在密州救活了几千个孩子。后来，苏轼多次向同行介绍这一经验。后人总结社会救助制度，认为苏轼创办了中国历史上第一家“孤儿院”。

苏轼曾回顾密州的经历说：“今虽在外，事有关于安危而非职之所忧者，犹当尽力争之，而况其事关本职而忧及生民者乎？”意思是，我的分内之事肯定要做好，但收养弃婴的分外之事也要管。由此可见，苏轼一生在政治上的信念和理想是：忠君、报国、爱民。三方面不可分割，而爱民就是核心。

一天苏轼到密州城外散步，黄昏回城正遇下雨。他见路旁有人家，柴门没掩，就听见屋里有人声，是一对夫妻在逗弄小孩。男的问孩子亲谁，孩子说亲爹。女的问孩子亲谁，他说亲娘。问他怎么个回敬，他说：“我长大了买瓜给您吃。”

父母又问：“要是没钱买呢？”小孩说：“没钱买，我就去偷！”夫妻呵呵大笑，夸赞说：“真能干！”苏轼听到这儿扭头就走。

第二天苏轼吩咐衙役把那家的男人传来，他指着一根木棒说：“你用它给我编一个粪篮子圈！”男人苦笑道：“苏大人，木棒不能曲成粪篮子圈，要用树条儿。”

“对啊，木已成型自然曲不动了。”苏轼接着问，“那么小孩在成长，是属木棒呢，还是属树条儿？”

“孩子稚嫩啊，自然是树条儿。”

“小孩儿既属树条儿的，就该扶直，往正路上引。您怎么还怂恿他去偷瓜？”苏轼索性把昨晚听窗的事和盘托出。男人是条汉子，反而争辩：“大人，咱们乡间有一个老规矩，就是正派人不听墙根。大人，您怎么……”

东坡有些不高兴了，把惊堂木一拍！

男人见势不妙，赶忙叩头苦苦求饶，方免除责打。

男子回到家，因为受了惊吓，躺在床头休息。不久就听见柴门外有人打招呼：“可以进来吗？”

男子抬头一瞧，见是苏大老爷带着一个衙役而来，忙出屋迎接。东坡进屋，见那个小孩怯生生地望着他，从衙役的背囊里拿出一个甜瓜，递给小孩儿，说："吃吧。记住，长大了可别去偷瓜……"

苏轼送去的岂止是瓜，而是做人的基本准则。

熙宁九年（1076）年底苏轼调离密州，他希望接任的知州孔宗翰让百姓过上好生活，并一再嘱咐："秋禾不满眼，宿麦种亦稀。永愧此邦人，芒刺在肤肌……何以累君子？十万贫与羸。"

苏轼离别密州时百姓们前来送行，遮道哭泣，洒泪相别。密州百姓绘东坡像立于城西的彭氏园中，春秋二季前往拜谒，这也成为当地"寿苏会"的肇始。

一〇八五年十月，东坡赴登州任太守途中路经密州，小住几日。知州霍翔在超然台上设宴款待他，当地百姓听说后，都来看望东坡。"重来父老喜我在，扶挈老幼相遮攀"，尤其那些曾被苏东坡收养的弃儿及其养父母，都相继赶往州衙拜谢救命恩人，"当时襁褓皆七尺，而我安得留朱颜"，"山中儿童拍手笑，问我西去何时还？"一问一答，其乐融融，场面极为感人！

射虎的豪放词

有个妇人白天把两个小孩放在沙滩上，而自己去河边洗衣服，老虎从山上跑下来，妇人慌忙地潜入水里来躲避老虎。两个小孩子依然如故地在沙滩上玩耍……

老虎仔细看了很久，甚至用头来触碰两个小孩子，希望其中一个能够感到害怕，可是小孩子很天真，竟然不知道害怕。老虎也终于离开了。

估计老虎吃人，必定先对人施加威风，但是对于不害怕的人，老虎的威风不就没有施展的地方了吗？

这是《书孟德传后》的大致意思，是东坡根据苏辙的散文《孟德传》而写。老虎、老虎！现在东坡真的要与比老虎更凶猛的物种打交道了。

初冬的山东大地，一片萧条，到处都是光秃秃的，了无生机，寒冷如影随形，令人瑟瑟发抖，在旅途劳顿之中，苏轼在途中竟遇到了一群骑马的土匪，但见他们提着翅膀乱抖的鸡鸭，拎着大包小包，马车里还有女子的啼哭声，很快消失在望不到尽头的路上。

苏轼询问前来接他的密州通判刘庭式，为什么密州的土匪如此猖狂。刘庭式不住叹息：一言难尽啊。这群匪徒的头目叫何四两，他们打砸店铺，抢夺财产，侮辱妇女，老百姓每天过的都是胆战心惊的日子。苏轼虽不语，但已决心一定铲除这帮匪徒。

匪巢在哪里？这成了一个难题。被掠走女子的丈夫名叫孟元，他告诉东坡一个线索，匪巢可能在常山深山里的一座山神庙。东坡把认识的老猎户余七请到密州府上，余七对那一带比较熟悉。东坡在老猎户的帮助下，做好抓捕匪徒的准备工作。

老猎户余七常年在山中穿行，东坡向他悉心请教，包括如何射猎野兔，如何骑马射箭，还有怎样驯鹰。老鹰的野性非常大，可以几天不吃食，余七自有一套方法驯服它们。他将老鹰关在漆黑的屋子里，不透出一点光亮，只点着一盏忽明忽暗的小油灯，目的是让老鹰日夜不能合眼。

苏轼随余七一起到山野狩猎，他右手臂上有一只被驯服的老鹰，肩上背着一张弩弓，左手牵着一只大黄狗，悄悄地为一举消灭匪徒做着准备。那些官员们见苏轼整日狩猎，私下议论他不务正业，苏轼笑笑而已。他的很多苦闷，不足与外人说，只能自行排遣。北宋前期，整个词坛沉浸在低回、纤细、粉色迷离的抒情中。苏轼置身北国高天，他那深沉辽阔的情思，自然而然一泻千里。熙宁八年（1075）寒冬时节，苏轼在密州写出了最早的一首豪放词《江城子·密州出猎》：

老夫聊发少年狂，左牵黄，右擎苍，锦帽貂裘，千骑卷平冈。为报倾城随太守，亲射虎，看孙郎。

酒酣胸胆尚开张。鬓微霜，又何妨！持节云中，何日遣冯唐？会挽雕弓如满月，西北望，射天狼。

上阕“老夫聊发少年狂，左牵黄，右擎苍，锦帽貂裘，千骑卷平冈。为报倾城随太守，亲射虎，看孙郎”，东坡是说，我姑且抒发一下少年的豪情壮志，左手牵着黄犬，右臂托起苍鹰。诗人再写，我头戴华丽的帽子，身穿貂裘的衣服，带领着抓捕匪徒的队伍席卷山冈。为报答全城人随我一同出来狩猎，我要学习孙权，亲自射杀猛虎。

东坡在下阕写道，淋漓酣畅的沉醉，让我胸襟更开阔，胆气更为勇敢，尽管两鬓已微微泛白，但又有什么关系！“持节云中”中持节指奉朝廷之命的使节，云中指的是汉时的郡名。诗人说，什么时候皇帝派人下来，就像当年汉文帝派遣冯唐到云中赦免魏尚，对我重新予以信任，那时我会拉雕弓似满月一般，瞄准西北方向，射击侵犯之敌。

《江城子·密州出猎》是苏轼作品分量非常重的一篇，它不仅仅是一首高度现实主义的记录游猎之词，更是东坡亲手抓捕匪徒为民除害的热血之作。一个无所畏惧的挽弓射箭的壮志男儿的英雄气概，力透纸背。作品豪迈旷达，别开生面，千年之后读到这首词，依然可以感受到作者立志保家卫国的沸腾热血和激情四溢的豪迈勇气。可以看作北宋军民对外敌的强力回应，发出了黄钟大吕之声。

东坡兄弟幼年时节，父母对他们讲到过孔子的“射礼”。射箭是古代传统的武功，也是评判君子之德高低的重要标准。古代认为射箭有五种好处，一是让自己的志向不跑偏，身体协调；二是容貌和仪态和谐；三是保持射中目标；四是和雅、颂协调一致；五是培养君子的严谨之态。孔子特别提倡礼、乐、射、御、书、数，礼、乐、书、数这四项的重要性自不待言，尤其是射，孔子箭术有多高超呢？《礼记·射义》记载，“孔子射于矍相之圃，盖观者如堵墙。”意思是说，观看孔子射箭的人围成一堵墙！可见孔子射箭水平之高，要是拙劣，不会有那么多人去看热闹。

有趣的是，东坡到底箭术如何呢？

嘉祐六年（1061）年底，东坡来到了人生仕途第一站：担任陕西凤翔签判。公务之后的闲暇，血气方刚的东坡对射箭产生了浓厚兴趣，这与当时北宋所面临的边境形势有关。北宋重文轻武，国力渐弱，边境烽烟四起，只能不断赔金、屈辱求和。东坡在这段时期学习射箭，渴望文武兼备。他写信告诉苏辙，自己射箭的成绩：“官箭十二把，吾能十一把耳。”意思是自己练习箭术后，十二把箭能射中十一把！接到弟弟回信后，他意犹未尽，写下《次韵和子由闻予善射》：“穿杨自笑非猿臂，射隼长思逐马军。”自己射术甚佳，几乎百步穿杨，只是膂力差了些。一个渴望驰骋疆场的“爱国诗人”形象，呼之欲出！而经过这段时间的专心操练，东坡也有不少“文武打通”的心得：“共怪书生能破的，也如骁将解论文……观汝长身最堪学，定如髯羽便超群。”意思是感慨同僚对自己善射的赞叹和惊奇，指出无论是书生还是将军都应当文武兼修，也存有对北宋重文轻武的善意批评，体现了强烈的报国情怀。文末，还没忘记“调侃”弟弟，你长得比我高大，学习射箭肯定比我更出色。由此看来，苏洵“颇好言兵”的习惯，无疑也影响了两个儿子。

按照苏辙诗《闻子瞻习射》所载，东坡“力薄仅能胜五斗，才高应自敌三军”。虽然不至于过于较真，但大致可以推测出东坡的膂力较弱。北宋一石为十斗约等于九十二点五市斤，一宋斤按零点六三公斤来计算，那么东坡所拉之大约为六十五磅。对比同时代士兵使用的一石三斗弓，连一半都达不到，实属于力弱。东坡体力不够，但智力超群，“良家六郡传真法，马上今谁最出群”，苏辙自然明白，哥哥胜在指挥才能方面。

超然台上的明月

东坡的杀虎之举声震四野，但刚刚收复的自信心，迅疾就被内心的忧伤所覆盖了。

有时，他只能写信给弟弟大倒苦水，他感叹：“子由啊，你看我也当了这么多年的官，怎么日子越过越穷啊！”为排遣忧愁，他只能在哲学家庄子的神游思想中，去领略超然的境界……

诸城西北台下巷城墙上，有一座古意盎然的“废台”。

东坡《超然台记》里有这样一段话：“处之期年，而貌加丰，发之白者，日以反黑。予既乐其风俗之淳，而其吏民亦安予之拙也。于是治其园圃，洁其庭宇，伐安丘、高密之木以修补破败，为苟全之计……”这就说明，苏东坡修葺超然台绝不仅是为了一己游乐，而是为“修补破败”。刚到密州的东坡曾写下《雪后书北台壁二首》，其中就有“试扫北台看马耳，未随埋没有双尖”的句子。这就是说，在他来之前，北台就是城墙上的赏景之处。

东坡予以“增葺之”。至少吧，东坡可以与同僚览其山川，增加一点繁忙公务之余的乐趣。熙宁八年（1075）十一月，台成。东坡写信告诉子由，子由依据《老子》“虽有荣观，燕处超然”之意，命名曰“超然”，并作《超然台赋》予以赞咏。超然，即超脱尘世、乐天知命的意思，弟弟也暗示哥哥，希望他彻底摆脱一度排遣不了的种种羁绊。这引发了东坡《超然台记》的横空出世，成为千古名篇。有人赞说：“若无子由明兄意，神州哪得超然台。优游物外迪心智，诸城至今寻旧台。”诚哉斯言！

《超然台记》里叙述了自己的生命状态，其实并非“不乐”。证据是：东坡在密州“处之期年，而貌加丰，发之白者，日以反黑”。密州真的成了东坡返老还童的福地吗？倒也未必，这是他的反讽策略，他不能被人从中找到“腹诽”朝政的明证。所以，他一再强调：“以见余之无所往而不乐者，盖游于物之外也。”而且，这个“物外”，是心系民瘼之余，放弃生活中的一切争斗，不为世俗物欲所累。

他的认识非常清醒：“人之所欲无穷，而物之可以足吾欲者有尽。美恶之辨战乎中，而去取之择交乎前，则可乐者常少，而可悲者常多。”在如此“赢少输多”的博弈之下，他豁然开悟了，那就不再博弈，可否？！

也就是说，东坡采取的是双轨制：介入现实与超然物外并行不悖：满腔热忱介入现实，清心寡欲超然物外——这是东坡密州时期现实与思想的双刃剑。

超然，是超出尘世之意。是一种人生态度，是一种对生理需要、情感需求、功名利禄和尘世欢乐保持一定距离的态度。实事求是地说，密州时期苏东坡的文学创作出现了明显转变，他的文学救赎、他的责任担当、他的心灵寄放，均得到了前所未有的厘清。

他找到了寄身天地、接通历史血脉之河的要津。

一天，苏轼闷闷不乐地在书房踱步，三岁的幼子苏过跑进来，嘻嘻哈哈拉住爸爸要陪他玩。平时东坡爱跟孩子们开玩笑，可是今天心绪不宁，忍不住吼了一声，把苏过吓得大哭起来……妻子王闰之闻声进来把孩子抱走，回来劝丈夫："我看你呀，比两三岁的孩子还要傻呢。整天愁眉苦脸有什么用？来，喝杯酒，放宽心吧。"苏轼是何等聪明之人，妻子一番话，惊醒梦中人。愁眉苦脸有什么用呢？忧愁更不能当饭吃！眼下，蝗旱之灾不会因忧愁而减轻，种种不如意也不会因忧愁而迎刃而解，自己为什么就参不透这么简单的道理？

他必须放下。

林语堂《苏东坡传》里有绝妙概括："人生最长也不过三万六千日，但是那已然够长了；即使他追寻长生不死的仙丹妙药终成泡影，人生的每一刹那，只要连绵不断，也就美好可喜了。他的肉体虽然会死，他的精神在下一辈子，则可成为天空的星、地上的河，可以闪亮照明，可以滋润营养，因而维持众生万物。这一生，他只是永恒在刹那间显现的一个微粒，他究竟是哪一个微粒，又何关乎重要？所以生命毕竟是不朽的、美好的，所以他尽情享受人生。这就是这位旷古奇才乐天派的奥秘的一面。"

兄弟灵犀相通，那自然是希望登台的人们，登高四望，置身于忧愁之上，企望自己能超然于欲望之外，知足常乐。

知足。知足。

窗外的知了，为什么一直响个不停，铁锅炒沙子的声音，是时间的永动机在提示什么？那只要不是忧烦的步履声，就比一切都好！

夜里，恍惚的垂柳枝，用最柔弱的细叶拂动水面，将蛰伏的暑气唤起。但水上的夜色并不急于回到天上，它们继续平躺着，像一个半醒的梦，让微光与水浪从头顶越过，就仿佛自己的手刚刚放下毛笔，从朝云的长发穿过！

窗外的世界，看起来就是一泓波澜不兴的墨汁。墨汁什么都可以承载，唯独不会承载自己。以墨显墨，不成立啊。

知足。知足吧。

熙宁九年（1076）的中秋佳节，皓月当空，银光泻地，菊花游走在浮荡的银箔上，步步生韵，恍若仙佛镜像。

苏轼登临超然台，他对着一轮明月，抚琴、赏花，通宵痛饮。大醉之后，遥望齐州九点烟，一泓海水杯中泻。

南宋朱弁《曲洧旧闻》载："中秋玩月，不知起于何时。考古人赋诗，则始于杜子美。而戎昱《登楼望月》，冷朝阳《与空上人宿华严寺对月》，陈羽《鉴湖望月》，张南史《和崔中丞望月》，武元衡《锦楼望月》，皆在中秋。则自杜子美以后，班班形于篇什，前乎杜子，想已然也，第以赋咏不著见于世耳……按《艺文类聚·岁时部》无中秋。而中秋赏月之见于记载者，《唐逸史》载罗公远开元中秋夜侍玄宗于宫中玩月，《天宝遗事》载苏颋与李乂八月十五夜于禁中直宿玩月。然则中秋玩月盛于开元以后乎？"

从这个记载而言，东坡赏月，似乎并未进入朱弁的寓目。

他想起了七年未能晤面的弟弟，东坡曾以扬州土产送给子由，东坡自谦"且同千里送鹅毛"。现在呢，密州没有什么东西可以寄送到济南那里了。好在兄弟同在一片月光下，那就送一片月光！既是眉州的月光，也是亡者与未亡者的月光。而且，月光注定要为每一个微笑镀银，月光会照彻历史的骨头，发出磷火。

他挥笔写出了一首足与星月同辉的杰作——《水调歌头·丙辰中秋》：

明月几时有？把酒问青天。不知天上宫阙，今夕是何年？我欲乘风归去，又恐琼楼玉宇，高处不胜寒。起舞弄清影，何似在人间？

转朱阁，低绮户，照无眠。不应有恨，何事长向别时圆？人有悲欢离合，月有阴晴圆缺，此事古难全。但愿人长久，千里共婵娟。

青壮时代的“狂”与“野性”，在这里早随风而去了。

可是，很多人忽略了词里昭示出来的苦闷，那种“进亦忧，退亦忧”、进退失据的苦闷。

东坡的诗词流自于内心，他较少引经据典，那宛如岷江之水直冲霄汉的情怀，撞击着历代读者的心弦：“但愿人长久，千里共婵娟。”巡望宇宙人间，仕途浮沉不足虑，得失荣辱不足念。最需要加意呵护的就是一个人如同白驹过隙、与大自然相通的生命。人生的祝愿说一千道一万就集于：但愿人长久。只要相知相思的人，能够平安生活，那么娟丽的月华就会无限辉煌，生活就会因此而充满希望。

可以想象，飘荡在月光下，东坡快浮起来了。超然台上，天空铺满了的月华，就像挥之不去的乡愁。谁都可以走进中秋时节这动人的一幕：山巅举起了湖泊，让平静的水融化在月光中，像一个大梦。酒杯则在月光的注视下，变成了琥珀。这就像一棵大树不断向湖水派发的树叶，树叶转身，树叶眷恋大树。

不同时代的人朗诵着东坡的词句，思绪已飞越了时间与空间。那些词句融入一束束烛光，融入一波一波的流水，也把明月融入了每个人不同的生活。月光笼罩村庄和城市，笼罩大地与山峦，笼罩着人间的欢喜和悲哀，但明月坦然而沉默，不动声色。数不清的月缺月圆，数不清的多愁善感，古往今来人们每逢佳节倍思亲，就是渴望融进那轮明月，明月如同一面镜子，也必将把同一轮圆月下彼此的思念、彼此的牵挂分赠给对方。人的生命因为月光而获得皎洁。

面对东坡笔下旷放的辞章，难怪后人会说：“中秋词自东坡《水调歌头》一出，余词尽废。”评价非常之高。它与《江城子·密州出猎》等词联袂而起，开启了豪放词的健雄罡风。而当时社会流行的词，不过是供市井消闲的柔美歌曲而已，至多只能展现私人生活和个性狭窄的侧面，低吟浅唱，属于佐酒的产物。谁有苏东坡这种豪迈气象，以及敏锐的生命反思和对感情的倾注？

前面提到东坡初到密州正逢大旱，并伴随严重的蝗灾与匪盗。在他精心治理下，到了一〇七六年春天，密州的情况已大有改观，东坡心情大好，登上超然台，看到密州的景色，他突然觉得，这里的春色，有一种人间的温情，氤氲一般从柳林间升腾……他写下了《望江南·超然台作》，俨然是一幅描写人文市井的画卷：

春未老，风细柳斜斜。试上超然台上看，半壕春水一城花。烟雨暗千家。

寒食后，酒醒却咨嗟。休对故人思故国，且将新火试新茶。诗酒趁年华。

这首词以潇洒清丽的文笔勾勒出了密州城无边的春色。这花木扶疏的春柳春水，固然引起了苏东坡不尽的故园之情，他却又能从这种思乡情切中超然出来，“且将新火试新茶”，在酌酒吟诗中领略大好春光。然而细细品味，我们又分明能感到那种“才下眉头，却上心头”的乡愁，却是更为深切了。

苏轼在密州，还作有《和鲁人孔周翰题诗二首并引》。“又其后五年中秋，轼与客饮于超然台上。”这是苏轼自己留下的超然台上雅集的直接证据。

《江城子》则展现诗人在超然台上，南望马耳山回首往事的心境：

前瞻马耳九仙山，碧连天，晚云闲。城上高台，真个是超然。莫使匆匆云雨散，今夜里，月婵娟。

小溪鸥鹭静联拳，去翩翩，点轻烟。人事凄凉，回首便他年。莫忘使君歌笑处，垂柳下，矮槐前。

“我本不违世，而世与我殊。”如今江山依旧，在出世与入世之间，他的确难以抵达清静无为、独善其身之境，是故进亦难、退亦难。这就是东坡“真个是超然”的尴尬世界……

夜声与天籁

一〇七八年，东坡在徐州，送老朋友郑彦能回大名府，写诗《送郑户曹》（郑彦能曾任大名府户曹参军），我读到其中“河从百步响，山到九里回。山水自相激，夜声转风雷”之句，这里的“夜声”一词让我久不成寐……

现在肯定没有万籁俱寂的空间，无论是置身市区还是山林。在我的少年时代，一来到大一些的城市，晚上兴奋得难以入睡，细听窗外的动静，车声、喇叭声、敲打声、锅炉启动的声音、来历不明的散架声，配合阑珊的灯火把夜空漂出水红色，往往都会视之为繁华的象征。

想起“市声”一词，应该出自北宋诗人苏舜钦与其兄苏舜元作《地动联句》：“坐骇市声死，立怖人足踦。”很显然，苏舜钦兄弟经历了一场冬季的地震，不然就不会说“念此大灾患，必由政瑕疵”，这是指天圣七年（1029）的京师地震。此处的“市声”，的确是充满烟火气的人间声音，却被地震生生熄灭了。

每每目睹火树银花的城市，总会感到有一种巨大的、漫无边际的声音萦萦而起，与夜雾一起在楼群间扩展，呈现一种“哈哈哈……”的声音，不像风，也不类似于雨，开窗即来，关窗即无，有点近似于一根恒久漏气的管子。

这是夜声吗？

其实人们听到的并非夜声，而是街市或市场的喧闹声，乃是滚滚红尘的声音。

钱锺书在《一个偏见》里指出：“寂静并非是声响全无。声响全无是死，不是静；所以但丁说，在地狱里，连太阳都是静悄悄的。寂静可以说是听觉方面的透明状态，正好像空明可以说是视觉方面的静穆。寂静能使人听见平常所听不到的声息，使道德家听见了良心的微语，使诗人们听见了暮色移动的潜息或青草萌芽的幽响。你愈听得见喧闹，你愈听不清声音。惟其人类如此善闹，所以人类相聚而寂不作声，反欠自然。例如开会前的五分钟静默，又如亲人好友，久别重逢，执手无言。这种寂静像怀着胎，充满了未发出的声音的隐动……”①

“隐动”一词，多么神妙！

北宋诗人、画家文同长期生活于山野，写过《林居》《野居》等大量野趣之作。公元一〇七一年，他知陵州（今四川省眉山市仁寿县）期间，恰好写有《夜声》一诗：

秋风动衰草，摵摵响夜月。
其下有鸣蛩，到晓啼不歇。
乃知摇落时，众籁自感发。
安得苦吟人，不能为一吷？

在月夜他听到了龙泉山脉一线的风声、草声、蛩声，乃至枯叶飞舞之声。“摵摵”是象声词，形容叶片簌簌掉落的声音。这些从声音可以联想到的大自然起伏，直到天亮也是响个不停。这是冬季，万籁相互感应，生命天道轮回，汇聚而成的大自然之声。其实，这才是真正意义上的夜声。只是在万籁之外，那个苦吟的诗人，却无法发出一声叹气去加入自然的鸣唱。

文同是否如聆天籁？

夜声与天籁，似乎又有不同。

东坡的诗句“天籁远兼流水韵，云璈常听步虚声”，仔细分辨，觉得他对庄子哲学，有独到体悟。

什么是天籁？《逍遥游》说：“夫吹万不同，而使其自己也，咸其自取，怒者其谁邪？”风刮遇来，万物之气势是“吹”出来的，“吹”

---

① 钱锺书：《写在人生边上》，福建人民出版社 1983 年版，第 38 页。

的味道无穷。庄子于是起了一个名词叫作“吹万”。这样看来，天籁既可具体化，但也似乎不会过于靠近，过于具体地翘起嘴喙，奋力一“吹”。毕竟“人籁”可称为丝竹箫笛之声，“地籁”可称为“众窍”之声。声音之所以千差万别，乃是由于各个的自然形态所致，但是，主宰它们发出声音的是谁?

是风吗?

在林林总总的声音汇聚里，前后、大小的声音鳞次栉比，互相呼应。一旦狂风吹过去以后，一切孔窍都恢复平静，空寂无声。只有小草还在轻轻摇摆……

天籁介于有声和无声、有心与无心之间。天籁为什么是无声的呢?因为它是自然本来之力，不赋予具体之物上就无法显出声音。就是说，天籁固然有，但因外物而起。

人籁气吹，地籁风吹，天籁自取。所以说，天籁无声，物和人如果归于自性，那么就是听到天籁了。

所以钱锺书认为:“人籁是寂静的致命伤，天籁是能和寂静溶为一片的。风声涛声之于寂静，正如风之于空气，涛之于海水，是一是二。”

我们明白了天籁无声，也就不难理喻“大爱不宣”“大音希声”了。

再反过来看，文同在龙泉山的季候里，再次心证了《庄子》的至高哲学。当然，他通过竹林的喧哗，肯定听到了天籁加诸人籁、地籁的另外一种声音。

这是“于无声处听惊雷”吗?似乎不是，古典的耳朵里臆想的应是缥缈的箫声。

学习东坡这首《水调歌头·黄州快哉亭赠张偓佺》:

> 落日绣帘卷，亭下水连空。知君为我新作，窗户湿青红。长记平山堂上，敧枕江南烟雨，杳杳没孤鸿。认得醉翁语，山色有无中。
>
> 一千顷，都镜净，倒碧峰。忽然浪起，掀舞一叶白头翁。堪笑兰台公子，未解庄生天籁，刚道有雌雄。一点浩然气，千

里快哉风。

欧阳修于庆历八年（1048）知扬州时建立了平山堂，东坡曾经四过平山堂，此处联结着他对恩师的崇敬深情。当年十月，东坡在平山堂挥毫，东坡的好友张嘉甫日后对人描述那一盛况："时红妆成轮，名士堵立，看其落笔置墨，目送万里，殆欲仙去耳。"

张偓佺就是张怀民，那位陪着东坡去承天寺夜游的人。苏轼给张怀民的亭子命名，叫"快哉"，这两个字出自宋玉的《风赋》。兰台公子宋玉所说的"大王之雄风"与"庶人之雌风"，大王的风是由香草吹入宫殿，百姓的风是吹到破房子里，容易让人生病。宋玉的本意，应是悲天悯人，同情百姓的疾苦。他认为"雄风"才属于天籁。尽管他歌颂权力至如此地步，其实是承袭了庄子对风进行分类的描写法。但实际上，宋玉是强调"物不齐"的极端之态。而东坡否定了宋玉的看法，提出了自己的"天籁观"，他把认识的焦点从"风"拉回到了"人"身上，回归主体。在东坡看来，宋玉不懂得庄子所说的天籁对任何人都是一样的，人无论在什么样的处境下，不管贫困还是富有，不论百姓还是君主，惟江上之清风，与山间之明月，耳得之而为声，目遇之而成色。"一旦处在体道的精神愉悦之中，便能不为外物所累，顺物自然，就可以臻于'逍遥'之境。由此可知，与之相对的，处于这种境界之时，主体所发之声，便是东坡心目中的天籁之音。"①

这就是说，东坡认为"天籁"是有声的。一点浩然气，千里快哉风。

至于宋代李曾伯《满江红（再和）》却这样说："天籁无声随物应，阳春有脚从中入。"

现在我面临的情况，是有人在醉意深沉的马路上唱歌，声音嘶哑，偶尔插入了一声白鹭的干嚎。鹭鸟在锦江亮翅，路灯下白若餐巾纸。

有声的天籁，无声的天籁，都好！

---

① 江梅玲：《〈水调歌头·黄州快哉亭赠张偓佺〉一词中的"老翁形象"》，《乐山师院学报》2019年第7期。

此心安处是吾乡

元丰六年（1083），受到“乌台诗案”牵连的王巩（1048—约1117），终于从偏远的岭南得以北归了。

遥想当年，御史舒亶向皇帝提交了一个小报告：“苏轼与王巩交往密切，沆瀣一气，有事没事就聚在一起吃喝玩乐。还经常泄露朝廷机密，说皇帝您老人家的坏话。”王巩，字定国，当时担任秘书省正字（校正书籍中错误的官员），不久便被贬到宾州（今广西壮族自治区宾阳县）去监督盐酒税务。在“乌台诗案”被牵连的二十多位官员中，王巩是被贬得最远、责罚最重的……这使苏东坡很感内疚，说：“兹行我累君，乃反得安宅。”王巩被开封府差役押往宾州之前，苏东坡去看望他，还作了送别酬唱《次韵和王巩六首》。王巩在宾州期间，苏东坡还给他写过很多书信，一再表示王巩因自己而无辜受牵连，感到内疚、难过。为了安慰东坡，王巩在回信中大谈道家长生之术，说自己正在宾州修行。东坡很喜欢广西的丹砂，便从黄州致信对王巩：“桂砂如不难得，致十余两尤佳。”两人互相关心、宽慰，亲密之情溢于言表。苏轼还在《王定国诗集叙》中说：“如今王定国因为我的原因，受到牵连获贬谪到南方临海的地方五年，一个儿子就死在贬所，另一个儿子病死在家中，他自己也几乎病死。我以为他肯定会很怨恨我，不敢和他通信问候……每想到这些，我就觉得心肺之间有汤火芒刺一般难受。”

要知道，王巩的岳父是张方平，那可是“三苏”的大恩人！王巩和东坡在很早就结为好友了。宋神宗熙宁年间（1068—1077）苏东坡任徐州太守期间，王巩去拜访，东坡与之同游泗水、登魋山，吹笛赋诗，赏月饮酒。并在泗水之滨的黄楼设宴款待他，与会者三十多人。东坡总结这次雅聚：“李太白死，世无此乐三百年矣。”

元祐年间，苏轼与王巩在汴京重逢，王巩宴请东坡。此时东坡已恢复太守、中书舍人官职。几年不见，东坡发现，王巩不但没有谪官那种落魄沧桑的容貌，反而面色红润，性情更为豁达，不由得疑惑这五年的长与短：“定国坐坡累谪宾州，瘴烟窟里五年，面如红玉。”可见对于王巩而言，五年贬谪他并非度日如年。王巩气象阔达，诗艺大进，而且著述不绝，这让东坡大为倾折。呵呵，是什么原因使他免于沉沦？

这次朋友劫后重逢，王巩似乎没有成为主角，倒是他的随从美女柔奴，让苏东坡视为名士。

柔奴本是京城有名的歌姬，姓宇文，善弹琵琶，才貌双绝。她父亲曾是御医，后来家道中落，父母双亡。她叔叔起了歹念，将她卖入行院做歌伎，幸得父亲的朋友陈太医搭救，脱离行院，跟陈学医。她悉心研究父亲留下的药方，通过临床实践，医术水平不断提高，基本可以独自行医。王巩被贬至岭南，家奴等鸟兽四散，柔奴毅然陪着他赴汤蹈火。在岭南那晦暗寂寞的几年里，柔奴给予了王巩无限温暖与呵护，当然养生术绝不可少。

苏东坡问柔奴："你觉得岭南的风土人情好不好啊？"

柔奴回避了这个问题，她只是答："此心安处，便是吾乡。"

苏东坡一听，先是一愣，继而大为感动。没想到一个柔弱女子，却具有平定人生恶浪、波澜不惊的定力，给予了苏东坡震惊与启发，这与白居易的诗"大抵心安即是家"殊途同归。当夜苏东坡百感交集，彻夜难眠，写了一阕《定风波·南海归赠王定国侍人寓娘》：

> 常羡人间琢玉郎，天应乞与点酥娘。自作清歌传皓齿，风起，雪飞炎海变清凉。
>
> 万里归来年愈少，微笑，笑时犹带岭梅香。试问岭南应不好，却道，此心安处是吾乡。

"琢玉郎"是指王定国，说他是如同上天以美玉雕琢而成的美男子；"点酥娘"则是指柔奴，说她的肌肤柔滑嫩白有如凝酥一般。俊男配美女，正是老天绝妙的安排。而这位美女不只有娇嫩的外貌，更是玉音婉转的歌女："自作清歌传皓齿，风起，雪飞炎海变清凉。"柔奴的歌声有多美呢？当她轻启朱唇，明亮优美的歌声响起，仿佛清风吹来，雪花飘飞，炎热的地方转眼也变得无比清凉。这段文字既生动地写出了一对令人羡慕的丽人，又点明了柔奴的身份，赞美了她的歌声。看得出，东坡赞美太多了，足以反映出他深重的内疚。

接着，东坡写这对走过困苦岁月归来的才子佳人，更有令人赞叹之处："万里归来年愈少。"东坡在《与王定国书》一文也曾写道："君实（司马光）尝云：王定国瘴烟窟里五年，面如红玉。"可见经历了五年流放，王定国身体仍然很棒。可是黄州五年下来，东坡已自叹衰老，努力地在忧惧的生活中寻找化解之道。可是看看王巩和柔奴，他们在瘴疠之地的岭南生活多年，不但不显老态，反而体态越发年轻，精神越发饱满！眼前的柔奴，微微地笑着，清雅的笑容里仿佛飘散着岭南梅花的香气。

冬雨滴落瓦檐，发出的声响是漏气的那种吔吔之声。而冬雨中的蜡梅花暴吐花香，花影荆棘，总让人想起那种执拗者的坚定情怀。

东坡之前写《定风波》，经过多少思索，而后体悟到"也无风雨也无晴"；而眼前这位柔奴不需要那么多的学问、那么多的反省思考，就只是一往情深，凭着内心的爱选择自己的方向，然后毫不犹疑地向前走去，只要心安，天下何处不是家！

眼前的这位奇女子，真乃"家园天使"！她无怨无悔，心思单纯，反而领悟到了东坡一时还无法勘破的生命智慧。

"此心安处是吾乡"，定静安闲的心是自由的心，属于自由的灵魂，无处不可适，无处不悠然，事事皆可观，物物皆可亲。若然，则现实里的风波将不复带给心灵汹涌的波涛与惊惧，天涯海角，辽阔的天地间皆是自己生命依归之处。这首《定风波》无疑是对柔奴的赞赏，而"此心安处是吾乡"构成了苏东坡毕生渴望抵达的生命境界。

汉语的"吾乡"，其实只有真正的"闲人"才能企及。这与西哲话语里的"返乡"，具有异曲同工的诗思旨意。

一九四三年六月六日，海德格尔为纪念荷尔德林逝世一百周年所作《返乡——致亲人》的演讲中，准确地提出了"家园意识"。他评述了荷尔德林《返乡》一诗："在这里，家园意指这样一个空间，它赋予人一个处所，人唯有在其中才能有'在家'之感，因而才能在其命运的本己要素中存在。这一空间乃由完好无损的大地所赠予，大地为民众设置了他们的历史空间。大地朗照着‘家园’，如此这般朗照着的大地，乃是第一个‘家园’天使。”

中国经历了数千年所未见的剧烈变化，每个人的故乡在楼群与高速公路的进逼下日益变形。出去与归来，成为当代人生活的二重奏。好在人类还有对心灵故地与对灵魂故土的寻求，用海德格尔的话来说，即是对“家园”的探寻。因此，还乡的过程，既是对自己成长岁月的确认，也是对自己人生归宿的一种丈量。

“还乡”就是返回到本源近旁，而唯有具备如此情怀的人方能返回。人们也许长期地作为漫游者承受了漫游的重负，甚至是“骑在牛背上找牛”，但曲折的经历宛如足迹的螺旋，带领觉悟者上升。我们在童年跑过的巷道里，穿过喧嚣的欢娱，还能找到巷道尽头的大路。它通向茫茫天际，带领我们上路……

而这样的上路，也是一种悲壮的“还乡”。

而对很多人来说，还乡不过是永无休止的在车站、码头的中转。如庄子所言：“一尺之棰，日取其半，万世不竭”，一直在无限靠近那个终极地。所以还乡其实是一种过程。故乡就在过程中。我们一直在奋力靠近，故乡却与我们的步伐同步向前延伸，从不停歇的人，就不能彻底抵达与圆成。

此心安处，无论是茫茫天涯，抑或蜗角触蛮与虚名，都该放下了！也如东坡所言：“尘心消尽道心平。江南与塞北，何处不堪行。”

“噫！微斯人，吾谁与归？”

从“白战体”到“白战体写作”

苏东坡一生曾两度到过颍州（今安徽省阜阳市）。

第一次是三十六岁之时，在赴杭州任通判的途中，他假道颍州，去拜谒已在颍州赋闲定居的恩师欧阳修。第二次来，苏东坡以龙图阁学士身份出知颍州，这已经是欧阳修逝世十七年后的事情了。

时光恍如林间飞纵的鸟影。龟裂的大地豁牙咧嘴，吞噬着北风，发出呼呼的气声。当年的旱情一直没有松懈迹象，身为颍州太守，东坡决定要一试身手。

作为一地之官，自古以来祈雨就是官员的应有之义，东坡早年在凤翔府供职时就登太白山祈雨，山神感应，立即以滂沱大雨予以了回报。看到老百姓欢天喜地的样子，第一次祈雨就大获成功，东坡非常感慨！

颍州祈雨的结果，是得了一场雨雪，应该算是天道酬勤，让这位新到任的第一把手显示了“泽惠百姓”的成果。东坡在颍州生活的时间并不长，而有不少诗文均围绕这次祈雨而展开。

多年以来，欧阳修收集了众多碑文，编辑过《集古录》（即《集古录跋尾》）。此书卷十收录有《张龙公碑》，碑文为赵耕撰，内容大体是：张龙公本名张路斯，是颍州本地人，夫人是关州石氏。张路斯原来是一条龙，而且与民间传说龙生九子一样，张路斯有九个龙子，帮着他赶走前来霸占本地龙池的郑龙。地方人士向张龙公祈雨，屡次灵验，为他建了神祠。欧阳修虽然没有表明自己的信仰，却详细记载了地方传说，还说颍州人对张龙公降雨的灵异极为虔诚。显然，苏东坡从老师的文章里知道了张龙公，在《昭灵侯庙碑》里也提到张龙公十分灵验，是地方广为流传的信仰。

在二百三十九字的《颍州祈雨诗帖》里，记其久旱祈雨之事：

> 元祐六年十月，颍州久旱，闻颍上有张龙公神祠，极灵异，乃斋戒遣男迨与州学教授陈履常往祷之。迨亦颇信道教，沐浴斋居而往。明日，当以龙骨至，天色少变。二十六日，会景贶、履常、二欧阳，作诗云：“后夜龙作云，天明雪填渠。梦回闻剥啄，谁呼赵陈予？”景贶拊掌曰：“句法甚新，前此未有此法。”季默曰：“有之。长官请客吏请客，目曰‘主簿、少府、我’。即此语也。”相与笑语。至三更归时，星斗灿然，就枕未几，而雨已鸣檐矣。至朔旦日，作五人者复会于郡斋。既感叹龙公之威德，复喜诗语之不谬。季默欲书之，以为异日一笑。

是日，景贶出迨诗云："吾侪归卧髀骨裂，会友携壶劳行役。"仆笑曰："是男也，好勇过我。"

开篇写"颍州久旱"，颍州百姓遭受干涸之苦、饥荒之危。苏东坡心急如焚，故而一听说颍上有一个叫张龙公的神祠"极灵异"，便立即前往祈雨。祈雨事宜，必须躬亲而为，精诚所至，金石为开，别人是不能代劳的。拳拳爱民为民之心，可见一斑。苏东坡携两三人亲往张龙公祠堂，事后以诗文特记之，这一点《颍州祈雨诗帖》中写得很清楚："遣男迨与州学教授陈履常往祷之"，他没有大肆铺张扬厉此事。

着眼于文章结构，《颍州祈雨诗帖》分为两部分，一是十月二十六日所写，记他听说颍州有张龙公神祠，祈雨很灵验，于是沐浴斋戒后派儿子苏迨与颍州州学教授陈师道（履常）去祈祷。请出庙中所藏的"龙骨"。奇妙的是，天空感应，似乎开始变化了，酝酿一场雨雪。第二部分记录的是两天以后，东坡与赵令畤（字景贶）、陈师道、二欧阳（欧阳修的两个儿子，欧阳棐字叔弼、欧阳辩字季默），一共五人欢聚作诗。苏轼在诗中期望当夜会有雨雪，结果到了十一月的朔日（初一），雨雪就降临了！于是五人再度相聚于郡府，惊叹龙公之灵验。赵令畤还展示苏迨的诗句"吾侪归卧髀骨裂，会友携壶劳行役"，可见为了祈雨，大家精疲力竭，浑身酸痛，真是辛苦万分。但雨雪酬劳了大家，彼此额手称庆，苏轼特别赞扬了儿子苏迨的辛勤贡献。

苏东坡的《颍州祈雨诗帖》不仅是中国书法史上的瑰丽之作，无形中也成为他在颍州这块土地上爱民为民、务实清廉的文墨佐证。身为地方最高行政官员的他，轻车简从、亲经亲为，不摆架子、不讲排场、不搞陪同，实实在在为民办事，解决实际问题，着实彰显了爱民为民、务实清廉之风。

让我们回到元祐六年十一月一日（1091 年 12 月 13 日）。

苏东坡在颍州一处叫"聚星堂"的地方会客宴饮，这是欧阳修知颍州倡建的人文建筑。一早天空飘起了大雪，那分明是他祈雨的结果啊，这勾起了苏轼的创作冲动。雪如飘逸走动的白鹭，也似突然回头凝望的豹子，一景一物都会让他文思翻涌。东坡的四川老乡苏舜钦也是诗人，写过《城南归值大风雪》，有“既以脂粉傅我面，又以珠玉缀我腮”这样的句子，这岂能入东坡的法眼！

“画堂晨起，来报雪花坠……盛气光引炉烟，素草寒生玉佩。应是天仙狂醉，乱把白云揉碎。”李白在这首《清平乐》中以碎云来比喻白雪，将下雪这一景象想象成为天上仙人喝醉后将白云随手揉碎，然后向人间抛洒。给人一种身临仙境的意境感觉，让东坡拍案叫绝。

眼前这雪来得是时候！无论是“撒盐空中”还是“柳絮因风”，中国文化里的主流文人多是立足黄河流域，他们对于雪的咏叹简直车载斗量，但陈陈相因，味同嚼蜡。遥想当年欧阳修在颍州作《雪》诗，规定不许用“玉、月、梨、梅、练、絮、白、舞、鹅、鹤、银”这样的描摹形容语，古人称为“体物语”。作为欧阳修的学生，又有欧阳修的两位公子在座，苏东坡要求大家依律而写，继承欧阳修留给颍州的风雅传统。

东坡贬于黄州时，曾作《雪》诗:“冻合玉楼寒起粟，光摇银海眩生花。”人们都不知道是用典。后来东坡道经金陵，王安石和他谈论诗法，说起《雪》诗:“道家称两肩为‘玉楼’，称眼睛为‘银海’，你是否这样用典？”苏含笑点头。事后东坡感叹地对叶致远说:“学荆公的人，哪有他这样博学啊！”可见，东坡早已经在回避对雪的一般性比喻了。

宋神宗熙宁七年（1074），在山东密州期间，东坡写《雪夜书北台壁二首》，第一首写从黄昏到第二天天亮，彻夜雪飘的情景；第二首继写在北台观雪景的所见所感，隐含着怀才不遇之意，两首诗用韵颇有特色。用尖、叉险韵极工，有“忍冻孤吟笔退尖”和“冰下寒鱼渐可叉”之句，后人称险韵为“尖叉韵”。王安石对此颇以为然，连续和诗多达六次。

俱往矣。

对于雪的新奇意象，宛若雪花，不停涌现在东坡眼前。

苏东坡当场作了一首咏雪诗《聚星堂雪》，形式独特，还引来了往后历代文人雅士的争相模仿和挑战。可能当时的苏轼本人都没想到，这首诗会引来这么多事。这诗究竟有多独特呢？先来看一下全诗：

窗前暗响鸣枯叶，龙公试手行初雪。
映空先集疑有无，作态斜飞正愁绝。
众宾起舞风竹乱，老守先醉霜松折。
恨无翠袖点横斜，只有微灯照明灭。
归来尚喜更鼓永，晨起不待铃索掣。
未嫌长夜作衣棱，却怕初阳生眼缬。
欲浮大白追余赏，幸有回飙惊落屑。
模糊桧顶独多时，历乱瓦沟裁一瞥。
汝南先贤有故事，醉翁诗话谁续说。
当时号令君听取，白战不许持寸铁。

东坡随后写了《聚星堂雪并引》，其中说："元祐六年十一月一日，祷雨张龙公，得小雪，与客会饮聚星堂。忽忆欧阳文忠公作守时，雪中约客赋诗，禁体物语，于艰难中特出奇丽，尔来四十余年莫有继者。仆以老门生继公后，虽不足追配先生，而宾客之美殆不减当时，公之二子又适在郡，故辄举前令，各赋一篇，以为汝南故事云。"

这首咏雪诗名，究竟奇在哪里呢？这首诗中的最后一句"当时号令君听取，白战不许持寸铁"成为了"白战体"的来源，白战体也称为"禁字体"。

禁体诗始于欧阳修，遵守特写禁例写作的诗，就是抛弃作诗时常用的字眼事物，比如在咏雪的时候，要避免常识性的类比事物，如此一来写诗的难度就会加大。但如果成功，就是难中出奇，可谓别开生面。

《聚星堂雪》首先说龙公一出手，呼风唤雪，招来鸣响的风声，让人联想到庄子所起的一个名词"吹万"。众人开始还有点怀疑，再来就兴奋得像万竿丛竹一般随风俯仰而舞。太守高兴万分，烂醉而横陈，就仿佛霜雪压折的松枝。只是可惜没有红衫翠袖前来侑酒，眼前只有微灯在夜风中明明灭灭。第二天一早起来，且不管长夜降雪是否冻硬了衣裳，却怕太阳初升映着雪光，照得双眼发花。我还想再喝一大杯，来庆祝狂风吹落漫天的雪花。积雪叠压，模糊了那棵桧树的顶端，一眼望去，沟渠山川铺满了白雪。这真是欧阳修师咏雪往事的重演，不用“体物语”，续说白描雪景的神妙传承。其实这种设了限制的作诗法，显示了东坡掌握辞藻的高超素养，具有一种越轨的笔致，无从模仿。

东坡的这首诗，不循常规，仔细看，你会发现那些经常拿来形容雪的比喻都没有了，他在写这首诗时，刻意给自己设定了严格的限制，仿佛赤手空拳对敌作战，所以叫“白战”。

也就是说，“禁字体”从欧阳修开始，由苏轼这里发扬光大成了“白战体”。东坡的这次挑战，以独特的方式来和欧阳修进行了一场时空对话，其实也是有原因的。

这种想法其实也很好理解，就是突破规则、突破自我。很多艺术家们都会这样，一种风格一旦定型，往往会禁锢自我，因而有创造力的诗人渴望超越自我、超越常规。

才华无俦，且有远大志向，这样的人自然渴望青出于蓝胜于蓝。那么在颍州聚星堂，苏东坡自然想起当年欧阳修在颍州写的那首诗，毫无疑问，他有了挑战之心。这首《聚星堂雪》，打破了四十年间无人续作的纪录，也让“白战体”就此成为一种技法得以流传。由此可见，欧阳修、苏东坡接力完成了中国诗歌史上突破行制、突破时空的诗歌对话。“欧苏雪事”的话题直到清代乾隆皇帝，热度依旧不减，所谓“诗裁思白战，节候应黄钟”，恰是向“白战体”的致敬。

南宋胡仔在《苕溪渔隐丛话》前集卷二十九中就说：“自二公（欧阳修、苏轼）赋诗之后，未有继之者，岂非难于措笔乎？”

其实不然。

可以发现，千年以降，许多诗人都加入了“白战体”创作阵营，连才学自负的乾隆皇帝也准备大展拳脚。

程千帆、张宏生合著的《火与雪：从体物到禁体物》一文，议论深微，以宏通的史识针对文学史上的创造现象进行精微考察，展示了他们对于不相连续的诗思隐微脉络的重视，文章指出：由于“白战体”写作具有很大难度，故而在诗坛上仅昙花一现便后继无人，学界多认为这是一种偶然现象。程先生联想到此法在唐诗中的先导杜甫和韩愈，并对杜韩与欧、苏之间的异同、沿革做了深入讨论，从而揭示了此种诗歌史现象所蕴含的艺术规律。杜、韩作诗咏物，向来以刻意描摹著称，杜、韩诗中与禁体有关的蛛丝马迹仅在前人旧注中偶尔言及，此外从无人注意。①

在修辞技法之外，应该还有一种广义的思想“白战体写作”。

苏东坡有很多小品，其实就是异军突起的断片写作，这包含了他的即兴、过往的经验、精确的抵达，它一刀致命的表达，需要灵感，积淀……另外，更需要一种伟大如土地的诚实。在这里，诚实指的是不浮夸，不刻意，不牵强，尤其是不去吹气球一般趋附于莫须有的宏大体系，为大而大，为长而长，为深而深。某些宣称建立了体系学派史论的鸿篇巨制，就像朽坏的建筑，除了几根虚张声势还裂痕斑斑的柱子，里面就是一堆稻草人，只能吓唬麻雀。它们样子很巍然，其实是“马屎外面光”，连内容都充气般地虚荣与空洞。这样的认知背景下，真正的思想“白战体写作”，就类于李白《侠客行》中的侠客，就像东坡《夜游承天寺》里的黑客一般而来的竹影，摒弃了高阁金匾，一意孤行地执着，只有月光照见吴钩霜雪明……

我曾经以为，“正写才是硬道理”。就是面对事物的“空手入白刃”，展硬功、打硬拳的功夫，不依托繁复修辞地写，不过于倚重题材地写，而是致力于让“事物在写作里说话或沉默，让事物液汁四溅再回到事情之中，让它们簇新并陌生化，让我的耳朵听到事物的呼与吸”。这种写作也是我的白战体。

在我看来，白战，不过是东坡的一时兴起而为之。

东坡文友石苍舒，字才美（苏轼诗集里作“才翁”），长安人。擅长

① 参见程千帆等著：《被开拓的诗世界》，凤凰出版社 2020 年版。

草书、隶书，时人称之深得“草圣三昧”。苏轼由开封至凤翔，往返经过长安，必定到他家。熙宁元年（1068），东坡凤翔府任满还朝，来石家过年。他家藏有褚遂良《圣教序》真迹，堂取名“醉墨”，邀东坡作诗。苏轼回到汴京，写了这首《石苍舒醉墨堂》诗寄给他。

在诗里，东坡说：“兴来一挥百纸尽，骏马倏忽踏九州。我书意造本无法，点画信手烦推求。”东坡先以调侃戏谑的语气，称誉石苍舒草书的神妙，其间又融入了对人生、官宦生涯的深沉感慨。诗中说明自己与对方同样是好书成癖之人，且以《庄子》篇名，表达进行书法创作时所感受到的无上快乐与精神自由，这是苏轼对自己创作态度和创作过程最为贴切的阐释。有“兴来”的冲动，有“倏忽”的敏捷，有对“意造”“无法”的自然流露。在东坡的创造世界里，没有事先规定的格式，也没有标新立异的出格，完全是根据审美意识的需要来自由挥洒，一如无心出岫的行云，也如风行水上、自然成文。东坡的书法创作是如此，诗词、散文、绘画创作也莫不如此。这种审美创造的随意性与禅宗的“无住”“无缚”，具有一种内在的对应关系，不黏滞于外物，不拘泥于定法，而生命创造之水，奔流不息。

无论书法，无论写作，《苏轼文集》卷六十九《论书》：“书初无意于佳，乃佳耳。”正所谓“不涉理路，不落言筌”。

但必须注意的是，东坡于书法的基本观点在于“由技入道”，追求无意的自由之境，但此一境界必须由积学勤练而得，诗中有“堆墙败笔如山丘”“兴来一挥百纸尽”等，便是积学苦练的过程，“我书意造本无法”则是最终臻于的化境。

对我而言，苏东坡仿佛是一盒我随身携带的火柴。我只能在梦里用墨水点燃书纸，观察火在事物的内部——

火以偏蓝的方式向左侧转身，高衩旗袍扬起到它渴望的幅度。花园的门扉内，猫的眼睛里，白昼刚好躺下，铺了一层白雪。火将最后的光向上抛起，光尚未超过火的肩胛，就委顿倒下，火与光裹着缎子玉山倾倒，爱情匿名。

醒过来的火柴总是在涂磷的擦皮上头撞南墙，在木梗上渐渐打开的世界，在变丑的过程中回到真实；然而，我被火烧痛的手指触摸到了火焰内部，知道开掘与疼痛必然合一。说出就是照亮，写作就是铭记。

书写者毕生的努力，
不过是泊近烛火，
让思想发出烟味。
那根火柴举起缎子的羽翅，
埋首于火焰咀嚼的褶皱，
在雨中，酿成了我的墨……

一肚皮不合时宜

元丰八年（1085）三月初五，神宗皇帝驾崩，时年三十八岁。苏东坡闻讯，陷入了巨大的悲痛之中，他写了好几篇诗文寄托哀思。

年仅十岁的太子继位为哲宗，朝政已由神宗的母亲宣仁太皇太后高氏摄政，她有着贤德美名与“女中尧舜”之称。

三月十七日，高太皇太后急召司马光入京，授其门下侍郎之位，并逐步起复旧臣，罢停新政。高太皇太后从未忘怀才华横溢的苏东坡。因为她与苏东坡不仅政见相同，苏东坡还是她的公公仁宗皇帝亲自挑选的“太平宰相”，是她的丈夫英宗一心想要重用的人，是她的儿子神宗想要努力去珍惜的栋梁之材。

现在，她也要想方设法地将苏东坡接到身边来，授他以官位，让他助司马光一臂之力，为大宋开辟新的局面。但提拔苏东坡，也必须按照起复罪官的流程走，先恢复之前官职才能进一步提升，以免落人口实。

不久，一道诏令到达常州，授予苏东坡山东登州太守一职。但仅仅第二年九月，苏东坡在朝廷里担任的官职已经上升到三品翰林学士知制诰，负责掌管内制，为皇帝起草圣旨和国书……高太皇太后希望苏东坡成为司马光的接班人。无疑，这是苏东坡官宦生涯里最为光鲜亮丽的时期。伴随他乘火箭一般的快速高升，名声如日中天，嫉妒者越来越多，连昔日的旧阵营的人，也不把他当朋友了……

苏东坡当时名声大到了什么程度呢？我们可以举两个例子。

自司马光去世后，他成了宋代第一学者，声望日隆。苏东坡诗文早在“乌台诗案”爆发前就有人刊刻印行，这时已有几种版本在民间传布。名气太大，连苏东坡戴的帽子也有人仿效。据说他的帽子桶高檐短，时称“子瞻帽”。有一天东坡陪皇帝到醴泉，一边宴饮，一边看戏。戏班子演一个小品：几个人争夸自己的文章如何了不起。一个名叫丁仙现的演员，戴着高高的“子瞻帽”夸口说：“我的文章，你们这些人无法相比。”

其他人就问了：“这是为何？”

他说：“你们没看到我头上的苏子瞻吗？”

这一表演把皇帝逗笑了，他转过头来，盯着东坡看了很久，弄得苏东坡挺不好意思。

还有一个故事，苏东坡的声望居然还拆散了一对夫妻。

一个叫章元弼的书生，十分崇拜东坡，嗜读东坡诗文，手不释卷，夜以继日，竟忽视了新婚太太。年轻的妻子看到自己的魅力连东坡的书都敌不过，感到很伤心。于是指责丈夫说：“你爱东坡甚于爱我！咱们就别过了。”

章元弼也是书生意气，眼睛一瞪，当即同意分手。

正如以上这两个例证所展示的那样，苏东坡的名气愈大，地位愈高，受到的忌恨和攻击也如大风裹挟而来的落叶。那些人怕他在京城站稳脚跟，更怕他成为皇帝的宠臣，各种攻讦与诽谤如影随形……

人们有一句俗话，叫“性格即命运”。因为性格决定着人的思想，思想决定着人的行为。有什么样的行为就有什么样的结果，这是有因就有果。所以说：性格决定命运。

宋人笔记《梁溪漫志》记录了一个富有深意的逸闻，说是有一天苏东坡退朝后，吃完饭在院子里摸着肚子踱步，他一时兴起，就问身边的几个侍女："你们说说看，这里面装着什么东西啊？"

一个侍女很伶俐："都是文章！"

苏东坡摇摇头，觉得并未如此。

另一个侍女则说："满腹都是学识，都是高见！"

苏东坡也不以为然。

这时，王朝云走到院子里，对夫君俏皮地说道："学士是一肚皮不合时宜。"

苏东坡捧腹大笑起来："知我者，唯有朝云也。"

什么叫"合时宜"呢？就是会讨个巧、卖个乖，结合具体的社会条件，灵活地顺应大多数人的意思，对上面的政策要巧妙地阳奉阴违，对下面的小动作要抓大放小，得过且过。这是"合时宜"。

苏东坡怎么屑于胁肩谄笑地去"合时宜"？！

正因为有"一肚皮的不合时宜"，苏东坡顶撞司马光，当众讽刺理学家程颐，伴随党争的加剧，逐渐演变为程颐的"洛派"与苏东坡的"蜀党"之争。

提到"一肚皮的不合时宜"，我不禁联想起另外一个"肚皮"，那真是一段惊人相似的往事：

曾经被苏东坡赞誉"奇伟绝伦"的章惇，虽然主张革新，一开始暂无派系。王安石死后，章继任为相，黄苗子先生说他"形左实右"、与蔡京等沆瀣一气打击苏东坡等一批"元祐党人"。东坡更记得一个刻骨的细节，出自宋人笔记《道山清话》：

一天章惇光着身子躺在窗下纳凉，东坡来看他，章惇袒胸露腹，拍着肚皮发问："公道此中何所有？"

东坡凝神，回答幽默而刺骨："都是谋反底家事。"

章惇哈哈大笑。

章惇拍肚皮问东坡"此中何所有"，本来他希望东坡恭维"满腹经纶""学富五车"之类，谁知道东坡却给他这样一个出乎意料的答复。章惇当了宰相后想起东坡这话，肯定不是滋味。所以少时虽是无话不谈的"莫逆"，老来不免仇雠相视，打击报复。《宋史》载：居相位的章惇，

“协谋朋奸，报复仇怨，小大之臣，无一得免”。看看，这就是“变坏”的铁证。

“一肚皮的不合时宜”也罢，“都是谋反底家事”也罢，肚皮官司也罢，只要朝云在身边，那就是最大的慰藉。

在一个安静的春日黄昏，望着流云下王朝云的背影，她与天空昭示的轻盈之美，东坡先生不禁感叹，经历一切苦难都是值得的，因为眼前的美色就足以宽慰自己了。

那样一种飘零，有多少靠不住的引诱！

一切尚未发生的事，这一切均可大胆预测，但真实的结果往往比预想的还要糟糕！既然如此，这一切已经古老，抵不上波心荡漾的一杯酒。

在回味的路上，风会吹开无数茂盛的眼睛，遗忘的冬天旧事却会在草丛中挖出灵验的陷阱。

流云有无尽之旅，流云也会消散于地平线的呼唤中。但朝云的侧影和曲线，会纠正那些不真实的东西。《三部乐》《南歌子》等均为东坡对朝云的深情之作。

每个人都在验证自身神秘的卜辞，经由一生的血泪，会参悟到繁花何在吗？会领悟到“不合时宜”也是一朵奇特的花吗？

闭上疲惫的眼睛，他心里的隐忧颤抖。在哪一个智慧的额头会显现唯一的断语？繁花已远，繁花不在，繁花仍在缭乱渴望繁花的眼睛……

颍州的蜡梅之约

东坡注意到，是一种清寂的语境里，梅树铁枝横斜的蓬勃造像，这两者从未发生龃龉与抵牾，彼此都是为对方而摒弃了昔日的友朋。寂寞如梅，寂寞如黄酒，浓到深处，因为寂寞而自生陶然，因为寂寞而自给自足，因为寂寞而豁然跃升喧嚷的生命。什么是孤独性？孤独性是人的本性，有些人的孤独与生俱来，像需要空气一样需要它，孤独扎根于其深处，构成并焊合了他的另外情感。在这样的阅读印象里，我推测，东坡的寂寞，必然是一头横卧的、斜睨的豹子。

比利时作家马塞尔·德田纳在《处死的狄奥尼索斯》中声称，古罗马时代，人们认为豹子是唯一能散发香气的动物。在我看来，这是暗示了酒神与豹子合二为一的肉身化理由。蜡梅花是豹子的文身，豹子是一树狂奔的蜡梅花。但在我的感觉里，这分明是远东的香味，是真梅花的香味。梅与豹，是木性之精与行动的合二为一。扬雄《法言》说："圣人虎别，其文炳也。君子豹别，其文蔚也。辩人狸别，其文萃也。狸变则豹，豹变则虎。"圣人老虎是王道之物，孤独的豹子停歇在梅树上，却终止了自己的进化。

红梅暴吐红艳的气象，更符合东坡的性情。

那么蜡梅呢？

蜡梅和梅花并非一家，或者说蜡梅花根本就不姓梅！从植物分类学上讲，蜡梅是蜡梅科蜡梅属，而梅花则是蔷薇科杏属，距离很远。

蜡梅又名金梅、腊梅，在宋代以前更流行的名字叫黄梅。也许，在于古人见"色"起意，在于蜡梅与梅花的花期相近，便以为它是梅花的一种，遂把它称为黄梅。黄梅原生于中国秦岭、大巴山、神农架等区域，至今在四川达州市还有古蜡梅种属，花瓣奇大，一般黄蜡梅的花瓣成条状，看上去很是细碎，而大巴山蜡梅的花瓣成片状，丰富多彩、婀娜多姿。据《中国蜡梅》一书所载，蜡梅有四大品种群、十二个品种型、一百六十五个品种，其色有纯黄色、金黄色、淡黄色、墨黄色、紫黄色、银白色、光白色、雪白色、黄白色等，花蕊有红、紫、洁白等色彩，其中"素心蜡梅""金钟梅""檀香梅"等为蜡梅中的极品。

毕竟蜡梅出道稍晚，不得不屈居于红梅、白梅的石榴裙下，一度寂寂无闻。宋代之前的文人雅士们见识蜡梅的机会太少了，所以宋代以前不入法眼，几乎没有吟咏的记录。黄梅能够出人头地，名声大振，其实还得感谢东坡与黄庭坚，正是他们命名了蜡梅，首先写下了赞美蜡梅的诗作。

宋代诗人大都酷爱梅花。林逋是最为著名的一个，俗物不可入眼近身，不可方物，遂有"梅妻鹤子"之称。"拗相公"王安石也爱梅，慕梅之品格，以梅花孑然高洁、孤傲凌寒为高标："墙角数枝梅，凌寒独自开。遥知不是雪，为有暗香来。"

东坡毕生酷爱植物，单是咏梅诗写了几十首。元祐六年（1091）和杨公济梅花诗，意犹未尽，以至于"再和"，一口气写了二十首七绝。不过，以前他并没有赏过黄梅，因此并无吟咏黄梅之作。究竟东坡先生是如何发现并把黄梅命名为蜡梅，并且首先题诗让蜡梅名满天下的，这就在于他的童心未泯与自幼形成的博物眼光。

元祐六年八月二十五日，五十五岁的东坡再次出京，来到颍州担任知州，其子苏迨、苏过同行。颍州就是今天的安徽阜阳市颍州区，虽然颍州刚刚经历了旱情，好在并不严重，并未让这里的青山绿水蒙尘。这里也有一片西湖，与杭州西湖的美景相仿佛。

人生如水光一般起伏，均是梦幻，豁达的东坡渐渐视沉浮如浮云了。

这年的冬天，黄庭坚来颍州看望东坡。东坡很是欣慰，与黄山谷结伴而游，来到颍州郊外的山岭。岭上有一座书院，乃是民间传说中梁山伯和祝英台求学的地方。他们当晚就夜宿于寺院。到了半夜，一阵花香袭来，竟然让东坡先生梦中生景。他寻觅芳香来影去踪，不知不觉来到一片梅林中。原来这花香便是来自梅花，芳踪逶迤，袅袅而至。

清晨醒来，东坡先生才知是南柯一梦，梦中的他把颍州的山林与杭州万松林重合一体了……奇妙的是，梦中的花香盘桓不去，并没有按逻辑回到梦乡。这就让我想起同样喜欢记录梦境的本雅明所说的一段话："一个至今流传的民间传说告诫我们说：第二天一早醒来，不要空着肚子讲述昨夜的梦境。那时，醒来的人还处于灵魂出窍的状态，实际上，依然处于梦境的控制之下。也就是说，他的沐浴只是唤醒了肉体的表面和它外在的运动能力。而在更深层面，即便是在晨起的沐浴中，夜晚晦暗的梦境并没有褪去。实际上，它紧紧地依附在人们刚刚睡醒的那种孤寂之中。"①

① ［德］本雅明：《单向街·早餐室》，陶林译，西苑出版社 2021 年版，第 3—4 页。

被梦中花香搅扰，东坡大感奇妙，遂将梦境告诉了黄山谷。山谷一听大喜，说不如让长老带我们前去寻寻芳踪如何。

东坡道：“这个主意甚好！”

恰在这时，住持前来问安，东坡又把自己的梦告诉了住持。住持捻须笑道：“善哉善哉！先生果然聪敏，寺院后山正有一片黄梅，刚刚开放，没承想这幽香竟然入了先生清梦！”

早膳之后，东坡与山谷在住持带领下来到后山，只见丛丛一人多高的黄梅铁干斜枝，枝头花朵有的怒放，有的半开，甜蜜而浓烈，香气荡漾山间，这份寂寞唯有东坡识之！

东坡大喜：“没想到这黄梅竟然如此美妙，花香蜜甜，清幽扑鼻。不过前人见‘色’起意，叫它黄梅实在俗气了些，我看它色如蜜蜡，花若蜡捻，仿佛出自美人之手，不如叫它蜡梅如何？”山谷拊掌叫好：“妙，就叫蜡梅！”

东坡又道：“为了让这个名字流传下去，我得吟诗一首以记之！”住持大喜，回到禅房，立命小僧磨墨铺纸。东坡挥毫写下《蜡梅一首赠赵景贶》：

天工点酥作梅花，此有蜡梅禅老家。
蜜蜂采花作黄蜡，取蜡为花亦其物。
天工变化谁得知，我亦儿嬉作小诗。
君不见万松岭上黄千叶，玉蕊檀心两奇绝。
醉中不觉度千山，夜闻梅香失醉眠。
归来却梦寻花去，梦里花仙觅奇句。
此间风物属诗人，我老不饮当付君。
君行适吴我适越，笑指西湖作衣钵。

东坡在诗中不仅描述了梦中追寻蜡梅的奇特经历，还鉴赏出了当时蜡梅中的极品玉蕊和檀心。这两品可能就是当今的素心蜡梅和檀香蜡梅。

如果以上所说属实，东坡于熙宁四年至七年（1071—1074）、元祐四年至六年（1089—1091）先后担任杭州通判和知州，那么江南一地最早的蜡梅记载就得上推至熙宁中叶了。这与北宋后期徐俯所说“江南旧时无蜡梅，只是梅花腊月开”，以及南北宋之交周紫芝诗云“东南之有腊梅盖自近时始，余为儿童时犹未之见”的宋人观点，产生了龃龉。在我看来，蜡梅的北宋处境，与中唐时期蜀地海棠的处境颇为相似。唐宋之际一直是植物的“爆发期”，出现一些文人未及注意植物变化的情况，并不为怪，也不足以以此来否认蜡梅在北宋时期的“不胫而走”。

这诗所赠之人赵景贶，乃是宋太宗第八子赵元俨的后代，当时在颍州任东坡的幕僚。他比东坡先生小十几岁，对东坡尊重仰慕得很，二人常有诗歌互赠并唱和。

他们走到了一个拐角，再次与蜡梅花的冷香迎面相撞。那里有一大丛花树，一直在冷风里簌簌落叶。风不像是来自外部，倒像是从叶片下斜飞而出，是树叶飘动而扇起了那股冷意。黄叶的美不亚于一旁同样派发落叶的银杏。两种黄叶不同，蜡梅花叶片上有一层绒毛，顺之则滑，逆之则毛起。

枝条上还有没有落尽的梅花果。蜡梅树是在春天结果，果子在成熟前是绿色，要到成熟后才变成灰褐色，呈橄榄状，有四五厘米长。冬季的果子已经变成灰黑，像是梅花的眼睛。果子早已干缩，里面有很多枚种子，没有果肉。一般而言，没有经过修枝的蜡梅树结出果子属于常见现象。蜡梅果、树干、树叶均含有一种叫夹竹桃苷的有毒物质，而蜡梅果种子称“土巴豆”，有微毒，败火，可做泻药。

在黄叶与蜡梅果、深色的枝条之间，可见黄豆大小的花蕾。花未彻底绽放，但刹不住车的香气，却是急不可耐地逸出了。

蜡梅花根据品种不同，开的花瓣数有十二瓣、十四瓣，还有十八瓣的。蜡梅实生树开花一般在十瓣左右。落叶的速度与花香打开的程度成正比。当落叶殆尽，蜡梅花的金发在空气里颤抖，就像尤奈斯库笔下的“秃头歌女”。现在，蜡梅花未能彻底登枝，但香气已经将空气撩拨开，周围白蜡蜡的雾开始退却出一袭裙摆抡圆的位置。那是梅树豹变的姿势。

真好！

晚上，明月朗照下的万松岭，月光与水流互为辽远。那一山的蜡梅花，让人感觉到是月光催开了花朵，月光从梅花的内部一点一点外翻出来。月光混有梅香，月光为香气赋形，梅花为月光聚象，交相辉映，无声无息，一派凛然。

但仔细一看，会发现在这静谧的月夜，蜡梅花发出了碎金的色泽，金花雀跃而起。月光在黄金之上不受力，四下打滑，为此月光显得更为纯粹。

有时，东坡能够听到蓓蕾打开为花的声音，就像在家乡的大平原上与阳光相遇。有时，他能够从流水声里分辨出亲人裙裾曳地的窸窣声，也能够听见她们从花墙上流淌出来的笑声……回到自己的寂寞深处，他还能听到她们的沉默。

那里有月光对梅花的承诺吗？

既然东坡开了头，山谷不能不跟上。他在《从张仲谋乞蜡梅》诗中吟道：

闻君寺后野梅发，香蜜染成宫样黄。
不拟折来遮老眼，欲知春色到池塘。

黄山谷还写了《戏咏蜡梅》二首，其一曰：

金蓓锁春寒，恼人香未展。
虽无桃李颜，风味极不浅。

黄庭坚进一步认为蜡梅“花亦五出，而不能晶明，类女功捻蜡所成，京洛人因谓蜡梅”，指出蜡梅花瓣的蜡质特性并为蜡梅定名。《梅谱》里也认为蜡梅颜色酷似蜜蜂营造的酿蜜蜂房，故名蜡梅。

当然，有学者指出，宋神宗元丰五年（1082）周师厚的《洛阳花木记》，才是最早关于蜡梅的文献记载。宋哲宗元祐年间，黄庭坚等苏门文人在京城欣赏蜡梅、诗词唱和，极大提高了蜡梅知名度。洛阳是当时蜡梅传播种植的关键地点。可以说，中国蜡梅始见于北宋中叶的西京洛阳、东京开封一带。

东坡咏蜡梅诗广为流传，不少诗人起而和之。其中一位名气甚大，名叫陈师道。他读了东坡蜡梅诗后颇为激动，和了一首《次韵苏公蜡梅》：

化人巧作襄样花，何年落子空王家。
羽衣霓袖涴香蜡，从此人间识尤物。
青琐诸郎却未知，天公下取仙翁诗。
乌丸鸡距写玉叶，却怪寒花未清绝。
北风驱雪度关山，把烛看花夜不眠。
明朝诗成公亦去，长使梅仙诵佳句。
湖山信美更须人，已觉西湖属此君。
坐想明年吴与越，行酒赋诗听击钵。

陈师道字履常，号后山居士，比东坡小十六岁，乃“苏门”君子之一，“江西诗派”重要代表。东坡对他颇为欣赏，于元祐初年向朝廷推荐其诗文才干，起用为徐州教授，后历任太学博士、颍州教授、秘书省正字。陈师道在诗中描述了东坡先生创作蜡梅诗的神奇经过，把先生赞为“仙翁”。

到了南宋，著名诗人杨万里读了东坡和陈师道的蜡梅诗，既为他们的诗所倾倒，也为蜡梅的风姿而倾慕。他竟然写了多首蜡梅诗，尤其是《次东坡先生蜡梅韵》，再次大力标举蜡梅的声与名：

梅花已自不是花，永魂谪堕玉皇家。
不餐烟火更餐蜡，化作黄姑瞒造物。
后山未觉坡先知，东坡勾引后山诗。

金花劝饮金荷叶，两公醉吟许孤绝。
人间姚魏漫如山，令人眼睛只欲眠。
此花寒香来又去，恼损诗人难觅句。
月兼花影恰三人，欠个文同作墨君。
吾诗无复古清越，万水千山一瓶钵。

与杨万里差不多同时的南宋高宗时状元王十朋，自号“梅溪”，今浙江乐清人。他既是东坡坚定的赞美者，也是一个十足的梅痴。他在苏、黄的余韵波及下，对蜡梅更是情有独钟，他不仅为蜡梅一咏再咏，并专门填词一首《点绛唇·奇香蜡梅》，把苏黄命名蜡梅，将蜡梅风姿、标格在天下广为传扬的行为大加颂扬，赞美之语跃然纸上：

蜡换梅姿，天然香韵初非俗。蝶驰蜂逐。蜜在花梢熟。
岩壑深藏，几载甘幽独。因坡谷。一标题目，高价掀兰菊。

正是以苏东坡、黄庭坚为首的一大批文人士大夫对蜡梅的吟咏，蜡梅在北宋晚期以后名满天下，迅速得到社会各界的热捧，与产自蜀地的丰瑞花一样被列为名贵花木。甚至像王十朋说的那样，蜡梅的声誉甚至盖过了兰和菊。

明代王世懋在《学圃余疏》一书中说：“考蜡梅原为黄梅。故王安国熙宁间尚咏黄梅。至元祐间，苏黄命为蜡梅。”这一说法直接肯定了东坡和黄山谷命名蜡梅的事实。

不过，东坡先生和山谷先生等并不是植物专家，他们虽然炒红了蜡梅，可是也没有搞清楚蜡梅是不是姓梅。估计他们也认为蜡梅只是梅中珍贵一品。

最先弄清楚蜡梅身世的是南宋名臣、著名诗人范成大，他是无愧于“博物学家”这一称号的。淳熙元年（1174）十月，他任四川置制使兼成都知府，他十分留意成都的风物，写了不少与成都相关的诗作与笔记。晚年范成大隐居石湖，在范村种梅、赏梅、研究梅，写成《范村梅谱》，这是中国最早的梅花专著。他在书中记述了江梅、早梅、官城梅、消梅、古梅、重叶梅、绿萼梅、百叶梅、红梅、鸳鸯梅、杏梅、蜡梅等十二品，描述了它们的形状、花色，品评了它们的观赏价值。

范成大把蜡梅放在最后，明确指出：蜡梅，本非梅类，以其与梅同时，香又相近，色酷似蜜蜡，故名蜡梅。他还说，蜡梅有三种，其中檀香梅色深黄如紫檀，花密香浓，此品最佳。也许有人会提出疑问，他既然认为蜡梅非梅，为何要把蜡梅写进梅谱？估计他是想附在最后，让人们广博见闻吧！

明代李时珍充分肯定了范成大的研究成果。他在《本草纲目》中的记载基本采纳了范的说法：蜡梅，释名黄梅花，此物非梅类，因其与梅同时，香又相近，色似蜜蜡，故得此名。他也说，当时蜡梅有三种，檀香梅为第一，花密而香浓，色深黄。

不仅古人欣赏蜡梅，当代人对蜡梅也是情有独钟，它在腊月里常常是不少人家里的首选插花。蜡梅著名的品种主要有素心蜡梅、大花素心蜡梅、磬口蜡梅、小花蜡梅等。

蜡梅凌寒而绽，高洁空灵，不仅馨香优雅，而且有美好的寓意。它的花语是：澄澈的心，慈爱的心，高尚的心。如今，我们在欣赏蜡梅之时，也别忘记东坡、山谷等命名蜡梅的那段蜡梅之约。

今年冬天，我窗外的蜡梅开得不及往年那般繁茂。我习惯于在倦怠时闭上眼睛，就能看到拒绝反光的黑丝绒。孤寂，是漏斗形的孤寂，是孤独秘密酝酿、聚集、提炼香气的闭关时刻。所以黑色的梅花树立在那里，不过是蝉蜕之术。香气从孤寂的漏斗下逸走了。所以，只有静处，冷眼旁观时才能闻到；只有安静下来，才能看见。寂寞是一种自适，是一种有所顾忌有所约束的自适，这里不存在西语里的自由。寂寞不是一块拒绝融化的冰，它对热泪与阳光总是略略反抗一下，它还是会融化，但总比别的事物要缓慢，也是最后收场的。

寂寞者与骑墙者最大的区别，在于寂寞者本身就是一道墙。所以无须骑，那太费劲了。

世界上真的没有过不去的墙，但是，南墙是寂寞者最后的依靠。南墙不但是弱者自我保护的屏障，更是他可以流尽眼泪的唯一地缘。临到最后关头，绝望总会扶他一把，因为绝望不是均质的，绝望有很多疏忽的漏洞，钻过窄门，他就不至于丧失道义与立场。这似乎应验了作家卡夫卡的话："不要绝望，对你的不绝望也不要绝望。在一切似乎已经结束的时候，还会有新的力量，这正好意味着，你活着。"

世界在变，人在变，不变的不是孤独者的信念，而是一树蜡梅。这与孤独者的未来无关，所以它仍然在南墙内外飘香。孤独的香气，伴孤独者成长与老去，伴孤独者在人生的长路中体验无路的时刻，一回头，我总会看见梅枝上横卧的豹子。

立春之后，蜡梅花在一阵阵春雨下凋零、枯萎，长久发散的香气，似乎已经抽干了它的身体。置身高处的玉兰花，冷眼睨视，举起酒杯，小口啜饮。

再领杭州

一川平静之下，暗流汹涌不止。

东坡有惊无险地来到元祐四年（1089），他再一次向太皇太后上奏，请求辞去京城官位，希望到外地州郡为官，那才符合他的天性。三月十一日，辞职终于获得批准，他以龙图阁学士的身份出任杭州太守，同时管理浙西六个州郡的兵马。

临行之际，皇帝赐予了苏东坡一对官袍、一条金腰带等大量宝物。苏东坡到达京城郊区了，高太皇太后又派宫中内侍追赶而来赐予龙茶、银盒，这是按照前任宰相的高规格，恩待于他。五月，东坡过南都，拜望恩师张方平。陈师道任徐州教授，闻讯托病请假来看望东坡，他们同舟而行，到宿州才折返，不料很快就被人举报了……看起来，觊觎自己的人，从未放松警惕。

但是，他又可以与西湖烟雨相遇了。

他又可以在杭州的荷塘与梅林下，把酒赏月了。

真是太奇怪了！杭州的山水草木，他初次来时便恍如前世所悉，这里的佛寺高僧曾给他留下不可磨灭的印记。甚至池塘里的金色鲫鱼，他还能一一辨认出来。看来自己的今生来世，与杭州的缘分实在太深。

最令他牵挂的还是杭州百姓的生活。重来看到“葑合平湖久芜漫，人经丰岁尚凋疏”，使他无法平静对待。记得上一次来杭州，已是十五年前。当时东坡只是副职，很多事都是心有余而力不足。这一次，颇有重拾旧山河之感，那就尽自己的力量让旖旎动人的杭州山水更为明媚，让明慧多情的杭州人生活得丰裕舒心。起码，自己的存在就应使老百姓生活轻松一点。

杭州官署和主要建筑设施，都是五代时期吴越王钱镠时期遗存下来的老古董，虽然高敞宏大，但明显已年久失修。苏东坡立即向朝廷申请了一大笔修葺官衙的经费，很快得到批准。安顿下来后，他吸取了乌台诗案的大教训，刚刚回来这几个月全力以赴忙于公务，他力戒写作，而且他基本上做到了。

苏东坡在杭州不但与许多老友劫后重逢，而且还结识了许多新朋友，他写了不少诗歌，如著名的《饮湖上初晴后雨》《六月二十七日望湖楼醉书》等。政治上的挫败反而促使东坡以诗人的身份，体验了更丰富的人生，从此开拓了一片更宽广的文学领域。

《饮湖上初晴后雨》诗中，咏出“水光潋滟晴方好，山色空蒙雨亦奇。欲把西湖比西子，淡妆浓抹总相宜”。苏轼诗歌行云流水浑然天成，他不喜欢掉书袋引经据典，他的比喻总是不落俗套。云烟缥缈的碧水，就是无垢的天空下顾盼生辉、光彩照人的西施！

苏轼之“奇”，恰恰是他道出了西湖出人意表的特殊之美。细雨溟蒙中的西湖，山水素妆淡雅，如梦似幻，仿佛在银粉一般的月光下回望美女，又像在淡淡的雾霭里与春花不期而遇。中国古典的朦胧景象，就是一番可望而不可即、能见而不能言的美感，正所谓“才下眉头，却上心头”……

短短二十八字的诗歌，除西湖与西施之外，还有一个依稀可辨的身影，这就是苏轼超然世外、凌越古今、悠然自得的形象。苏轼对西湖的品题也颇为得意，后来反复咏及，如：“水光潋滟犹浮碧，山色空蒙已敛昏。”（《次韵仲殊游西湖》）、“西湖真西子”（《次韵刘景文登介亭》）、“只有西湖似西子”（《次韵答马中玉》）、“西湖虽小亦西子”（《再次韵德麟新开西湖》）。

经过苏东坡的彩笔点染，赋予了西湖具有鲜活生命的形象，并以她的明艳青春，世世代代给杭州、给中国乃至世界带来无限春意。有人说，西湖是苏轼给人间留下了一个永远年轻、永恒美丽的女儿。

人们耳熟能详的《赠刘景文》一诗，就写于元祐五年（1090）的冬季。

刘景文，字季孙，字景文，开封人。他写得一手好诗，当时任两浙兵马都监，驻杭州。他是将门烈士之后，博学能诗，曾受王安石赏识和提拔，苏轼赞誉他为“慷慨奇士”，以国士视之，并向朝廷推许和表荐。刘景文是美髯公，蓄有飘逸的长胡子，这和苏东坡很像。加上刘景文喜欢藏书，薪水都用来买书了，简直是个书痴，这又与苏东坡趣味相投，他们之间多有诗歌唱和。尤其是一〇八九年东坡在杭州疏浚西湖，这一浩大的工程，得到了两浙兵马都监刘景文的大力支持。从此二人相知甚深。

有一次苏东坡病卧在床。忽然家人来报，刘景文到访！苏轼从床上一跃而起，病态全无。后来还专门写了一首诗，题目就叫《赠刘景文》。由此可见二人过从甚密——

荷尽已无擎雨盖，菊残犹有傲霜枝。
一年好景君须记，最是橙黄橘绿时。

诗歌写的是残秋初冬的景色，借景抒情，以物喻人。当时刘景文年届花甲，还不得重用，所以东坡表达了对他的同情和慰藉，激励他警策自己。

“荷尽已无擎雨盖，菊残犹有傲霜枝。”首先描绘了残秋景象，那夏天碧叶连天的塘荷，已是茎叶枯败，绿盖残破，再也举不起亭亭玉立的伞盖了。再看独立寒秋的残菊，花凋叶缺，唯有那挺拔枝干依然劲节，斗风傲霜，雄姿犹存。“一年好景君须记，最是橙黄橘绿时。”季节更换，新陈代谢，天王老子也改变不了。枯荷与残菊毕竟都已过去了，但是请老友铭记，初冬已至，这是一年最好的季节，它有橙黄橘绿的好风光，尤其是橘树“经冬犹绿林”“自有岁寒心”“可以荐嘉客”，它的坚贞节操和高贵品质，又是春花、夏荷，甚至秋菊都不能比拟的。朋友啊，你显然不是败荷残菊，而应该是橙黄橘绿蕴含的大好时光！

为何刘景文多年来一直受到冷落呢？

刘景文早年做过饶州酒监之类的小官，熬了半辈子后，终于当上兵马都监。如果是出身寒门的人物，官至兵马都监也算是不错，可刘景文却出身名门，其父刘平曾经担任宋仁宗朝太尉。这样来看，刘景文的仕途就显得有些平淡了。

诗歌充分显示了东坡对朋友的真挚和豁达。当年东坡已五十四岁，尽管备受打击，可他还写诗激励比他年龄还大的朋友刘景文，正像他在另一首诗中所说：“莫因老骥思千里，醉后哀歌缺唾壶。”（《次韵刘景文见寄》）激励老友不要因官场沉浮而丧气，也是东坡的自我勉力，希望彼此都能珍惜时光，坚持不懈，即便是在处境凄冷时，也不能意志消沉，妄自菲薄。

东坡并非只有精神鼓励而无实际举措之人，元祐五年（1090）十一月，他已经上奏朝廷《乞擢用刘季孙状》（或题作《举刘景文状》），希望擢升刘景文，甚至不惜把自己的前途与之绑在一起：“如蒙朝廷擢用，后犯入己赃，及不如所举，臣甘伏朝典。”其德其情，感人至深。

……

杭州的繁华，得益于大运河。大运河将海河、黄河、淮河、长江和钱塘江五大水系连成了一体，形成一条黄金水道。在这流淌不息的黄金水道上，曾有“千艘万舳”驶过。来自天南地北的船只，不仅沟通了货物与人员，更为杭州带来了数不尽的富贵与繁华。沈括在《梦溪笔谈》中谈道：岁运司供应京师米粮以六百万石为额度，而两浙路就交了一百五十万石，相当于全国的四分之一。除了稻米，两浙的蚕丝业、渔业以及手工业等行业，也成为当时全国的中心之一，绢、绸、绫、绵作为赋税源源不断地通过运河流向京都。范仲淹曾盛赞两浙“膏腴千里”，“财赋为天下之最”，是名副其实的国家粮仓。

一天，苏东坡问朝云：“你是钱塘人，钱塘素称鱼米之乡，物产富饶，百姓衣食无虞，但为何这里经常还有饥馑生活的人？”

朝云说，你到运河去，就明白了。

第二天苏东坡来到了盐运河边。由于近来一直天旱无雨，只见河道高低不平，凸起的河床已露出水面，几艘不大的商船孤零零地停泊在浅水中，船家盼望能够及早下一场大雨，也好解眼下的燃眉之急。这时，有几个十来岁的小孩沿途乞讨着走了过来，这些小孩有男有女，全都衣衫破旧，面如菜色。苏东坡迎上去问：“孩子们，你们都是哪里人啊？不好好待在家里，为什么要来沿街乞讨？”孩子中一名稍大些的女孩，忽闪着一双又黑又大的眼睛说：“我们都是住在这盐运河边的，现在河里不通商船了，我们就只好出来乞讨了……”看着女孩，苏东坡仿佛又看到了王朝云的影子，心想再这样下去，也不知有多少女孩子会沦落风尘，又有多少男孩子会铤而走险，被迫去做贼做强盗啊。

他意识到，盐运河堵塞，不光在河上讨生活的人家断了衣食来源，沿河大片的农田也得不到灌溉，收成锐减，农户们也都一日三餐难以维持了。这盐运河由于受到皋亭山泥沙的冲击，以前虽也疏浚过几次，但收效甚微。要想根本解决问题，就得改造一段傍山而流、经常堵塞的河道，然而官府以经费不足为由，迟迟不予解决，才会造成现在的局面。在和当时的杭州知州商量后，以疏浚上塘河（当时称浙西运河）水道方便运送官盐为名准备整治工程……

但是，现在比整治河道更为紧迫的，是发生在眼前的灾情。

哪里拿钱赈灾呢？刚刚向朝廷申请的修葺官衙的经费，救人要紧！苏东坡把修营官舍的钱改为先买米赈济饥荒；接着又连续七次上书朝廷，要求减免秋税，用以赈济，均获得朝廷支持。

鉴于熙宁八年（1075）杭州地区灾荒饿死五十余万人的惨重教训，他要全力以赴地救灾。十一月初东坡上书朝廷，提出了以缓交本路部分上供米并赐给度牒为主的几项措施，请求批准。到了元祐五年（1090）春季，灾情更为严重，他又向朝廷请求，将修官署的二百道度牒先用来换米救济饥民。

什么是“度牒”呢？度牒本是僧侣的执照，起源于南北朝，发展于唐玄宗年间。北宋中期之后，度牒逐渐与僧侣脱钩，变成了一种免税凭证。朝廷发行不记名的有价度牒，以筹措资金；购买度牒者，可以免去部分税种与徭役。朝廷以未来财税收入的减少（支付），作为朝廷当下融资的交换条件，因此度牒与后来的国债有些相似。

经东坡一再请求，朝廷基本批准了他的应急措施。结果使米价逐渐跌落，这个青黄不接的饥荒季节竟然没有饿死人。

由于采取各种有效措施，同时向周边产粮地区购入粮食存满常平仓，到第二年春季青黄不接时节，由于东坡指挥有方，虽然这次天灾极其严重，但杭州百姓最终得以平安度过，全州没有一人饿死。

安乐坊

如果一个人听不见大地种子的叫喊，那么这个人同样听不见权力的刀刃切割血肉的声音。这样的“双重失聪者”，在历史上多如过江之鲫。

熙宁八年（1075），杭州地区灾荒总算有惊无险暂时过去了，瘟疫却又接踵而至。

对于流行病，苏东坡并不陌生。他在黄州、第一次的杭州任上均有治疫的经历和经验，他是首先抗“疫”再防“疫”，充分展示了他善于统筹治疫的理念和系统治疫的智慧。

元丰三年（1080）正月，苏轼刚到黄州，就遭遇了一场可怕的瘟疫。老百姓在死亡线上挣扎，瘟疫的恐怖使黄州百姓不敢外出，只能在家里烧香拜佛，而当地官员也一筹莫展，毫无作为。苏轼突然想起自己的眉州老友巢谷送给他的药方“圣散子”。“圣散子”是专门治疗由阴冷寒湿引发的各种疫病，但巢谷赠送苏东坡药方时一再叮嘱不要传于外人，苏东坡当时面对长江对天发誓才取得了巢谷的信任。现在看到备受瘟疫摧残的黄州百姓大量死亡，具有济世救民情怀的苏东坡，只能“背信弃义”了。他迅速组织人员按照“圣散子”配方熬成汤水分发下去，使绝大部分患病百姓转危为安。

“圣散子”拯救了黄州百姓，加上苏东坡的名人效应，这一灵丹妙药很快在社会上流传开。名医庞安时闻听此消息，就到黄州拜见苏东坡，苏东坡便将“圣散子”传给庞安时，并为庞安时所著的《伤寒总病论》一书作序《〈圣散子〉叙》，展示了他的观点：

> 凡阴阳二毒，男女相易，状至危急者，连饮数剂，即汗出气通，饮食稍进，神守完复，更不用诸药连服取差。其余轻者，心额微汗，正尔无恙。药性微热，而阳毒发狂之类，服之即觉清凉。此殆不可以常理诘也。若时疫流行，平旦于大釜中煮之，不问老少良贱，各服一大盏，即时气不入其门。平居无疾，能空腹一服，则饮食倍常，百疾不生。真济世之具，卫家之宝也。

可见，“圣散子”是一剂兼具治病与防疫两大功用的良药。

在中国古代，士大夫往往具有“不为良相，便为良医”的担当精神，救人一命，匡护正义，成为士大夫爱民的基本准则。

元祐四年（1089）三月苏东坡出任杭州太守，这离他第一次到杭州担任通判时已过去了十八年。元祐五年（1090）六月初九日，杭州知州苏轼焦急上奏，称在邸报上看到了皇帝因旱灾严重所连下的两道诏书，“臣近者伏睹邸报，以诸路旱灾，内出手诏两道”。他希望朝廷立即发放大米，为百姓免除积欠。很可惜，他的奏折并未得到及时进呈。

当年春季，灾后瘟疫在浙江大面积爆发了。病人的主要症状都是手脚冰凉、腹痛腹泻、发热恶寒、肢节疼重，许多医生都束手无策。就在大家绝望时，还是有奇迹出现：东坡取出一张巢谷赠予自己的圣散子秘方，请杭州宝石山下楞严院僧人按药方配药熬汤，然后分发给病人，奇迹再次出现了，几乎是药到病除。

由于药物较为廉价，适合广为布施，于是苏东坡以此药方，请人用大锅熬煮药汤，分设在杭州城街头巷尾，布施百姓喝药防疫。

为了更有效地救治病人，平时不注重蓄财的苏东坡又慷慨捐出五十两黄金，这几乎是他多年为官的全部积蓄了。这是一个什么概念呢？唐宋时期货币之间的兑换比例，大约 1 两黄金 =10 两白银 =10 贯（吊）铜钱 =10000 文铜钱。北宋时期的 1 市斤，要比现在 1 市斤要重，有 640 克。但由于旧制用的是 16 两为 1 斤，所以北宋时期的 1 两又要比现代的 1 两要轻，实际上大约有 40 克。50 两黄金重 2000 克，如果以现在 450 元人民币 1 克来计算，北宋时期 50 两黄金也就是相当于现在 90 余万元。

这点钱还不够，苏东坡还从公款里拨出两千缗钱[①]作为治病基金，安排人员在杭城大街上广施舍粥和药剂；同时又于城中心的众安桥北面设立了治病机构，名为“安乐坊”，专门收治家庭穷苦的病人，这一举措让很多穷人转危为安。具体做法是，政府给予一定的钱粮，聘请具有一定医术的道士主持业务。东坡请求给予道士统一的紫色袍服并赐予度牒，这等于是最早的医院工作服了，也是对道人的奖励。单是刚开办的三年之内，收治了一千多位病人。后来医院搬迁到西湖边，改名为“安济坊”，医院直到苏东坡病逝时还在运作。苏东坡创立的这一制度得到了推广，到宋徽宗年间，京城也设立了安济坊，成为官立药局，经费由官府补贴，药局的价格仅为市价的三分之一。

在杭州民间，一直流传着苏东坡“施药惠民局”的故事。“药局收到金百万捐赠的银子后，苏东坡又在众安桥和江干两处租房子施药，也叫惠民药局。这样，杭城就有三个惠民药局了，许多染上瘟病的穷苦百姓，靠苏东坡施舍的圣散子得以痊愈，前后救活了好几千人。”[②]

后来医学史公认了苏东坡倡导的伟大发明：“安乐坊”不仅是杭州历史上最早的医院，也是中国第一家官民合办医院、第一家官立民助的慈善性质的贫民医院。后来大规模推广实施的“安济坊”医疗救济制度，

---

① 在宋代，1000 文钱就是 1 贯钱，也称为 1 缗钱。

② 董校昌等：《施药惠民局》，《浙江省民间文学集成·杭州市故事卷》（上），中国民间文艺出版社 1989 年版，第 147 页。

即肇始于此。

宋代词人叶梦得在《避暑录话》一书里阐释说："子瞻以谷（巢谷）奇侠而取其方，天下以子瞻文章而信其言。"由此可见，苏东坡的人品与文品，才是最诚信的时代"药方"。

孔子曰："知者不惑，仁者不忧，勇者不惧。"拥有仁爱之心，恰是民众危难之际，一个"时才"最能彰显本色的第一反应。

治理河道，再淘六井

欧阳修曾经与几位属下谈及自己如何看待为官与为文的关系：多及吏事，少谈文章。这表明他把文人学士的名头看得透彻，自己要努力成为富有业绩的政治家。这出自他对"文学"与"政事"功能性质的认知："文章止于润身，政事可以及物。"就是说，不要夸大"文章"的作用，它主要在于修身养性。针对当时社会只求清要之职而把吏事视为低级琐碎事务的普遍观念，他一针见血地提出做好"政事"可以匡正时弊，惠及民生。无论"政事"还是"吏事"，都具有"及物"的躬身实践性和应时性。官吏的职责是表达民意，救民疾苦。因此"政行于民，是达也"。尤其鉴于当时文坛的浮靡文风，欧阳修宁愿矫枉过正，也认为做好政事比写好文章重要得多。

当时苏东坡恰在场，聆听了恩师的这一番教导，铭记在心。"其后子瞻亦以吏能自任"，他要求自己成为一个擅长治理、造福一方的官吏，关心民生疾苦，担负起社会的责任，即是秉承了恩师的人生观与价值取向。后来就有人问东坡，他这样回答："我的这些施为，都是从欧阳公处学来的。"

既然是处理时政、解决时弊的"时才"，东坡眼下，的确毫无心思去关注文章好坏了。杭州的瘟疫算是暂时控制住了蔓延势头，他立马再腾出手来处理城市"肠堵"病症——航运。

可以发现，东坡在西湖的疏浚与改造中所实现的一系列水利功业，真实体现了他“城、湖一体化”为载体的“时才”抱负。

杭州城的两条运河连接大运河和钱塘江，是河运和海运的大血脉。为什么会出现异常呢？原来五代钱镠称王时，修筑有两道堤坝拦截江海之水，不放入城，城中十四五里的运河专用西湖的淡水，几乎无泥沙，河道畅通。到了宋代王钦若领导杭州时，为了方便舟船来往而拆除了堤坝。结果潮水倒灌进入运河，并挟带大量泥沙，造成河道淤塞，每过三五年便要疏浚维修。而负责浚河工程的官吏见此“良机”，大肆鱼肉百姓，声称在一个地点堆放泥土、某处过水，那里的市民便要送上大笔银子的贿赂，以便买通官吏改占别处。于是，官吏又到别处如法炮制……施工完毕，市容市貌一片狼藉，老百姓苦不堪言。

找到了结症，那么疏浚运河就是当务之急。苏东坡组织人力，在当年十月枯水期开工，到次年四月完成。工程将茅山、盐桥两河各长十余里的河段全面开挖，水深要达到八尺以上，才能使大小船只畅通无阻。杭州父老一见施工进度，都说：“三十多年来，开河从没见过这么深这么迅捷的。”

为防止潮水倒灌淤填河道，他采纳了富有经验的下属苏坚的建议，完成了一项开创性的水利工程：在茅山河（今东河）与盐桥河（今中河）南面交汇处设置一道闸门，每当涨潮之水扑来，立即关闭闸门一两个时辰，让挟泥沙的潮水只通过茅山河，流过十几里后，才与盐桥河相通，潮水中泥沙已沉淀了。茅山河流经人口稀少的地区，即使泥沙堆积，清理起来也很方便。另外开沟引西湖水从涌金门入盐桥河。这样通过人口密集市区的盐桥河上段有西湖清水注入，下段接纳钱塘江澄清了的潮水，便不再有淤塞和疏浚的麻烦了。湖水通过的地方都在居民区，又挖了一些蓄水池，供市民洗濯日用，还可防火灾。

借治河之便，东坡又解决了杭州的饮水问题。多年前他任杭州通判时，与陈襄一起整治的六井，都是用大竹管引西湖水入井。东坡年轻时去过川南淯井考察。据史料记载，唐代淯州的淯井（在今宜宾市长宁县双河镇境内的淯溪畔）是蜀地著名盐井，当地盛产楠竹，煎盐者从井中汲取卤水用笕杆（楠竹打通竹节做成引水管道）把盐水引到灶旁备用。

受到这一启发，东坡建议采用竹管引水。但竹子毕竟不耐腐蚀，天长日久竹水管就朽坏了。由于没有及时更换，离水源远的居民要用七八个钱才能买一斛水[①]，加重了百姓生活负担。

东坡找到了十几年前参加修井的四位僧人中唯一活着的子珪和尚。他尽管年逾七十而精力不衰，十分感动东坡体恤民生的情怀，建议改用瓦筒与石槽作为管道输水，并在离井最远的地方开凿两眼井，使西湖淡水基本上可以供应全城，真正实现了“西湖甘水，殆遍一城”。事成之后，东坡把治理六井的功劳归于僧人子珪，其实也含有他对僧人们两次参与治井的感恩。

元祐五年（1090）十二月，东坡正式向朝廷上书《乞子珪师号状》，请求表彰子珪和尚修井事迹。朝廷批准了，赐给法号“惠迁”，这是取《周易》所谓“井居其所而迁”之义。为政者邀请僧人参与市政工程，既有利于大众生活，也有利于民间对“善”的认同。东坡历来认为，“厚风俗”的标准是先王之道、圣贤之道，达到这一标准不能仅仅依靠严酷的政令或法律。

如今著名的六井里，只有最大的一口相国井遗迹尚存，位置在甘泉坊之侧，即位于今天的浣纱路、井亭桥西侧。往事悠悠，饮水思源，岂能忘怀李泌与东坡泽被后人的深情？！

“时才”就是这样炼成的！

学者们注意到，“苏轼守杭西湖诗似乎不及早期的倅杭诗作，后者不啻西湖文学史上的巅峰之作。但这只是问题的一个方面；另一方面，苏轼的守杭诗文虽不复倅杭之逸趣，其浚湖之举却堪称西湖治理史上的宏丽诗篇。”[②]

---

① 十升等于一斗，十斗即一百升，等于一斛。

② 何晓苇、杨兴玉、方永江编著：《东坡西湖研究》，中国文史出版社 2017 年版，第 73 页。

苏堤

苏东坡重归杭州固然是人生大幸，但杭州似乎又遭遇了多事之秋。

杭州百姓目睹了东坡治河、引水、赈灾的实干精神和功效，大受鼓舞，有一百多位本州父老和农民代表，来到东坡府衙主动请求整治西湖。

他们陈述了一番曲折："近年以来，西湖已经被葑草封合堙塞一半，水面一天比一天窄，再过二十年便没有西湖了。"

葑草也叫野茭白，又称为"菰"，别称还有水笋、茭白笋、脚白笋、菰、菰菜等，南方地区也叫高笋。明朝医学家李时珍在《本草纲目》中说："江南人呼菰为茭，以其根交结也。""菰"就是菰根，也就是茭白，茭白是菰根上的嫩茎，又称菰瓜、菰笋、茭瓜、茭笋，这就是它的食用部分。茭白吃起来和冬笋的味道相近，这大概就是它又被称为"菰笋"的缘故。这种植物历来就是西湖的伴生物，但疯长起来就成了害草。史志记载，在西湖疏浚史上频频出现的"葑"，就是困扰西湖的一大梦魇。比如"西湖多年不修，为葑草蔓蔽，疏浚恢复西湖旧观"……

东坡沿湖考察了解，并派专人丈量了湖上的葑草面积，计有二十五万余丈，开湖需用二十余万个工。

他是雷厉风行的人。他利用赈灾所余下的钱米来召集民工，在四月二十八日开工治湖。四月二十九日东坡上书《杭州乞度牒开西湖状》，请求朝廷资助开挖西湖。他陈述了一番富有远见的话：杭州有西湖，就像人有眉毛眼睛一样。现在西湖堵塞了一半，濒临报废的危险。而物华天宝的西湖必须存立于天地间，所以西湖有五不可废：其一，西湖是朝廷特辟的国家放生池；其二，杭城人饮水仰赖西湖；其三，大片良田有待湖水灌溉；其四，城中运河需湖水填充，如只用海潮则经常为泥沙淤积；其五，国家酒税之多的地方，没有超过杭州的，每年达二十余万缗。而杭州酿酒所用的水仰给于西湖，如果西湖水不能满足酿酒之用，则势必劳人远取山泉之水，每年支付的人工费往往在二十万缗，大大提高了酿酒的成本……他再次请求朝廷尽快赐给一百道"度牒"作为治湖的资金。

在放生、民饮、灌溉、助航、酿酒这五条理由中，以第二条最为重要。苏轼把西湖的存废与杭州城市的发展紧密地联系了起来：假使西湖湮废，杭州居民势必耗散，整个城市当然也就不复存在了。因此，没有西湖就没有杭州，只有保住了西湖才能保住杭州城市，杭州无西湖就不复为杭州！可以称之为“城湖共同体”。

更值得注意的是，苏轼这个奏章是历史上官方文件中第一次使用“西湖”这一名称，说明北宋时“西湖”之名已普遍流行了。

仅过了五天，苏轼又在五月初五写《申三省起请开湖六条状》，分别上书中书、门下、尚书三省，详细叙述了治河、引水和治湖的三大计划和措施的一体性，并附上绘制的施工地图。

东坡的请求得到批准，他用朝廷拨付的一百道“度牒”，换取了一万七千贯钱，加上赈灾所余下的钱一万贯、米一万石，东坡着手雇工治湖。当时正值荒年，老百姓看到有机会可以挣得钱米，应者云集，踊跃争先。东坡抓紧梅雨之后、葑草根浮动、易于清除的有利时机，立即开工。他和两浙兵马都监刘景文到湖上巡视，有时和民工一起吃饭，谈笑风生。

挖出的葑草和淤泥堆相当巨大，往哪里堆放呢？运出城不但要一大笔运费，而且还要侵占土地。他想了一个巧妙的两全其美的办法：西湖南北两岸沿湖通行有十几里，往来不方便，如果将这些无处堆放的泥草拦湖筑一道南北长堤，西面称里湖，东面称外湖，这样西湖中就有了两条路：南北向的是苏堤，东西向的是白堤。如果说白堤连接了孤山与断桥的一小段路程，那么苏堤则连接了西湖南北的两条主干道——南山路和北山路。它宛如一条绿色的丝绦，横亘在西湖的西侧，一路走去，就仿佛踏水而行……

筑成的湖堤长达八百八十丈，宽为五丈；道路两边种植了碧桃、柳树和花草，也保持了湖岸水土。第二年春天来临时，一眼望去，犹如灿烂的跌宕云锦。走上大堤，一种“不知细叶谁裁出，二月春风似剪刀”的美感油然而起。为保持水面的通连，长堤上修筑了六座美观的拱桥，依次为：映波桥、锁澜桥、望山桥、压堤桥、东浦桥、跨虹桥，杭州人俗称为“六吊桥”，于是民间有“西湖景致六吊桥，一株杨柳一株桃”的歌谣。堤上还建起九座优雅的亭子供游人休憩。由于这是杭州人企盼已久的城建大事，上下齐心，工程仅用四个多月就圆满完成了。

对此东坡是颇为自豪的，后来在颍州给好友赵令畤寄去了一首诗，他回忆了这一浩大工程的细节：“我在钱塘拓湖绿，大堤士女争昌丰。六桥横截天汉上，北山始与南屏通。忽惊二十五万丈，老葑席卷苍云空……”林希继任杭州知州，将此堤命名为“苏公堤”，简称苏堤。苏堤为西湖增添秀色，四时均有韵味，而春景更为人赏爱。南宋画院的画家以“苏堤春晓”为一景，并将其列在“西湖十景”之首。直到今天，苏堤仍是中外游人钟爱的景点。

如何使西湖永远不再被葑草困扰？苏东坡又遇到这个难题了。不过这可难不倒苏东坡，他又想到一个妙法：将新开出的湖面租给农民种植菱角，因为每年春天种菱之前，农民都须除尽杂草才能下种，这样一来，每年农民种菱就等于每年必然要清除葑草。所得的出让租金还可供每年浚湖使用。为防种菱人家在湖中堆积葑泥划分田界，规定只准在各家承租范围四周插竹木为标志。另外，在新开出的湖面和原湖面的分界处建造三座小石塔（当初建立了十八座石塔），以此为界，严禁越界种植，这就是著名的“三潭印月”景观的由来。他还向朝廷建议由钱塘县尉兼管开湖司公事，负责湖面的检查管理和疏浚以及租田和雇工的钱物收支。在杭州知州和钱塘县尉的官衙里，将西湖管理细则刻石立碑。

励精图治，而成百世之功。从水利和造园角度看，苏堤的修筑都是举世奇功。如果没有东坡组织领导民众战葑田、筑长堤，西湖也许早就淤积成陆地了。明朝状元杨慎赞美说：“东坡先生在杭州、颍州、许州，皆开西湖，而杭湖之功尤伟。”

站在大历史的角度，黄仁宇先生说：“苏堤则始于苏东坡，他是诗人、画家和散文作家，在十一世纪曾剧烈反抗王安石的改革。虽说他和白居易两人之间相隔近三百年，但他们前后都曾在杭州一带任地方官，也曾前后疏浚此湖。两座长堤即他们的工程所留下的遗迹。如此看来，中国传统政府以具有美术观念的人才为官僚，有其用心设计之奥妙，虽说两人同在西湖留名也算事出偶然，但其注重环境之保养与生态学则已胜过一般官吏。”[①]

西湖长

在宋朝的杭州知州里，知名度最高的人物自然是苏东坡。在他一生“八典名都”（八个地方做官）中，在杭州为官时间最长，前后约六年；次数达两次；成就最大，修建了“苏堤”；当然了，他的命运最为多舛，被捕入狱四个月。

东坡与西湖，后来逐渐演变为“东坡西湖”，并非简单的词语缩略。个中的心理、感情、事功，从湖以人传到人与湖传，均得到了千年以来的时间检验。彼此密不可分，就像水回归于水。东坡获得“西湖长”之名，可谓水到渠成。

东坡心直口快，“西湖长”之名源于他自己，后经杨万里赋诗称赞，逐渐成为共识。南宋人费衮《梁溪漫志》卷七“三处西湖”条记载：

> 三处皆有西湖，东坡连镇二州，故表谢云：“入参西禁，每玷北扉之荣；出典二邦，辄为西湖之长。”晚谪惠州，州有丰湖，亦名西湖。淳熙中，秘书杨监万里使广东，过惠，游丰湖，赋诗云：“三处西湖一色秋，钱塘颍水更罗浮。东坡元是西湖长，不到罗浮便得休。”[②]

按照苏东坡的解释，因为外任的杭州和颍州皆有西湖相伴，足以尽享山水之乐，自己又是两地的官长，称“西湖之长”，顺理成章。

后来谪贬惠州，当地也有西湖，可惜此一时、彼一时，东坡已经不

---

① ［美］黄仁宇:《中国大历史》，三联书店 1997 年版，第 146 页。
② ［南宋］费衮:《梁溪漫志》，上海古籍出版社 1985 年版，第 84 页。

是权重一时的地方官长，而是“不得签书公事”的谪臣，因而杨万里游惠州西湖之诗里，客气地说明“东坡元是西湖长”，是看重东坡与西湖的不解之缘，称道其虽被贬谪惠州，丝毫不减山水之乐的诗人情怀。

苏东坡的“西湖长”之所以为人津津乐道，除了他与多处西湖深刻关联的机缘，更重要的恰在于他为官一任、造福一方的职业秉性与爱民至深的情怀。清代学者俞樾对“西湖长”这一称谓的外延加以扩大化：

> 潘少梅以小印见赠，文曰“西湖长”，云旧得之市上。棱角刓敝，而篆文颇古雅有致。余虽不敢当，然年来适为西湖诂经精舍山长，未始不可妄窃以自娱也。监院校官孟君兰艇，因言薛慰农观察旧年主讲崇文书院，倩人刻此印，屡刻屡不当意，遂不复刻。时观察已移席金陵。余因笑曰：“慰农之不得长为西湖长，而余承乏于此，其即征之此印乎？”已而慰农从金陵来，言所寓惜阴书院，屋甚精雅，门前湖光如镜，芙渠弥望无际，榜曰“何必西湖”。余闻之，憬然有会前语言，信乎人生所至，莫非缘也。惟念“西湖长”之名，本之东坡。东坡守杭守颍，皆有西湖，故《到颍谢执政启》云：“入参两禁，每玷北扉之荣；出典二邦，迭为西湖之长。”后谪惠州，亦有西湖，故杨诚斋诗云：“东坡元是西湖长，不到罗浮便得休。”然则“西湖长”之名，如慰农曾官斯土者，方得称之，此印似非山人所当用也。乃本朝有诗僧正岩赋《点绛唇》词云：“来往烟波，此生自号西湖长。”彼释子可以自号，则吾侪或亦无嫌。因赋《蓦山溪》词，其首句云：“飘零书剑，老作西湖长。”居之不疑，可一笑矣。[①]

“西湖长”是一个风光的雅号，后人包括曾在杭州任职的官员、住

① 王国平主编：《西湖文献集成》第13册，《历代西湖文选专辑》，杭州出版社2004年版，第607页。

居的文人雅士，甚至诗僧，都欲称“西湖长”而引为荣耀。足见“西湖长”已成为雅爱湖光山水之胜的一个文化符号。循名责实，在这些自诩“西湖长”的衮衮诸公当中，能够得到后世所公认的，只有一个苏东坡！

若就士大夫身份而言，“西湖长”的形象具有双重性，既是诗酒湖山的文人雅士，又是管领湖山的政治人物。“西湖长”除了自封，更多的理由在于是否被民众“尊为”。所以，“西湖长”的内涵有三：

第一，东坡一生与多处西湖有不解之缘。

第二，东坡热爱湖光山色，且写下了瑰丽的诗篇。

第三，东坡为官一任，治水有方，美化西湖，为世人传扬。

而第三个理由，恰恰是吟风弄月的才子们最难以企及的。

水是天地的中介，水是天地的导体，水就是天地的魂灵。在学习《东坡易传》过程里，我注意到东坡对于“井卦”的深度诠释，那就是凸显“养”的深广概念。而他对“坎卦”的诠释，几乎就是这位“西湖长”的“东坡水论”：

> 万物皆有常形，唯水不然，因物以为形而已。世以有常形者为信，而以无常形者为不信。然而方者可斫以为圆，曲者可矫以为直，常形之不可恃以为信也如此。今夫水，虽无常形，而因物以为形者，可以前定也。是故工取平焉，君子取法焉，唯无常形，是以迕物而无伤；唯莫之伤也，故行险而不失其信。由此观之，天下之信，未有若水者也。

无常形并非“无常易变”。水以水为实质，因物为形，不囿于一物；迕物无伤，随时变化，适应环境。人如何与水达成相识、相知？在客观规律面前，东坡主张“顺”，即“循万物之理，无往而不自得”。“水之所以至柔而能胜物者，维不以力争而以心通也”。随物赋形的水体哲学，上升为生存哲学，均与自然任运相通。以物为形，不执着于固有形态，流动不止，以主体自身的主动改变避免矛盾的激化，在困俭的生活面前安之若素。

在《东坡易传》中，东坡创造性地提出了“水之心”说：“所遇有难易，然而未尝不志于行者，是‘水之心’也……故水之所以至柔而能胜物者，维不以力争而以心通也。不以力争，故柔外；以心通，故刚中。”既然深谙水性，其君子如水的主要内涵，概括起来就是“柔外刚中”。柔外，并非逢迎，柔其外形是为进退灵活；刚中，是面对困难要毫无畏惧，一展必达之志。

西湖的“水之心”，那就是以柔化爱、以景托美、以心换心。那就是最大的民心。

那是一种经历千山万水之后的会心一笑。

那是融化了白居易的笑声、融化了朝云的倩影、融化了孤山的梅香、融化了东坡的眼泪与明月的西湖啊……

水有万象恰在于“水之心”，恰在于君子如何为水寻找最为合理的取向。

人的合理施为，是为水赋形；而一泓西湖之水，方可以为人赋能。

西湖真西子

湖的位置位于城市之西、东、南、北，予以方位命名，各地皆有，但首先以“西”湖之称，是由于钱塘县城，隋朝之后从位处西湖之西，迁建到西湖之东，也就是原来杭州城东的钱塘湖，现在位于城西。至迟在唐代，“西湖”这一称呼已是遍地开花，白居易诗文里就经常用“西湖”一词，如其诗题有《西湖晚归回望孤山寺赠诸客》《西湖别》等等。

蜀地才子杨升庵也说过，东坡先生在杭州、颍州、许州皆开西湖，知百世之力，非一时之功。这足以见出，苏东坡这个“西湖长”，伴随仕途，把西湖带到了不少地方。至于苏轼在名篇《饮湖上初晴后雨》诗中咏出“欲把西湖比西子，淡妆浓抹总相宜”之后，西湖与西子构成了绝佳隐喻，各地模仿者日众。朱自清在《扬州的夏日》里直言不讳地说：“扬州的夏日，好处大半便在水上——有人称为‘瘦西湖’，这个名字真是太‘瘦’了，假西湖之名以行，‘雅得这样俗’，老实说，我是不喜欢的。”

“天下西湖三十六，就中最好是杭州。”比如，在四川境内叫西湖的地方尤其多，乐山市区、五通桥区、彭州市、富顺县、崇州市、泸州市、雅安天全县的明代“西湖胜境”等地，皆有各式西湖之镜独照虚拟的历史美人。奇妙的是，四川民间口语里又后缀一字：塘。这并不是多嘴或方言，而是具有极大的功用。

当风俗美学的古典样板西湖变成了现实的西湖塘，意味着什么呢？在我看来，杭州西湖、扬州瘦西湖实在太过奢华了，水榭楼台、曲院风荷、雕梁画栋、梅花深处白翅搅亮一片雪，这是给雅人们观赏的。腋下生风，胁生双翅，玉山倾倒，玉体横陈……而在巴蜀乡野的眼睛里，这是泾渭分明的。他们讽刺一个喜好打扮者的口头禅往往是：“好看有啥子用，又不能当饭吃！”于是，他们的眼睛往往具有穿透山水、直捣食物的独门技术。“塘”就是小水塘，死水、活水均可，塘可以养鱼，四周密植芦蒿，关键还在于可以种植莲藕，初夏风动荷叶，清香味儿压倒农家肥，农人欣喜若狂：预示着莲藕的好收成。这叫塘不在大，有水则肥。

“橘越淮而枳”，不妨读作“骨月怀儿子”，我不妨照此办理，湖奔西而塘——当风化美学的西湖成为巴蜀的莲藕种植基地，我每每站在四川大兴土木新建的水体边，簇新的镂空石砌栏杆还散发着一股切割石头而发出的气味，带有点火药味，无论多么西化、古化的命名，民间的口语再后缀一个“塘”，可惜这个“塘”又不是堂吉诃德的“堂”，这一语言结构，等于是燕尾服后面，在典雅的旗袍后摆缀上了一个本地的化纤质地的大补丁—— 一九七〇年代的农村服装美学就是：“大干部小干部，一人一条料子裤。前面‘日本产’，后面是‘尿素’。”

但是一个“塘”字，就露出了“麒麟皮下的马脚”。

…………

我去过杭州西湖多次，印象最深的一次，却是在一九九七年秋季。二十年的时光淘洗并未浑浊那一湖秋水。那是一个黄昏，我独坐在距离西泠桥畔不远的石凳上，那里还没有重建苏小小之墓。那时还没有多少游人与垃圾，不但看见柳叶飘坠如水的慢，偶尔还可以看见银鱼奋然跃起、鱼尾击水的华丽弧线。倒映于水体的云朵，开始被涟漪拽出更深的云翳……

一个人对激情的回味，准确点讲就是对过往人物的凝视。好像并不在乎历经数量的多寡，而在于面对一长串形色各异的面庞，那些永不老去的汹涌的活力，正在我凝视的水体上，从毛孔里渗透出激情。翕动的局部就足以引导我散漫的记忆流向真切，反复冲击的结果轻易覆盖了前行者肤浅的唇印，给自己留下了清晰而准确的划痕。

想起古人笔记里，提到一个不具名的蜀地书生，因为崇拜苏小小，千里迢迢赶到西湖，一步一拜，辗转反侧多日，最后投湖殉情。清朝袁枚从唐朝诗句中摘录“钱塘苏小是乡亲”一句刻成私印，某尚书在袁枚诗集上见到这个私印后，厉声呵斥，他辩说：“一百年后，人不知道你名字，只知道苏小小。”这成为苏小小的最佳注脚。

可以发现，与西湖联系密切的历史人物，虚构的与非虚构的，白素贞、许仙、苏小小、白居易、岳飞、张苍水、林和靖、秋瑾等等，生前似乎没有谁是“显达”之辈啊。他们俯身于西湖堤岸，用沉默又构成了一条坚韧的文化脊梁。

我不断回想起我与一个友人昔日倒立于湖面的身影。垂柳成了记忆漫漶的触须，一幕幕在我眼前散开，像刻刀在蜡版上雕出的惊心动魄的花纹。以至于后来的岁月里，我认为命运的造像，就是眼前这一切的翻版。

一泓秋水，是打不破也问不得的。对一件事情专注时间太久，赋予的想象色彩过多，它极可能由实用性向审美方向转化，到头来，时光涂抹的文化积淀足以让一代又一代人热泪盈眶。有心栽花花不开、无心插柳柳也不发的日子，已让人见怪不怪了，生活不一定都有伏笔，西湖里的荷并不是每一枝都必须开出浮世的花，命运不一定有先苦后甜的安排，但命运毕竟有它深湛的逻辑。而我懂得这个简单的道理，是四十岁以后的事了。

细心一点，可以发现西湖的形象是多面的，除了不可方物的绝色西施，东坡《夜泛西湖五绝》其五，还描述过西湖的神秘与深不可测：

湖光非鬼亦非仙，风恬浪静光满川。
须臾两两入寺去，就视不见空茫然。

自从人出现在这个世界上，探索大自然奥秘的行程从没停息。大自然那神秘莫测的一面依然谜一样诱惑着我们。这首诗里，体现出苏轼对于仙道、佛道的另外眼光。历史上很多学者把西湖上的光影解释为“野火”“阴火”，大约即今天所说的磷火。这样解释并不能完全释疑，甚至有人认为是外星人和飞碟……时至今日，我们仍然无法破解这一疑团。我想，这与峨眉山金顶的三大奇观——日出、云海、佛光一样，都是大自然向世人展开的神秘笑容，人们不妨与诗人一道叹赏西湖的神秘与玄妙。

东坡经常在西湖的游船上品酒赏月，随波逐月漂荡之际，他接触到一些为生计而苦苦挣扎的渔夫。他甚至把夜间渔民偷鱼的情景，也写到了《夜泛西湖五绝》当中：

苍龙已没牛斗横，东方芒角生长庚。
渔人收筒及未晓，船过唯有菰蒲声。

苍龙，东方七宿（角、亢、氐、房、心、尾、箕）的总称。“苍龙已没”是说夜色已深了。“生长庚”指天将明。一、二句是通过星宿的升没来写夜已深、天将晓。三、四句写渔人赶在未晓之前盗鱼。“船过唯有菰蒲声”，说明除船穿行于水草菰蒲中发出的摩擦声之外，万籁俱寂，进一步展示了湖面的深沉与辽阔。苏轼特意加了一条注释：“湖上禁渔，皆盗钓者也。”当时西湖被朝廷定为放生池，只准放生，不准打鱼，这样一来就断了渔民的生路，于是他们只好铤而走险偷捕偷钓。苏轼身为地方副长官，夜里游湖却听之任之，渔民在他的船前盗钓彼此心照不宣，治政之要在于安民，安民之道在于察其疾苦！

我注意到北宋张邦基《墨庄漫录》里，记录了苏东坡在西湖发生的一场诗意邂逅，那是“最西湖”的方式：

熙宁七年（1074）夏季，东坡在杭州任通判，任期即将结束。一天东坡与当时已八十余岁的著名词人张先（990—1078）同游西湖、饮酒赋诗，好不快意！夕光四散时分，忽然有一艘小舟翩然驶来靠近官船。小舟头站立一位中年美貌女子，主动来了一番自我介绍：“我自幼仰慕东坡先生，今已嫁为民妻。听说东坡先生游湖，特来献筝一曲，并请东坡赐词二首，以为终身的荣耀。”

天下有这么直白、解人的妙女吗？呵呵，微醺的东坡说，太好了！

女子一曲奏毕，筝曲的余波尚未随水漂去太远，东坡笔走龙蛇，题写了一首《江神子》赠送给她。

这个没有留下芳名的女子，已经把全副音容笑貌，留在了《江神子》当中，留在了西湖的微波间：“烟敛云收，依约是湘灵。欲待曲终寻问取，人不见，数峰青”……

凤凰山下雨初晴，水风清，晚霞明。一朵芙蕖，开过尚盈盈。何处飞来双白鹭，如有意，慕娉婷。

忽闻江上弄哀筝，苦含情，遣谁听。烟敛云收，依约是湘灵。欲待曲终寻问取，人不见，数峰青。

东坡既实写水面荷花，又是以出水芙蓉比喻弹筝的美人。目睹那个离去的女人，消失于西湖渺远的水波深处，他画舫上悬挂的灯笼，宛若一颗爆炸的石榴，溅起了一团团回忆的微火。东坡突然感觉到暖意十足，尤其是暖意之下的冷，渐渐升跃成灯笼的主语。

西湖真西子，烟树点眉目。丽人与碧水融为一体，浓得化不开，这就是东坡西湖的丰神流韵。

站在西湖边，千载水波翻涌而上，很多人最实在的感受，就是感叹命运的沧桑，自己老了。“少不入川”固然是古训，对于我而言，“见湖催老”似乎才是箴言。这也是我不愿意经常拜谒西湖的原因。

一阵风横斜而来，带来了一场秋雨。

激情经湖水过滤，曾经让花朵盛开的风就会变得极其酷热，使当事者心烦意乱，无心恋栈。我猜想，敬隐渔回国后，他也同别的女人有交往，直至分手，她们或沉稳、或精心包装、或意气飞扬、或故作深刻状的面庞，偶尔也晃动于半夜醒来时的一刻，他也会像冯士德那样感叹：“啊，停一停吧，你真美丽！”可面庞是不会停留的，她们重叠起来，宛如一叠川戏《变脸》中的脸谱。一张张脸谱过滤，变形着初衷与真实，而我们曾经在她们脸上用胡须扎出的片片红晕以及留下的浓浓酒味，被每一个后来者置换着。意乱情迷的人弄不清楚她们之间的区别特征，如此机遇地排列，就像一条桃色的通道。但是，我突然看见通道深处的泪水，以琥珀的光芒和内敛，正从历史的凝视中，坚硬地坠落下来……

有些距离，并不是以现实空间来权衡的，就像柳树枝条上的雨水，它本该流到某个固定的地方而坠落的，可一阵风吹来，它从枝叶上中途跌落，在湖面发出声声脆响。我猛然意识到，这是白素贞的雨滴，这是苏东坡的雨滴，这是秋瑾的雨滴，这也是敬隐渔的雨滴。自己的命运也许跟雨滴接近，但对改变方向的风，我既不祈求，也不拒绝，我承认，只是有些羡慕。

尽管每一天是簇新的，但对于凡人而言每天则都大同小异。激情水光中的女人也是大同小异的，很难说有高下之别，就像一叠规格相同的脸谱。如果细腻一点，非要在每一天里品味出一些异样以供铭记，可庸常的交际与应酬却反复在提醒自己，除了自己实实在在活着之外，让人疼痛、让人揪心的日子，已经沉入水底。往事并不遥远，影影绰绰，水面总是以幻觉的方式予以放大与强化。这些跟自己也没有多少关系，进而还会怀疑：她们真的存在过吗？

秋雨下的西湖，像一个没有谜底的谜面，浮荡、迂回而摇晃，要飘起来。

也许，我这个俗人看到的不过是“西湖塘”的倒影，而不是东坡西湖。

第四章

魂断惠州：日啖荔枝三百颗，不辞长作岭南人

与蓟草相遇的日子

杜介，字几先，曾官“供奉”[①]，不久罢官为道士。他返回扬州后，居平山堂下。杜介善草书，清爽圆媚，诚为奇绝。

苏东坡于元丰元年（1078）曾在徐州作诗《杜介熙熙堂》：“崎岖世路最先回，窈窕华堂手自开。咄咄何曾书怪事，熙熙长觉似春台。”书斋名取《老子》中“众人熙熙，如享太牢，如登春台”之意，“熙熙”有和乐的意思。很显然，杜介乃是一位性格孤傲的恬澹之士。元丰三年（1080）冬，时在黄州的东坡，托朋友鲜于侁转交给杜介一封信，说：“去岁八月初，就逮过扬，路由天长，过平山堂下，隔墙见君家纸窗竹屋依然，想见君黄冠草屦，在药墟棋局间。而鄙夫方在缧绁，未知死生，慨然羡慕，何止霄汉？”（《与杜几先》）从此信可知，东坡以前曾到杜家做过客，否则正被押解在官船中的他，怎能隔着篷窗认出杜介家的纸窗竹屋呢？后来杜介于元祐二年（1087）正月，远赴汴京给东坡送

① 北宋初期，供奉官、殿直、内殿承旨称为“三班”，所以大小使臣也称三班院使臣或者三班。

来隆冬时节罕见的鱼鲜，东坡十分高兴，作诗《杜介送鱼》予以答谢："病妻起斫银丝鲙，稚子欢寻尺素书。"扬州友人的深厚情意，给东坡增添了浓浓的暖意。

元祐二年（1087）春节之后，杜介欲回扬州，东坡作《送杜介归扬州》：

再入都门万事空，闲看清洛漾东风。
当年帷幄几人在，回首觚棱一梦中。
采药会须逢蓟子，问禅何处识庞翁。
归来邻里应迎笑，新长淮南旧桂丛。

"采药会须逢蓟子"，典故出自蓟子训，为汉代建安年间名士。善于宣扬自己有神技异术，当时京城里许多人对他的道术深信不疑。在这里，苏东坡一语双关，也体现了他眼中蓟草的重要性。

丹麦作家汉斯·克里斯汀·安徒生看到蓟时，也情不自禁写她，童话《蓟的遭遇》由此产生，安徒生在日记中说明了写作的理由："我在巴斯纳斯庄园附近的田野上见到了这样一棵完美无缺的蓟。我别无选择，只好把它写成一个故事。"

在一大片整齐的花树里，树下总有不少奇特的小草，在阳光下举起了毛茸茸的花球，山风一荡，就撒出一茎茎半透明的银白丝绦，约半寸长，轻若尘埃，在风中兀自滞留，不坠。这不是蒲公英，而是蓟草。

蓟为形声字，但似与鱼无关。魝，楚人谓治鱼。"治"，读团音。"治鱼"是什么意思？就是剖鱼之意。这也暗示了最早发现大面积蓟草丛生的区域，比如河北，多半是一片水泽鱼乡。

蓟也叫刺蓟，菊科，多年生草本，泛称大蓟、小蓟。因叶皆有刺，故称。《尔雅》认为，生平地者即名蓟，生山中者名术（白术）。宋代晁补之《收麦呈王松龄秀才》诗："东山刺蓟深一尺，负郭家近饶盘餐。"李时珍《本草纲目·草四·大蓟小蓟》记载说："虎蓟、马蓟、猫蓟、刺蓟、山牛蒡、鸡头草、千针草、野红花。弘景曰：'大蓟是虎蓟，小蓟是猫蓟，叶并多刺，相似。田野甚多，方药少用。'"大凡与民间联系密切的植物，名字一定是繁多的，这也充分昭示了这些植物的生命力。

因为刺蓟有刺，总是招来顽童的打杀。恍记得东坡幼时上学，总和伙伴们拿木棍争相杀蓟。树棍一阵猛挥，刺蓟上大朵的花苞惨遭荼毒，脂粉凋零……

蜀地乡间叫刺蓟为"米杆苗""刺干苗""刺根苗"等等，在乡民眼里，这只是一种野菜，在非常时期就是"救命菜"。当地乡民给我说了一个刺蓟的特点：镰刀触动刺蓟时，刺蓟会下意识跳动，跳动时能看见刺蓟"在扳命"。我想，这有点类似伸手去挠害羞草或者紫荆花树。"扳命"之后，刺蓟的生命就在镰刀下消逝了。然后，乡民用火燎其叶片把刺烧掉，然后团起来反复揉搓，最后用来煮食。味道苦而涩，常常吃得人泪流满颊，一律面带菜色。尽管如此，刺蓟一度也都被采撷一空。

刺蓟的叶子虽然多刺，但肉厚多汁，牛尤其喜食。奇迹是在一大团牛粪里竟能长出新刺蓟来。而且在牛粪的滋润下长势更佳。这种出生于牛粪的刺蓟很少被灭的——人们以为，那有毒。真是蓟花长在牛粪上，蓟草有大福。当牛粪堆越来越矮小融入泥土时，那一丛刺蓟便失去根基，只能委身倒伏，进而委顿……

理查德·梅比的《杂草的故事》一书，对杂草有着自己的理解，那就是"出现在错误地点的植物"。这就是说，所谓杂草，长在了你本希望长出其他植物或者根本不希望长出植物的地方。然而对杂草的判定标准，随着时间的流逝发生了戏剧性的变化。比如蓟草，几百年前英国人都很喜欢这种漂亮可爱的小草，蓟草在英国繁衍速度并不快，可是它在澳大利亚却能飞快地生长，不到二十年时间，这种草遍布澳大利亚整个大陆，原本招人喜爱的蓟草，可谓"落草为寇"，其命运发生突变，当地一些郡县甚至设立特殊法案，强制性地将蓟草从私人领地拔除。

在国人眼里，植物一定与食用、药用有关，极少把它们作为自在、观赏之物。而在西方人眼中，刺蓟显然无法入口，这不过是寻常野草而已。

不久前我偶读美国作家梭罗的自然史笔记《种子的信仰》，处处闪动着一个伟大思想者和诗人的超乎常人的细腻观察。有一天，他注意到了一丛刺蓟：

> 深秋时节我经常看见没用干瘪的蓟草在田野上飘落，它的精华已不复存在，也许是被饥饿的黄雀吞吃了。它们的底部没有了种子的羁绊，风一吹便飞开去，翻过无尽的障碍。它们也许是走得最快最远的，但最终休息下来，却没有一株蓟能长出来。

写到这里，应该不是梭罗的目的，他的思绪不禁从大自然返回到喧嚷的社会："这些蓟草让我想起那些为了狂想而忙碌却最终无果的人。他们念叨着'经历一番'，可实际上却没什么经历的。这些匆忙的商人和股票经纪人，要么慌着借贷，要么在股市里赌博，一输再输，蠢蠢欲动却没有目标。在我看来，纯属无事找事，连傻子都不屑去做。当你想引导或拯救一个着迷的商人（把他拉出进退维谷的境地），带他到风里，让他四下看看，弄清楚自己身下有没有成功的种子。他要飘浮得慢一些、稳健些——他的事业也就有望了。"

梭罗是希望利用蓟草飞舞的花绒，来告诫急功近利的时代。

蓟草之花，飞得舒慢。因为舒慢，才得从容；

蓟草之刺，沦浃肌髓。因为尖利，让人停止。

但即便停止了，也并不意味着就能获得彻悟啊。何况大江日夜流，时不我待。

我现在似乎终于意识到，这里的蓟草之花，是从迅疾奔流的长江里，飞身而起的朵朵浪花。它昭示了阔达与微小、迅疾与舒慢、种子与思想、都市与乡愁的辩证。

有人说，蓟草如美人，那是看到了飞花的诗意一面。有人说，素人如蓟，那不过是看到了它平凡的一面。在我看来，刺蓟如针，恰是"金针度人"的隐喻。

时至今天，也许不仅仅是看到一座现代化新城的崛起，我还看到了乡愁，我更愿意看到梭罗的种子，不是生长在牛粪堆里的那棵随粪而去的刺蓟，而应该是长在野地里的，长在喧嚷都市里欲望勃兴的人心之中。

这才是梭罗的种子。这是一个深爱大自然的哲人的全部信仰。这一切，关乎植物，关乎自然，关乎命运，更关乎一个时代的转身与发展。

大庾岭

古语说“祸不单行，福无双至”，意思是说不幸的事接二连三，但好事却不会如此，来一次就很幸运，所以不要祈盼太多。元祐七年（1092），是苏东坡再遭雷霆之击的一年。

御史台的势力一直存在着，在苏东坡身边暗流汹涌。更由于老臣们的保护神太皇太后突然病逝，变法派抓住这一机会大肆打压。一场对苏东坡打击程度不亚于“乌台诗案”的报复，已拉开了帷幕……

但表面上看，苏东坡似乎时来运转，官运亨通：他于九月抵京，兼任太子侍读；十一月升为端明殿学士兼翰林侍读学士、礼部尚书，达到了他一生中的最高官位。而弟弟苏辙地位更高：四月，摄太尉；六月，为太中大夫兼门下侍郎。

东坡在扬州得到任命后，就立即上章辞免，任礼部尚书时又递上辞呈。终于在元祐八年（1093）六月再次得到诏命，以端明殿学士兼翰林侍读学士、礼部尚书知定州。

这一年，又是东坡遭受感情打击的一年。

自母亲程夫人与前妻王弗辞世后，还有给予他温情最多的两位女性——贤妻王闰之和正直而温情、一直呵护苏东坡的高太皇太后，先后于八月一日和九月三日去世。如同两颗高悬于他头上的吉祥之星，星辰消殒了，苏东坡的天空出现了两个巨大的黑洞。

王闰之是普通女性，从文化程度和艺术修养而言，她这方面不及王弗。她不完全理解丈夫的写作所具有的深远价值，甚至当看到这些文字给家庭带来祸患时，一度愤而将残留的珍贵手稿付之一炬……但她深爱丈夫和孩子。无论是前妻所生还是自己所生，她都一视同仁，像照料孩子一样精心照料童心未泯的丈夫，使家庭成了苏东坡的避风港。她是一位贤惠体贴的贤妻良母，陪伴苏东坡沧桑二十五年。自“乌台诗案”之后，她的身体似乎一直没有恢复，病逝时年仅四十六岁。八月二日，东坡作《祭同安郡君文》，除赞美她为妻贤惠，为母慈爱外，高度评价她与自己同忧共乐，不为贫贱而怀忧，不因富贵而自喜的高尚情怀。他甚至说，将来自己要与妻子同葬一穴。可以看出，长期的共同生活已在他们之间形成了依恋不舍的挚情。

宋哲宗绍圣元年（1094），新党再起，章惇一伙对“元祐党人”进行疯狂的报复、迫害。苏轼又首当其冲。御史赵挺之、来之邵等人又欲重演“乌台诗案”，弹劾苏轼所作的诗词“谤讥先帝”。于是，苏轼落职，被贬往英州（今广东省英德市）。

绍圣元年闰四月三日，苏东坡接到诰命，动身前往贬所。途中，政敌章惇、蔡京、来之邵等人又不断在皇帝面前攻击东坡，说他罪大恶极，贬英州仍不足以彰显惩罚。由于苏东坡一再上书，反复辩解，以至冒犯“龙威”，哲宗皇帝加深了对他的反感，于是又两次对东坡加重处分，把他贬为宁远军节度副使、惠州安置。

这时的苏轼，就近于一个地地道道的囚犯了。

在古代，五岭以南一带是比较落后的，人们称之为蛮野之地，加上气候炎热，疾病流行，人们又称之为“瘴疠之地”，所以，《水经注》言：“古人云‘五岭者，天地以隔内外’。”历代统治者都是把不同政见的“罪大恶极”者贬谪岭南，这一制度始于唐宋时期。据不完全统计，宋代抵达广东的“流人”，仅见于史籍者即有三百多人次，无记载的充军者则更是不计其数。鉴于“流人”一般是士大夫，因此北宋学者陈瓘戏言：“岭南之人见逐客不问官高卑，皆呼为‘相公’，想是见相公常来也。”

大庾岭原名台岭，也名“塞岭”“塞上”，百越五岭之一，横亘在广东南雄与江西大余之间。秦朝末年，将军梅鋗统兵驻扎于此，当地人重其贤良，在岭上广植梅树以为纪念，故而改称梅岭。后来梅鋗出兵伐秦，令裨将庾胜戍守，所以又称其为庾岭。

唐代丞相张九龄亲往梅岭勘察线路，并在农闲时征调民夫，利用火烧水激之法，在分水岭上凿出一个二十多丈长、三丈多宽、十丈多高的大山坳，后又沿南北修筑了一条宽一丈、长二十多华里的岭道。

从唐代开辟大庾岭古道以来，这条山岭驿道就注定要为不同时代注入黄金、香药、利润与眼泪。意大利传教士利玛窦经此北上，在《利玛窦中国日记》中这样描述这条古驿道上的繁盛景象："旅客骑马或乘轿越岭，商货用驮兽或挑夫运送，他们好像是不计其数，摩肩接踵，不绝于途。"到明朝，单是由此古道输入北地的广东海盐，每年就逾一千万斤。

唐宋官员一旦贬官岭南，不但意味着政治生命的终结，而且性命堪忧。当时流传这样的民谚：

春、循、梅、新，与死为邻；
高、窦、雷、化，说着也怕。

民谚里的八个地名分别是广东的阳春、龙川、梅县、新兴、高州、信宜、雷州、化州，皆是北人眼中的南蛮瘴疠凶险恶劣之地。

一千多年来，梅关古道不仅是岭南最重要的商道和官道，也是一条文化大走廊。

从定州到惠州有四千多里，五十九岁的苏东坡，身体不好，患有严重的痔疾。在这种情况下，只能对家人做了重新安排：令苏迨家及苏过的妻儿去宜兴，和儿子苏迈团聚；自己则与幼子苏过、王朝云以及两位老婢，奔赴贬所。

值得安慰的是，苏轼此次南行，沿途遇到许多老友，得到了他们的帮助：尤其是路过扬州，以龙图阁知润州事的张耒，害怕东坡在路上遇到不测，特意挑选两名士兵随行，沿途照顾他，并一直送到了惠州。

太多一幕一幕的过去，令人压抑。可是往昔在开始之时，又是多么辉煌而迷人！

一路上苏东坡气闷不已，他真的很不服气。越过大庾岭[①]时，他知道这是一条一旦跨过就难以返回的分界线，不由得心神相激，写《过大庾岭》，唱出了一首正气之歌："一念失垢污，身心洞清净。浩然天地间，惟我独也正。今日岭上行，身世永相忘。仙人拊我顶，结发受长生。"那种渴望出淤泥而不染的高洁之情，一直感动着世人。

《大智度论》当中有一个形象的比喻："譬如蛇形，本性好曲，若入竹筒则直，出筒还曲。"直也好，曲也好，对于东坡而言，他与韩愈一样，是以"磨羯"为命宫的，所以对他们而言，不变的总是毕生多遭诽谤。但即使如此，他还是那个东坡。

大庾岭林深树茂，野兽出没，人迹罕至。据传，东坡九月过岭时，路遇两位道士，他们一见苏公便急忙转身，快步隐入林中。东坡甚感诧异，便对押送军士说，我们莫非遇上异人，应该前去拜访一下。他们便跟随道士踪迹，穿过树林，看到一间茅屋。两位道士果然气宇不凡，举止脱俗。道士问军士："来访者何人？"

军士答："苏学士。"

道士又问："莫非是苏子瞻？"

军士说："学士始以文章得，终以文章失。"

两名道人相视而笑："文章岂解触荣辱，富贵从来有盛衰。"

东坡听罢，沉默良久，突然仰天长叹："何处山林间，没有有道之士？"

…………

下山即是岭南地界了。这里气候、风俗与内地很大差异，满眼都是新奇，东坡没有感到半丝蛮荒的感觉。东坡看到这里的人们都在打柴钓鱼，求取生活的方式也一样，只是语言不通，难以交流。

他遍览古刹名寺，在与南方僧人的交往中，营造着更为脱俗的清净心境。他还带着小儿子苏过漫游名山罗浮山，也许是山河与情绪的感

① 五岭之一，位于江西省与广东省边境，跨越赣州市到韶关市的重要地带。

应，东坡写出了一首可以比肩李白的长诗。他在诗中赞美苏过“少年奇志”“戏作凌云赋”“负书从我”。苏过从小到三十岁都在父亲身边，随侍苏东坡的时间最长，惠州、儋州时，苏过始终相随。东坡还给他娶同乡范百嘉（成都人范镇的三儿子）的二女儿为妻。在东坡孤寂清冷的人生坎坷之途，这位理解他的小儿子给了父亲太多暖心的慰藉。后来的苏过为人淡泊、兼诗善画，当世评价说“苏氏三虎，季虎最怒”，意思是老三苏过最为杰出，人们亲切地称他为“小坡”，成为东坡风骨的最佳传人。

几年后，从瞻州奉旨北返的苏东坡，站在大庾岭上，我与青山是旧友，青山能识旧人否？他诗情澎湃，再写《赠岭上老人》一诗，抒发自己劫后余生的喜悦和庆幸。其实他被贬路过大庾岭，只是初唐时期诗人宋之问之后的又一个后来者而已。早在三百多年前，宋之问因宫廷政变受牵连而获罪，他被贬钦（今广西钦州市）时，就途经了大庾岭。

如果时间可以倒流，人们从大庾岭拾级而上，总能够与历史上途经此地的名人不期而遇。他们在广东留下的足迹与诗篇，不仅让广东文化实现跨越式发展，在中国文化史上留下了浓墨重彩一笔，更是通过他们的筚路蓝缕和垂范引领，或革新农具，或改进农耕，直接推动了宋代岭南的经济发展。

岭南万户皆春色

北宋绍圣元年（1094）十月初二日，苏东坡、朝云历经千辛万苦到达惠州。

他不再是父子三人风靡京城骤得大名时的那个人了。

他也不是那个初到杭州写出“欲把西湖比西子，淡妆浓抹总相宜”的人了。

他更不是那个置身黄州长江畔写出“惊涛拍岸，卷起千堆雪”的人了。

此时的苏东坡蜕去旧壳，就像一个文人抛弃了形容词与排比句，他是一个赤子。

无论千里万里，东坡总有“似曾相识”的循环美学观。

就像一到杭州那样满眼新奇，他喜欢惠州的山水，喜欢这里的淳朴人情，觉得一切都似曾相识。当地官吏、百姓早已风闻东坡的大名，父老相携来迎接他，大家都猜测他一定经历了“天大的事情”，朝廷才会把他贬到惠州。面对大家敬上的果酒，酒量不大的东坡还是一饮而尽，呵呵，味道好极了！从此他喜欢上了这里的美酒，高吟“岭南万户（万户酒）皆春色”，一语双关地表达了他的一见倾心。他已不指望自己有汉朝忠臣苏武那样的运气了，可以时来运转。

《十月二日初到惠州》是高度写实主义的：

仿佛曾游岂梦中，欣然鸡犬识新丰。
吏民惊怪坐何事，父老相携迎此翁。
苏武岂知还漠北，管宁自欲老辽东。
岭南万户皆春色，会有幽人客寓公。

“幽人”排闼而来。苏东坡名满天下，新知与老友接踵而至，他不但不寂寞，而且心情大为好转；不断有人赠送饮食、药品等。惠州长官詹范更成为他的亲密朋友，有时把东坡请去饮酒，有时带上酒菜到东坡家对饮。东坡也不拘礼，称他为“老詹”，还向他坦白：以后你有好酒我自己就找上门来！不用派人来请。

老朋友陈季常来信说，要专程到惠州来探望他，他立即写长信劝阻：“彼此须髯如戟，莫作儿女态也。”我们都是胡子一大把的人了，不要儿女情长。

苏州定慧寺长老守钦是东坡老友，特派寺僧卓契顺到惠州来问安。东坡留在阳羡的两个儿子和家人，由于长时间得不到惠州的消息，很是焦急，卓契顺知道了，就对苏迈说：“惠州又不在天上，只要走就能到达！我可以替你带信去看望他。”卓契顺开始了几千里的徒步旅行，走得双脚起茧，晒得面孔乌黑，终于在绍圣二年（1095）三月走到了惠州合江楼。这样的感人情怀，就是在古代，也不多见啊。

苏东坡大为感动，与卓契顺盘桓了很多天。有一天，东坡跟卓契顺来了一段问禅式的对话，机锋大展。

东坡问："呵呵，你带了什么土特产来看我？"

卓契顺摊开双手，空手空空，算是回答。

东坡说："呵呵，你走几千里路，可惜空手而来。"

卓契顺又做出担负东西的样子，缓步走开。[①]

这一问一答之间，展示的是两个高人的智慧。

是空手而来、空手而返吗？肯定不是！

他们彼此得到的，在千里万里之外，但已成为心里的压舱石！那是担不动的如山一般的情义啊。

一天卓契顺要回杭州了，东坡问他有什么要求。他说："我什么也不要，只想得到先生您的几个字。"东坡哈哈大笑，为他书写了陶渊明的《归去来辞》，并为他写了《书〈归去来辞〉赠契顺》一文。这些充满深情厚谊的相互赠予，成为文学史上的佳话。

与东坡交往多年的朋友吴子野（字复古），也从路途遥远的北方赶来惠州。吴子野淡泊名利，他父亲吴宗统为翰林院侍讲，本来他可借父亲而当官，却把机会让给了异母的哥哥。自己守父母陵墓三年，后来独自进入潮阳的山间修养，有时出游四方，遍交朋友而一无所求。早年吴子野在济南就与东坡相识，东坡贬黄州后他不断去信，送去不少药品、食品。得知东坡到惠州了，他的儿子也派人送来很多慰问品。不仅如此，他还到惠州陪东坡住了一段时间。

东坡有诗《吴子野绝粒不睡，过作诗戏之，艺上人、陆道士皆和，予亦次其韵》，表达了他们之间的亲密关系。东坡向他请教养生术，他只说了两个字，一个是"安"，一个是"和"。上引诗题中的"陆道士"，

---

① 事见《记卓契顺答问》，张志烈、马德富、周裕锴主编《苏轼全集校注》文集第十一卷，河北人民出版社 2010 年版，第 8249 页。

名叫陆惟忠，是从四川眉州跋涉几千里来陪伴东坡的。

中国历史上名人众多，但没有几个能够拥有苏东坡这样的人缘。

惠州给予了东坡荔枝，惠州给予了东坡世外桃源般的呵护，惠州给予了东坡最需要的人间温情。

来而不往非礼也。东坡给予了惠州数百首诗篇。这一段时间他几乎无日不诗，无处不诗。细读东坡的惠州作品集，就会发现在他一生写作生涯里有一个峭拔而丰赡的“惠州时代”，这是他的又一高峰，当然也是最后的孤峰。一共有一百九十二首诗以及数十篇散文、序、跋。这一时期他写的长诗明显多起来。到达惠州的次月，苏东坡一家借住进了惠州水东的嘉祐寺，他看到弥陀寺后山之巅寺中松风亭下盛开的梅花，一口气写了三首梅花诗，其中一首居然长达一百零四言。在他一生的梅花诗中，这应该是最长的一首了。

严冬的风里，有几株怒放的梅花。

梅花在逆风里读懂了五岭的气息。梅花尽力打开了全部的花瓣。它的香气唤醒了蛰伏的梦。于是，梅花在雪地上，最后一个一个吐血而亡。

这一片梅花地，在东坡醒过来的时候，他似乎闻到了杭州的香气。

惠州梅花的花期非常短，只有二十天至一个月左右。可以想象，这段时间里，病鹤一般的东坡啊，真是比梅花还要忙……有时，他在梅林里沉醉终日。醒过来时，才发现只有“落蕊黏空樽”，梅花似乎出走，忙于一个神秘的梅花阵的铺排与运行。独遗下一地的梅花瓣，就像妻子王弗的眼帘，就像母亲点燃的烛火，在风中一闭、一闪……

春雨不是滋润万物吗？梅花终于在一阵阵春雨浇灌下凋零，枯萎，无一丝香气。在东坡眼里，这一幕很像过了期的自作多情。

梅花、桃花、樱花、海棠……这些极端之美的花朵，均由黑怪诡异的树枝催生而出，这就让人意识到，异端之美的东西，它们的来历是同样奇异的。

在令人颤抖的思念中，迎面而来的冷雨，让人的嗅觉变得深入而灵敏。

现在，置身高处的玉兰花，冷眼睨视，玉兰花举起了酒杯，小口啜饮。

惠州西湖泯恩仇

天有不测风云，苏东坡突然面临一桩家族恩仇的大事。

苏东坡晚年尤其是贬谪惠州、儋州期间，总绕不开当朝宰相章惇凌厉的打击。章惇出现在苏东坡的人生中，亦敌亦友，当年他们还是同登进士科。章惇为人豪俊，才智出众，博学善文，再加上相貌俊美，举止文雅洒脱，因此很是自鸣得意。除了政见不同，尤其是苏东坡名满天下，他难免产生“既生瑜，何生亮”的感叹。现在的章惇官位远在苏东坡之上，他听说苏家因苏八娘之死与程之才结仇的事，认为这是一个重大的突破口。

他特意委派程之才到岭南，担任广南东路提点刑狱，主管所属各州的司法、刑狱、官吏监察，他用意很明显：程之才不但可以像猫戏老鼠那样玩弄苏东坡，而且还可以公报私仇，不露把柄。

很可惜，章惇的如意算盘还是打错了。

绍圣二年（1095）春季，程之才到达广州。程之才首先通过苏东坡的上级转来一封信表示问候，东坡接着给他写了回信致意。他听说程之才三月份要到惠州，东坡又派苏过带着自己的信去迎接。

自皇祐四年（1052）苏八娘去世后，苏程两家断绝了往来。嘉祐二年（1057），东坡母亲程氏卒于眉州，苏氏父子归葬，程家也没有派人来吊唁。自此以后，两家失去了联系。到苏洵逝世时，也没有任何往来。时间过得真快，苏东坡与程之才已断绝来往四十二年了。经历无数斗争的苏东坡，心胸日渐开阔，他早已超越了狭隘的个人、家族恩怨，此时心里只涌起对故乡的浓浓亲情。

苏轼的姐姐八娘比苏轼大一岁，而程之才又比八娘大一岁。三月六日，当程之才站在苏东坡面前时，看起来他比苏东坡更年轻，东坡不禁感叹，流下了两行热泪。

苏东坡这才注意到，程之才身后站着一位少年。程之才回头指着少年说："这是我家十郎。"少年向苏东坡行礼，叫了一声："表叔好！"东坡胸中一热，明白了程之才的良苦用意：自父辈结怨以来，苏程两家两代人已完全陌生。仇怨应当终了，下辈人应该有他们光明的未来，去化解恩恩怨怨。

程之才在惠州住了十几天，两人饮酒唱和，十分融洽，从此往来频繁，洋溢着真情实意。在苏东坡的书信里至今尚留存写给程之才的七十多封信，由此连缀、丰富了苏东坡一部感人至深的感情交往史。同时可以看到，借助这位有权的表兄，苏东坡也为惠州老百姓办了很多好事。米贱伤农、火灾善后、军队缺少营房，飓风成灾、疫情防控、能干的官吏未能升迁等等，他都十分关切，程之才知道这些都不是苏东坡的私事与分内之事，有感于苏东坡爱民的赤子情怀，他均逐一督促落实，基本上解决了这些问题。

惠州有丰湖，原本是惠州东、西江汇合处的一片水洼，犹如一条江横卧在惠州城外。北宋余靖在《惠州开元寺记》中称："重冈复阜，隐映岩谷，长溪带盘，湖光相照。"①这是惠州西湖风光见于文献的最早记录。这一片水域，让曾在杭州任过职的东坡感觉"仿佛曾游岂梦中，欣然鸡犬识新丰"。他自然希望让惠州西湖"变为"杭州西湖，两相重叠，水光里依稀可见故人。惠州西湖因为无桥，给城内外百姓带来不便，苏轼想治理惠州西湖却因"罪臣"之身空怀壮志。程之才的到来，让东坡看到治理西湖的希望。

程之才赴广东前，章惇曾明确指示，要他加紧处置苏轼"谤讪先帝"的要事。程之才来了一个"太极推手"，在沉默中希望此事逐渐化解。而苏轼心中牵挂的仍是当地社会以及百姓。

---

① 曾枣庄等主编:《全宋文》第14册，巴蜀书社1991年版，第87页。

苏东坡给程之才的书札里，共有九通是为当地的政事出谋划策，涉及建造营房、修桥通路、火灾后重建民居、税米积压、掩埋骸骨等当地长期积留的难题，并提出了具体的解决措施，其中并不排除程之才向东坡求意见的可能。惠州官军缺少营房的问题，这与东坡何干？但东坡竟然给程之才写了一封一千三百多字的书信，详细提出了自己的解决之道。程之才按照这些建议予以了妥善处置。

重要的是，程之才为了东坡“两桥一堤”的宏愿，写信给惠州知州詹范，督促惠州官府加紧丰湖堤、桥的修建。惠州拨府库三千万钱，启动了堤桥修建工程。

绍圣三年（1096），惠州修筑东西新桥，一座在东面江溪合流处；一座位于西面的西湖之上。东新桥由道士邓守安设计施工，以四十只船连成浮桥；西新桥由栖禅院僧人希固设计施工。苏东坡捐出了皇帝赐他的一根贵重“犀带”（犀牛皮制成）；而苏辙的夫人史夫人受到感召，也捐出了当年入宫受赐的几千枚金币。苏东坡还动员子由和程之才各捐了十五贯钱，又花费很大精力集资买下一口一里多长的池塘修筑为放生池，人们买鱼放入其中，花木扶疏、鱼翔浅底，成为惠州著名的一景。

“两桥一堤”大型工程竣工后，湖水清波浩渺，绿柳拥岸，舟船穿梭于桥洞，人在画中游，惠州百姓把它命名为“苏公堤”。

因为苏东坡的风流韵致，惠州丰湖也改称西湖了，历史上曾与杭州西湖、颍州西湖齐名，宋朝诗人杨万里曾有诗“三处西湖一色秋，钱塘颍水与罗浮”，说的就是这三大西湖。

苏东坡以对亲人的坦诚，对国家的忠诚，对百姓的赤诚，化解了苏程两家四十二年的宿怨，也提升了他和程之才的人生境界。

值得一说的是，程之才后来又到过惠州，均与苏东坡会面。苏东坡深切盼望自己能够返回京城与程之才团聚，岂料惠州一别，就是人生的永别。绍圣三年二月底，朝廷见程之才久久没有对苏东坡施展手段，大为失望，他被调离广州召回，东坡也再谪海南岛，天各一方。他们之间就此音讯断绝了。

根据暨南大学杨银娥硕士论文《苏轼书信研究》第一章《苏轼书信概况》的分析，现存东坡书信中，与程之才的信件数量最多，一年零两个月时间里，竟达七十五通；其次是与滕甫（元发），近七十通；数量第三是与王巩；与弟弟子由的信，仅十余通。由此可知，东坡与程之才的短暂重逢，为他们带来了多么重大的冲击！

值得补充的是，程之才对川南地区的一场血案是负有责任的。

早在元丰二年（1079），泸州纳溪寨（今泸州市纳溪区政府驻地）汉、夷互市，“有殴罗胡苟里夷人至死者”。按照当时惯例，“汉人杀夷人，既论死，仍偿其资，谓之骨价”，纳溪寨戍将不按此偿给骨价，惹起民族纠纷，夷人于是持兵器“争噪而出”，包围了纳溪寨。事态一触即发，泸州观察使任师中闻讯，亲自“驰至境上，具以祸福晓之”，劝慰安托，说服少数民族同胞放下武器，避免了一场严重的流血冲突。当时，程之才刚刚上任梓州路转运判官，不惜开边生事，奏请朝廷发兵镇压。任师中反对，程之才便诬奏任师中“前反酋（生界乌蛮头人）乞弟过江安，不即掩击，疑有私谒”，收受贿赂，与夷人头领关系不清。朝廷不问曲直，“乃先免而下章于他郡，各穷究所考”，任师中身陷囹圄，狱未具而公已卒……

就是这样一个人，在岁月的磨砺下，逐渐消散了官场戾气，开始为民做事。“千淘万漉虽辛苦”，足以显出人性未泯的底色。

广州知州王敏仲是东坡志同道合的朋友，两人都把为民谋利当作为官的操守。东坡建议王敏仲也像自己在杭州那样建一所医院，筹资置一份固定产业，每年的收入用作医院的经费，使之运转不衰，以便解决流动人口多、疾病流行的严重问题。

罗浮山道士邓守安是一个热心公益事业的人。他告诉东坡一个现象：广州除官员和少数有财势的人可饮用刘王山的清冽井水，老百姓所饮用的都是又咸又苦的劣质水，有损健康。他心里有了一个简便易行的引水工程计划，就是用大竹管接引离城二十里的山泉。东坡马上向王敏仲大力推荐。实施之后，使广州城内居民的饮水得到改善。我们要知道，这是有史以来岭南地区第一套自来水系统工程。要知道，成都城直到清初时期，才出现楠竹引水、排水设施。[①]

毫无疑问，广州自来水的最早设计者就是苏东坡。因为在《苏轼文集》第五十六卷中，有十八封信是东坡写给王敏仲的。十八封信中第十一封和第十五封，这两封信的内容就是向王敏仲建议在广州安装自来水。

书信里东坡认为，广州的老百姓都喝珠江水，珠江水因为南海涨潮的时候被倒灌，这个水又苦又咸。他提议应该把城外的泉水引进城。城外不到二十里的地方的半山，有一流量很大的泉水都白白淌掉。应该用大竹管打通，一根一根接起来，从那里把泉水引到广州城里来给老百姓做饮用水。

有鉴于杭州城的竹子引水管道的渗漏问题，东坡在这两封信里面提供了具体技术方面的改进工艺细节。他说竹管一根根接起来，把前一根细的抛光，跟后面一根粗的里面抛光再插进去，不管插得怎么紧，它接缝之处多半会渗漏。那么，二三十里路都在渗漏，漏到广州就所剩无几了，所以要解决渗漏问题。苏东坡指点王敏仲怎么解决渗透问题，他说在前面细的这一头先缠上一层麻丝，再在麻丝上涂层漆，然后再插进去……

拳拳之心，溢于言表。

中国古代讲求的“官德”包括修身、爱民、纳谏、尊贤。可以说苏东坡把“爱民”奉为最高要义，而且身体力行。

“小东坡”唐庚

既然在惠州，就应该提及“小东坡”唐庚。

历史上被称为“小东坡”者，除了苏轼第三子苏过外，宋代尚有三人：眉州唐庚、资州赵逵、襄阳王之望。眉州唐庚是最早被称作“小东

① 周尔太:《四百年前成都地下已有楠竹排水管道》,《成都晚报》1988 年 6 月 8 日。

坡”的诗人。

巧合的是，诗人唐庚也是眉山籍人。其诗学东坡，遭际也与东坡有些相似。但是唐庚因受知于张商英，张商英罢相后他也被贬惠州，在此盘桓多年。

苏东坡比张商英年长五岁，均在十九岁时中进士，同为四川人，两家距仅百里，而且也都曾被贬为汝州团练副使。东坡为旧党，张商英是新党，在才华的远距离交错中，难免也会伤及彼此的羽毛。元祐年间，商英写信给东坡，希望能推荐自己为台谏：“若得一把茅盖头，必能为公呵佛骂祖。”司马光颇有意用之。但东坡认为：“犊子虽俊可喜，终败人事。不如求负重有力而驯良服辕者，使安行于八达之衢，为不误人也。”这话，张商英应该是很快知道了的。

熙宁初年，章惇引荐张商英进入变法权力高层，历仕宋神宗、宋哲宗、宋徽宗三朝而深陷党争，不可自拔。从熙宁四年（1071）十一月荣升朝廷官员，到徽宗大观四年（1110）六月登上相位，为政四十多年，而在朝当官时间不过五年，其余均处于四处颠沛、放于外任。他长得玉树临风，直言敢谏、忠鲠不屈，但也热衷名利、桀骜好斗，在“乌台诗案”过程里，并未对东坡兄弟施以援手。因此，不可避免地遭到旧党攻击，也不时与同为新党的人士发生龃龉……这些境遇都与北宋所孕育的士人党争有极大关系。

张商英无疑是唐庚的恩师，那么他如何看待东坡呢？

清代诗人王士禛就曾指出：鉴于党政与派系，唐庚极少提及苏东坡。虽然文章里不便展示对苏东坡的敬仰。宣和元年（1119），唐庚寓居京城景德寺，曾向好友强行父、关东日提及自己早年拜谒苏轼的事情。那时唐庚才十八岁，在太学学习。恰逢东坡回到京师，暂住城外小园子。唐庚闻讯，立即前往。东坡早已名满江湖，还是热情接待了这位同乡，随口问他：“正在读什么书？”唐庚答：“正读《晋书》。”东坡来了兴致：“呵呵，书里有没有什么奇妙的逸闻，可以为一座亭子取名呢？”

唐庚不明就里，所以无从应对……这一青年时节的场景，应该让唐庚记忆犹新。

唐庚一直在悉心研究东坡。惠州山水间，仿佛都是东坡气场。他曾说："东坡诗，叙事言简而意尽。惠州有潭，潭有潜蛟，人未之信也。虎饮水其上，蛟尾而食之，俄而浮骨水上，人方知之。东坡以十字道尽云'潜鳞有饥蛟，掉尾取渴虎'。言'渴'则知虎以饮水而召灾，言'饥'则蛟食肉矣。"可见他对苏诗的研读是颇有体会的。

这一时期唐庚写有《白鹭》一诗，他从白鹭逆风的飞翔里看到的却是重重危机："说与门前白鹭群，也宜从此断知闻。诸君有意除钩党，甲乙推求恐到君。"相由心生，景由心造，果然。

白鹭是与世无涉的，而唐庚不仅与之说话，还要求它们从此断知闻。看来似乎无理，但这无理的要求正是更不合理的局势造成的：最高权力在大力荡涤朋党，自己既然也是一个被扫除者，那么按甲乙之序次第的推求，恐怕就连自己门前的白鹭也难逃网罗了。唐庚作此诗时，过着"好鸟不妨眠，世味门常掩"（《醉眠》）的生活，很少与当地人来往，既怕惹是生非，又抑制不住谪居的忧闷，于是只能借讽刺以抒愤懑。

显然，因为张商英的巨大阴影，他并没有对东坡表达明白的同情。

记得二〇二〇年春夏之际，我站在惠州西湖畔边，鹭鸟翔集的水面上，一只白玉色的鹭鸟，穿过低云，笔直地溅落！它的颜色逐渐发绿，像一块氧化的青铜，带来一抹古蜀天青。鸟儿体内似乎有一盘力道十足的机械发条，驱动着嘴喙深入锦水迷乱的腹部。水波像鲫鱼那样聚形，像鲤鱼那样摇曳，也像乌鱼那样挣扎！可是，当嘴喙从水里收回，鸟儿仅仅带起了一串水滴。也许白鹭在水下完成了欢娱，也许它仅仅是挥写了一种想象。不知道什么原因，鹭鸟没有放弃，用双爪抓紧水体，它打开羽翅，晃晕了天空，鹭鸟的体型在水边膨胀，最后像鲲鹏那样打开如云之翅，拍动。硬是把整个西湖提了起来，并达到了梦中的高度！

我所经历的事实正是这样的：置身于西湖岸边的人，才得以看清，西湖原来是一条流质化的闪电，鹭鸟则是闪电的手柄……

东坡与“半山”之境

“中庸”是儒家理论中一个至关重要的范畴，所谓“中道”即“中庸之道”。关于“中庸”或“中道”的含义，其在儒家理论中的地位及其对古代文化的影响，学界均有深入而透彻的梳理。“中道”的基本内涵里，“中”的观念肇始，南宋朱熹认为在远古时代即已存在。孔子最早提出“中庸”这一范畴，并使之理论化，孟子提出“时”“权”思想，对之进一步完善，《中庸》则对“中庸”作了集中而系统的论述，并将之提高到“天道”的高度，故又称“中道”。

儒家思想家对“中庸之道”从多个方面和角度进行了论述，比如“喜怒哀乐之未发，谓之中；发而皆中节，谓之和。中也者，天下之大本也；和也者，天下之达道也。致中和，天地位焉，万物育焉”“中庸其至矣乎！民鲜能久矣”“天下国家，可均也；爵禄，可辞也；白刃，可蹈也。中庸不可能也”“致广大而尽精微，极高明而道中庸”等。

“中道”的基本内涵包括以下几点：“中和”；“允执厥中”；“时”“权”；“忠恕”。“中和”既是儒家代表人物一贯追求的理想价值观，同时也是儒家学者看待事物、评价人伦、分析社会的一种方法论。中道精神与二元对立无关，而是在二元乃至多元之中，屈伸出、归纳出的一种大势。

一言以蔽之，所谓“中道”便是不落边见，所谓不落边见，可理解为必须破除二元对立。

有鉴于中道精神过于超迈，甚至有虚无之嫌，因此急功近利之人往往趋向于极端之路，这只有两种结果：太松与太紧、太急与太迟，这就造成了非此即彼的选择，长此以往，成为历史的痼疾。中道思维能引导人在复杂的情况下，通过多维度的权衡来寻求最为合理、最为和谐的解决方案，是置身复杂环境下寻求最大平衡、和谐的思维方式。

王安石所处的年代正值北宋王朝中期，面临内忧外患、民不聊生的困境与国家“三冗”（冗官、冗兵、冗费）的积贫积弱态势。大约在司马光三次写信谴责王安石变法的前后，汴京内外流传着王安石的三句话：“天变不足畏，祖宗不足法，人言不足恤”，后来被司马光概括为“三不足”精神，在他主政的最后一次馆职考试上，用来出题，号召应试者大胆各抒己见，予以批驳。其实，“三不足”精神彰显了王安石百折不回、锐意革新，竭力实现安定天下、富民强国的政治抱负。这样的人俨然是精卫之转世，他所经历的人与事，似乎与“中道”相距万里。

我想，如果中道精神予以立体呈现的话，比如是一座山，似乎可以通而观之。

孔子率领子路、子贡、颜渊登临齐国的农山，他们攀登至山顶后，弟子依次回答孔子提出的同一个问题：说出各自不同的志向与人生追求。孔子极目四望，不禁喟然而叹。让人想起孔子登东山而小鲁，登泰山而小天下的气象。钱锺书在《管锥编》中，由此提出“农山心境”概念，认为人登高之时，生悲慨之意，其中蕴含丰富的文化心理内涵。孔子语中，登高之悲不仅使人泪下，更能引发灵感，胸中固有愿望因登望而激发，“悲”与生命意识密切相关，这是人类普遍具有的一种悲剧情怀。

按照这一思路，最低的山麓则是燕雀之家了，那么半山呢？

王安石晚年隐居在江宁府附近的半山，具体地点在白塘，白塘距江宁城东门七里，距钟山主峰也是七里，所谓半途上处，故王安石将居室命名为“半山园”。王安石居其中，自号“半山居士”。他的《半山春晚即事》《半山岁晚即事》、十组诗《半山即事》，其中有“半”字的诗句往往都是诗中的精华。某种程度说，王安石是中国“半山”哲学的集大成者，似乎没有问题。可惜他大半生为人峻急，远离了“一半争，一半随”之理，到底还有多少“半山”的气象呢？

即便是到了元丰七年（1084）七月，垂垂老矣的王安石大病初愈，离开黄州贬所的苏东坡路经南京，于是来半山园拜访大病初愈的王安石，有了著名的“半山之谈”，彼此虽然不是针尖对麦芒，但谁也没有彻底说服谁。为避免尴尬，两人才回到诗词艺术的话题……

当然了，毕生遇事不退让，并不等于王安石就缺乏中道精神。宋代杨万里的《读诗》：“船中活计只诗编，读了唐诗读半山。不是老夫朝不食，半山绝句当早餐。”描述自己捧读王安石佳作，到了不思饥渴而余香满口、不吃早餐而胜似早餐的境地。

这样的半山之诗，宛若缭绕半山的一道道岚烟。情况趋于复杂。

中国叫半山的地方不少，但杭州的半山，历来是人文积淀最为深厚的点位。

皋亭山位于杭州城区东北部，与江干区丁兰街道的黄鹤山等诸山一脉相连，自西向东北绵亘十余公里，当地俗称“半山”。

半山的历史文化积淀极为厚重。以《杭州地名志》为据，记载杭州城内的山有百座之多，其中编纂有山志的有五座名山，其中半山最多，有《郭北三山志》《皋亭山志》《皋亭琐事》《皋亭小志》《半山集》等。千百年来，这片古老而神奇的山地最早成为古代杭州先民生息繁衍之地，留下了秦始皇、钱镠、宋高宗等帝王将相的遗踪，记叙了民族英雄文天祥爱国抗元的故事，记载了白居易、苏东坡、萨都剌、刘伯温、厉鹗、郁达夫等历代文人雅士的题咏、赋文和以此为背景的神话等近二百首（篇）；中国四大古典名著之一《水浒传》第九十四回，甚至把皋亭山写入小说。

夜半幽梦觉；夜半老僧呼客起，云峰缺处涌冰轮；两两轻红半晕；人生半在别离中；数亩荒园留我住，半瓶浊酒待君温……

这样的一半境遇，半瓶浊酒待君温。

莫饮半杯愁古酒……

蓦然回首，那人却在，灯火阑珊处。

……

早年，东坡就读的眉山青神县中岩寺王方执教的私塾，那里就是地地道道的半山啊。明代曹学佺《蜀中名胜记》卷十二称：“岩之半，为流杯池，一曰太极池。”流杯池恰在“半山之半”处。在半山的寺院里，古佛青灯，也许最能够体味什么叫“半山哲学”。

就连苏东坡的初恋，也是在半山的“唤鱼池”畔开花结果的。

苏东坡在《雪堂问潘邠老》里写道：“苏子得废园于东坡之胁，筑而垣之……”什么是“东坡之胁”呢？胁，两膀也（《说文解字》），指腋下，引申为两侧。就是指东坡位于山的半腰之处。黄州古城不管是宋城还是明城，一直都是北高而南低，城内南面都是小头山，怎有“东坡之胁”？这里说的“东坡之胁”就位于现在黄州中学与黄冈报社的两山之间。可见，在苏东坡生命里，已经拥有了两次难以忘怀的半山体验。

这让我不禁想起明代文学家屠隆的《娑罗馆清言》中的一段话：“楼前桐叶，散为一院清阴；枕上鸟声，唤起半窗红日。”一个“半”字，可以说是颇堪玩味，体现出了这位作家鲜活的艺术思维和审美意识。

所谓半，即是未满，一种介于全与不全的美态。

这是一种含而未露的绽放，也许比不得高傲华贵的富态，只是微微含羞，粉黛蛾眉，似笑非笑，似醉非醉，似醒非醒，似梦非梦。

半，是一种充满期待的飘逸，一种欲飞而未飞的振翮。半江春水半湖月，半点情思半分醉。最美的月，是半秋月；最壮丽的云，是被大风拉出一半身躯的旗云。半秋的月是最柔美的，盈而不溢；半树的春是最茂盛的，半而不满。

凡事当留有余地。北宋邵康节先生诗《安乐窝中吟》云：“美酒饮教微醉后，好花看到半开时。”这种况味，不失为人生的一种策略艺术，一种处世方式，一种生存智慧。

清代李密庵有《半半歌》：“看破浮生过半，半之受用无边；半中岁月尽幽闲，半里乾坤宽展。半郭半乡村舍，半山半水田园；半耕半读半径廛，半士半民姻眷。半雅半粗器具，半华半实庭轩；衾裳半素半轻鲜，肴馔半丰半俭。童仆半能半拙，妻儿半朴半贤；心情半佛半神仙，姓字半藏半显。一半还之天地，让将一半人间；半思后代与沧田，半想阎罗怎见。饮酒半酣正好，花开半时偏妍；半帆张扇免翻颠，马放半缰稳便。半少却饶滋味，半多反厌纠缠；百年苦乐半相参，会占便宜只半。”对待人生的种种方面，李密庵采取的都是“半”字哲学的态度。这赢得了林语堂先生的高度赞赏：“这总是最优越的哲学，因为这种哲学是最近人情的。”

而在惠州，东坡置身登山中途，他立即就了悟到真实的“半山”了。

初来乍到，东坡一家人暂时居住在丰湖之畔的合江楼。十多天之后，东坡带领儿子和朝云及老女仆，搬到嘉祐寺去栖身。嘉祐寺故址在现今的惠州市东坡小学的点位，地势略高，这里虽然没有合江楼条件好，但环境很是清幽，尤其是寺后有一座不太高的土山，满山长满茂密的松树，高低有致，起伏连绵，晨昏之际，缥缈的云烟笼罩山脊，忽远忽近、若即若离。山顶上有一座风雅的松风亭，东坡常到这里漫步，往往会错认为是眉山“短松冈”。一天，东坡本想一口气登上松风亭，却不料刚走到半山就觉得疲乏了。

他抬头望望松风亭，发现亭子还在很高处的树梢上面呢。歇息了一会儿，依然牛喘不已。那么，为什么一定要爬到亭子上呢？会当凌绝顶，固然很好，但这里不也挺好吗？他索性就此坐下歇息了一会儿，浑身舒畅，仿佛腋下生风。

他神清气爽，径直下山去了。后来他写下《记游松风亭》：

> 余尝寓居惠州嘉祐寺，纵步松风亭下。足力疲乏，思欲就亭止息。望亭宇尚在木末，意谓是如何得到？良久，忽曰：“此间有甚么歇不得处？”由是如挂钩之鱼，忽得解脱。若人悟此，虽兵阵相接，鼓声如雷霆，进则死敌，退则死法，当恁么时也不妨熟歇。

有必要翻译如下：

我曾栖身于惠州嘉祐寺，某天信步来到松风亭下，感到腿酸而疲乏，很想找个卧身之地略微休息。抬头望向松风亭方向，它的高处还隐藏于树颠。心想这么高，我如何爬得上去？如此想了一会儿，忽然自语：“这里为什么就不能休息呢？”于是，心情一下子放松了，好像已挂在鱼钩上的鱼儿，忽然得到解脱。如果人们都能领悟随遇而安之理，即便是马上就要上阵杀敌，耳边听到战鼓声声，想到前进杀敌也是死，逃跑受到军法处置也是死，到那时，一样能放下顾虑，很好休息一番。

这篇小短文看似写登山，实是写心境。因为预先确定了游玩的目标，所以为到达不了那里而不胜其苦；一旦放弃这个目标，就如鱼儿突然脱钩，释去羁绊轻松自在。东坡进而悟出一个人生的哲理：人们在生活中要善于摆脱自我限制，获得心灵的完全自由；再进一步，生死也可置之度外。即便万分危急之时，也可以突然醒悟："此间有甚么歇不得处？"如果联想到苏东坡此时谪居岭南的寂寞处境，那么或许他也在为自己开脱：就眼前这个样子，又有什么不好呢？

这分明充满禅意，乃是"出门便见，当下即是"思想的流露。

《赵州录》有一个机锋："时有僧问：'如何是祖师西来意？'师云：'庭前柏树子！'学云：'和尚莫将境示人。'云：'不将境示人。'云：'如何是祖师西来意？'师云：'庭前柏树子。'"

机锋中有三层意思。第一层是否定逻辑理性。佛法固然不可追问，因为一问即落是非之境。第二层意思是对比喻的问答。学子误以为这是比喻，所以叫作以境示人。但第三层意思，又回到了庭前柏树子，但却是完成了超越的相合之境。佛法就在当下，就在眼前，自在而圆成。在此三境中，第一境是否定问，问的境界是以语言说道，但道不可说；第二境是否定比，道不可比；第三境是合，青山自青山，白云自白云。第一层是超越理性、超越是非的判断；第二层是超越人与境的分离与见识；进入到第三层，也就是即事而真的无垢之境。

东坡的半山之悟，没有《赵州录》说得那么玄奥，但直抵澄明之域。中道，就处在具体的现象之中。

其实，中道无所不在。

半梦半醒，半山半水。藏了一半，露了一半。一星半点的海棠，透出满城的春光。半枝竹隐月，让苍穹更为高远。雨脚半收檐断线，雨打芭蕉半听闻。半惊鸦喜鹊，两两轻红半晕腮……在苏轼二百多处涉及"半"的诗词当中，他是那种可以在飞翔里落地、安步当车的人，他是随时可以在奔跑的状态中突然折返的人。更为重要的是，东坡是更明白"船到中流浪更急，人到半山路更陡"的人。

静到深处之人，在半山更能登堂入室。方能"神以静舍，心以静充，志以静宁，虑以静明。其静有道，得己则静，逐物则动"。在动与静的变幻里，那个徘徊在半山上的身影，身影弯曲，被阳光放大，如一个留给历史的问号……

在我心目中，读东坡如盐溶水，化为无形。罡风劲吹、燃犀烛怪、直走人心、酒情天老、竹摇绿腰……无论是苏东坡这个人，还是他的文体，都处于一种拒绝既往定义的半明半暗的、既似又非的流动而循环往复的“半山状态”。在笔者看来，他的诗与文即人格的竹影，是一个人对于忠贞的生命属性的最为深沉的注脚：独具创造的艺术不会服从于整齐划一的铺路石板和制式秩序。它就像岷江之水上涨时，从江边不断解放出来的滩涂，处于过去与未来之间。

其实呢，“半个苏东坡”就够我们消化一生。

所以，人们每每遭遇不幸或有幸，那么不妨自问一下：“此间有甚么歇不得处？”

关于“书童”高俅

很多人都是从《水浒传》中得知高俅这一臭名昭著的人物，知道他纵容养子高衙内作恶，丧尽天良。《水浒传》第二回记载，开封府里有一个落魄子弟，这个人吹弹歌舞、舞枪弄棒、相扑玩耍样样精通，还颇能诗书词赋，几乎是文武全才，这个人就是高俅。

《宋史》没有为高俅立传，其他的史料中也无介绍高俅的事迹，这是让人不解的。南宋史学家王明清的笔记《挥麈录·后录》中，只有一则不到四百字的记载，算是史上对高俅最为详尽的记录了。

高俅，开封府人，生年不详。

《挥麈录·后录》说：“高俅者，本东坡先生小吏，草札颇工。东坡自翰苑出师中山，留以予曾文肃，文肃以史令已多，辞之，东坡以属王晋卿。”

如果这个时间记载不误，应该指的是宋哲宗元祐八年（1093），苏东坡以翰林侍读学士“出帅”中山府——即被贬定州（今河北省保定市）任知州之前的事情。

《挥麈录·后录》指出：一开始东坡见高俅文章颇具风采，所以很欣赏他。待自己要离开汴京了，苏东坡只得将书童高俅转给朋友曾布，曾布是曾巩之弟，北宋中期王安石变法的重要支持者，东坡与之在元祐年间有所交往，而且还有一定交情。也许政见不同，曾布没有收留高俅。于是东坡又把高俅引荐给驸马王诜，王诜立即接纳了，一待就是七年。

宋哲宗元符末年，王诜任枢密都承旨，徽宗赵佶那时还是端王，与王诜是文字之交。据说一次，两人碰面，赵佶说："今天我忘带篦子刀了，想借你的一用。"

王诜就从腰间取下递过去。

赵佶说："这个篦子刀做工很是新颖，可爱。"

王诜说："我最近让人制了两把，一把还未用过，我回去后马上派人送来。"

第二天，王诜派高俅给端王送篦子刀。因端王正在蹋球，高俅只能站在边上等待，正好毬蹋到高俅身边，技痒难耐之余，他便蹋了回去，这一脚不要紧，行家端王一见此高超脚法，便命高俅下场一试身手……如此，惊艳亮相的高俅，立即成了端王的红人，开启了他短暂而辉煌的人生。端王赵佶后来成了宋徽宗，高俅也平步青云，做到了大宋的太尉。

西汉时期，鞠戏已是一项全民普及运动，宋朝时"球"写作"毬"。而在流行叫"毬"之前，称为"鞠"或"踘"。唐代徐坚《初学记·岁时部（下）》谈到古人寒食节"打毬"风俗时称："鞠与毬同，古人蹋蹴以为戏。"

端王、高俅擅长玩的就是这种"鞠戏"，宋朝多称"毬戏"。

宋朝官场上，球蹋得好的大有人在。如官至尚书左丞、有"浪子宰相"之称的李邦彦，蹋球就很出名。《宋史·李邦彦传》记载，他"善讴谑，能蹴鞠"。《水浒传》中高俅与宋徽宗关系的描写，应该就有李邦彦与宋徽宗关系的影子。李邦彦与宋徽宗关系很是融洽，颇受赏识，与他“能蹴鞠”大有关系。

《挥麈录·后录》说：高俅始终对苏轼感恩戴德，念念不忘苏大学士对他的提拔之恩，每当苏轼的子孙亲友来京师时，高俅都要亲自抚慰，赠以金银财物，诚心诚意地周济打点他们的生活。

史学家王明清其父善治史，王明清承修父业，亦以史才冠有宋。史笔精湛，态度严谨。根据学者考证，王明清的外祖父是曾纡，而曾纡正是曾布之子，王明清记录外公家的事情，应该比校可信。不过曾布可能耳闻一些高俅的人品，“以史令已多，辞之”，回绝了东坡的推荐。于是东坡才把高俅推荐给了他的“贵友”王诜……

按照王明清所说：高俅在苏东坡处出任的是一小吏，也就是仆役的意思。说高俅“笔札颇工”，那就绝不是一般意义的书童，很可能是个“书记员”——也就是私人秘书的身份。以苏东坡之才，即便用不着高俅帮他起草文书，大概用他抄写文章总是免不了的，他推荐高俅也是帮他找个糊口的工作。这样看来，传说宋徽宗宠信高俅，导致误国，这和苏东坡真是毫无瓜葛。

金人扰乱边境，赵佶让高俅去边境效命，在大将刘仲武帐前担任监军。刘仲武是何等精明，他很清楚高俅来前线是混军功的。崇宁三年（1104），吐蕃赵怀德叛宋，刘仲武指挥得当大败吐蕃，迫使赵怀德复降。大观二年（1108），童贯及刘仲武在西北大胜羌军，并招降羌王子臧征仆哥，收复积石军。接到禀报，赵佶大喜，接见刘仲武，还给他的儿子们加官晋爵。在这样的态势下，高俅也自然是“厥功至伟”了。

高俅掌管禁军二十余年，不仅将军营的地皮建成私宅，还把禁军当作私役，不管训练，专管为他的营私出力。于是军队纪律废弛、军政不修，几乎成为“无一可用”的摆设，以致当国家面临虎狼之师金军的进攻，开封城内几十万禁军很快土崩瓦解，作为大宋的最高军事统帅之一的高俅显然难辞其咎。

高俅大约于一一二六年病死于开封。高俅死后，在以李若水为首的大臣的压力下，宋钦宗削夺了他的所有官爵，高氏一门的家财被充公。

靖康二年（1127），金兵押送宋宗室大臣家属去北方，高俅一家也在押送之列，他的几个儿子有三个惨死在异域……

奇妙的是，宋高宗对高俅没有太多恶感。到了高家的第三代，已是穷困潦倒，据岳飞的孙子岳珂记载，他们将宋徽宗赐给高俅的书帖，辗转卖给岳珂，赖以活命。

至于《水浒传》为何把高俅塑造成最重要的反面人物，金圣叹在评《水浒》时，这样认为："盖不写高俅，便写一百八人，则是乱自下作也；不写一百八人，先写高俅，则是乱自上作也。"可见，高俅成了腐败政局的替罪羊。

唯有朝云能识我

白发苍苍的东坡扶杖，朝云静静跟在身后，他们去看瀑布。瀑布下落，水石相击，溅起一片如云似雾的水珠，随风飘扬，水声盈谷。

瀑布的影子总是低飞的，浑身叮当作响。

归家的影子总是疾驰的，夜行无声。

瀑布的影子总是凹凸有致，汁液四溅。

归家的影子披星戴月，筋骨突起。

瀑布的影子在不耗尽欲望之前，不会驻足观察风景。

归家的影子阅尽了一切山岳，仍未找到一处可以消停的所在。

瀑布的影子与归家的影子在某个岔路口相遇了。这里有来自不同方向的光照——

瀑布的影子奔向前方，归家的影子则倒向后面。

在它们的裙裾交汇的一小块地方，升起了一盏灯……

这时坐在东坡身旁的朝云，闭眼，口念佛号。我们可以想象这就是唐朝的红拂，停止了刚才的瀑布叙说。红拂举起杯，将倒映在杯中的烛光与远山，一小口一小口抿尽。

越过五岭南行之际，东坡五十九岁，朝云三十二岁。红颜配白发，却是朝云的自愿相随。他们的交往简直就比传奇还要传奇：

熙宁七年（1074）九月，三十九岁的苏轼即将离开杭州去密州赴任，十二岁的钱塘小女孩王朝云来归附即将远行的苏家。由此推出，王朝云家境不佳，若不是孤儿，就必定是父母养之不起。她的名字“朝云”和“子霞”，都是苏轼《苏轼年谱》首创的，《燕石斋补》予以引用，还说王朝云是杭州名妓，说苏东坡因为反对新法第一次被贬杭州，有一天他与好友在西湖上设宴游玩，友人请来了王朝云所在的歌舞班演出助兴。王朝云美丽的姿色和高超的舞艺深深地吸引到了东坡。舞罢，王朝云刚巧入座在东坡旁。东坡“爱幸之，纳为常侍”……这种说法传播很广，应该是文人墨客的添油加醋。孔凡礼先生认为此说“乃好事者附会”。王文诰对此批评说，这是“妄人”迷梦，“不可以不正也”。

苏轼贬谪到黄州，王朝云也跟着王闰之来到黄州。这时她已亭亭玉立，是十八岁的大姑娘了。元丰五年（1082）东坡正式纳朝云为妾。他在给鄂州太守朱寿昌的信中说：“所问菱翠，至今虚位，（朝）云乃权发遣耳，何足挂齿！呵呵。”菱翠是王闰之的另外一位侍女。“（朝）云乃权发遣耳”是说已经将她纳为妾了。

元丰六年（1083）九月二十七日，二十一岁的王朝云在临皋亭生下苏轼的第四个儿子，东坡儿子名字均有走之旁，取名苏遁，“小名干儿，颀然颖异”。满月之时，举办了一个“洗儿会”，东坡作了一首颇有感怀的《洗儿戏作》：

人皆养子望聪明，我被聪明误一生。
惟愿孩儿愚且鲁，无灾无难到公卿。

小儿子才几个月，苏轼他们就让他“抓周”，想看他喜欢什么。发现他只是抓书；把好吃的梨子、栗子推到他跟前，他摇头拒绝，好像知道非分的东西不能拿，赢得全家人的深爱。苏轼说他老来少有欢喜之时，就靠小儿子给他带来愉悦。

元丰七年（1084）三月，东坡又接诏命，改为汝州团练副使。一家人虽不愿离开雪堂，但仍不敢怠慢，于是四月中旬携家启程。夏日暑热，抵达火炉一般的金陵。七月二十八日，才十个月大的小儿子竟一命呜呼！苏轼葬子，“归来怀抱空，老泪如泻水”。身为母亲的王朝云，到了“母哭不可闻，欲与汝俱亡”的程度！

朝云无疑是在东坡精神沐浴下长大成人的，这就是她能与东坡心灵相通的重要原因。她本不识字，长大后才开始认字、习书法，兰心蕙质，竟然“颇有楷法”，并具备相当的文化修养。在泗州时曾跟比丘尼义冲学佛，兴趣日浓，甚至比东坡还要虔诚。到惠州前后，她实际上已成为东坡唯一的配偶。她不求名分，患难与共，坚贞如一，成为东坡的知音。

根据严有翼《艺苑雌黄》记载，苏轼曾让朝云向词人秦观索词，秦观作了一首《南歌子》送她。秦观是根据宋玉《高唐赋》的传说，把巫山神女比作朝云，把楚襄王比苏轼。词中说，神女一般美丽的朝云是不肯轻易与凡人结合的，只恐苏轼前生是襄王，所以才得到了朝云青睐。苏轼也写了一首《南歌子》答谢秦观。对朝云的衣着相貌、一举一动做了细致描绘和比喻，字里行间洋溢着对朝云的深情。

在苏东坡一生的女人里，可以说朝云是最聪慧、最活泼、最善良、最讲大义的知己。随着交往的深入，朝云那种“敏而好义”的性格更是赢得了东坡的深爱，他亲切地称之为“老云”。

元祐八年（1093）下半年，苏轼出知定州（今河北省保定市）。就在此时，妻子王闰之病逝了。东坡办完丧事，就离汴京去往定州。他在衙署后花园（今定州一中院之内）偶得一石，黑质白脉，中涵水纹，若隐若现一幅山水画卷，犹如晚唐五代时期著名画家孙位、孙知微所画的水图，苏东坡命名为“雪浪石”，如获至宝。这一情形，不禁让人想起东坡幼年，在眉山五亩园里发现的一块怪石，被命名为“天石砚”，情形高度相似！看来石头有心，总在等待有缘人。朝云一见异石，满心欢喜，她多么希望，自己的命运，就展现在石头纹理中。

翌年四月，哲宗下命削去苏轼端明殿学士、翰林侍读学士的头衔，并命其改知英州……以后又将他一贬再贬，最后贬为“宁远军节度副使、惠州安置”。苏轼接到谪惠命令，即与小儿子苏过和王朝云及两位老婢前往……短短一年之中，从政权的高端猛跌到底层沦为罪臣，在他如此峰回路转的境遇里，只有朝云追随不弃，给予苏轼莫大慰藉。

来到惠州后，有一天苏东坡在炼丹炉旁读白居易的诗，联想起白居易年老落魄，家中之人四散的凄凉，他便更加珍视朝云的超凡脱俗，于是写诗《朝云诗并引》：

世谓乐天有鬻骆马放《杨柳枝》词，嘉其主老病，不忍去也。然梦得有诗云：“春尽絮飞留不住，随风好去落谁家。”乐天亦云：“病与乐天相伴住，春随樊子一时归。”则是樊素竟去也。予家有数妾，四五年相继辞去，独朝云者，随予南迁。因读乐天集，戏作此诗。朝云姓王氏，钱塘人。尝有子曰幹儿，未期而夭云。

不似杨枝别乐天，恰如通德伴伶元。
阿奴络秀不同老，天女维摩总解禅。
经卷药炉新活计，舞衫歌板旧姻缘。
丹成逐我三山去，不作巫阳云雨仙。

白居易的侍妾樊素能歌善舞，以唱《杨柳枝》著名，所以朋友们都叫她“杨枝”。白居易因而有诗“春随樊子一时归”。朝云与樊素同为舞伎出身，然性情迥然相异，王朝云愿意跟着东坡南行到惠州，这种坚贞相随，这种患难与共，怎不令垂暮之年的苏东坡感激涕零！所以苏东坡用“不似杨枝别乐天”来赞她。

他感叹朝云不离不弃的坚贞，也为朝云失去儿子苏遁而心生伤感。他觉得朝云不似人间的女子，而是九霄之外的天女，她是上天对自己坎坷晚年的最好报偿。

朝云的艺术习气越来越浓，东坡在惠州为之写《殢人娇·赠朝云》

词中，有“明朝端午，待学纫兰为佩。寻一首好诗，要书裙带”的句子，按照端午节风俗，朝云要“纫秋兰以为佩”，且向东坡乞诗，要把它书写在裙带上……朝云已成为东坡诗词最佳的欣赏者与歌唱者。

一个女人，不用身体的魅惑，已然抵达了让人喜悦与感激的交混地带。她的微笑，她的沉默离去，散发出更为浓郁的慈祥与优雅，已经从她的轮廓内外萦萦升起。而对这样的女人，男人就容易走神，容易浮想联翩。这不是“徐娘半老”一词能够概述的，因为东坡面对的朝云，身影已经从竹林逸出，吹来了一股香气。

黄昏时，朝云走出去散步了。

她的裙裾是月白色，摇晃在树荫的空隙。一会儿月光之银浸过了人影，银灰色大面积地覆盖了她的腰身，她走在东坡之前，东坡猜不透朝云是否在暗暗落泪……

银光如鱼鳞一样闪烁不定，那是一种犹疑不定的光，具有坚执的漫漶之力，渗透到她的轮廓之外，不断把别人的注视纳入麾下。但银灰色却如火山灰那样岑寂，混合成一种铅色，似乎比夜色中的江流更为冷远……

一个秋日的下午，苏轼见落叶萧萧，一股悲凉之感涌上心头，就叫朝云弹唱刚刚为她写的《蝶恋花》一词。朝云唱了几句，突然就泪满衣衫。

苏轼问：“怎么哭了？”

朝云说：“我所不能唱的是‘枝上柳绵吹又少，天涯何处无芳草’二句。”

东坡宽慰她：“我正悲秋，你又伤春啦！”苏东坡非常敏感，暗自心惊不已，感觉到了一种强烈的不安……

朝云非常喜欢这两句词，每天都要诵读，读着读着眼泪就留下来。当她病危之时，仍爱不释口。

到惠州后，朝云身体比东坡还弱，常与药炉相伴，既给自己也为东坡煎药。朝云曾经拜在当地名僧门下，成为俗家弟子，她十分虔诚，但参禅念佛并未使她病情好转。

苏轼忧心如焚，四处寻医问药，祈求朝云能够尽快好起来。无数郎中看过、无数汤剂服下，朝云并没有好转。病榻中的朝云，容颜已不复往昔的娇美，眼神十分黯然。“我的病怕是好不了了。”她的声音已若有若无，“此生能陪学士左右，朝云已无憾……我死后，有件事你要答应我，一定要将我葬在栖禅寺的松林中……”

哲宗绍圣二年（1095）七月五日，朝云患瘟疫引发的痢疾而死，年仅三十四岁。她是虔诚的，临终还念着《金刚经》的文句……朝云发出的声音越来越小，声音如同一串从竹叶落下的雨滴，最后，什么也没有了。

苏轼大恸，须发上满是泪水。

悲痛欲绝的苏东坡，除了撰写《朝云墓志铭》外，还写了三首诗予以深切缅怀。在一首《悼朝云诗》中写道：“伤心一念偿前债，弹指三生断后缘。”她一去不复返了，在绝望之余，作为一个年届花甲的老者，现在该如何面对残生！？

延宕至绍圣三年（1096）夏天，苏东坡依照朝云遗愿，将她安葬在城西丰湖边的栖禅寺松林边，那里靠近一座亭台，墓后有一道流泉瀑布注入湖中，十分幽静。附近各寺僧人筹款在墓顶建了一座亭阁来纪念她，因为朝云临终之际口诵《金刚经》中的“六如偈”，所以此亭命名为六如亭。

朝云下葬后的第三天，惠州下了一场大暴雨，狂风要将大树连根拔起，东坡心感凛然，彻夜未眠。待雨稍微停息，便叫上苏过前去墓地。

雨后的松林青翠欲滴，风雨之痕在石板上积满了小水洼，映照着低空的阴云。两人走到朝云墓前，见一切无恙，唯独墓的东南侧，竟然有五个硕大的脚印。

这是谁留下的足迹？

东坡纵然见多识广，此时也怔住了。他围着脚印看了又看，几滴松针上的残雨，落在他的额头上，冰凉！他醍醐灌顶了，脱口道：“朝云笃信佛教，临终还口诵《金刚经》，必然是佛祖显灵了。城内树木多被风雨摧折，而朝云墓竟然完好如初，难道是佛祖怜她，来庇佑她？”

祭奠之后，苏东坡写下《惠州荐朝云疏》，哀痛不已。

朝云墓附近有两棵梅树，十月梅花再度盛开，苏轼写《西江月·梅花》，以圣洁梅花比喻朝云，词句绝美感人至深：

玉骨那愁瘴雾，冰肌自有仙风。海仙时遣探花丛，倒挂绿毛么凤。

素面常嫌粉涴，洗妆不退唇红。高情已逐晓云空，不与梨花同梦。

这首词，也是东坡给朝云捎去的屡屡梅香。

不料，袁枚在《随园诗话》里这样大泼冷水：“诗人笔太豪健，往往短于言情；好征典者，病亦相同。即如悼亡诗，必缠绵婉转，方称合作。东坡之哭朝云，味同嚼蜡：笔能刚而不能柔故也。”

这无疑是袁枚的偏见。

西湖一直是苏轼最爱去散心抒怀的地方，朝云葬此之后他就不去了，一旦撕开伤口，就会血流不止。而且他终生也不敢再听《蝶恋花》！他说过：“不合时宜，唯有朝云能识我；独弹古调，每逢暮雨倍思卿。”后被人镌刻为联，高悬在六如亭。

自古以来，士大夫不能与地位低贱的女子结婚。唐律规定：严禁良贱通婚；监临官不得与其部下百姓通婚；不得嫁娶违律；不得娶逃亡妇女为妻妾……违者判刑受罚。宋初颁行的《宋刑统》萧规曹随，照搬了唐律严禁良贱通婚的规定，后来又予以重申。显然，苏东坡自然不能迎娶侍女身份的王朝云。

我们不能苛求东坡。

在与朝云的感情世界里，东坡总是以维摩自我比拟，朝云呢，则是散花天女。二十三年的花开花落，一如灰色的回忆之云，让顶上的光照徘徊不已。在一再的坚持过程里，灰色逐渐被高光渗透，从内部颠覆，逼出了东躲西藏的根根亮丝。这样，逐渐成为铅灰色。而光照继续涌入，并与云达成了深度和解，在空中铺展为跃动不已的银箔。宛若一袭大氅，兀自空飞……

为什么死亡总会呈现灰色的隐喻呢？

银归银。灰归灰。银碗盛白雪，白马入芦花。银如地精的人参在奔图，灰色是银的左手。

从此以后，东坡只能以老病之躯面对风雨与未知的命运。

蜡梅花凋谢了，红梅花仍在怒放。

红梅花不像是蜡梅花的妹妹。

更像是蜡梅花挤出的血。

嗜甘的甜蜜史

东坡五十六岁时，曾写下“想见冰盘中，石蜜与柿霜”之句，透过味蕾之痒，他越来越浓烈地思念故乡。石蜜并非蜂蜜，其实就是冰糖，柿霜指柿饼，霜即是柿饼面上的一层白砂。眉州风俗，过年节之际，用冰盘盛好，看着是冰雪清凉的甜点，吃在嘴里却是暖暖的，以至于苏轼出门三十多年，对之念念不忘，可见这些糖食对他的持续诱惑。

东坡的食谱里，石蜜、柿霜、东坡饼、月饼可以排在前列，全都是甜食。他口味偏甜，他也承认自己“嗜甘”，《书食蜜》云：“余少嗜甘，日食蜜五合……吾好食姜蜜汤，甘芳滑辣，使人意快而神清。”这简直是一个“掉进蜜糖罐”的人。我私下以为，毕生嗜糖之人，心静、气平、不恶。

红糖炸油粿，又名“东坡为甚酥”，一直是江南传统甜食。喜欢甜食，本是北方人的习惯。沈括在《梦溪笔谈》里说：“南人嗜咸，北人嗜甘。”随着宋室南渡，嗜甜的饮食习惯也被移植到了江南乃至西南，成为移民的一种江南记忆。

“东坡为甚酥”的来历，周紫芝《竹坡诗话》中说，苏东坡在黄州时，有一次去何秀才家赴宴，吃到一种油粿，特别酥脆，便问这个叫什么名字？何秀才说，还没名字。苏东坡又问:“为甚酥[①]？”客人们一听，都说“为甚酥”三个字很好，可作为这道菜品的名字。其实，东坡喜欢“为甚酥”，在于甜。

在流放黄州和惠州时，东坡养过蜜蜂，因而还颇有心得。

有了蜂蜜，他还酿过蜜酒，酿造的方子来自蜀地绵竹的道士杨世昌。元丰五年（1082）夏天，杨世昌不仅为东坡带来了酿造蜜酒的秘方，还带来了音乐。

《蜜酒法》摘抄:“予作蜜酒，格味与真一相乱。每米一斗，用蒸饼面二两半，如常法取醅液，再入蒸饼面一两酿之。”可见，绵竹杨世昌教苏东坡用两种方法酿绵竹蜜酒，于是才有了苏东坡写的《蜜酒歌》和《蜜酒法》。东坡在《蜜酒歌》里写道:“一日小沸鱼吐沫；二日眩转清光活；三日开瓮香满城。”从一日、二日、三日这些焦急的排列里，可以猜测东坡是如何每天猴急地趴在酒缸边，不脱童心地等待酒酿出来。既然喜欢酿酒，黄州时期，老友陈季常的长兄陈伯诚病逝，葬礼上东坡送去一担酒，极可能就是他自己酿的。只是这作为礼仪的酒，他肯定舍不得加蜂蜜。

与东坡过从甚密的秦少游饮过东坡的蜂蜜酒，大发感慨:“酒评功过笑仪康，错在杯中毁万粮。蜂蜜而今酿玉液，金丹何如此酒强。”苏东坡则和道:“巧夺天工术已新，酿成玉液长精神。迎宾莫道无佳物，蜜酒三杯一醉君。”

当地人从东坡那儿学会用蜜酿酒的方法，再也不喝官家酒坊苦涩的高价酒了。因酒是东坡酿出来的，为了纪念他，黄州人就干脆把这种酒称为“东坡蜜酒”。

一般而言，酒量不大者多喜甜食。东坡好吃蜂蜜，每天要吃上五盒；姜蜜汤要喝几碗，他的确回到了“意快而神清”的状态。他在一首诗中提到极富滋补的石蜜:“我欲自汝阴，径上潼江章。想见冰盘中，石蜜与柿霜。”深谙医道的东坡，更知道蜂蜜可以养生延年。

---

① 怎么如此酥脆。

苏东坡有位至交僧人，名叫仲殊，本名张挥，安州（今湖北省安陆市）人。能写诗、爱写词，被誉“篇篇奇丽，字字清婉”，王灼完成于成都的《碧鸡漫志》就曾这样评论道：“贺方回、周美成、晏叔原、僧仲殊各尽其才力，自成一家。”

元祐四年（1089）四月，苏轼途经苏州。游历姑苏台，他偶然在此读到一首绝句：“天长地久大悠悠，尔既无心我亦休。浪迹姑苏人不管，春风吹笛酒家楼。”以东坡的眼界，也被深深震撼了，他甚至以为这是出自神仙之笔。后来，终于发现作者正是他早有耳闻的诗僧仲殊……

东坡对他赞赏不已：“此僧胸中，无一毫发事，故与之游。”[①]陆游《老学庵笔记》记载了这个奇人的经历：仲殊俗姓张，安州人。年轻时为士人，但游荡不羁、浪迹天涯，妻子愤而在肉羹里投毒，他几乎死去，最后是啖蜜而缓过气来。自此以后，仲殊不可食肉，他因此吃蜜成为常态，赢得了一个名号：蜜殊。

两个嗜蜂蜜的饕餮之徒见面了，会是什么情况？

在《老学庵笔记》中，也记载了一则东坡嗜好蜂蜜的逸闻：“一日，与数客过之，皆渍蜜食之，客多不能下箸。唯东坡性亦嗜蜜，能与之共饱。”寥寥数语，将苏东坡嗜蜜的癖好描写得淋漓尽致。仲殊和尚与东坡嗜好相同，两人都爱食蜂蜜，一见如蜜，仿佛置身“如蜜”的生活。仲殊和尚用餐时，喜欢先把素菜浸于蜂蜜中，或以蜂蜜蘸菜后才吃，他人一见都很嫌弃，不愿与仲殊和尚共餐。唯独东坡一见，呵呵！一同进食，甚欢。

关于这场“比蜜甜”的交往，苏东坡特意为仲殊写诗《安州老人食蜜歌》，特别强调他“不食五谷惟食蜜”：

> 安州老人心似铁，老人心肝小儿舌。
> 不食五谷惟食蜜，笑指蜜蜂作檀越。

---

① 事见苏轼《仲殊》。张志烈、马德富、周裕锴主编：《苏轼全集校注》文集十一卷，河北人民出版社 2010 年版，第 8241 页。

蜜中有诗人不知，千花百草争含姿。
老人咀嚼时一吐，还引世间痴小儿。
小儿得诗如得蜜，蜜中有药治百疾。
正当狂走捉风时，一笑看诗百忧失。
东坡先生取人廉，几人相欢几人嫌。
恰似饮茶甘苦杂，不如食蜜中边甜。
因君寄与双龙饼，镜空一照双龙影。
三吴六月水如汤，老人心似双龙井。

满纸都是戏谑而亲切的口吻，将仲殊狂傲不羁、爱诗如命、生性洒脱的本性刻画得淋漓尽致，一如蜜酒般甘醇。不禁让人想起张可久的话："山容瘦，木叶凋，对西窗尽是诗材料。"

宋徽宗崇宁年间，仲殊自缢而死。

莫非，他吃腻了蜂蜜？

第五章 气吞儋州：九死南荒吾不恨，兹游奇绝冠平生

东坡眼中的“桃花源”

北宋黄州一直有桃树分布。东坡“雪堂”筑成后，他就亲自在堂前种下了桃树和李树。

在我印象里，唯有桃花随山势的起伏而烂漫四野，行至水穷处，桃花就是红尘之外归隐之路上的醒目“树号”，而深秋的菊花仅仅是归隐之路拐向山间的个人化标识。桃花开得肆无忌惮，就像从巅峰泼下来的一泓亮水，在阳光加速下，那些赭红色的土壤被深深掀动了，将土地的血一点一点在枝条上挤出来，这很容易让人联想起西语中玫瑰的隐喻。

去年夏天，我来到黄州，当地的桃花早已凋谢，却是新果正艳时。生命的步履总是那么清晰，在那些盘桓的枝条上，我能感觉到江风的轻捷与藏匿在果实里的涛声吗?

应该说，桃花、桃实、桃木、桃叶各自拥有不同的文化向度。这四个意象彼此矛盾，尽管彼此互有叠印，但指向却是不同的。桃花如女脸，朝着春情而粲然怒放；桃实却以凸凹的造型，成为吞吐云雨的隐喻；桃木则是人们熟悉的，是方术文化里至刚至猛的镇宅之宝；桃叶则往往

成为幻化精怪的大本营……

记得我在随笔《豹典》里说过，异人有异相，异人更有异能。西王母长有豹尾和虎牙，头角峥嵘，她掌管灾害和刑罚。西王母的主要家当是桃园中那些珍稀花果，每三千年才长出代表长生不老的桃果。这个具有与时间较力的果品，有关资料上说，蟠桃“相当于西方的苹果，是令众神得以长生的‘神的食物’和‘不死的神肴’，在波斯它被称为 haoma、在埃及被称为 sa。它的本质是女性的经血，是诸多文化传说中太母女神创造万物的神圣之血；桃果上的凹陷亦被作为女阴的象征……”引用至此，我心里有些紧张，怕喜欢桃文化的人不高兴。

人们经常见到的“寿星捧桃图”，寿星就是彭祖。这是一位前额硕大的老年男人，但这并不彰显西语的智慧之兆。他托起炸药包一般地托住一只大蟠桃，目光犀利，内行优良，用一根修长而白皙的手指，指定桃子的凹陷。什么意思呢？“根据道家的理论，寿星之所以长寿，是由于其前额储存的女性体液的缘故，桃果的凹陷代表女阴，手指代表男性的性器。”后来我查阅《〈西游记〉的秘密（外二种）》[①] 注意到这句话。中野美代子进一步认为：“桃是女性生殖器或生殖的象征。理应超脱了女色的高僧[②]声称想吃桃子，这意味着《诗话》中的玄奘必须背负着食欲和色欲这两个因果报应去完成‘西天取经’。”

如果桃花、桃实、桃木、桃叶联合起来一致对外，桃林遮天蔽日，就呵护着一个更为诱人的秘密：桃花源。由此可见，桃花源的核心构成，松木、柳树、国槐、菊花、仙鹤、龟蛇等均无力支撑，只有阴阳一体的文化之木，堪可担此大任。

陶渊明自然不屑于那些解构主义策略。陶渊明的桃花源其实是一座漂浮不定的、一直处于游动状态的“迷宫”，它蕴含有中国文人的终极梦想：逃避时间的催逼、逃避权力的锋刃、逃避战乱的兵燹、男耕女织的安静生活，以此来维持小国寡民们看得见、摸得着的天伦之乐与幸

① ［日］中野美代子：《〈西游记〉的秘密》，王秀文译，中华书局 2002 年版，第 353 页。
② 此处指唐僧。《大唐三藏取经诗话》本中，唐僧指令孙悟空去偷仙桃。

福。人们“不知有汉，无论魏晋”，寄寓着陶渊明厌弃暴政、复归浑朴的理想。鉴于这样的空间的稀缺性质，所以它必须是难以寻找的，是冥冥之中注定的那些人可以相遇，或者对另一些俗人绝对藏匿。误入桃源的渔人尽管在归途刻意留下标记，但稍后闻讯而来的太守和高士们按图索骥，最终都无功而返。

要注意，陶渊明写的是“桃花源”，而非“桃花园”——那是国人的终极梦想之源，而非仅是一个园囿。一字之易，云泥立判。

在外人偶然“误入”与刻意“寻访”的毫厘之间，蕴含了南辕北辙的命运分野。开门与隐蔽，也是民间信仰建立的乌托邦与仕途欲望的扞格所在。

先秦歌谣《击壤歌》宣称：“日出而作，日入而息。凿井而饮，耕田而食。帝力于我何有哉。”在此意义上，可以说“桃花源”遵循的亲和力恰是“天然”，并以“隐形村”的形态而点缀在人们的希冀之中。

从六朝开始，尤其是到了宋代，“桃花源”成为中国文人命笔抒怀的一个乌托邦旨归。诗人庾信《拟咏怀》其二十五：“怀抱独昏昏，平生何所论。由来千种意，并是桃花源。”杜甫置身安史之乱的战火间，一度冒险回家探视妻儿，他的五言长诗《北征》记录了满目疮痍的观感，进而感叹：“缅思桃源内，益叹身世拙。”战火、厄运启发诗人的桃源之思，在后世更多的文人笔下，得到了汗牛充栋的呈现。王安石《桃源行》谓：“儿孙生长与世隔，虽有父子无君臣。”这样的诗句如果放到“乌台”官员的鼻子下一嗅，必当定罪。刘克庄的《题桃源图》云：“一境浑无租税，四时长有桃花。”

在这个谱系里，明末清初的文史大家张岱峭拔而起。他写过一篇名文《桃源历序》，劈头就说：“自古无历者，唯桃花源一村人。”正因为“桃源无历（历法）”，“故无岁时伏腊之扰，无王税催科之苦”……其中，刘克庄强调“无税”，直接点出儒家轻徭薄赋的信条；张岱更是感叹桃源“无历”，所以逃离了人间时间历法的刻度与利爪，而人间万千辛酸均源自时间刻度啊……那里因为没有历法（时间）的束缚，所以啊，桃花源人既不知汉，也不知道魏晋；因为没有历法，草木只是欣欣向荣、庄稼只在收获时；因为没有历法，所以村里人没有酷热严冬的辛苦，也没有苛捐杂税的当头催逼……鸡犬桑麻，桃花流水，这个逃避了红尘时间历法的角落，真乃幸运之地！

环顾眼前，张岱觉得人间恰恰是多了这一“历”，所以一切都变丑了。他说，如果我把“此历”加诸“桃花源”的话，那么“桃花源”就不复存在了。

接着，他为桃花源提出了三项具体的“历法”举措：不存年号、不立甲子、无报时者，结果是“木落草荣，时令不失”，因为那里具有一种自律、自洽的时间观。桃源人看见了这一“历法”，对此很是喜欢。张岱提出的最关键结论是：“非以历历桃源，仍以桃源历历历也。无历而有历，历亦何害桃源哉！”这不是用一个新历法去改变桃源，而是用桃源自我形成的“生活历法”而成为全社会理想的历法！所以，具有生命活力与天道规律的历法并不会加害于桃源。

这是一篇了不起的杰作，因为中国古人罕有从时间历法角度去思考人生与幸福。历法表面上仅仅是时间刻度，是“去立场”的，也是“去阶级性”与“去感情”的，但一旦历法应用于具体场域，却深层包含了人间的意识形态与物质基础，更包含了民众的幸福与眼泪。在二十一世纪今天的中国，可谓经历了三千年未有之巨变，既不存在乌托邦的生活飞地，也不存在你松我紧的非常态时间观。用好自己的时间，成为这个世界上只争朝夕、不负韶华的不二法门。

苏东坡尽管一直追捧陶渊明，仙道之想、佛禅之念往往是其阶段性的面对一时悲苦的仙槎，但儒家的人间情怀才是他的压舱石。所谓“努力莫怨天，我尔皆天民。行看花柳动，共享无边春”（《大寒步至东坡赠巢三》），才是东坡的底牌。尽管拥有这等体认，奇妙的是他对“桃花源”采用了一番人间化的祛魅眼光扫视，这就让人觉得有点意外。但毕竟他带来了全新的对“桃花源”的出尘意象予以“人世化”的诠释。可以说，苏东坡是第一个以青城老人村为例，否定桃花源存在的人。

也许，无论走出多么遥远的地界，东坡总有返回现实的异能。苏东坡语境里的桃源或“桃花源”，始终止于“胸中山”，而非现实之地，他也不容别人的现实性指涉。

绍圣三年（1096）春，苏东坡以宁远军节度副使贬居惠州。东坡老迈多病，王朝云沉疴难起，在满目萧然之际，他写下了《和陶〈桃花源诗〉并引》一文：

> 世传桃源事，多过其实。考渊明所记，止言先世避秦乱来此，则渔人所见，似是其子孙，非秦人不死者也。又云杀鸡作食，岂有仙而杀者乎？
>
> 旧说南阳有菊水，水甘而芳，居民三十余家，饮其水皆寿，或至百二三十岁。蜀青城山老人村，有五世孙者。道极险远，生不识盐醯，而溪中多枸杞，根如龙蛇，饮其水，故寿。近岁道稍通，渐能致五味，而寿益衰，桃源盖此比也欤。使武陵太守得而至焉，则已化为争夺之场久矣。常意天壤之间若此者甚众，不独桃源……

翻译如下：世上所传的桃花源这件事，很多都夸大其词。考察陶渊明所记载的，只说是先祖逃避秦朝的战乱来到这里，那么渔樵们所见的都是避乱之人的子孙，不是其人，所以说并非那个秦朝人是不死的。又说杀鸡作为食物，哪里有仙人杀生的？以前说南阳有菊水，水质芳香而香甜，住了三十几户人家，喝那里的水都长寿，有的活了一百二三十岁。蜀地青城山间有一个老人村，据说都是五世同堂。鉴于道路极其危险遥远，活着的时候不知道盐和醯（醋），而且溪水中有很多枸杞生长，它的根弯弯曲曲像龙蛇一样，喝了那里的水就会长寿。近些年道路稍微通畅，逐渐能够接触到日常的调味品，故而寿命减短，所以这就和外面的人寿命差不多了。当武陵太守得知到了那里的时候，那里已经早就成为很多人争夺的地方。一般来说，天下像这样的地方很多，不单单是桃花源而已。

苏东坡是讲求实证的，他与黄庭坚均到过桃源。黄庭坚在其去世的前几年，由蜀地被赦来到湖北，曾经就到过桃源，写有《水调歌头·游览》及《秦人洞》传世。黄庭坚《水调歌头·游览》提及的“武陵溪”，是特指河洑山，后来也把武陵溪泛指桃花源的桃花溪。可见是从河洑一路沿沅江而下到桃源。《秦人洞》一诗则是实地到访桃花源后的作品，而且描写的是桃花源的典型风物秦人洞。秦人洞又名桃源洞，是渔郎发现并进入桃花源的通道，在桃源山下，历代题咏很多。

东坡之文，无疑是一篇对于古人想象的“残酷考古学”。

起头便云“世传桃源事，多过其实”，如此断然立论的依据当然不是舒元舆、韩愈等唐朝人所见的桃源仙境图绘，而是在摒弃了那些无根传闻后，对于陶潜版来了一次无情的考古。正因为如此，苏轼便回归到陶潜《桃花源记》的文本，辩称文中“止言先世避秦乱来此，则渔人所见，似是其子孙，非秦人不死者”，又以村人“杀鸡作食，岂有仙而杀者乎？”来否定其为仙人之说。这只能证明东坡过人的还带有点戏谑的聪慧！

艺术固然是对现实的夸张，而现实的不断蜕变也是有迹可循的。东坡在文中举证，“桃花源”可以实存于人世的高度可能。他特别指出南阳之菊水、蜀中青城后山老人村以及颍州的仇池等地，都与武陵“桃花源”的境地相似，而且“天壤之间若此者甚众，不独桃源”。在他眼里，“桃花源”全然就是“人间”的至美集萃，但他也认同了陶潜的诠释，以为此“避世”之地存在的前提，恰恰在于不“使武陵太守得而至焉”，不使之“化为争夺之场”，亦即保持了权力对此鞭长莫及的自由格局。

元祐七年（1092），苏轼徙官扬州时，得到表弟程德儒赠送的两块来自仇池山的石头，一为绿色，一为白色，遂作《双石并叙》诗。仇池山位于今甘肃省西和县南，古称“瞿堆”，为陇上名山。这一白一绿的“双石”就使苏东坡有了“桃源之思”，他于是将仇池看作自己的归隐之地。建中靖国元年（1101）正月，苏轼去世的当年，在北归途中过大庾岭时，他仍以《山坡陀行》来表达归隐：“若有人兮，梦中仇池我归路。此非小有兮，噫乎何以乐此而不去。”

青城“老人村”之典，见王象之编纂的《舆地纪胜》：“蜀青城山老人村，溪多枸杞，饮其水故寿。”老人村的正式地名，称“老泽”，但那里从无枸杞，多山参、黄精、贝母。据说，晋人范长生的后裔居住在此处。“昔人避难居其中，多享年寿”。约一一六二年暮春，蜀中名士关耆孙结伴七八人从长坪山经山间鸟道前往老人村。快到时，“山月稍出，花香扑鼻，谛视之，满山皆牡丹也”。他们找到一户人家投宿，一老翁“设麦饭一钵、菜羹一盆”以及“松根下人参”招待众人。关耆孙了解到，老人村从不缴税租。他在村上见到了数百人，年少者“亦庞眉白发”。

通往“老人村”还有一条路，是取道大面山以南毗邻青城前山的三溪古道。途中要过龙居溪、青苔沟、寮叶沟三条溪流，交通极其艰难。后有人搭设了数座绳桥，才勉强可通。一一七七年范成大游青城山丈人观，见到了专程从“老人村”来欢迎他的山民，他颇为感动。范成大在《吴船录》中记道：“今日山后老人村耆耋、妇子辈，闻余至此，皆扶携来观。村去此不远，但过数绳桥。”范成大在《何同年书院》一诗中写道：“竹色侵晚帙，泉声漱嵌根。试通丹灶路，应到老人村。”四年之后，开设三溪酒店的赵真出资修砌了这条古道，为众结缘，冀愿“世世生生子孙获福”。村里还有著名的“牡丹坪”，当地人赞美树上盛开的“牡丹”，估计就是高山杜鹃花。

苏东坡在《仇池笔记·费孝先卦影》中还记录有关的另一传闻：“至和二年，成都人有费孝先者始来眉山，云：近游青城山，访老人村，坏其一竹床。孝先谢不敏，且欲偿其值。老人笑曰：‘子视其上字[①]。成坏自有数，子何以偿为？’孝先知其异，乃留师事之。老人授以《易》轨革卦影之术。”

费孝先为临邛人，著名易学大师，王公大臣不远千里送钱来请其占卜。东坡提到的“卦影”，为费孝先的占卜之术。

老人村位于云烟缭绕的青城山后山，连峰掩映，颇多仙道异事。大约是众多外来者的探访破坏了生态平衡，使“老人村”居民“寿益衰”。因而对于武陵太守未得入桃源，东坡深以为幸事。

① 字云：此床以某年某月造，某年某月为孝先所坏。

应该注意，归隐是个体的出走；而“桃花源”却是集体成功出走的大本营。

如果说归隐仅仅是坎坷仕途上一个人的出路，那么“桃花源”则是殊途同归的众人，一个集体性的避难所。这不能不引起文人们的强烈关注。

“桃花源”不但被文人一再咏叹，而且进入绘画和园林设计，成为中国人最为熟悉的一种理想境界。十九世纪末期“欧风美雨”之际，它还曾被魏源用来理解西方世界的理想社会参照系：“瑞士，西土之桃花源也。惩硕鼠之贪残，而泥封告绝；主伯亚旅，自成卧治。王侯各拥强兵，熟视而无如何，亦竟置之度外，岂不异哉？花旗人甘明者，尝游其地，极言其山水之奇秀，风俗之淳古。”这段话不仅直呼瑞士为“桃源”，也承袭《诗经·硕鼠》中乐土的典故，“花旗人甘明”又令人想及那位误入仙境的“武陵渔夫”。魏源用“桃花源”来定位一个西方国家，与二十世纪以后的学者以乌托邦指代中国传统理想社会形态，构成了有趣的对比。

面对扰乱心智的满天桃红，诗人们的举止颇为奇怪，他们往往桃弓苇矢对准同道，自己的精神之蜕首先就乔装为渔樵遁入了“桃花源”。其实，只要不把自己弄成“桃花源”的对立面就好，更要警惕，不能成为想象之敌。

比如，刘禹锡贬官到武陵朗州（即桃花源所在地），多次游览并赋诗，可谓是炒红“桃花源”的吹鼓手。韩愈也对此表示过怀疑，他在题画诗《桃源图》里开笔就写道：“神仙有无何渺茫，桃源之说诚荒唐。流水盘回山百转，生绡数幅垂中堂……”他巧妙地借王维、刘禹锡等的“桃源仙境”之说，摒排众议，指出历代神仙之说的荒诞，认为桃花源的本来面目不过传说而已。全诗以议论始又以议论终，中间夹以桃源故实的铺叙与桃源图画的描绘，显然他并不相信有桃花源的存在，但是他没有提出更多的根据来否定。唯有苏东坡把否定传说中的桃花源存在的理由，叙述得非常充分。但东坡这样做，固然有他不走寻常路的思维使然，更彰显了他对于个人现实处境的绝望。

苏东坡除了《和陶〈桃花源诗〉并引》之外，后来也有诗说明这个观点：“蜀客曾游明月峡，秦人今在武陵溪。”“蜀客”是指自己，“明月峡”位于川北广元翻越秦岭的险道。下一句用“秦人”做比，“武陵溪”中人，是幸运的。一个“今”字，道尽了自己的无限痛苦。

在贬往广东惠州之前，东坡与黄庭坚同游武陵桃花源一带。在今茶庵铺与太平铺交界的地方，他们来到河边一起渡河，向黔地进发。苏轼往广东，黄庭坚往江陵。来到一棵大槠树前，苏轼作了“远望宁乡三渡水，近看太平一棵槠”之句。后人为了纪念这对名流，把他们渡水的地方称为“苏黄渡”。这棵奇特的槠树在树根上长了槠树、蜡树、棕树，又称“槠蜡棕”。生长至今，已有千年历史。古树周围居住着吉、李两大姓，清代光绪年间，为争夺古树的所属权，还引起了一场诉讼。当地人把苏黄经过此地的事以及争树处理的情况刻碑予以纪念，即“古树碑志”。槠树与碑，至今还在。

苏轼于元丰八年（1085）回朝，十月经过山东密州，作《再过常山和昔年留别诗》，其中有“江湖久放浪，朝市谁相亲。却寻泉源去，桃花逢避秦”之句，对于回朝任职表达了厌倦和不安。他向往一个摒弃了暴政的“大同”飞地。

而对于这样的精神“飞地”，东坡一方面予以现实性的无情祛魅，另一方面又与之暗通款曲。透过“桃花源”的镜像，足以显示出他的重重矛盾……

记得我在黄冈的一处桃林下，捡起两个落在地上的青桃，忍不住咬了一口。说艳若桃花，我明白艳的所指；说桃花鲜血，我明白花的非所指。湿润的风里，那些不大清晰的历史过客，被桃树祖父一般的手臂逐一赋形。桃木的器物，具有令飘逸的季节立定的慢性，桃树粘住身后的云，在周围浮起一层花瘴，在长江边的斜坡上，穿过桃林的路径，独自消受路径的棱角和突然，桃立在桃中，叶叠在叶里，东坡赤壁的石头把云朵拍打出裂纹，蜂群会对准我的额头，就像枝丫刺痛脸颊。不禁遥想古人的感叹，不过是因为溪水漂满花瓣和弯月，将自己的身影错落为诗章。因而，每每看到桃木被顺坡而上的风，掀起裙子，被带往高处，我就还能看到更高的天鹅，把丽达驮到云的背面，然后，轻轻放倒……

白云苍狗，世事扞格，烦忧多如牛毛。杜甫说“陶潜避俗翁，未必能达道”，东坡心知肚明，因而自言“桃源信不远，杖藜可小憩”。真是如此吗？这个一直搅扰人们的千年隐形村，其实就如同卡夫卡创造的一座永远无法抵达的“城堡”——那分明是一个“反乌托邦”的建筑。

大千世界林林总总，时间的刻度赋予了每个人的事功，时间的刻度赋予了人们对物质的宰制，时间的刻度更赋予了人们感知生命的温度。这里不妨修改东坡先生名诗的一个词：“要听”穿林打叶声，何妨吟啸且徐行。

时间不会因为一个人的好恶而改变节奏，时间下的事态只会因为你的在场、退场而变得急促与舒缓。“比缓慢更缓慢”并非抵挡时间压力的良药。那么，不妨在抽身于琐事、厕身于功利、缓身于诱惑之际，也许就会邂逅那些蛰伏的生命律动，聆听从未入耳的天籁。而苏东坡所言的生命状态，未尝不是最好的顺应“时光机器”的一种方式：“努力莫怨天，我尔皆天民。行看花柳动，共享无边春。”

东坡的“呵呵”

熙宁八年（1075），东坡在山东密州写《江城子·密州出猎》，黄犬苍鹰、挽弓射虎、呼啸苍茫北国，如此健雄的气象何曾在以往词苑出现过！东坡意识到，此词在自己写作生涯中也是一道深重的刻痕，内心兴奋，写信告诉好友、蜀地老乡鲜于子骏：

> 所惠诗文，皆萧然有远古风味，然此风之亡也久矣，欲以求合世俗之耳目则疏矣。但时独于闲处开看，未尝以示人，盖知爱之者绝少也。所索拙诗，岂敢措手，然不可不作，特未暇耳。近却颇作小词，虽无柳七郎风味，亦自是一家。呵呵！数日前猎于郊外，所获颇多，作得一阕，令东州壮士抵掌顿足而

歌之，吹笛击鼓以为节，颇壮观也。写呈取笑。

东坡写此《江城子·密州出猎》词，自然与鲜于子骏的“萧然有远古风味”、反对“求合世俗之耳目”的诗风有着千丝万缕的联系。只是，当时东坡对于豪放词是否能够抵抗“柳七郎风味”，自信心不是太强。

要注意，文中出现的“呵呵”。东坡诙谐，往往与老友通信，才有这样的会心之词，见“呵呵”如面。有人统计，在他的文中“呵呵”竟然出现了四十多次。

再比如，元丰元年（1078），在徐州的东坡给表兄文同写过一份尺牍《与文与可》：

近屡于相识处见与可近作墨竹，惟劣弟只得一竿，未说《字说》润笔，只到处作记作赞，备员火下，亦合剩得几纸。专令此人去请，幸毋久秘。不尔，不惟到处乱画，题云与可笔，亦当执所惠绝句过状索二百五十匹也。呵呵。

翻译如下：姑且不说我给你写《字说》这事，就说我到处给你作记写赞，任你驱使，任劳任怨，你怎么也得给我几张墨竹画。我现在派人去你家拿，你最好不要拖延太久。不然，我就到处乱画，然后题上字，就说是你画的。或者拿着你以前的约定去告状，索赔二百五十匹绢。呵呵。

呵呵，呵呵！这极可能是现在的流行语“呵呵”的最早出典。

唐开元年间，丝织品“与钱货兼用”，后来又规定“布帛为本，钱刀是末”。初唐时期一匹绢帛长三丈，约是二百钱，开元时期的一匹绢帛则达五百五十钱，这些数值比较稳定。《新唐书·食货志》记载：“绢匹为钱三千二百，其后一匹为钱一千六百。”当时宰相陆贽上书说：“初定两税，万钱为绢三匹，价贵而数不多……近者万钱为绢六匹，价贱而数加。”由此可知，在这一段时间内，一匹绢帛是三千二百钱，平均值为三匹绢帛一万钱；不久之后，一匹绢帛就是一千六百钱，平均值为六匹绢帛一万钱，足见波动加大。北宋临安的优质绢，一匹市场价格大体是五贯五百文。而北宋时期蜀地使用铁钱，价格情况就还有些特殊性。

北宋末年，绢价每匹约在一千四百五十文，南宋最初绢价也维持在这个水平。之后绢一般市价每匹约二贯多。宋代一贯为七百七十文，绢价每匹约一千五百到二千文。若是产于文同家乡盐亭县的“鹅溪绢”，一匹绢的价格就相当于一户中产之家的全部家当。这固然是东坡的调侃，但调侃当中也有执着的索要。可见，彼此都并非“二百五”，彼此都不是省油的灯。

在《文与可画筼筜谷偃竹记》里，东坡对与可说了一番话：“竹子长万尺，应该用二百五十匹绢，我知道您是懒怠作画，只是想要得到这些绢而已！”与可无言可对，只好说：“我说错了，世上哪里有万尺长的竹子？”东坡对此解释，用诗回答：“世间亦有千寻竹，月落庭空影许长。”与可呵呵笑道：“苏公真是善辩啊！若有二百五十匹绢，我就要拿它买田还乡养老了。”这样他就把所画的《筼筜谷偃竹》赠给了东坡，说：“画上竹子只不过数尺，却有万尺的气势。”看起来，这也是东坡随口报出的“二百五十匹绢”，接近我们口语中的“百万英镑”。

雷州诀别忆章惇

不管如何，日子还得过下去。转眼就到绍圣四年（1097），苏东坡在惠州白鹤峰的住宅终于赶在春节前夕落成。此时长子苏迈出任韶州仁化县令，距离惠州不远。苏迈带着儿媳和孙子们赶来与东坡团聚过春节。亲情温暖如春，让失去朝云的东坡刚刚得到了些许安慰。岂料一个月后，他接到再贬儋州的诏令。

朝廷又一次追加了对元祐诸臣的严厉惩处。原因是东坡在惠州所作《纵笔》一诗：“白头萧散满霜风，小阁藤床寄病容。报道先生春睡美，道人轻打五更钟。”诗被人递上去，宰相章惇看到了，非常不满：“原来这个苏轼‘春睡’舒坦，小日子过得舒服快活啊……”他一定要让东坡陷入绝望，彻底从内心击毁对方。

后人附会说，他是按照子瞻和子由的“瞻”字和“由”字的一部分，将东坡贬到儋州（当时称昌化军），苏辙贬到雷州。

看看，又是诗歌引发的效应。

看看，又是这个章惇。而这个章惇，就是那个审理“乌台诗案”时，大力弘扬“不论政见，只问良心”，让东坡逃过死劫的章惇！

天地之大，怎么又遇到这个章惇啊！

在王疇的笔记《道山清话》里，关于章惇的身世有这样的说法：“章子厚，人言初生时，父母欲不举，已纳水盆中，为人救止。其后朝士颇闻其事……”这并没说章惇是父亲与外祖母乱伦，只说他生下来差点让父母溺死。章惇家世显赫，祖上往上数七代都是大官，光宰相就有好几个，堪称标准的世代簪缨。在这样的家庭中，章惇又从小被长辈当作神童，寄予厚望。苏章二人年龄相仿，才华不相上下，性格各有特点。从出身而论，苏轼的家庭背景明显不及。

历史上对于章惇的恶行记载甚多，但章惇对于湖南长沙的长治久安，还是有功劳的：章惇的一大功绩就是“开边湖南”，促进大湘西地区开发。曾有一诗专门称颂他的功绩，可是济北晁无咎却赋诗称，这山并不需要开，这是因为章惇做过许多小人的行径，被当时的清议所不认同。然而梅山地处现在长沙府的安化县五寨，从熙宁年间直到明朝，再也没有蛮族入侵的灾患。那么章惇的这项举措，并非一无是处……

东坡不禁对儿子谈起一桩往事：

那是一〇六四年，苏轼任凤翔府节度判官，章惇为商州令，一起担任考官，主持考试的刘原父认为他们都是国家最优秀的人才，十分尊敬他们。章惇与苏轼相处融洽，一起游玩南山诸寺，相传寺有怪物害人，人们不敢住宿。但章惇住下后，怪物不敢出来，所谓邪不压正，看来就是明证。一天他们和好友同游仙游潭，仙游潭不大但十分深幽，两边悬崖峭壁直插苍天，山壁之间横卧一座独木桥。章惇邀苏轼过桥去对面的山壁，苏轼唯唯，不敢挪步。章惇说：“你不去，我去！”悬崖峭壁激发豪兴，章惇心雄万夫诗兴大发，写出了一首绝妙好诗。他动了念头，想要把自己这首诗题在对面的峭壁之上。

题壁是非常风雅的事情，而且还可以让后人来观瞻，也有益于名声的跨时空传播。可是，如果想要到对面的峭壁上去，只有一条路可走，那就是从两座山之间的一座独木桥上走过去。

说是独木桥，其实就是一棵枯树放倒而成，没有护栏，独木桥下是万丈深渊。苏轼大声劝阻章惇，不要去题壁了。可是章惇却反过来劝说苏轼，随他一起过独木桥，两人可以一个人题上句，一个题下句，更为风雅。

两人谁也劝不动谁，最后章惇干脆撂下苏轼，自己挺身过桥，将诗句题在了峭壁之上。并特意落款："苏轼章惇来。"题完之后，章惇又很轻松从独木桥返回。他一来一回，等于是过了两次生死关，可是他一点也不害怕，反而露出欣喜之情。

苏轼突然对他说："你如此大胆，定能杀人！"

章惇大笑，声震山谷……

传说还有一次，章惇和苏轼在一起喝酒。兴头之上，突然听到有人说最近山上来了一头斑斓猛虎。章惇和苏轼趁着酒兴，一起骑马爬山，去围观老虎。还没到老虎近前，一股冷风直冲而来，苏轼的坐骑被老虎的气息惊住了，吓得不敢往前。苏轼也吓了一跳，酒意立即醒了一半，说："马都这样了，不要执着再往前了。"说罢掉转马头就往回走。章惇一听，反而快马加鞭往前冲。他跳下马来，掏出一面铜锣（可见章惇心思细密，早有准备），可劲地往大石头上撞击，发出阵阵破响。老虎正在酣睡，突听到震天响的锣声，老虎起身，蹿进山林。

这件事让章惇很是得意，他从心理上彻底打败了苏轼。他得意扬扬地催马赶上苏轼，抚摸着苏轼的背说："兄弟，你以后一定不如我。"这件事在宋人陈鹄的笔记《耆旧续闻》里有详细记载。

章惇对书法相当自负，自谓"墨禅"。黄伯思《东观余论》就大赞章惇书法："虽精巧不迨唐，而笔势超越，意出褚（褚遂良）、薛（薛稷）上；暮年愈妙，一以魏晋诸贤为则，正者殊类逸少（王羲之）。"

听到有人说，章惇日临《兰亭》一本。东坡就不以为然："临摹者非自得，章七终不高尔。”

回想到此，此时在苏东坡眼前，又晃动起那座独木桥的影子，老虎那一身灿烂斑纹，章惇那声震山谷的笑声……

到底什么才是真正的勇？

其实，早年苏洵在《谏论》中早就做出了明确回答：

> 今有三人焉，一人勇，一人勇怯半，一人怯。
>
> 有与之临乎渊谷者，且告之曰：“能跳而越，此谓之勇；不然为怯。”彼勇者耻怯，必跳而越焉。其勇怯半者与怯者则不能也。
>
> 又告之曰：“跳而越者予千金，不然则否。”彼勇怯半者奔利，必跳而越焉，其怯者犹未能也。
>
> 须臾，顾见猛虎暴然向逼，则怯者不待告，跳而越之如康庄矣。
>
> 然则，人岂有勇怯哉，要在以势驱之耳。

现在有三个人：一位勇敢，一位半勇半怯，另外一个怯懦。有人与他们一起来到深谷边，并且告之：“能够跳起跨越这深谷的，就是勇者；不能跨越的就是怯懦。”那个勇者以怯懦为耻，定会跨过深谷；那一半勇敢一半怯懦的人和怯懦的人，就不能了。来人又告诉他们：“能够跳过去的，给他一千两银子；不能跳过去，就不给。”那个一半勇敢一半怯懦的人为追逐金钱，也一定能勃然跳过；只有那个怯懦的人还是不能挺身而过。一会儿，大家回头看见一只凶猛的老虎向他逼来，怯懦者还不等别人提醒就立即跳起，像走宽阔平坦大道一样跨过了深谷。那么，人难道有勇敢、怯懦的区分吗？关键在于，情势会驱使他们。

东坡对父亲的妙喻已经烂熟于心。前两条用来比喻赏对“使人必谏”的作用，后一条用来比喻罚对“使人必谏”的作用。那么，东坡会选择其中一种身份吗？

我以为，东坡不会采用直面悬崖跳跃的方式，而是一步一步走下悬崖，再攀缘而上抵达对岸。就是说，他会走“第四条道路”。

他更能意识到，嫉妒幽深如潭，嫉妒如潭底之蛇，嫉妒化作了心中盘旋的猛虎。作为胆识、定力的败将，章惇必须把对手的如水如竹的韧性与才华，彻底摧折。

两人由好朋发展到势同水火，有一个契机。

元丰八年（1085）年初，宋神宗驾崩，宋哲宗继位，大宋权力顶层再次重组。在垂帘听政的高太皇太后的默许下，“旧党”复起，“新党”遭受清算。苏东坡“三入承明，四至九卿”；章惇则处于众口铄金、积毁销骨的状态。指责他贪权恋栈、祸国殃民的奏折与议论，已经甚嚣尘上。

在章惇遭贬黜的过程中，元祐元年（1086）闰二月十八日，担任右司谏的苏辙上奏《乞罢章惇知枢密院状》，成为保守派攻击章惇的一道利器。苏辙要求朝廷罢免章惇的宰相一职，并将居心叵测的章惇赶出东京，逐出朝廷。而苏东坡既没有留下弹劾章惇的文字，也没有营救。至今我们无法确知这一时期苏东坡对待章惇的态度。

就在苏辙上了奏折的第五天，即元祐元年闰二月二十三日，章惇被贬官汝州。从堂堂宰相沦为一介知州，章惇为此大病一场。

毫无疑问，恰恰就是这个变数，让章惇视苏轼兄弟为负义之人。也为日后他东山再起、苏轼兄弟的岭南贬谪，埋下了恨不可解的伏笔。

在如此咄咄逼人的劲敌脚下，岂有完卵？！东坡不再抱生还的希望，与长子诀别，安排了后事。他准备一到海南便制作棺材，然后修墓，留下遗书给儿子们，死后便葬在海南岛。他甚至还决定：苏家后代今后不再扶柩还乡，并传为苏门家风。

绍圣四年（1097）四月十九日是启程日，苏东坡与子孙们在江边恸哭分别。全家心里明白，这一次不是短暂分离，而极可能是人生永别……

五月十一日，东坡在滕州追上了贬往雷州的弟弟。子由有些狼狈，毕竟有史夫人和小儿子苏远一同随行，看起来情况比自己略好。兄弟见面沉默了半天，子由紧紧拉住哥哥的手，不住叹气。兄弟深情并不是两肋插刀，但在这个彼此伤感落魄的日子里，谁给谁鼓励？谁陪谁走一段漫长的夜路？

子由突然大哭起来……

哭什么？

他是不是想起了自己上的《乞罢章惇知枢密院状》奏折？

他们在路边小店充饥。但粗面条太难吃，弟弟放下筷子举目四望时，却眼见哥哥已经几口吃光了。弟弟长期住在京城，看来已不如哥哥安之若素。东坡努力微笑着，叫弟弟吃完东西，不要浪费了。

阔别四年，兄弟二人都老了许多。他们外形更为相似，在路人眼里，这是一般高矮的两位老翁。无休无止的迫害，反倒成全了这一对相亲相爱、一起长大的兄弟，如今一起落难天涯，真的成了一对“难兄难弟”。

在雷州后来命名的“二苏亭”处，苏轼苏辙万里投荒，携手同游。六月十一日，兄弟俩挥手分别。但洋溢的兄弟情义，就像海峡震荡的波浪。这是他们兄弟生前最后一起度过的日子，之后再也没能相见。

东坡先生的诗文，最爱用“清风明月”显为人节操，又爱用“夜雨对床”表兄弟思念。如今，路途前方都是无尽的夜雨。

时年六十四岁的苏轼，贬居荒寂的海南岛，他只能与当地的黎民、白云、椰林交流他的痛苦与忧烦。

一道海峡，就是一道水墙。

就这样，思想与情感卡在穿越水墙的裂缝中。愁肠百结虚成着，幽怨千行没处论。

东坡像一个穿墙的大师，一不留神就卡在了中途。

他的诗书与丹药，他的眉山与棺木，他的朝云与梅花，他的出发与归途，他无法首鼠两端，成为“砍成两半的子爵”。

他那万千涌立、无穷变化的色身，现在凝冻了，在气体与固态的中途。

但是，百川归海。烟波浩渺的眼前，是岷江之海，是长江之海，是西湖之海，是运河之海，是瘦西湖之海。水不能改变的，是“宅心”。

是苏海。

桄榔庵

在寄给弟弟的诗《次韵子由所居六咏》里，东坡自况："萧然行脚僧，一身寄天涯。"但在这个邈远的天涯海角，区区一身，并不好"寄"。

七月十七日，经过三十六天跋涉，苏东坡终于抵达儋州。

昌化军使（地方长官）张中早闻苏东坡的名声，一直敬重他。尽管当地生活条件简陋，他尽了全力接待苏东坡。他知道苏东坡心情郁闷，只要有闲暇，他们经常在一起饮酒聊天。发现苏东坡买不起酒，张中便经常把自酿的小坛酒送过来……听说苏东坡住房太破旧，下起雨来一夜要换几个地方，张中立即派人来维修。元符元年（1098）正月十五元宵节，当夜张中设宴招待下属，特意请苏东坡赴宴……这一举一动，怎能不让东坡感动啊！

张中很快成了东坡无日不见的朋友，两人常常整日对弈，可惜东坡棋艺很一般，常常输得一塌糊涂。苏东坡曾说自己有"三不如人"，指的是棋艺、喝酒与唱曲。其实他在这三方面都有与众不同的个性和情趣。所以他写下了《观棋诗》，有"不闻人声，时闻子落"和"胜固欣然，败亦可喜"的佳句。

苏东坡兄弟就像卡在一些人咽喉上的刺，总是让他们放不下。东坡抵达儋州之前的四月，朝廷派董必察访两广，当然很快得知苏东坡的真实处境。董必弹劾张逢优待苏轼苏辙，因为他为苏辙修了住宅。结果张逢被撤职，苏辙也被迫移往循州。

董必知道东坡住在儋州公家的驿馆中，派人将他驱逐出去……

而在明朝人张燧的《千百年眼》里，收录《章惇雷州之报》一条，颇有因果循环之爽利：

苏辙被贬谪到雷州时，朝廷不允许他占用公家的住宅，于是他就租了一间民房。章惇又以"强夺民居"的罪名，下令本州府尹追查租给苏辙的百姓，对他进行追究处理，只是由于他的租赁合同非常清楚，才免于被处罚。

过不了一两年，章惇也被贬谪到雷州，也要向当地的百姓租房子。

百姓说："先前苏公来的时候，因为章丞相几乎让我家破产，现在不能租给你了。"凶暴狠毒的报应，竟是如此丝毫不差。这样看来，小人陷害君子，刚好是自己害自己了。

古人为什么对这样的循环津津乐道？那还是因为他们心怀正义、善良。

上无片瓦下无立锥地，怎么行？东坡倾其所有在城南买了一片种有竹子和桄榔的林地，他在林中盖了几间竹房。张中带头帮忙，邻里都给予力所能及的帮助，送来了一些盖房的材料。当地的十几个学生是主要的建房劳动力，特别是东坡的崇拜者、特来投奔他的潮州人王介石更是卖力，一切泥水活他抢着干，任劳任怨，从不要分文酬谢。

新居周围除了椰树、竹林，还有桄榔树。树似棕榈，其木刚利如铁。最有意思的是，皮中有白粉，像稻米及小麦面，可以作饼子，名"桄榔面"。有鉴于此，在新居五月竣工后，苏东坡为之取名"桄榔庵"，并摘取桄榔叶写了一篇《桄榔庵铭》。迁居当晚，听到邻居家传来孩子的读书声，他一下子兴奋起来，为这样荒寒的地方能有文化的传播而由衷高兴。他信步走进，取过孩子的书本诵读，与他对读。他觉得琅琅书声比琴声还要悦耳，简直可以作为下酒的佳肴。

当年九月间的一天，夕阳西下，客人离去后，桄榔庵幽静而冷清，东坡情绪低落。他突然看到一只鹏鸟来到室内，竟然立在座位上，引吭展翅，好像有什么不舒之处……东坡想起贾谊在《鹏鸟赋》中说过，鹏鸟入室，主人便要离开。这一征兆，明显是凶多吉少，他感而作诗："客去室幽幽，鹏鸟来座隅。"

贾谊《鹏鸟赋序》云："鹏似鸮，不祥鸟也。"猫头鹰的一种。贾谊在朝廷受排挤，出为长沙王太傅。三年，有鹏鸟飞入其室，并发问说："请问于鹏兮，予去何之？"为了排遣巨大的不安，贾谊感伤身世，以为寿命不会长，作此赋自慰。东坡比贾谊的处境更等而下之，现实与历史交相叠加，他陷入了惶惑不安……

第二年，绍圣五年（1098）三月下旬，春华烂漫，东坡去位于儋州城北的谢氏废园游历，突然又与鹏鸟相遇……念自沦落天涯，身无安处，甘愿卖车犊买地筑室，但又担心鹏鸟入室，凶多吉少。

现实呢，似乎真有某种感应。

张中派兵为东坡修房子的事，也被董必得知了。他认为必有猫腻，认为分明是张中假公济私，立即上告。元符二年（1099）初，张中任期满了，也因此丢官。他因为喜欢东坡，所以迟迟未能成行，到了年末才恋恋不舍而去。东坡先后写了三首诗送别，情意颇为动人。张中受连累至死未能复职，也因救助东坡的义举而名垂后世。

桄榔庵很是低湿，在中原人足迹罕至的热带海岛上，最难熬的是夏秋之交，湿热熏蒸，到处散发出霉烂气味。九月秋雨连绵，东坡竟在床帐里发现足足能装满一升的白蚁，已全部腐烂！

他真有些吃不消了。

东坡经常在四周散步，发现这里有很多八九十岁乃至百岁的老人，可见海南岛也是适合长寿的，这坚定了存活的意念。他决心尽力适应恶劣的环境，要“习而安之”……我堂堂苏东坡，经历了大江大海的惊涛骇浪，岂能向生活的苦难低头！

得知东坡在儋州，海南其他三州的士人纷纷前来问学，甚至远在广州的学子也冒着惊涛骇浪远道来问学。

对于来向他请教的人，苏轼热情接待，不管他们的基础如何、资质如何，只要有心向学，苏轼都一一开导指教，桄榔庵成为海南的读书中心。

元符二年九月，一个叫姜唐佐（字君弱）的自琼州来儋州，慕名向大师求学。

他自备了资粮和书籍而来，日日跟随在东坡的左右，随时向东坡咨询，并将自己的作品奉上，希望得到指正。

东坡一读，喜不自胜，向旁人称赞：想不到海外还有这般出色的士子。

一天，东坡来到姜唐佐住处走访，无他，聊天，讨杯水喝。恰逢姜唐佐外出了，东坡看到桌上有一张揉得皱巴巴的包灯芯的纸页，抚平，信笔在纸上写满了字，让姜唐佐的母亲转交。日后，著名诗僧释惠洪在姜家亲眼看到了这张纸，醉墨淋漓地写着：

张睢阳生犹骂贼，嚼齿空龈；
颜平原死不忘君，握拳透爪。

这是说，张睢阳在被羁押时就怒骂安禄山、史思明等叛贼，骂到咬牙切齿，把牙齿都咬碎了，只剩下牙龈；颜平原到死的时候都没有忘记君上（指唐明皇），每当想起君上的时候，他握紧拳头竟然把自己的手掌都刺穿了。

有人说，这是苏东坡希望姜唐佐学习困厄中的名将张睢阳为国尽忠，要像颜平原一样忠于国家、死而后已。这两联句显然并未成篇，但透过对前代坚毅忠贞之士的颂扬，仍能曲折地表达出东坡的壮怀激烈，它们更应该是东坡平时涌荡于胸的强音，发出利刃破空之声。

姜唐佐在这里住了半年，临别之时，求苏轼赠诗一首。苏轼便在他的扇子上题道："沧海何尝断地脉，白袍端合破天荒。"并对姜唐佐说："等你将来中了进士，我再为你续足成篇。"

姜唐佐没有辜负苏轼的期望，后来，他北上赴试，中了举人，成为见之史载的海南第一位举人。遗憾的是，此时东坡已经去世，两句诗已成绝响。崇宁二年（1103），姜唐佐在汝阳遇见苏辙，苏辙兑现了兄长的诗歌承诺，诗曰：

生长茅间有异芳，风流稷下古诸姜。
适从琼管鱼龙窟，秀出羊城翰墨场。
沧海何曾断地脉，白袍端合破天荒。
锦衣今日千人看，始信东坡眼力长。

苏东坡的识人眼力，长风破浪，影落成树，呼啸为林。

在东坡离开儋州九年后，儋州人符确成为海南的第一个进士，据说符确也曾师从东坡学习过。

《琼台纪事录》载:“宋苏文忠公之谪儋耳,讲学明道,教化日兴。琼州人文之盛,实自公启之。”

吃阳光

心怀奇志的人被高远的目标指引而行,所以他们对于衣食一向马马虎虎,所需极其有限。但此时的海南儋州本就荒凉,加上内地人初来乍到不适应本地饮食,因此维持最低的生活需求也变得十分艰难了。

苏东坡在《与元老侄孙书》信中倒出了心头苦水,大意是:

> 近来我多病,身体瘦弱,大不如前。海南连年遭灾,食物用品十分艰难。泉州、广州的海船来不到,就连药品、酱、醋等都没有。困难到这种地步,听天由命吧。有时和儿子苏过相对而坐,简直像两个“苦行僧”啊!

为了换取衣食,苏东坡卖掉所有的金银酒器,只留下自己最珍爱的一只荷叶杯。荷叶杯是以荷叶为酒杯之形,苏东坡看重的却是“清凉消暑”之意。当东坡父子获得儋耳城西一小块田地,他们高兴地种下了旱稻,并用诗序来记此事件:“小圃栽植渐成,取渊明诗有及草木蔬谷者五篇,次其韵。”诗曰:“晨兴洒扫罢,饱食不自安。愿治此圃畦,少资主游观。”(《和陶西田获早稻并引》)可惜的是,收成不佳。

立冬之后连日风雨而至,海峡通航断绝了,岛上无处可买到大米。东坡《纵笔三首》其三诗云:“北船不到米如珠,醉饱萧条半月无。明日东家当祭灶,只鸡斗酒定膰吾。”内地运米船不来,他们常是即将无米下锅了。但是儋州人往往有祭祀活动,有鸡有酒也一定分给他们。粮断之后,他们还去儋人家做客。这毕竟不是长久之计,东坡一家只好仿效当地人顿顿吃山薯(芋头),因为煮熟后甘甜又有香味,吃后满嘴留香，故当地人又称之为“香芋”。

芋头古名叫蕖、芋魁、蹲鸱。《说文解字》所释：“芋，大叶实根，骇人者，故谓之芋。”训诂学家徐锴注曰：“芋犹言吁，吁，惊辞也。故曰骇人。”

《史记·货殖列传》中也记载：“吾闻汶山之下沃野，下有蹲鸱，至死不饥。”可见在汉时，巴蜀等地便以芋头为主食了。《东坡杂记》记载说：“岷山之下，凶年以蹲鸱为粮，不复疫疠，知此物之宜人也。”这是说，四川岷山下的平原上，芋头就像老鹰那样蹲坐，遇上荒年，这种东西可以当粮，人间不再有瘟疫。

唐代朱揆《谐噱录》中载：西汉留侯张良之后、唐朝张九龄知道萧炅不学无术，所以经常拿他开玩笑。有一次，张九龄派人给萧炅送去一些芋头，故意把芋头写成“蹲鸱”。而萧炅捎回条子答道：“芋头已收到，只是没见到蹲鸱。我家虽多异物，但也不愿见这样的恶鸟。”

张九龄把萧炅的回信拿给客人们看，引起满座大笑。

但天天吃芋头就难以下咽，而且芋头几乎达到一年食量的十分之六。没有肉怎么办？熏老鼠、烧蝙蝠就是打牙祭了。苏东坡还提到“蜜唧”，是刚出生还未睁眼的小鼠，无毛，喂以蜂蜜后生吃，咬一下，唧唧作响……刚听到这些吃法，苏东坡就要呕吐！儿子苏过已经成为苏东坡的保姆兼厨师，为增强父亲的食欲，想着法子变花样，用香芋剁碎煮烂成粥给苏轼吃，东坡美其名曰“玉糁羹”。东坡见儿子也和自己一样消瘦，父子像一对苦行僧，面面相觑，本已心痛不止，但一见他端来别出心裁的羹汤，东坡会意，故意吃得津津有味，还作了一首题目很长的诗《过子忽出新意，以山芋作玉糁羹，色香味皆奇绝，天上酥陀，则不可知，人间绝无此味也》，大加夸赞，说天上酥陀[①]我不知味道如何，但可以判定人间绝无“玉糁羹”的绝味。父子就着泪水吞下去，嘴边只有泪水的咸味……

因为苏东坡的名人效应，“玉糁羹”在宋代就是名菜了。刘子翚有

① 古天竺的酪制食品。

“晓吹黏玉糁，深碗啖模糊”的豪迈吃相，王十朋则身体力行，有“归与传取东坡法，糁玉为羹且疗饥”的仿效……一千年过去了，“东坡玉糁羹”俨然是海南岛的文化大菜。看看，历史就是这般神奇！

东坡还发明了一道美食——菜羹。

烹饪方法是，用泉水揉搓洗净青菜，将菜叶子和菜根卷成团，然后放入锅里煮出膏油，待到渗出汁液、流出香味，汤水蒙蒙如松风一般响起时，才将芋头、米豆颗粒一同投入拌匀。用陶盆的盖子盖住，不要搅动得太勤。弃除酱醋的厚味，去掉椒粒桂皮的辛辣香气。这时锅里水分渐渐减少，像人在抽泣一般。火力要增强，使锅里受热均匀。火候正好到滚沸的声音嗡然嘈杂时，煮熟的菜肴脆烂无比，净美且有甘甜味。这时起锅，放置盘中端上桌来，趁热开吃。这个菜羹的选材、烹饪、调味、吃法在东坡的《菜羹赋》里描绘得环环相扣，色香味俱全，使人读完后食欲大增，跃跃欲试。

东坡听说弟弟也陷入贫乏境地，人又消瘦了许多。想起与弟弟在雷州分别时，弟弟站在路边吃不下粗面的样子，便写了一首诙谐而风趣的诗劝他安于现状，有什么吃什么。看看当地人，老鼠、蝙蝠、蛤蟆都能吃，我们在京城多年，鲜美的羊肉都吃腻了，可别像那个民间故事所说的将军，吃饱后摸着肚子说：“我对得起这个肚子。”左右随从说：“将军当然对得起肚子，可这个肚子却对不起将军，因为它从来也没有想出过一个小小的计谋来……”

再后来，东坡连画饼充饥的“精神胜利法”也派上了用场。元符二年（1099），由于琼海断航，海南岛的米价暴涨，东坡一家买不起米了。饥肠辘辘的他，想起了一个神奇的传说，他为此写下《辟谷说》：晋武帝时，有人坠入洛阳的一个深洞里，怎么也脱不了身，在极度饥饿的情况下，只好学习洞中的那些龟蛇的修行方法。于是他每天早晨伸头吞咽从头顶射进来的日光，结果身劲力壮，终于这个大难不死的人得以生还！更奇妙的是，他从此不再需要寻常的食物了。

他总结说：“辟谷之法以百数，此为上，妙法止于此也……此法甚易知易行，然天下莫能知，知者莫能行，何则？”既然知道了不传之秘，那就坚持下去吧。

东坡渴望也能像这个异人那样，依靠吞食阳光和空气度日。这虽然是东坡的一时想象，幽默固然是抵抗不幸的利器，但也昭示出他生活的极度困难。

尽管如此，当他发现当地人有杀耕牛的习俗时，就亲自书写柳宗元的《牛赋》，劝告当地黎族同胞爱惜耕牛。

海南市面上缺少药材，他写信给朋友，从内地购买药材，施舍给黎民。

当地风俗是妇女出门劳动，身强力壮的男子闲在家中，他诵读杜甫的《负薪行》，劝告当地百姓，改善妇女的生存状况……

吃蚝

唐代广州司马刘恂《岭表录异》记载，东晋末年卢循农民起义失败后，其余党逃至莞邑沿海，书中记载“惟食蚝蛎，垒壳为墙壁”，可以看出东晋时期，珠江口一带的沿海居民就开始采食野生蚝。而以蚝壳为墙壁，这一建筑民俗流传至今，我在浙江温州、福建泉州等地乡间发现均有分布。

唐时，韩愈曾经两度贬谪来到岭南，初贬阳山。公元八一九年因上书《谏迎佛骨表》，再被贬为八千里外的潮州刺史。此地风俗与中原殊异，他不得不硬着头皮面对蛇、田鸡与一大堆说不出名字的海产品。

诗人赵师秀的《约客》有“黄梅时节家家雨，青草池塘处处蛙”之佳句，展示了江南的特殊季候。其实青蛙用叫喊打开的地缘，真有大半个中国。青蛙，广东民间称之为蛤，也称之为田鸡、水鸡。分析起来，这种虎纹蛙会发出近似公鸡的咯咯叫声，因又生于田头河沟，所以索性称之为田鸡。清朝吴震方编著的《岭南杂记》说:“蛤拐一名坐鱼，短项，身青黑，土人连皮食之，云不可脱去此锦袄子。”沿海乡村炒田鸡也是连皮而食，这一点有别于蜀地西南风俗。至于为什么称之为蛤，是因为它会发出“嘎嘎”叫声的缘故。

在旧籍中，青蛙、蟾蜍、蛤拐，多是混淆不清的，但在广东人与蜀人眼里，则分辨得一清二楚。青蛙即田鸡。蟾蜍，亦即癞蛤蟆，体暗褐色，皮肤上有疣无数，不可食用，只能入药。蛤拐形似田鸡，具有闪电一般的身手，也是不能食用的。

韩愈开始学习广东人食蚝食蛤，“余初不下喉，近亦能稍稍”。但蛤与蛤蟆，亦即田鸡与蟾蜍却无法分辨清楚，还大书特书“蛤即是虾蟆，同实浪异名”。而在他所谓“初南食”中，五彩斑斓的蛇亦赫然列入，不过他实在没有尝试的勇气。说到勇气，韩愈曾经在华山绝顶被万仞绝壁吓得号啕大哭，如此想来也可以理解。

到北宋时期，就已经有“插竹养蚝”的记载了。著名诗人梅尧臣曾写过一首脍炙人口的《食蚝》诗：“薄宦游海乡，雅闻靖康蚝”，诗中所写的“靖康蚝”就是沙井蚝。诗中又说“并海施竹牢”“掇石种其间”，说明宋代人工养蚝已经很普遍，出现了专业户和专门的蚝田，这是世界上人工养殖蚝最早的记录。

苏东坡在惠州时，作了一首《丙子重九》诗：“三年瘴海上，粤峤真我家。登山作重九，蛮菊秋未花。惟有黄茅浪，堆垄生坳窊。蜑酒蘖众毒，酸甜如梨楂。何以侑一樽，邻家馈蛇蛙。亦复强取醉，歌谣杂悲嗟……”东坡的胆子究竟比韩文公大些，邻家送来蛙与蛇，他也敢于“布樽取醉”，战胜自我，至少麻痹一下口感。

从上面韩、苏两家的诗句看来，可知广东人食蛇，却是古已有之，只是不像现代的菜肴有这般繁多的烹调技艺。

海南岛的蛇类、海鲜众多，但当时居民对待这些物品的看法不同于现在，他们认为这很普通，不过是一道家常菜而已。在苏过的诗文中，还提及儋州人馈赠给他们的食物有薯芋、稻谷、蚶蛤、韭菘等等，而让苏过最感动的是当地人馈赠的坡鹿与野猪肉……

有趣的是，东坡在儋耳，是怎么吃海鲜的呢？

一〇九九年的冬至前两天，东坡创制了一道鲜美的海鲜美食。

这一天，海边的渔民给东坡送来了几斤生蚝，这是东坡、苏过以前从没有吃过的东西。

生蚝也叫海蛎子，肉青白色，柔软细嫩，欧洲人称它是“海洋的玛娜”[①]，古罗马人把它誉为“海上美味——圣鱼”，它是唯一能够生吃的贝类。东坡研究了半天，决定来个“两吃”法：一是将蚝肉与浆加上水与酒一起煮；二是取其中大的蚝肉，进行烧烤。经过试验，东坡美滋滋地总结说：“食之甚美，未始有也。”（《食蚝》）并诙谐地对苏过说，吃蚝的这种事一定不要随便说出去，恐怕北方朝廷的君子们知道了，都争着像我东坡这样，要求贬谪到海南来，分享这一道美食。

这分明是反讽，也是苦中作乐！反衬了东坡品尝美食后一种愉快的心情。吃蚝不仅是一种感官享受，更是获得了一种精神上的幸福感。东坡那种潇洒、安逸、藐视小人的形象，跃然纸上。

我们可以说，《老饕赋》是东坡美食人生的总结和升华。怎样才能烹饪出美食呢？人世间什么是最好的美味呢？《老饕赋》就给出了很好的答案。

首先是要有像庖丁[②]、易牙[③]这样有高超厨艺的厨师；其次是水要鲜活，锅要清洁，薪柴要讲究，特别是火候要掌握好；再次，就是食物的做法要精致。

在他笔下，天下最美的食物，是猪脖子上的肉、秋霜来临之前螃蟹的两只大钳、蜜煎酥烂的樱珠、用杏酪浇淋的蒸羔、含酒气半熟的蛤蜊、泡着酒糟的蟹……有了美食还不够，还要有温柔俏丽的仙女伴舞，用湘妃和帝王的乐器弹奏起动听的音乐。最后举起盛满凉州葡萄酒的南海玻璃杯，为长寿和子孙们的幸福干杯！在这篇二百多字的短文中，烹饪佳肴的主要因素即厨师、选材、烹煮、调味等都写全了。真是精妙之极！

难道在这山高皇帝远的穷乡僻壤，东坡拥有这样的饕餮大餐，就是皇帝般的享受吗？不是的！东坡人生道路曲折坎坷，受尽折磨，九死一

① 即上天赐予的珍贵之物。
② 古代一位刀工极好的厨师，曾为文惠君解牛。
③ 春秋时齐桓公宠幸的近臣，长于调味。

生，连饭都吃不饱，哪有这样丰盛的美食又有动听音乐和美女陪舞的享受。实际上，东坡是在画饼充饥，望梅止渴。他是希望通过想象中的美食的物质享受来升华到精神，来表现他的豁达、乐观、潇洒的气度，来慰藉他那已有些木然的感情，从而达到物质与精神的和谐。

苏轼就是这么神奇，总能将生命中的每一次苦难，都酿造成一杯美酒，举杯邀明月，一泓海水杯中泻。

从椰子到椰子帽

我一直悬想：如果瓜熟蒂落，椰子突然脱离了大本营，会发生什么样的事情？

春季末梢，我从内地飞抵海南岛。那里的季候似乎一如海面一样平滑，又像一面硕大的蜡染花布，仅仅以些微的波涛与丝光来体现季节的挪移。无边无尽的椰林，为了阻止热力的长驱直入，它们摩顶接踵把阳光托举着，为树下的层层绿荫，赢得了一段玉体横陈的舒缓时光。

海南岛的椰树以文昌最多，而且长势也最为繁茂。历来有“海南椰子半文昌，文昌椰子半东郊”之说，这是对海南椰子树分布的准确描述。数百万株椰树绵延十几里的文昌东郊椰林，成为我流连盘桓之地。那是一个早晨，海风和煦，椰林安静，偶尔略略的俯仰之间，阳光如空降的黑客，在林间落地，迅疾连成一个又一个的光斑，发出金箔颤动的微声。藏匿在高处的椰子，露出了一双觊觎的眼睛……

这是椰林里难得的静谧时刻。从植物学家的研究得知，椰子并非海南岛土生土长。那椰树究竟从何而来？答案是，椰树、红树林、榄仁、木麻黄等植物均属于典型的海漂植物，共有三十五科五十二属五十九种，而椰子树一直是海漂植物的代言树。

椰子树何时在海南岛落地生根？有人说至少有两千年种植史，证据呢？但至少在绍圣四年（1097），时年六十二岁的苏轼被贬到瘴气弥漫的海南岛儋州，在他的描述里，已经可见椰林摇曳多姿的身影了。据说他每日都要喝一碗椰子奶，曾写下“椰树之上采琼浆，捧来一碗白玉香”的名句，他还把椰壳做成他喜欢的方形帽戴在头上；他的儿子苏过也有“椰酒醍醐白，银皮琥珀红”传世。

由于地缘的特殊性，尤其是作为汉夷文化分界线“五岭”的绵延阻碍，北方文化向南的推进与浸淫，总是要早于、多于南方文化的逆流北上。当峭拔其上的椰子树逐渐引起中原人注意时，显然已经是较晚的事情了。而且，在一双双中原的眼睛里，他们又根据自己的历史，悄然对作为他者的椰子树，来了一番“汉化”式嫁接。

椰子的美称叫“奶桃”。有学者以为，《史记》里提到的胥馀，以及《汉书》与司马相如《上林赋》提及的胥耶（邪），晋代嵇含《南方草木状》所标举的越王头，其实就是椰子。到《台湾树木志》上称之为“椰标”，谢天谢地，终于出现了“椰”字。由此可见，蜀人司马相如的《上林赋》是中国最早提及椰子的史料。对于这个“椰”字，段玉裁指出：“(苿)茚苿也。从艸。邪声。以遮切。古音在五部。”到了李时珍那里，他按惯例来了一番椰字的训诂考释：传说林邑王与越王有仇，便使刺客趁其醉，取其首，悬于树上，后来化为椰子。其核犹有两眼，故而将其称作“越王头”，而其浆犹如酒也。南方人称其君长为“爷”，那么“椰”大概是取“爷”之义。这一段具有身体政治意味的描述，暗示了椰子树的恩仇，近似于中土文化里桃林间“枭桃”的含义。但我有一个不大成熟的揣测，这多半是《圣经》中耶稣传说的“海漂”化版本。所以，有人叫作“耶稣的耶子”，成为一种谐音蔓延开来的隐喻。

那么，问题就来了。

箕子，名胥馀，因封国于箕（今山西省晋中市太谷区东北），爵为子，故称箕子。箕子与纣同姓，是殷商贵族，性耿直，有才能，在纣朝内任太师辅朝政。箕子佐政时，见纣王进餐必用象箸，感纣甚奢，叹曰：“彼为象箸。必为玉杯，为杯，则必思远方珍怪之物而御之矣，舆马宫室之渐自此始，不可振也。”因对纣王不满，他被囚禁而装疯，甘当奴隶，所以《庄子》称他为“胥馀”，后来箕子率其族人出走东海抵达高丽。

根据这里记载，是否暗示了胥馀具有椰子一般的浑圆与光滑，不受力？抑或着眼其性命硬如椰子的一生？

槟榔流入中国，是在西汉年间。汉武帝元封元年（前110），设置南海、交趾、日南等九郡，其中就包括海南岛、越南两大槟榔产地。流行于南北朝时期的槟榔种植，应滥觞于此。这些“海外珍奇”的意象，在左思著名的《吴都赋》里，便发挥成“槟榔无柯，椰叶无阴”。古人的观察是真实的，槟榔树没有旁逸斜出的枝丫，椰子树因为太高，自然没有为凡界拓下一片乘凉的树荫。殊方出异物，椰树具有“先天后地”的异能，不是从根部开始生长，而是首先从顶部冲刺，修长的羽毛状叶片自树梢伸出，又不断脱落。

李时珍进一步描述椰子树说：“通身无枝，其叶在木顶，长四五尺，直耸指天，状如棕榈，势如凤尾。”最后一句，暗含了诗人扶摇直上的想象。就这样，我站在椰子树下，仰望着的，是一只大鸟的高耸尾翎……

椰树既是风的情敌，又像是置身绿林与“王土”之间的强人。

椰林总是距离海滩有一段距离，这一开阔地带视野良好，蝇营狗苟无从安身，也是海风加速冲刺的扑线地段，海沙被裹挟起来，狠狠砸将过来。椰树以猛士的耿直，恰在狂风大作之际，才真正亮出了自己的兵刃。不，椰树以浑身的骨头，在高强度的俯仰过程里，把劲风一点一点顺树干卸下来。风与沙，就成了坐梭梭板的孩子。

东坡经常在桄榔庵附近的椰树林间散步。树似乎渴望与之促膝谈心，有心事，就好好说嘛！但归来的海风具有登徒子的急躁，风的利爪在树干的缝隙里寻找记忆，吹出了一串飘摇的浪子之歌。树干在充满盐分的极度浸淫里，反而获得了一种回忆的补给。它们既没有丢盔卸甲，更不会被连根拔起。往往是位于椰林边缘的椰树，茕茕而虬起，鲸脊凸起，鱼龙曼羡，为无踪无影的狂风，留下了一幅工笔式的描红形象。

而置身高处的椰树，有些高达三四十米，像一根卡在历史咽喉里的鱼刺。可见，所谓“木秀于林，风必摧之”未必尽然，但“行高于人，众必非之”却是必然！

记得是一个下午，我行走在儋州一片深广的椰林间，也许没有海风拔节般的直吹，这一带的椰树没有海边的那样高秀，但长势更为粗壮。遥想千载前东坡的踪迹……突然，我听到椰子落地的声音。那几个天雷一般的尤物，砸在地上一堆老椰子上，是一串高低不一的闷响，有的椰子壳已经裂开了，而又极力渴望昂扬，似乎是嘶哑的赞美诗。

其实，椰子落地，并非意味着下坠，也许更含归去之意。

在我看来，那是造物主向天空抛起来的几枚骰子，在天空的镔铁桌子上，兀自旋转，看似无心，细细打量它们的排布，似乎又暗含某种安排。

我突然想到，一个下坠的椰子如果落在我头上，这叫被意外击中，死于非命；如果这个椰子砸中了一个贪污分子或独夫民贼，那是否就叫造化？等于中了头彩？从而完成了一次意味深长的“本垒打”。

一七三三年，伏尔泰在《哲学通信》里就呼吁：“法国人呐，不要着急，椰子树总会成熟的，只要你先把椰子种下去！”“椰子”是隐喻，乃是伏尔泰所推崇的英国法律及政治制度，他希望这“椰子”能被广种于全世界，成为全人类的椰子。

椰子落下了，海天如镜。

慵懒的椰子树冠在梦中召唤光，它渴望亮中发黑。天穹召唤铁匠大鸟，大鸟用怪叫在云霄铺开道场。椰林里，一个树影在思念中日渐消瘦，直到凌风回身，高空的椰子树不过是一朵花，没有面孔。

在我看来，苏东坡所写《次韵子由三首（椰子冠）》一诗，基本上成为了椰子意象的最高美学表达。这还要从一个小故事说起。

元丰八年（1085）九月的一天，苏过在桄榔庵边摘下几个椰子，扒掉外皮，砍出一个缺口，递给父亲。即使最低的生活间，东坡也会找乐子，他把汁液倒出来，美美喝上一碗，顺手把空椰壳递给苏过。苏过不禁想起父亲的一件趣事。父亲在汴京为官时，风华正茂，成为京城的明星，官帽巍然，才华横溢。

到海南时他就写过《纵笔三首》，其二中有这样的句子：“父老争看乌角巾，应缘曾现宰官身。”意思是，乡村父老争着看东坡的黑色头巾，是因为东坡曾有官职在身。“乌角巾”本是隐士之冠，但这里的“乌角巾”指的是做过宰官的东坡，故得此名。其实，东坡巾是黑色头巾，在王圻、王思义撰写的百科图录类书《三才图会》里，对其的描述是：“东坡巾有四墙，墙外有重墙，比内墙少杀，前后左右各以角相向，着之则有角介在两眉间，以老坡所服，故名。”

受到启发，苏过突发奇想，把当时流行的帽子式样稍加改造，决定用椰子壳造出一顶奇异的帽子：帽桶高，帽檐短。东坡根本无所谓，乌头巾也罢，椰壳帽也好，于是就戴着这顶帽子出入。东坡是名人，逐渐就流行开了，人们争相仿效成为一时风尚，人称“子瞻帽”。

感觉不错，苏过又做了一顶帽子，寄给叔叔苏辙。苏辙看到这个古怪而新奇的玩意，大乐，欣然写了一首诗《过侄寄椰冠》：

衰发秋来半是丝，幅巾缁撮强为仪。
垂空旋取海棕子，束发装成老法师。
变化密移人不悟，坏成相续我心知。
茅檐竹屋南溟上，亦似当年廊庙时。

这是苏辙看到椰子壳帽子后引发的诸多感想。他当时被贬到雷州安置，饱受沧桑，看到与头发密切相关的椰子冠，很自然地从衰发写起，说自己的头发大多斑白了，而且稀疏到几乎不能簪住的地步了，真是到了杜甫“白头搔更短，浑欲不胜簪”之境。现在面对这顶奇异的帽子，正好弥补了头发稀疏不能为仪的尴尬，束起头发，加上椰冠，呵呵，倒像一位老法师的模样了。

所谓“变化密移人不悟，坏成相续我心知”二句为佛道用语，“……坏而复成，成而复坏，终始相续，无有断绝，故名世界相续”。人们说我被贬，其实事情在暗暗发生变化，虽然别人并无觉察，而我自己的心里却是清楚的。其实，有这些变化也没什么，因为佛教上说“坏成相续”，成和坏并没有什么差别。现在虽然我们被贬到蛮荒之地，那又有什么可悲哀的呢？这样才有了结尾两句安慰苏过：如今在海上住在茅草屋子里，与过去在朝廷中做官，并没有什么两样。

真是如此吗？

收到苏辙之作，东坡父子均和了一首诗。

苏过之诗如下：

玉佩犀簪暗网丝，黄冠今习野人仪。
著书岂独穷周叟，说偈还应见祖师。
椶子偶从遗物得，竹皮同使后人知。
平生冠冕非吾意，不为飞鸢跕堕时。

诗意大约是：我回想起过去种种风光，可以佩戴珍贵的玉佩与犀簪。如今却如土人打扮一样穿草服、戴椰子冠，这好似汉高祖的竹皮帽一样洒脱！他告诉叔叔苏辙，自己愿意跟随父亲坚守清贫。

东坡诗《次韵子由三首·椰子冠》如下：

天教日饮欲全丝，美酒生林不待仪。
自漉疏巾邀醉客，更将空壳付冠师。
规模简古人争看，簪导轻安发不知。
更著短檐高屋帽，东坡何事不违时。

对于苏东坡的这首诗，轻松之余，隐有沉重感。饱受苦难，他又不得不用超然的口气，显示自己和别人活得一样轻松，这样的沉重，就很特别。这是东坡的悲剧，更是时代的悲剧。一句“东坡何事不违时”，就足以展现坎壈与风骨了。现在看来，能够让人感到安慰的，是这种悲伤终究化为了海南的荣耀，椰子树的荣耀。

诗中藏匿着太多的感慨。对他而言，经历的事情都过去了，凤鸟的树叶突然倾覆，会露出镔铁的桌面。那么在剩下的收刀敛卦的岁月里，他愿意看一棵椰树的静立与果实坠落的过程。针对它们的缺陷，诗人总是尽力予以修补。那是一个老年人的下午时分。一阵吹透骨髓的长风，在海天之际打开了人和树的身形。

“东坡帽”在“因地制宜”地继续流传。

广西合浦一带的“东坡笠”，造型、材质与“东坡帽”不同。千年以后，还引起了洋人的注意。一八九四年，英国人保尔（Paul）时任清末北海海关关长，在其撰写的《中国海关北海关报告》中，有这样一段文字：“宋朝，一位人们尊敬的政治家和诗人苏东坡兼任廉州知府，他发现当地妇女的行为习俗有悖‘三纲五常’的道德标准，设计了一种‘遮羞帽’，现在廉州人还普遍戴着这种帽子。它是用草茎编织而成的圆盘，半径约一英尺，中间凹进套在头上，周围有蓝布流苏，大约六至八英寸，沿帽子的边缘缝合，如果愿意，可把戴帽人的脸和脖子完全遮掩，但摆一摆头也可看见。”

英国人保尔的记载明显有错，苏东坡没有当过廉州知府，他是从海南获赦回来路过合浦廉州，在此住了近两个月。但所记的“东坡笠”，与合浦民间的“东坡笠”十分相似。如果说海南的“东坡笠”得以确立，只是因为苏东坡发明的，那么北海合浦的“东坡笠”的确有可能是东坡改良而来。

请容许我再说一遍：在椰子下坠的过程中，一阵穿透骨髓的长风，在海天之际打开了苏东坡和椰子树的身形。

椰子冠系列乃是东坡父子在极为艰苦的环境之下的戏作，是为了排遣苦闷生活的一个游戏，当然也包含了东坡父子的智慧。昔日的椰子冠早已湮没，但独造椰子冠的佳话和三首椰子诗却把那种风范长留于世。有鉴于此，从寻常的椰子壳跃升而起的文化，仍是苏门的精气神。

春梦婆

苏东坡就像海岛上的一棵椰子树，渐渐融入森林与海风的合唱当中。他又用他那一贯平和而幽默的眼光，打量着海岛上的芸芸众生。虽然是过着苦行僧一般的生活，但精神并不贫乏，他仍然“超然自得，不改其度”。

据清代学者张宗棣浸湿的《词林纪事》记载，元符二年（1099）夏季的一天下午，一位农家“馌妇”的老婆婆正在田间，只见苏东坡头上顶着一个葫芦瓢[①]，一边走一边唱，显然东坡正在仗着酒兴而踏歌，他朝向心中的桃花源而去。

东坡唱的什么歌？其实，就是他写的《哨遍·春词》：

睡起画堂，银蒜押帘，珠幕云垂地。初雨歇，洗出碧罗天，正溶溶养花天气。一霎暖风回芳草，荣光浮动，掩皱银塘水。方杏靥匀酥，花须吐绣，园林排比红翠。见乳燕捎蝶过繁枝，忽一线炉香逐游丝。昼永人闲，独立斜阳，晚来情味。

便乘兴携将佳丽，深入芳菲里。拨胡琴语，轻拢慢捻总灺利。看紧约罗裙，急趣檀板，霓裳入破惊鸿起。颦月临眉，醉霞横脸，歌声悠扬云际。任满头红雨落花飞，渐鳷鹊楼西玉蟾低。尚徘徊，未尽欢意。君看今古悠悠，浮宦人间世。这些百岁，光阴几日，三万六千而已。醉乡路稳不妨行，但人生，要适情耳！

《哨遍》写于一〇八八年，东坡在汴梁担任翰林学士、知制诰。此时的东坡正是“三入承明，四至九卿”的人生得意时期。从这首词的内容中，我们也可以想象当时的东坡，目送飞鸿，“人生适情”，机遇的机窍，纷纷向他展开……

“馌妇”，也就是往田间送饭的女人。这位“馌妇”不年轻，已经七十岁了，她打破了东坡的深沉之梦。

老婆婆直起身来笑着对他说：“看看您内翰大人！昔日在朝廷的荣华富贵，有如一场春梦吧！”

东坡一听，微微心惊，酒意顿然消退，他不禁大笑起来。此后就风

① 四川乡间叫瓜瓢。

趣地喊这位农家婆婆为“春梦婆”。

“春梦”一词固然寻常，但在东坡语境里，却有所指。

过了两天，“春梦”一词不断闪现在东坡眼前，他再次“被酒独行”，去往几个黎族朋友家，写了一首诗：

符老风流可奈何，朱颜减尽鬓丝多。
投梭每困东邻女，换扇惟逢春梦婆。

根据诗句，应该是东坡背着葫芦瓢准备去找黎民朋友换一把扇子，不料，换来了一个警醒的大词。老婆婆并不比东坡高明。她说的是，人生要时时刻刻保持一颗平常心，其实这并不容易。但只有东坡的耳朵，可以听见这样的提醒，而不去计较对方的身份。

对东坡而言，在《东坡志林》《仇池笔记》里记录春梦的笔触非常多。比如有一次记录春梦，时间非比寻常，这时的东坡正在出门准备进京应试，确切的地点是华清宫的废墟畔。做梦时间为元丰五年（1082）十月七日。在这场春梦中，有一个男性，有一个女性，东坡提笔写了一段文字，并且是在那位女性的裙带上。这分明暗示的是朝云之魂，因为朝云曾经酒请东坡为之裙带上题诗……

显然这是一个好梦啊！等候东坡再做下一场春梦时，已经在杭州做官了，这分明不是白日梦！这场春梦中，同样有一个男性，有一位女性，他也提笔写了一行文字。不过，男性的身份没变，但女性的身份已变为宫里的一个红衣女孩，生活在现实的生活中，这分明是东坡穿越到古代宫廷，从宫廷请出女孩返回宋朝地界。题字、写字的地方也变了，不是裙带上，而是在一只红色的靴子里……

这样的“春梦”，不说也罢。

黄州时期，几个朋友陪东坡出游，写《正月二十日，与潘郭二生出郊寻春，忽记去年是日，同至女王城作诗，乃和前韵》：

东风未肯入东门，走马还寻去岁春。

人似秋鸿来有信，事如春梦了无痕。
江城白酒三杯酽，野老苍颜一笑温。
已约年年为此会，故人不用赋招魂。

“事如春梦了无痕”，自然是指过去的事情，诗酒年华的事情，春风得意马蹄疾的事情，也包含了那让他备受挫折的“乌台诗案”。重话如此轻说，一是代表着东坡的旷达，二是他不愿意重新提起梦魇一样的那段岁月了。过去的都如一场春秋大梦，无论里面经历了多少梦魇波折、狐媚红颜，都让它们如梦一样地过去吧。

春梦加婆，荒诞啊！人生就是一场黑色幽默。

秋风时节，诗人元好问喟叹：“神仙不到秋风客，富贵空悲春梦婆。”

眼下的东坡，还是吃饭要紧。

在梦越来越少的儋州雨林之下，苏轼结交了当地四位黎族朋友。一位叫子云，一位叫威，一位叫徽，一位叫先觉，他们都姓黎，故称“四黎”。他经常与朋友们一起在外吃酒，有时会喝得半醉半醒，稀里糊涂辨认不清回家的路线，彻底迷路。一次回家，他被路上的竹笋藤条绊倒，幸好被朋友们发现，搀扶着把他送回家。他有时喝得半醉，就沿着路上的牛粪找寻回家的路线。因为苏家居住在牛栏的西边。这都充分说明，苏轼在当地过着十分艰苦朴素的生活。但与大众的关系是和谐友好的。

一个叫葛延之的书生来到儋耳，追随苏东坡交游，相处很熟了。一天，东坡教他作文方法，说：“譬如市上店铺，各种货物无不具备，却有一样东西可以将它们都弄来。这个东西就叫‘钱’。不易得到的是货物，不难得到的是钱。现在文章、辞藻、事实，犹如市场上的各种货物；而意思、意味，则好比钱。写文章如能有好的意思，则古今所有的事物，一下子都聚拢来，为我所用。你如果懂得这些，就会作文章了。”

这样的话，葛延之未必了然。

也许，他经历的写作大体有这样四个阶段：自发性写作；“时才”性写作；大地性写作；自在性写作。如今，东坡只好进入到“志林”的纸上梦幻里，对往事予以飞花摘叶……

君子们以为“自古至人无梦”。尽管东坡未必相信这句话。他更倾心于“梦境忽来，未必无兆”。

爱犬“乌嘴”的故事

在寂寞的日子里，也会有意外，也会有惊喜。

在苏东坡的贬谪之路上，他心系万物，最通人性的狗，恰恰与他结下了不解之缘。

在杭州期间，他就养了一条温和的黄犬，叫“黄耳”。在遭贬之际，朋友们来探望他，黯然相对之余，他竟然“遣黄耳，随君去”，大度地让爱犬去享受浓浓的友情。是把狗送人吗？应该是吧。

被贬密州时，东坡豢养了一条剽悍的黄犬，这是一条可以打猎的狗。他于是“左牵黄，右擎苍，锦帽貂裘，千骑卷平冈”，有黄犬伴随身边，东坡跃马在前，意气风发，一展人生的快意豪情。

宋朝时期，羊肉价大大高于猪肉，惠州城里每天只宰几只羊，东坡手头紧，只能买剩下的羊骨架。但东坡会吃，上料烘烤，分明是“焦盐羊排骨”，这就是后来“羊蝎子”的吃法。他把羊骨缝也啃得干干净净，骨头扔给狗，狗一点儿肉都没的吃……东坡发现了，写信给苏辙，自嘲说：“众狗不悦。”哈哈，说明那时苏家不止一条狗。

而且，“黄耳”的命名不是随意的。

西晋的大文人陆机养了一条非常聪明的狗，叫“黄耳”。

有一天陆机对黄耳开起了玩笑：“黄耳，你能帮忙送一封家书吗？”狗似乎很高兴，竟摇摆着尾巴表示同意，于是陆机就写了一封信，装入竹筒，绑在狗的脖子上。狗经过驿道，日夜不息地赶路。家人见到书信后，还给陆机回了信，狗立即上路翻山越岭，前往京城。家乡和洛阳相隔千里，人往返需五十天，而黄耳只用了二十几天时间。这条狗死后，陆机把它埋葬了，并取名为“黄耳冢”。

东坡对这个故事津津乐道，也颇怀念，因为这就是“善良”。而且他多次在自己的作品里引用，比如《青玉案·送伯固归吴中》：“遣黄耳，随君去。若到松江呼小渡……春衫犹是，小蛮针线，曾湿西湖雨。”苏伯固是苏庠的父亲苏坚，是东坡的老朋友。

东坡是著名“吃货”，但他绝不吃狗肉。在徐州时，当地官员设宴为他接风，一见上了狗肉，他立即停筷子，准备起身离席。他发问：“为何要杀狗？”

其实宋代法律也没有这等规定。但对方也是雅士，说《礼记》上都写着“烹狗于东方，乃不禁”。东坡一听，立刻反驳：《礼记》还说“宾客之牛角尺”，难道就应该解除杀牛的禁令吗？并且又补了一句：孔子有一次教育子贡，说一个人家的帷幔旧了，不要扔，留着将来埋马；车盖破了也不要扔，留着将来埋狗。“不忍食其肉，况可得而杀乎？”大家才理解了狗在东坡心中的地位重要，之后便不再用狗肉招待客人了。无形之间，东坡便给席间的官员上了一堂修养课。

这里，要谈苏东坡一首专门写爱犬的长诗，诗的来历颇为曲折动人。

东坡来儋州不久，一条瘦骨嶙峋的流浪狗就来登门拜访，见主人不驱赶，就不走了。这条狗嘴黑，苏东坡于是命名为“乌嘴”。显然是在向历史上的忠犬“黄耳”致敬！东坡是希望“乌嘴”也能像陆机的“黄耳”一样聪明、有情有义。

东坡收留它时，它已经奄奄一息了，但他宁可自己饿肚子，也要让乌嘴吃饱。人对动物的爱是很特别的感情，可以说一个不爱动物的人，就不懂得热爱世界和人类。活过来的乌嘴逐渐强壮，与主人形影不离，白天陪着主人“识宾客”，晚上则变得十分凶悍，守卫门户。闲暇无事，东坡笑看乌嘴“跳踉趁童仆，吐舌喘汗雨”，一头忠犬，在海南岛偏僻的一角与他一起酿造人生的温情。

乌嘴顽皮且贪吃，甚至还偷吃柜台上的肉，家人要责打它，东坡还拦着、护着，说：“这是小缺点，应该原谅它。”闲来时，东坡也会和乌嘴说话，轻拍着它的背，逗它说：“乌嘴啊乌嘴，你幸亏遇到了我是你的主人，才免去被放在锅中烹煮的灾祸。”乌嘴似乎听懂了主人的意思，点着头、摇着尾，露出了感激的眼神。

当地百姓十分纯朴，他们很喜欢平易近人的东坡先生，深夜打猎，第二天一大早就敲门送一坨肉给他，东坡和乌嘴一同欢呼……

乌嘴陪伴东坡度过近四年时光。公元一一〇〇年，朝廷赦免苏东坡，他终于能返回内地了。东坡目睹着乌嘴的一举一动，思考着乌嘴的前途命运，于是东坡写了一首咏狗诗。诗没有题目，只有一个长长的诗序：“余来儋耳，得吠狗，曰乌嘴，甚猛而驯，随予迁合浦，过澄迈，泅而济，路人皆惊，戏为作此诗。”由于无诗题，《苏轼诗集》编者就以序代题，所以诗题很长，我翻译如下：“我来儋耳（今海南省儋州市），得到一条会吼叫的狗，名叫‘乌嘴’，它非常勇猛而又驯良，跟随我迁徙合浦（今广西壮族自治区合浦县），过澄迈（今海南省澄迈县）时，狗从河中泅渡到了彼岸，路人见了都感到惊奇，我因此戏作了这首诗。”

乌喙本海獒，幸我为之主。食余已瓠肥，终不忧鼎俎。
昼驯识宾客，夜悍为门户。知我当北还，掉尾喜欲舞。
跳踉趁童仆，吐舌喘汗雨。长桥不肯蹑，径渡清深浦。
拍浮似鹅鸭，登岸剧虓虎。盗肉亦小疵，鞭箠当贳汝。
再拜谢厚恩，天不遣言语。何当寄家书，黄耳定乃祖。

这首咏狗诗，共有二十句，写得十分生动有趣，为通俗起见，将它翻译成白话文：“乌嘴啊，你本是海南的一条大狗，有幸我成为你的主人。你吃饱喝足已经十分肥壮，终于不必担忧你被烹煮吃食了。白天你驯良地迎送相识的宾客，夜间勇敢地守卫门户。知道我正处于北还之中，你摇动尾巴欢喜得欲翩翩起舞。乘机跳跃与童仆嬉戏，弄得吐舌喘气汗如雨。我过桥你却不肯跟着过长桥，径直从又清又深的河中泅渡。拍浮水面如同鹅鸭，登岸时表演得像一只吼叫的老虎。盗肉是你的一个小缺点，不加鞭打将你赦免就是我大度。你一再拜谢我的厚恩，只是你天生不会话语。我多么想给你寄封家书但不知寄给谁，那只著名的黄耳狗，想必是你的高祖。”

这是多么温暖、多么温情、多么可爱的忠犬描绘啊。懂事而又顽皮的乌嘴是幸运的，不仅仅是遇到了东坡这么一个心地善良、喜爱动物、童心未泯的主人，而且因为东坡这首名诗，让人们至今看到它的一举一动。这样一首使黑嘴流传千古的名诗，真是令狗们称羡啊。难怪清代诗人汪师韩评价说：东坡“一时戏笔，摹绘人情”。是啊，一条忠犬对于主人的回报，折射的都是人间真意。

当东坡三子苏过来海南岛接他时，东坡带着《论语》《尚书》《易经》三书的注释手稿和乌嘴渡海北返，一路辗转终于抵达苏东坡人生的最后一站常州。此时东坡的生命，只剩下不到半年时间了。

乌嘴是什么品种呢？不得而知。单就嘴巴黑、“瓠肥”、体态如“虓虎”、会看家护院来分析，可以推测，可能是中国原生松狮犬，这种狗已然有两千多年的饲养史。

第六章

北归常州：卖剑买牛吾欲老，乞浆得酒更何求

九死南荒吾不恨

离开海南岛之际，苏东坡颇留恋收留了自己的海岛，曾说："我本儋耳人，寄生西蜀州。忽然跨海去，譬如事远游。平生生死梦，三者无劣优。知君不再见，欲去且少留。"真到临别，颇为不舍。

那是公元一一〇〇年，终于等到朝廷赦免的苏东坡即将离岛北归，感慨万千之余，他写下了这首《别海南黎民表》，表达了他对流放之地的无限留恋和对友人的难舍之情，他发自肺腑地将海南儋州称作自己的故乡。这时候，距离苏东坡被贬海南已满三年了。

他有感于神灵的保佑，特写《峻灵王庙碑记》。文章中说："自念谪居海南三载，饮咸食腥，凌暴雨飓雾，而得生还者，山川之神实相之。"他相信是山川之神保护了自己，因此在离开海南岛的时候"谨再拜稽首，西向而辞焉"。这篇文采并不突出的文章里，涉及一个山神传说，有兄弟向海捕鱼，化为石，号"兄弟石"。东坡太想念弟弟苏辙了。

其实发生这一变化的原因，是元符三年（1100）哲宗皇帝去世了，开始由新皇太后——神宗皇后暂时摄政。宋徽宗即位，因为章惇曾反对

其嗣立，他心生嫌隙，改用韩忠彦、曾布为相。以前遭罪的元祐大臣们全部获赦；到了七月，新皇太后还政给儿子，但一直庇护那些元祐党人，流放的官员大都内迁且升官；老病者可以予以赦免，就地养老。

天道轮回，造化弄人。东坡遇赦北归之日，正是章惇被贬流放之时。

无论多么虚怀若谷，东坡都不会忘记这个章惇。

霜风与苦难荡涤一切。在生命里留下的不多的东西中，唯独没有仇恨。

在路经江苏靖江时，许多当地官宦朋友都来拜见，章惇的第四个儿子章援却没有出现。当年东坡作为主考官，亲点第一名录取章援，按照当时的传统，章援当为苏轼之门生。章援其实感觉到苏东坡可能会再次当政，他害怕东坡会采取凌厉的报复手段，于是给老师写了一封信，口气很是委婉，意思是说辅佐君王的人，一言之微，就足以决定他人的命运。

呵呵，学生要给老师谈命运了。

苏东坡给章援回信说："某与丞相定交四十余年，虽中间出处稍异，交情固无增损也。闻其高年寄迹海隅，此怀可知。但以往者更说何益？惟论其未然者而已……书至此，困惫放笔，太息而已。建中靖国元年（1101）六月十四日。"东坡还写下一个药方请其转送章惇，他希望章惇能保养身体，争取朝廷宽宥，希望他能够顺利北还！

命运是非常残酷的，章惇被罢相，改任越州知州，在赴任途中即被贬为武昌军节度副使、潭州安置，后来再贬往岭南为雷州司户参军。这条章惇曾经刻意安排的南行之路，苏轼、苏辙走得九死一生。

雷州地处偏僻，章惇年老多病，章援为救老父亲，咬破手指，用血书写了一份《辩诬论》上奏宋徽宗。宋徽宗有感，于是将章惇改贬到睦州（今杭州市淳安县）。但章惇不打算回苏州老家，便带家眷寄住在睦州城北乌龙山寺庙。崇宁五年（1106）章惇以七十二岁高龄病逝。累赠观文殿大学士、太师、魏国公。绍兴五年（1135），宋高宗采纳任伯雨的谏章，下诏追贬章惇为昭化军节度副使，规定其子孙永远不能在朝廷任职。

近代梁启超对章惇的看法是："吾以为惇有才而负气之人也，奸则吾不知也。"

我以为，梁公看法固然公允，但似过于宽厚了。

这年五月，秦观等人就带信给苏东坡，告之被赦的大好消息。不久朝廷正式通知他迁往廉州（今广西壮族自治区合浦县）。苏东坡开始做离开儋州的准备。父子于六月二十日渡海北还。

渡海之时，他充满了兴奋之情。他挥笔写道："九死南荒吾不恨，兹游奇绝胜平生。"他认为坎坷的生活、困苦的遭遇使他能更广泛地接触社会方方面面，更深刻地认识人生。因此，对于遭受的苦难不但"不恨"，而且还感激呢！

东坡过雷州投奔在雷州的秦观，但可惜没有见到，于是直往廉州。在廉州小住几天，同年八月改任命为舒州（今安徽省安庆市）团练副使，永州（今湖南省永州市零陵区）安置。八月二十九日他离开廉州，经梧州直奔广州。一路上不少朋友和敬慕他的人纷纷款待他，陪他看山游庙，他也开心地为友人写字题诗。

十月抵达广州，他终于与家人团聚了。唐朝诗人戴叔伦说"一年将尽夜，万里未归人"，就是这种感情的写照。次子苏迨也由北方赶来探望父亲。一到广州城，他受到家人朋友的殷勤招待，大家见苏东坡白发苍苍，行动有些迟缓，但相逢的喜悦冲淡了对他身体的担忧。

他到海南岛的第二年，当时就有传说称苏东坡病死了。当苏东坡重返南昌时，朋友们在宴席上见到他，大家和他开起了玩笑："哎呀，子瞻老兄！我们曾以为你客死海岛了，从此天各一方。"

苏轼还是那样幽默："不错，我的确死了，在去地府的半路上碰到章惇。所以我又决定折回来与朋友们再见上一面，再走也不迟啊。"大家发现，经历海风暑热洗礼的苏东坡，脸色红中透亮，幽默比当年还要犀利。

他正要离开广州时，便接到朝廷下旨，自己可以自由定居。他知道，这苦尽甘来的一天，终于等到了！为安顿晚年生活，不再招惹事端，到底居住哪里呢？还要费一番周折……

徽宗建中靖国元年（1101）正月，寒风料峭，空中投下一蓬一蓬针一般的冰晶，打在东坡脸颊上，将他帽檐下露出的白发彻底浸染，发出石灰一般的本色。他蹒跚而气喘，走走停停，跋涉到大庾岭高处。当他的脚步再一次踏上大庾岭驿道，眼前的景物，包括路边小店和店员依旧，回顾自己这七年多历经磨难的生活，不禁感慨万千。

据南宋曾敏行史料价值颇高的《独醒杂志》载，一天中午，东坡一行正在大庾岭山间村店吃饭。

一个老者低声向随从打听："这位官人是谁呀？"

随从答："这位是苏尚书。"

"是苏子瞻吗？"老者立即提高了声调。

苏东坡回头，微笑颔首。

老者上前向苏东坡行了一个大礼："我听说有人百般迫害先生。今天您能北归，是老天有眼保护善人呀！"

此时，岭上的梅花已盛开到了尽头，逐渐结子。这温暖的话语让东坡百感交集。想不到山野之人，都知道自己的遭遇故事了。他非常感念这位老者，眼见门前青松耸立，不禁诗意荡漾心际，立即题《赠岭上老人》于茅舍壁间：

鹤骨霜髯心已灰，青松合抱手亲栽。
问翁大庾岭头住，曾见南迁几个回？

结尾处的这句诗还有另层含意：独我苏子瞻过岭，你来拜揖送行，是我苏子瞻的知音！老翁的两句话，道出苏轼的满腹委屈，也是为东坡鸣不平。

理解，尤其是来自陌生人的理解，使他得到了莫大宽慰。的确，历史上贬谪五岭之南的官员，得以生还者实在太少了。

岭上老梅横斜，有白居易描绘的"南枝花落，北枝始开"的奇观，所以又称梅岭。东坡眼见一排梅树，他立即赋诗一首《赠岭上梅》：

梅花开尽百花开，过尽行人君不来。
不趁青梅尝煮酒，要看细雨熟黄梅。

大庾岭古驿道两侧梅树拥簇，似乎是在默默迎送着南来北往的士人：由北到南是贬谪落难，而从南到北则为赦免升迁，天壤之别，演变为中国式的“天路历程”，这使得后来行走梅关古道的官员特忌讳从北往南。东坡来时正值隆冬，梅花虽已开尽，但树上结满了梅子。经历过风刀霜剑的无尽磨砺，在东坡看来，细雨熟黄梅远比青梅煮酒更有味道，也更为难得！个中深意，唯有那些劫波度尽者，方能得此三昧。

梅花，既为南去者洒下一路同情的心香。

梅花，也为北归者高举归乡的生命旗帜。

五岭的梅花，是乡愁的消息树。

在接近梅关古道的最高处，如今有一株女贞被命名为“东坡树”，树大数十围，遒劲沧桑，树下立有诗碑，题铭：

> 北宋绍圣元年（1094），苏东坡因“乌台诗案”被贬谪岭南，七年后，徽宗即位，东坡于建中靖国元年（1101）获赦北归。东坡两次经过梅岭，均于此树下赋有诗作，为表纪念，后人称之“东坡树”。

回望金山寺

建中靖国元年（1101）六七月间，东坡路过镇江金山寺，往事历历如绘。那是熙宁四年（1071）夏秋时节，苏东坡由京城开封前往杭州任通判，途经镇江，便到城外长江边的金山寺游览，拜访了宝觉、圆通二位长老，并受到盛情款待。当夜东坡留宿于寺，半夜观赏江上夜景，不由得浮想联翩，写下了一首《游金山寺》。

记得那晚月黑星稀，忽然江中亮起一团火来。这一奇遇使东坡深感迷惑，对于江心忽然出现火团这一奇特的景象，见多识广的东坡也给不出合理解释。后有人试图将其解释为磷火、佛光、圣灯或者萤火虫群，但是这些光照又无法达到“飞焰照山栖鸟惊”的强度啊，以至于当代有人猜测这一不明物可能为UFO。

哦，还有佛印禅师，还有那个难忘的小和尚。有一次，东坡见河边有条狗在啃骨头，于是就笑着说：“狗啃河上（和尚）骨。”佛印禅师哈哈大笑。佛印禅师身边有一小徒弟，他不敢插嘴，只能静静观察。

有一次东坡又来金山寺寻好友佛印，两人相知已经很深，可以“呵佛骂祖”。东坡一进入金山寺，就对着里面大喊：“秃驴何在？”佛印禅师刚好不在，但小徒弟在。他知道东坡没有恶意，但眼见师父被人叫作秃驴，心中有气，于是就走了出来，回应了一句：“东坡吃草。”听闻这样的回复，东坡顿时脸红。因为金山寺之东的坡上常有驴来吃草，小和尚的这句话，是暗指他是驴子。

往事历历在目。那时，他才三十六岁。

如今，六十四岁的东坡，白发苍然。回首近三十年里，自己先后游览金山寺十余次，他想起了佛印和尚，想起了经历的朋友和陌生者，想起自己留下的《金山妙高台》《自金山放船至焦山》《金山梦中作》等与金山寺有关的诗作十余首。记得王闰之死后百日，东坡请好友、大画家李龙眠画了十张罗汉像，在请和尚给她诵经超度时，这十张杰作都化作了缕缕青烟……东坡还和李龙眠合作过一幅画，苏画石头，李画柏树，子由和黄庭坚题词。东坡也曾请人画像数幅，其中最有名者为画家程怀立和李龙眠所画。奇妙的是，李龙眠为自己画的像，竟然还在金山寺客厅里悬挂着！这是如何逃过“乌台诗案”罗网的？看着画上的自己，身坐岩石之上，一条藤杖斜横于膝上，似有微醺之态，风神潇洒。那真的是自己吗？沉吟半晌，他提笔写下了《自题金山画像》：

心似已灰之木，身如不系之舟。
问汝平生功业，黄州惠州儋州。

从“我家江水初发源”，到“身如不系之舟”，他做了一个前后呼应。如今万山踏遍，千流渡尽，甚至是暴虎冯河，不能不看淡一切！他的内心就像已灰之木，臻于不以物喜、不以己悲之境。在《墨宝堂记》里，也体现出他历来的价值观“士当以功名闻于世”，问题是，如今岂能谈“功业”，但他还是不敢“看淡”自己的苦难历程。不是杭州，不是密州，不是徐州，而黄州、惠州和儋州，才是东坡魂牵梦萦之地，是烙下了深重的“精神胎记”之地，也是他身体、感情、精神、艺术的“炼狱”！短短二十四个字，彰显了“一蓑烟雨任平生”之情怀，更凸显了“也无风雨也无晴”之超旷。

东坡的魅力，绝不仅仅在其诗词歌赋，而在于他虽九死而不悔的纯真性情，在于他根植人民的大地精神，在于他历经生死磨砺还敢于自嘲的生命情怀。伤疤即是勋章。平生的功业，恰恰是在几乎无生路之地，用赤脚踏出了一条活路！

黄州、惠州、儋州，是从苏轼到苏东坡连续的“大跌水”，记载着他从得意到失意的仕途转折，记载着他从失意至诗意的精神嬗变，记载着他由一蓑烟雨扩展到壮美天瀑的神意境界。昔日豪言“谁道人生无再少，门前流水尚能西”已迎风明灭了，如今唯有“现前一段西来意，一片西飞一片东”，是否跃升起彩虹，已经不再重要了，对于已灰之木而言；是否还有此岸彼岸之别，已经不再留恋了，对于不系之舟而言。

我一直认为，《自题金山画像》是“最东坡”之作。表面轻描淡写，内置傲岸沉雄之力，真有雪刃劈柴、直捣魂灵之感。

“此间有甚么歇不得处！”

阳羡买宅

宜兴古称阳羡，山之南、水之北为阳；“羡”与“衍”古义相通，有肥沃田地即是“衍沃”之意。荆溪河是宜兴境内的一条大河，荆溪河南面是天目山余脉，而北面是平原沃野，所以把这块地方总称为“阳羡”，这就是宜兴古称“阳羡”的来历。又因为那条荆溪河，古时阳羡又称“荆溪”，归常州辖。

因为陈季常在黄州对苏东坡房地产常识的普及，东坡意识到，自己大半生尽管一如漂荡之叶，但总有搁浅甚至靠岸之际。不是自己，而是必须为一大家子人谋一个居处。另外，房子、土地买得好，升值空间巨大，何况像他这样的名人，房子不愁卖。也许正是这两个原因，苏轼后来无论到哪个地方，都要盖一套既带院子又可以种田的宅院。

东坡结束在黄州的谪居生活，赴汝州出任团练副使。长途跋涉，生活困顿，再加上年老体衰，让他感到归计渺茫。他于是萌生买田养老的想法。东坡在宜兴买下田地，并向友人王定国、秦观等通报了此事。元丰八年（1085），他写就的传世信札《阳羡帖》（现藏旅顺博物馆）这样说：

> 轼虽已买田阳羡，然亦未足伏腊。禅师前所言下备邻庄，果如何？托得之面议，试为经度之。及景纯家田，亦为议过已，面白得之，此不详云也。冗事时渎高怀，想不深罪也。轼再拜。

六十八字里仍然风流胜赏。其书体刚健婀娜，绵里藏针，足见其秀伟之气。大意是：我已经在阳羡买田宅了，但收成还不足以养家糊口。禅师您之前说过的下备邻庄，最后怎么样了？我托徐得之找您面谈，请帮忙筹划一下。景纯家的田已经谈过了，我跟徐得之说过了，他会跟您说的，我这里就不详谈了。因这些繁杂的事打扰您，请恕罪。

初到黄州，当时黄州太守徐君猷对东坡较为关照，他的弟弟徐大正也与苏东坡一见如故，彼此相约阳羡购房为邻，《阳羡帖》中的“得之”就是徐大正。

于是，苏轼从黄州脱开枷锁，后就上书请求在常州长住，得到朝廷批准，于是常州的阳羡成了苏东坡一家定居向往的终极地。

苏东坡赶赴宜兴途中写了《归宜兴留题竹西寺三首》：“十年归梦寄

西风，此去真为田舍翁”“山寺归来闻好语，野花啼鸟亦欣然”，欣喜之情满纸。

东坡在宜兴丁蜀独山之麓购地筑起“东坡草堂”，之后又扩建成“东坡别墅”，在当年实为其家宅的原址上，现在兴建了“东坡书院”。

但终于是有了固定的归宿。即便俸禄断供了，一家人也不至于喝西北风。数年之后，苏轼远贬岭南，家人却能安居阳羡，所以他去得也无牵挂。由此来看，在黄州买房的经历对苏家是惠莫大焉！

苏东坡在阳羡买房买田颇费了一番周折，还介入了一场不大不小的官司，他在黄州期间通过友人购得了宜兴黄墅村曹家庄曹潜夫的二百余亩田地。但不知为何，曹姓人家又反悔了，纠缠长达八年时间。后来苏东坡虽打赢了官司，还是体恤乡民，按原价把土地退还。

我们要知道，北宋时的房价一点不便宜。比如当时首都开封的房价不是普通人能承受得起的，连很多名人都买不起房子。苏东坡一生不蓄钱财，所以没能在开封买房子。他儿子在开封结婚时没有新房，苏东坡很着急，最后还是借了一个朋友的房子才算把喜事办了。

关于阳羡买房，苏东坡写过一首《菩萨蛮》，表达了开朗的情怀：

买田阳羡吾将老，从来只为溪山好。来往一虚舟，聊随物外游。

有书仍懒著，水调歌归去。筋力不辞诗，要须风雨时。

苏东坡生前最后一次买房地产也是在宜兴。但如果此事属实的话，就与上文有诸多抵牾。经过后世演绎，逐渐成为一桩展示东坡高风亮节的故事：

他的朋友邵民瞻为宜兴望族，苏东坡曾去邵家做客，受邀请题匾“天远堂”。他在把酒赏花时叹道：花园虽好，独缺海棠。后来请人从四川捎来海棠花植于园中，这就是著名的“东坡海棠”。这株海棠花居然迄今立于园中，犹自枝繁叶茂。花后的墙壁上，题有东坡的海棠诗：

东风袅袅泛崇光，香雾空蒙月转廊。
只恐夜深花睡去，故烧高烛照红妆。

东坡一生颠沛流离，经济拮据，住的房子一般都是租赁的。宋代费衮《梁溪漫志》有一段记载，说的是长期过流放生活的苏东坡，囊中空空，手头上无一点活钱。朋友邵民瞻建议他在阳羡买房，经反复选择，他看中了邵民瞻推荐的位于荆溪畔的一套带院落的房子。这里依山傍水，宅后有山，宅前有水，左右还可以耕种，他非常满意。

苏东坡看中的房子处于上风上水，价格不低，房价是五百缗（宋时货币单位，宋制一缗约一千钱，也就是五十万钱；一缗也相当于一两银子，折合五百两银子）。那时没有买房中介，买卖双方谈好价就可成交，一手交钱，一手交房。五百两银子不是一个小数字，不亚于现在人们毕生的积蓄。这购房款，是东坡委托朋友把父亲在京城留下的老宅子和土地都卖了，大约有二百两银子。剩下的费用由弟弟苏辙设法筹措。

眼见大事已定，苏东坡很高兴，打算过一段时间就搬进去。

这一天傍晚，他又和邵民瞻在溪边散步，走到村里的一个角落，他突然发现一位老妇人在那里哭泣。一问，才知道老妇人的儿子将自家祖传的老宅卖掉用来抵赌债。

天下有这么巧的事，苏东坡正是房子的买主！

苏东坡当即告诉老妇人："别哭！你的房子还在。"

然后掏出买房的合同，立即当面烧毁。他实在不忍心再说别的什么了。

回到家里，他才呆住了。咦，怎么出门一趟，五十万钱没有了呢？

第二天，苏东坡还是派人叫来老妇人的儿子，接他母亲回到原来的住所。

作家林语堂在《苏东坡传》中这样评述说：这个东坡啊，卖了老爹的房子，借了弟弟的银子，"只为一时的真情，却忘记了自己的后果"。

经过此事，苏东坡再没有买房的可能性了。他仍旧回到毗陵县（今江苏省常州市）孙氏馆居住，孙氏馆是他托好友钱济明代租的。一年后苏东坡在毗陵县白云溪畔孙氏馆逝世，走完了他辉煌灿烂的一生。

正如苏东坡所说“物与我皆无尽也”，何必去在乎一时的得失？只要做到心里坦然就好，付出恰恰是快乐的。苏东坡焚房契是在不知情的情况下买了可怜妇人的房子，知情后他主动焚烧掉自己所买的房子契约。后来他也没勇气向老夫人的儿子要回买房子的钱。可以看得出苏东坡心系民间、关心苍生疾苦，他重情重义、视金钱为身外之物的大爱情怀，至今传为美谈。

东坡之死

建中靖国元年（1101）五月一日，东坡抵达南京。他曾写信给好友钱世雄，希望他在常州帮忙购买房舍。由于正月皇太后逝世，从一切迹象看来，政治风云可能会回转。苏轼惧怕引起更多的麻烦，“老病唯退为上策”。他不愿居处距离京师太近的地方。这时候，子由已回到颍昌（今河南省许昌市东）老农庄，写信叫哥哥去居住。苏轼一时拿不定主意。

经反复考虑，他觉得常州在湖泊地区是鱼米之乡，风景怡人，且有田地在乡下，维持生活比较容易些，所以最终还是决定久居常州。他在《与子由书》中详尽说明了他不去颍昌，不能与亲兄弟团聚的原因。说明决计不住颍昌而定居常州，主要出自政治原因。他非常担心政局不稳，千万别再惹事，避开政治，躲得远点住下为好。

苏轼在行途中身体开始感觉不适，抵达常州后病情不见好转，吃不进东西，一个月内大部分时光，都是缠绵病榻。

苏东坡陷入了对往事的回忆，他预感到自己的亡期即将降临了，几次给朋友写信叙述病情：“病情有增无已”“虚乏不能食”，甚至整天整夜地睡不着觉，夜晚经常起身，在床头枯坐、发呆。到后来渐渐难以站立，行走更为困难，让人扶着颤巍巍的也迈不开步子。

东坡自言自语轻声念叨："在岭南没有死，回来反而起不了床！唉……"

他听说小儿子苏过将去就任中山府通判，他写下《观潮》，这是东坡临终之作。他颤抖着扶笔，手书的这一道偈子，也称《庐山烟雨》。诗由《五灯会元》（卷十七）所载青原惟信禅师的著名语录演化而来。语录的原句是："老僧三十年前未参禅时，见山是山，见水是水。及至后来，亲见知识，有个入处，见山不是山，见水不是水。而今得个休歇处，依前见山是山，见水是水。大众，这三般见解，是同是别？有人缁素得出，许汝亲见老僧。"这"三般见解"，是禅悟的三个阶段，也是三种境界。东坡此诗正用此意。他结束了长期流放的生活，从一个踌躇满志、一心从政报国的慷慨之士，逐渐变成了可以从容面对灾变、参透生死的垂垂老者。

庐山烟雨浙江潮，未到千般恨不消。
到得还来别无事，庐山烟雨浙江潮。

禅在于悟，死更在于了悟，心有所动而至感悟。东坡观物悟禅的过程以及禅悟后的空寂旷达之外，我以为，他还是那个东坡！

因为那些生命的块垒造成的"恨不消"，终于平息了。

除了家人，钱世雄几乎每隔一天来看望他一回。苏轼和钱世雄的友情很深，他贬到南方的时候，钱世雄不断写信、送去药品。待病情稍微好一点时，就叫苏过去请钱世雄来，老朋友聊天，最为舒心。

一天，钱世雄发现苏轼躺在床上，竟然无法坐起身，钱世雄赶紧坐到了床头。东坡说："我很高兴历经千辛万苦从南方回来了。"稍停，接着说，"最难过的是归途没有见到子由，我们自从雷州一别，就再没能见面了。"

然后，东坡睁眼盯住看钱世雄，说了一番话："我在海南完成《论语说》《书传》《易传》，现在托你保管，千万收好，莫给别人看。我想，三十年后一定会大受赏识……"

他勉强起来，挣扎着去开书箱，但一下找不到钥匙。钱世雄安慰他："你会康复的，不忙急于交代这些。"两人都眼含热泪，半晌找不到话题了。

七月十五日，苏东坡病情极度恶化。当天晚上发高烧，次日牙床出血，全身无力。他称自己的病为"热毒"，实际上是一种传染病。根据他自己的经验和医学常识，认定是一种不治之症。于是什么都不吃，只服人参、麦冬、茯苓，煮成浓汤，渴了就喝一点。钱世雄给他找了几种据说有奇效的贵重药品，他也拒绝了。

七月十八日，苏轼把苏迈、苏追、苏过三人叫到身边，吩咐道："我一生没做过坏事，我不会下地狱！"讲这些是让儿子们不要为他死后担忧，他希望和妻子合葬在嵩阳的小峨眉山（今河南省郏县），苏东坡曾经去过那里，发现那里的风光与四川峨眉山十分接近。这一考虑，是他不想再给苏辙增添巨大的运输灵柩返回四川的费用。

这样延宕了十来天，他的身体与精神彻底垮下来，呼吸也愈来愈短促。

房间里回荡着他粗重而凌乱的呼吸声，家人听在耳里，宛若雷鸣。

终于，维琳长老俯身贴近东坡的耳边，说："想想来生吧！"

苏东坡闭着眼睛，缓缓低语："西天也许存在，不过，我没法去那儿了。"

"现在信佛，也来得及，要有信心。"钱世雄鼓励地说。

苏东坡突然睁开了眼睛，流出了一道亮光："现在才信？这样就不对了。"

这是他吐的最后几个字。

看到父亲危在毫厘之间，儿子苏迈立即上前询问："父亲还有什么吩咐？"

苏东坡再也没有说什么了。

宋徽宗建中靖国元年七月二十八日（1101 年 8 月 24 日），苏东坡卒于常州，享年六十六岁。他临终非常清醒而理智，毫无痛苦。

……

据说，清代郏县县令张笃行曾拜谒三苏，夜宿坟院。半夜忽听雨声大作，开门视之，好像重现东坡先生《记承天寺夜游》中的景象，“积水空明，水中藻荇交横，盖竹柏影也”，唯树叶沙沙，月白风清。遂记录如下：“风声瑟瑟，雨声哗哗，风大不鼓衣，雨大而不湿襟。”后人疑惑，却又屡试不爽，故称其为“苏坟夜雨”。

三苏坟园内遍植柏树，郁郁葱葱，参天蔽日，树干却均向西南方倾斜。传说是东坡兄弟的品德感润草木，草木皆随其心意所向，遥望家乡四川眉山，几百年来被人称为“思乡柏”。

遍地都是苏东坡

眉山城里有一座小山叫彭老山，北宋即有传说，说苏东坡诞生的那一天，彭老山上的草木一夜间全部枯死了。古人相信一个特别灵秀的人物，天地山川的灵气都凝聚一身。他生下来山川灵气被吸取了。所以，草木枯死。不要怪苏东坡，这不是他的贪欲。六十六年以后苏东坡去世当日，彭老山上的草木一夜之间全部返青了。他把天地灵气又还给大地了。

苏东坡逝世，引起多方人士尤其是读书人的巨大悲哀，这在中国古代是极其罕见的。数百位太学生集体去佛寺哀悼，黄庭坚、米芾、张文潜等文人纷纷写诗寄托哀思，“苏门六君子”之一的李方叔的祭文很有代表性：“（苏东坡）道大难容，才高为累。皇天后土，鉴平生忠义之心；名山大川，还千古英灵之气。识与不识，谁不衋[①]伤；闻所未闻，吾将安放？”这篇祭文迅速传遍大江南北，不分老幼贤愚，都诵读不已。

可以发现，在灿若群星的中国文豪阵营里，苏东坡的纪念遗迹是最多的，现在全国有近一百处东坡遗迹，无论是屈原、李白、杜甫，还是

① 音 xi，哀痛之意。

关汉卿、曹雪芹，都无法与之相比。苏东坡与民众的鱼水之情如同西湖碧波，永远清澈荡漾。

他乘风归去了，化作了永恒的星辰。

苏东坡的一生，是在困难中不断追求、进取的一生，是"一蓑烟雨任平生"的一生，是以独特的思想、文学和艺术塑造崇高道德典范的一生，是集中体现了中国人的生存智慧与灿烂人格魅力的一生。苏东坡留下的名言，浸润着他爱国、爱民、施政、清廉的深厚体验："犯其至难而图其至远""为国不可以生事，亦不可以畏事""苟非吾之所有，虽一毫而莫取""纪纲一废，何事不生""腹有诗书气自华""古之立大事者，不惟有超世之才，亦必有坚忍不拔之志"等等，早就成为人们追求不断修身提升人生境界的座右铭。

我至今把东坡的这一段话，视作"文箴"："轼少时好议论古人，既老，涉世更变，往往悔其言之过，故乐以此告君也。儒者之病，多空文而少实用。"（《答王庠书》）

以苏轼为代表的三苏父子，形成了中国文化史上一个独特的名人文化体系——三苏文化。所以说"中国有三苏"，更成为传统文化的重要精华和树立文化自信的宝贵遗产。

大浪淘沙，千古风流人物。苏东坡透过千年时光，仍然散发着恒定的、迷人的、温暖的光辉。苏轼曾经在《自评文》中这样评价过自己："吾文如万斛泉源，不择地皆可出。在平地，滔滔汩汩，虽一日千里无难。及其与山石曲折，随物赋形，而不可知也。所可知者，常行于所当行，常止于不可不止。如是而已矣！其他，虽吾亦不能知也。"我的文采就像有万斛水的泉源，随时随地都会涌出。如果是在平地，文思不断如汩汩流水，即使一天流淌千里也不算难，等到它随着山势石形弯曲，随着所遇的事物变换形式，却不能知晓。能够知晓的，通常是在应该继续的时候继续，在不能停止的时候停止。就是这样吧！至于别的，即便是我也不知道了。

千年以后来看，这一自况不是文人的自卖自夸，而是体现了苏东坡思想、实践、激情、文学的高度合一。我们读苏东坡的诗文，再去仰看青天明月、行走山溪森林、登临古迹名刹、置身云岚雨雾、细察竹树花草，就会由衷感到，他还活在今天。

2023 年 11 月 15 日，第七稿修订于成都锦江畔

附录一　苏东坡年表

宋仁宗景祐三年十二月十九日（1037 年 1 月 8 日）

出生于四川眉山纱縠行苏宅。

庆历三年（1043）癸未　八岁

入眉山天庆观，随道士张易简读书学习。

至和元年（1054）甲午　十九岁

娶青神县王弗为妻。

嘉祐元年（1056）丙申　二十一岁

应开封府试，榜出，名列第二。

嘉祐二年（1057）丁酉　二十二岁

应礼部试，名列第二。

三月，应殿试，进士及第。

四月七日，母亲程夫人病逝纱縠行苏宅，享年四十八岁。回故乡“丁忧”守孝三年。

嘉祐六年（1061）辛丑　二十六岁

八月参加制科考试，选为“三等”；担任大理评事，签书凤翔府判官。

作诗《和子由渑池怀旧》。

宋英宗治平二年（1065）乙巳　三十岁

二月返回京城，除判登闻鼓院，任职史馆。

五月妻子王弗病逝。

治平三年（1066）丙午　三十一岁

四月二十五日，父亲苏洵在京师去世，享年五十八岁。苏轼、苏辙兄弟回川“丁忧”。

宋神宗熙宁元年（1068）戊申　三十三岁

七月服满。

十月，娶青神县王闰之为妻。

熙宁四年（1071）辛亥　三十六岁

六月，苏轼自请外任。十一月二十八日，到杭州通判任。

熙宁七年（1074）甲寅　三十九岁

九月移知密州，十二月三日到密州任。

熙宁八年（1075）乙卯　四十岁

作《江城子·乙卯正月二十日夜记梦》《江城子·密州出猎》。

熙宁九年（1076）丙辰　四十一岁

九月，移知河中府；十二月离开密州。

作《水调歌头·明月几时有》。

熙宁十年（1077）丁巳　四十二岁

二月十二日改知徐州，四月赴徐州任。

元丰二年（1079）己未　四十四岁

三月改知湖州，四月到湖州任。

“乌台诗案”案发，七月被捕，下台狱；十二月出狱，责授黄州团练副使，本州安置，不得签书公事。

元丰三年（1080）庚申　四十五岁

二月到达黄州。作《卜算子·黄州定惠院寓居作》。

元丰四年（1081）辛酉　四十六岁

作《水龙吟·次韵章质夫杨花词》。

元丰五年（1082）壬戌　四十七岁

作《赤壁赋》《后赤壁赋》《念奴娇·赤壁怀古》《定风波·莫听穿林打叶声》《浣溪沙·游蕲水清泉寺》。

元丰六年（1083）癸亥　四十八岁

作《临江仙·夜饮东坡醒复醉》《水调歌头·黄州快哉亭赠张偓佺》。

元丰七年（1084）甲子　四十九岁

移汝州团练副使；十月，扬州上表，乞常州居住。作《题西林壁》。

元丰八年（1085）乙丑　五十岁

五月，复朝奉郎，改知登州。

九月十八日，以朝奉郎除礼部郎中。

十月二十日，以礼部郎中召还。

十二月十八日，除起居舍人。

宋哲宗元祐元年（1086）丙寅　五十一岁

三月十四日，免试为中书舍人；九月十二日，为翰林学士，知制诰。作《定风波·南海归赠王定国侍人寓娘》。

元祐四年（1089）己巳　五十四岁

三月，自请外任，知杭州。

元祐六年（1091）辛未　五十六岁

以翰林学士承旨召还；八月五日，以龙图阁学士知颍州。

元祐七年（1092）壬申　五十七岁

在颍州任上改知扬州。

八月二十二日，以兵部尚书还朝。

十一月，迁端明殿学士、礼部尚书兼翰林侍读学士。

元祐八年（1093）癸酉　五十八岁

六月，知定州。十月二十三日到达定州任。

绍圣元年（1094）甲戌　五十九岁

四月十一日，落端明殿学士、翰林侍读学士，依前左朝奉郎知英州。

四月十三日，复降充左承议郎，知英州。

六月初五，诏谪惠州，授建昌军司马惠州安置，不得签书公事；再贬宁远节度使副使惠州安置。

绍圣四年（1097）丁丑　六十二岁

四月，贬琼州别驾昌化军安置，不得签书公事；六月渡海至海南儋州。

元符三年（1100）庚申　六十五岁

哲宗病逝，苏轼遇赦，六月渡海北归。

宋徽宗建中靖国元年（1101）辛巳　六十六岁

作《自题金山画像》。

七月二十八日，卒于常州。

（本年表参照了孔凡礼撰《苏轼年谱》，中华书局2005年版）

附录二 参考文献

1.［元］苏轼撰，［清］王文诰辑注，孔凡礼点校:《苏轼诗集》，中华书局，1982年版。

2.［宋］苏轼撰，孔凡礼点校:《苏轼文集》，中华书局，1986年版。

3. 邹同庆、王宗堂著:《苏轼词编年校注》，中华书局，2002年版。

4. 张志烈、马德富、周裕锴主编:《苏轼全集校注》，河北人民出版社，2010年版。

5.［宋］苏轼撰，王松龄点校:《东坡志林》，中华书局，1981年版。

6.［宋］苏轼撰:《仇池笔记》，华东师范大学出版社，1983年版。

7. 孔凡礼撰:《苏轼年谱》，中华书局，2005年版。

8. 孔凡礼撰:《三苏年谱》，中华书局，2023年版。

9.［宋］苏辙撰，陈宏天、高秀芳点校:《苏辙集》，中华书局，1990年版。

10.［宋］苏洵撰，曾枣庄、金成礼笺注:《嘉祐集笺注》，上海古籍出版社，1993年版。

11.［元］脱脱等撰:《宋史》，中华书局，1977年版。

12.［宋］李焘撰:《续资治通鉴长编》，中华书局，2004年版。

13.［宋］赵令畤撰:《侯鲭录》，中华书局，2002年版。

14.［宋］何薳撰:《春渚纪闻》，中华书局，1983 年版。

15.［宋］苏轼撰，朱孝臧校注、龙榆生校笺:《东坡乐府笺》，人民文学出版社，2018 年版。

16. 张志烈、马德富、周裕锴主编:《苏轼全集校注》，河北人民出版社，2012 年版。

17. 曾枣庄、舒大刚主编:《三苏全书》，语文出版社，2001 年版。

18. 王水照选注:《苏轼选集》，上海古籍出版社，2014 年版。

19. 莫砺锋著:《漫话东坡》，凤凰出版社，2008 年版。

20. 李之亮笺注:《苏轼文集编年笺注（附诗词）》，巴蜀书社，2011 年版。

21. 曾枣庄著:《苏轼评传》，巴蜀书社，2018 年版。

22. 曾枣庄著:《三苏评传》，上海书店出版社，2016 年版。

23. 曾枣庄、吴洪泽著:《宋代文学编年史》，凤凰出版社,2010 年版。

24. 熊朝东著:《千古第一文人——苏东坡》，巴蜀书社，2019 年版。

25. 张龙飞主编:《东坡赤壁文化丛书》，华中师范大学出版社，2010 年版。

26. 潘殊闲、张志烈著:《苏轼传》，天地出版社，2021 年版。

27. 李常生著:《苏轼行踪考》，城乡风貌工作室，2019 年版。

28. 朱刚著:《苏轼十讲》，上海三联书店，2019 年版。

29. 周晓音著:《苏轼两浙西路仕游研究》，浙江工商大学出版社，2017 年版。

30. 刘纬毅、郑梅玲、刘鹰辑校:《汉唐地理总志钩沉》，国家图书馆出版社，2016 年版。

31. 程民生著:《宋代物价研究》，江西人民出版社，2021 年版。

32. 李一冰著:《苏东坡传》，江苏文艺出版社，2013 年版。

33. 张炜著:《斑斓志》，人民文学出版社，2020 年版。

34. 蒋蓝、邵永义著:《母仪若水润三苏：苏母传》，中国书籍出版社，2022 年版。

35. 蒋蓝、邵永义编注:《东坡与竹》，山东文化音像出版社，2023 年版。

后记

如金入范，随注皆圆

北宋元祐更化时期的“党争”，可以说是宋朝最为著名的地域性结党事件，关乎国运。当时出现了以司马光为首的“朔党”，以洛阳人程颢、程颐兄弟等为代表的“洛党”，以蜀人苏轼为首的“蜀党”，他们政治立场大体一致，但具体从政方略存在诸多分歧。这造成了彼此的仇视。在“熙宁变法”的持续党争中，情况变得更为错综复杂。

东坡向来憎嫉“程颐之奸”，认为他道貌岸然，数次当着大臣之面讽刺程颐，这冒犯了程颐的尊严，也激怒了“洛党”众弟子。朱熹的理学继承二程谱系，所以他要帮一帮名声与风头被苏轼兄弟盖过去的先辈，予以匡扶。还有更重要的原因，朱熹对“三苏”的学术思想甚有成见，甚至认为“三苏”代表的宋代蜀学比王安石的新学更加离经叛道。在巍巍理学家眼里，苏轼不过是一介经学家，却很不纯粹，又喜佛，又喜欢老庄，颇为芜杂。他的文章固然是为宣扬儒道，其实也不纯粹，常常只是着眼于辞章的漂亮与离奇，有时还有些跑偏……作为“纯儒”的朱熹，决计力挽狂澜，还儒学的本来面貌不可。说到底，是为了维护“道统”的纯洁性。

事情就这样过去了，千载以下，东坡“赤子其心，星斗其文”，风靡世界与人心。钱穆先生在《宋明理学概述》中，细致描述了“三苏”不拘一格的学术风格，称其博综老庄、佛学、战国策士，乃至贾谊、陆贽，他虽然认定“三苏”的学术是不离于常识的“俗学”，却称赞其为“俗学中之无上高明者”。钱穆还在《朱子新学案》中指出：“东坡、山谷，皆文章之士，不为理学家重视，而朱子独有取其言。真能读书，则可不问理学经学史学文学，读书则总该如此读。”钱先生考量的，表面似乎逸出宋人的门户之争，但主要是借此赞扬朱熹的读书之法。

事情好像无须再议。有一天我偶读《徐渭集》，注意到《评朱子论东坡文》，不禁拍案称绝！作为自由主义的艺术大师，徐文长最不能容忍的是朱熹自认“正朔”的那一腔理直气壮的巍巍“道气”。其《评朱子论东坡文》这样说：

> 夫子不语怪，亦未尝指之无怪。《史记》所称秦穆、赵简事，未可为无。文公件件要中鹄，把定执板，只要人说他是个圣人，并无一些破绽，所以做别人者人人不中他意，世间事事不称他心，无过中必求有过，谷里拣米，米里拣虫，只是张汤、赵禹伎俩。此不解东坡深。吹毛求疵，苛刻之吏，无过中求有过，暗昧之吏。极有布置而了无布置痕迹者，东坡千古一人而已。朱老议论乃是盲者摸索，拗者品评，酷者苛断。

明代学者、诗人虞淳熙比喻说：“当是时，文苑东坡临御，东坡者，天西奎宿也。自天堕地，分身者四。一为元美身，得其斗背；一为若士身，得其灿眉；一为文长身，得其韵之风流，命之磨蝎；袁郎晚降，得其滑稽之口，而已借光璧府，散炜布宝。”（《徐文长文集序》）这形象地说明在晚明时期许多著名作家身上，都得到东坡多方面的艺术真传。在才华横溢的宋人中，徐渭最喜欢的是东坡。不仅文章写得好，为人也太有情趣。徐渭一针见血，在独立不随的苏东坡面前，朱熹已经到了胶柱鼓瑟、盲人摸索的程度；而钱穆此语，近乎井蛙语海，夏虫语冰。

清代诗人张问陶有《论诗十二绝句》，其四曰：

想到空灵笔有神，每从游戏得天真。
笑他正色谈风雅，戎服朝冠对美人。

这样的话，就是戎服朝冠对东坡了。呵呵。

我想，就其南辕北辙的根源，那就是：一个人是否被自由的精神醍醐灌顶，一个人是否被独立的思想洗经伐髓！一个人是否把天下民生装进胸臆！一个人是否把苦难酿成怡人的蜂蜜！一个人是否把儒释道汇铸为另一种大仁之爱！如此，就泾渭分明了。纯与不纯，都不重要了。所以东坡说："老蚕作茧何时脱，梦想至人空激烈。"

所以孔子说："不怨天，不尤人，下学而上达，知我者，其天乎？"

李贽《续焚书》："苏长公何如人，故其文章自然惊天动地。世人不知，只以文章称之。不知文章直彼余事耳。世未有其人不能卓立而能文章垂不朽者。"茅坤之子茅维在作于明万历三十四年（1606）的《宋苏文忠公全集叙》中指出："自古文士之见道者，必推眉山苏长公其人，读其文而可概已。"

不仅如此，明代的心学对程朱理学思想的禁锢予以了全方位的冲击。明朝后期大臣、书画家董其昌就看出了其中的关系：

程（颐）、苏（轼）之学，角立于元祐。而苏不能胜。至我明姚江（王守仁）出，以良知之说，变动宇内，士人靡然从之。其说非出于苏，而血脉则苏也。程、朱之学几于不振。紫柏老人（1543—1603，达观，名真可）每言："晦翁（朱熹）精神只可五百年。"真知言哉！（[明]沈德符《万历野获编》卷二十七《紫柏评晦庵》）

恰恰是东坡一生展现出了阳明心学所提倡的"致良知，启迪性情""知行合一""格物致知"等思想，才使得东坡成了心学之祖。我认为，“知行合一”的“知”，不是“知识”，而是“良知”！良知是每个人内心与生俱来的道德感和判断力。一个人找到并遵循内心的良知，复杂的大千世界就将变得条理分明。苏东坡、王阳明行事遵照的不是坐而论道的规章制度，而是朝向自己的内心——具备民心所向的良知，如此方能制胜决断，了然于心。

东坡赞美圆照禅师“其为人也，如金入范，随注皆圆”。他也庶几近之。但人无完人，苏东坡自不例外。

林语堂有很见骨的评价：苏轼是政治上永远的反对派。他越是到晚年，那种执拗、直接、犀利、矛盾，甚至有些牵强的史论信笔写来，比如对司马相如的一再严苛，比如写《司马迁二大罪》。在这篇短文中，虽然明指司马迁二大罪，却并没有过多笔墨去指责司马迁，而是重点分析论斥商桑二人变法的系列害民举措。甚至说“二子之名在天下者，如蛆蝇粪秽也，言之则污口舌，书之则污简牍”。东坡之所以有如此激烈评论，真实目的显而易见，耿耿于怀、魂牵梦萦，都是对“新法”的含沙射影。他还是“保守”了一些。

论及诗歌写作，我赞同四川大学周裕锴教授的一个观点：

“东坡主张用平静空明的内心来反照万象，牢笼万物，但实际上他很少能做到这一点。至少在作诗之时，那些佛典禅理、逻辑思辨、古言俗语又征服了他，心无法空，意不能静，于是笔若悬河，滔滔不绝，挥洒开去。空静的观照本是无言的，或是寡言的，意象自然呈露，禅意自蕴其中，而苏轼观照的结果，却常常引发大段哲理性的思辨，‘横说竖说，了无剩语’（《冷斋夜话》卷七）。他的诗如《百步洪二首》《泗州僧伽塔》《书焦山纶长老壁》《题西林壁》等等，都有这样的特点。……正是在矜才学、斗机锋方面，苏轼和他的学生兼朋友黄庭坚有不少相似之处……实际上，苏轼骨子里和黄庭坚一样，早拜倒在妙语连珠的‘文字禅’的脚下，毕竟他身边有那么多‘自文字言语悟入’的僧友，一代禅风之濡染，自然免不了沾上‘以文字为诗’的习气。因此，尽管后来的严羽和苏轼一样推崇司空图，却在《沧浪诗话》里对苏、黄之诗大加挞伐，不遗余力。因为苏轼提出的审美理想和他的诗作实际表现出来的美学风格到底是两回事。”[1]

江山竞秀，如月行空，任人评说。公亦无言。

好了！说点自己的事。

自2006年我着手《踪迹史》这样的长篇非虚构著作以来，到《天府广记三部曲》《黄虎张献忠》《蜀人记》《成都传》等等，每个阶段均要持续一两年的时间。而每在这一“临界”时期，似乎祸不单行，我总会遭遇一系列个人的、身体的、家庭的急转与事变，我总是苦苦支撑，如此成为挥之不去的、谶语式的“写作状态综合征”。我自嘲，这是“天将降大任于是人也”的特意安排吧！

近两年来，年迈的母亲住医院七八次。记得我带母亲从成都最后一次返回老家自流井是2022年12月28日，那是我在写作《苏海鲸波：苏东坡传》的开始阶段。其间回去看望母亲好几次，1月底的新年初一，我嗫嚅地与她商量：我要去湖北黄冈市一趟考察。她微笑道：“这是你写作的习惯。好，快去快回吧！”就在我到达黄冈市的一早，就接到母亲病重的消息……她于2月2日逝世。待我把母亲后事处理完备，突然才感到了大悲痛，写下万言长文《母亲的三片落叶》。心情的摇摆跌宕，成为本书叙事时断时续、写作状态阴晴突变的唯一原因。我不敢妄自比附，只是联想起身在汴京的东坡兄弟，得到母亲程夫人病逝的噩耗，星夜飞赴回眉山的那种心情。母亲的骨灰盒一直放在我的书房里，每每写到卡顿之际，我常站在她面前凝望，抽一支烟，然后又回到写作的掌子面……

我也自问：“此间有甚么歇不得处？”

针对自己在京为官期间为何没有传世之作的问题，东坡曾有所总结：“某江湖之人，久留辇下，如在樊笼，岂复有佳思也？人情责望百端，而衰病不能应副，动是罪戾，故人知我，想复见怜耶？”其实呢，我才是地地道道的江湖之人，身不由己，勉力写出这样一本学习东坡的小书，而不能道苏海之万一。岂敢言传世，只是告慰母亲之灵。

---

[1] 周裕锴：《中国禅宗与诗歌》，上海人民出版社1992年版，第85页。

前不久去龙泉驿探望一直住校的女儿，深感歉疚。这是我们春节以来的头一次晤面，一晃就两个多月了。她说，在书店里看到了爸爸写的《成都传》，太厚了！在此，我也感谢女儿的默默坚守，以及她对父亲的理解，或不理解。

我们都在经历风雨。正如东坡所言："人间无正味，美好出艰难。"

2023年11月20日于成都

第一辑已出版书目

1 《逍遥游——庄子传》 王充闾 著

2 《书圣之道——王羲之传》 王兆军 著

3 《千秋词主——李煜传》 郭启宏 著

4 《草泽英雄梦——施耐庵传》 浦玉生 著

5 《戏看人间——李渔传》 杜书瀛 著

6 《心同山河——顾炎武传》 陈 益 著

7 《孤独的绝唱——八大山人传》 陈世旭 著

8 《泣血红楼——曹雪芹传》 周汝昌 著

9 《旷代大儒——纪晓岚传》 何香久 著

10 《烂漫饮冰子——梁启超传》 徐 刚 著

第二辑已出版书目

11 《忠魂正气——颜真卿传》 权海帆 著

12 《花红别样——杨万里传》 聂 冷 著

13 《感天动地——关汉卿传》 乔忠延 著

14 《西风瘦马——马致远传》 陈计中 著

15 《此心光明——王阳明传》 杨东标 著

16 《梦回汉唐——李梦阳传》 泥马度 著

17 《天崩地解——黄宗羲传》 李洁非 著

18 《幻由人生——蒲松龄传》 马瑞芳 著

19 《儒林怪杰——吴敬梓传》 刘兆林 著

20 《史志巨擘——章学诚传》 王作光 著

第三辑已出版书目

21 《千古一相——管仲传》 张国擎 著

22 《漠国明月——蔡文姬传》 郑彦英 著

23 《棠棣之殇——曹植传》 马泰泉 著

24 《梦摘彩云——刘勰传》 缪俊杰 著

25 《大医精诚——孙思邈传》 罗先明 著

26 《大唐鬼才——李贺传》 孟红梅 著

27 《政坛大风——王安石传》 毕宝魁 著

28 《长歌正气——文天祥传》 郭晓晔 著

29 《糊涂百年——郑板桥传》 忽培元 著

30 《潜龙在渊——章太炎传》 伍立杨 著

第四辑已出版书目

31 《兼爱者——墨子传》 陈为人 著

32 《天道——荀子传》刘志轩 著

33 《梦归田园——孟浩然传》曹远超 著

34 《碧霄一鹤——刘禹锡传》 程韬光 著

35 《诗剑风流——杜牧传》 张锐强 著

36 《锦瑟哀弦——李商隐传》 董乃斌 著

37 《忧乐天下——范仲淹传》 周宗奇 著

38 《通鉴载道——司马光传》 江永红 著

39 《琵琶情——高明传》 金三益 著

40 《世范人师——蔡元培传》 丁晓平 著

第五辑已出版书目

41 《真书风骨——柳公权传》 和　谷 著

42 《癫书狂画——米芾传》 王　川 著

43 《理学宗师——朱熹传》 卜　谷 著

44 《桃花庵主——唐寅传》 沙　爽 著

45 《大道正果——吴承恩传》 蔡铁鹰 著

46 《气节文章——蒋士铨传》 陶　江 著

47 《剑魂箫韵——龚自珍传》 陈歆耕 著

48 《译界奇人——林纾传》 顾　艳 著

49 《醒世先驱——严复传》 杨肇林 著

50 《搏击暗夜——鲁迅传》 陈漱渝 著

第六辑已出版书目

51 《边塞诗者——岑参传》 管士光 著

52 《戊戌悲歌——康有为传》 张　健 著

53 《天地行人——王船山传》 聂　茂 著

54 《爱是一切——冰心传》 王炳根 著

55 《花间词祖——温庭筠传》 李金山 著

56 《山之巍峨——林则徐传》 郭雪波 著

57 《问天者——张衡传》 王清淮 著

58 《一代文宗——韩愈传》 邢军纪 著

59 《梦溪妙笔——沈括传》 周山湖 著

60 《晓风残月——柳永传》 简雪庵 著

第七辑已出版书目

61 《竹林悲风——嵇康传》 陈书良 著

62 《唐之诗祖——陈子昂传》 吴因易 著

63 《婉约圣手——秦观传》 刘小川 著

64 《殉道勇士——李贽传》 高志忠 著

65 《蒙古背影——萨冈彻辰传》 特·官布扎布 著

66 《千秋一叹——金圣叹传》 陈 飞 著

67 《随园流韵——袁枚传》 袁杰伟 著

68 《女神之光——郭沫若传》 李 斌 著

69 《自清芙蓉——朱自清传》 叶 炜 著

70 《神韵秋柳——王士禛传》 李长征 著

第八辑已出版书目

71 《秋水长天——王勃传》 聂还贵 著

72 《凤凰琴歌——司马相如传》 洪 烛 著

73 《辋川烟云——王维传》 哲 夫 著

74 《天生我材——李白传》 韩作荣 著

75 《如戏人生——洪昇传》 陈启文 著

76 《北宋文儒——欧阳修传》 邵振国 著

77 《红尘四梦——汤显祖传》 谢柏梁 著

78 《梦西厢——王实甫传》 叶 梅 著

79 《阆风游云——张旭传》 李 彬 著

80 《人间要好诗——白居易传》 赵 瑜 著

第九辑出版书目

81 《天地放翁——陆游传》 陆春祥 著

82 《二拍惊奇——凌濛初传》 刘标玖 著

83 《寒江独钓——柳宗元传》 任林举 著

84 《章回之祖——罗贯中传》 闫文盛 著

85 《如梦令——李清照传》 赵柏田 著

86 《苏海鲸波——苏东坡传》 蒋　蓝 著

图书在版编目（CIP）数据

苏海鲸波：苏东坡传 / 蒋蓝著. -- 北京：作家出版社，2025. 1. --（中国历史文化名人传丛书）.
ISBN 978-7-5212-3056-7

Ⅰ.K825.6

中国国家版本馆CIP数据核字第20240F0360号

苏海鲸波——苏东坡传

作　　者：蒋　蓝
传主画像：高　莽
责任编辑：袁艺方
书籍设计：刘晓翔 + 韩湛宁
责任印制：李卫东　李大庆
整合执行：原文竹
出版发行：作家出版社有限公司
社　　址：北京农展馆南里10号　　　**邮　　编：**100125
电话传真：86-10-65067186（发行中心）
86-10-65004079（总编室）
E-mail:zuojia@zuojia.net.cn
http://www.zuojiachubanshe.com
印　　刷：三河市紫恒印装有限公司
成品尺寸：152×230
字　　数：430千
印　　张：31.75
版　　次：2025年1月第1版
印　　次：2025年1月第1次印刷
ISBN　978-7-5212-3056-7
定　　价：60. 00元